Gerd Ruge

Unterwegs

Politische Erinnerungen

Hanser Berlin

1 2 3 4 5   17 16 15 14 13

ISBN 978-3-446-24369-9
© Hanser Berlin im Carl Hanser Verlag München 2013
Alle Rechte vorbehalten
Satz: Greiner & Reichel, Köln
Druck und Bindung: CPI – Ebner & Spiegel, Ulm
Printed in Germany

MIX
Papier aus verantwortungs-
vollen Quellen
FSC® C006701

Inhalt

7 Vorbemerkung

9 Sechsmal um die Ecke oder dreimal geradeaus?
Jugend im Nationalsozialismus. 1933–1945

39 Fünfundvierziger
Journalistische Anfänge. 1945–1949

61 Gottes eigenes Panoptikum
Erste Auslandsreportagen. 1950–1954

83 »Dann können Sie ja der CDU beitreten, Herr Chruschtschow.«
Mit Adenauer in Moskau. 1955

108 Wenn es aufklart
Moskau. 1956–1958

143 Freiheit, und was dann?
Menschenrechte und Pressefreiheit. 1959–1962

163 We shall overcome
Washington. 1962–1969

199 »Sie essen Suppe bei der ARD?«
Bonn. 1969–1972

221 »Wir haben hier viele Kränze gesehen, aber keinen Kranz aus dem Nordwesten.«
Peking. 1973–1976

260 Neues Denken auf Russisch
Moskau. 1977–1991

309 »Das Leben besteht aus Fragen.«
Schluss

317 Notiz des Autors

319 Bildnachweis

321 Personenregister

Vorbemerkung

Wer einen Monat in China ist, schreibt ein Buch. Wer ein Jahr in China ist, schreibt einen Artikel. Wer zehn Jahre in China ist, schreibt eine Postkarte, denn er weiß nun, dass er mehr von diesem Land nicht verstanden hat. Das sagten erfahrene englische Kollegen, als ich vor sechzig Jahren zum ersten Mal nach Ostasien kam: Ein junger Reporter mitten im Strom der Ereignisse, fasziniert vom Kampf der Weltmächte um Korea. Damals hätte ich nie geglaubt, dass mehr als ein halbes Jahrhundert danach noch immer kein Friedensvertrag diesen Krieg beendet haben würde.

Ein Korrespondentenleben später reichen Postkarten der Erinnerung nicht aus, aber ein Buch weiser Wertungen und Vorhersagen geht einem Reporter auch nicht von der Hand. So ist dies kein Versuch, eine Weltgeschichte der Nachkriegszeit zu schreiben oder in persönlichen Memoiren schöne und traurige Erlebnisse eines langen Lebens zu schildern. Es bleiben Ereignisse und Begegnungen, Enttäuschungen und Hoffnungen in einer Zeit, die wir zu Recht oder Unrecht immer noch als Nachkriegszeit empfinden. Die mörderische, erdrückende Diktatur war zerschlagen, die Welt der Sieger aber, auf die wir hofften, immer noch voll von Ungereimtheiten und Ungerechtigkeit. Über die Nachkriegsgrenzen hinweg versuchte ich, andere Länder und Gesellschaften Europas kennenzulernen. Ich verglich, was ich sah, mit den Erlebnissen, die meine Erinnerung an die Jahre im Dritten Reich und im Deutschland der Besatzungszonen geprägt hatten. Meine Neugier brachte mich schließlich im Westen über die USA bis zum Pazifik und nach Alaska und in östlicher

Richtung über die gewaltige UdSSR und den Norden Chinas bis zu kleinen russischen Inseln am Ende Sibiriens, die wiederum fast an Amerika stoßen. Dies war auch eine Reise durch die Welt des Kalten Kriegs, und die Herausforderung lag stets darin, sie ohne Schwarzweißmalerei zu schildern, dabei aber auch nicht den Maßstab der Moral und Menschlichkeit aus der Hand zu geben. So kam es, dass Fragen zum Antrieb meiner Lebensreise wurden. Aber jede Antwort schien Anlass für eine neue Frage zu geben. All das passt eben nicht auf eine Postkarte, und so ist entgegen der Prophezeiung meiner Reporterkollegen doch ein Buch daraus geworden.

Sechsmal um die Ecke oder dreimal geradeaus?

Jugend im Nationalsozialismus
1933–1945

»Was wollt ihr? Sechsmal um die Ecke oder dreimal geradeaus?«, fragte der bullige, große Junge meinen Freund Karlchen und mich, während wir den beiden Gruppen von Jungen zuschauten, die sich auf der Straße versammelt hatten. Wir, Karlchen, der Sohn des Gemüsehändlers, und ich, Sohn eines Arztes im Arbeiterviertel Hamburg-Hamm, verstanden die Frage nicht. Die Jungen scheuchten uns fort, und wir machten auch, dass wir wegkamen. »Das sind große Jungs, die wollen sich hauen«, sagte meine Mutter später nur.

»Sechsmal um die Ecke oder dreimal geradeaus« – erst viele Jahre später verstand ich den Sinn der Worte, als ich über die Anfangszeit der Hitlerherrschaft las: Sechsmal um die Ecke, das bezog sich auf das Hakenkreuz. Dreimal geradeaus, das waren die drei Pfeile, das Symbol der Eisernen Front, zu der sich Sozialdemokraten, liberale Demokraten und Leute der Zentrumspartei zusammengeschlossen hatten, um den Nazis auf der Straße – vergeblich – Widerstand zu leisten.

Keine sechs Jahre alt, wusste ich damals nicht, was damit gemeint war. Zu Hause wurde in der Familie über Politik selten gesprochen, schon gar nicht mit den Kindern. Mein Vater war ein Naturphilosoph, ein Arzt mit künstlerischen Neigungen, der viel las und manchmal aquarellierte, sich jedenfalls nicht über politische Themen ausließ und mit dem ich später nach der Trennung meiner Eltern auch nur wenig Kontakt hatte. In der Schule, einer protestantischen Privatschule, hielt sich der Klassenlehrer auf Distanz zum Nationalsozialismus, Politik war auch hier kein Thema. Von meinen

Mitschülern kamen so gut wie keine Fragen, von den Erwachsenen gab es keine Antworten.

Seltsam, dass dennoch manche Bruchstücke aus den Gesprächen der Erwachsenen in meinem Gedächtnis haften geblieben sind. Einmal, es muss im Jahr 1934 gewesen sein, war ein offizieller Besuch des Führers und Reichskanzlers in Hamburg angekündigt, und ich schaute mit meinem Vater vom Dachboden unseres Hauses auf die Einfallstraße, über die Hitlers Kolonne kommen sollte. »Wenn man ein Zielfernrohr hätte, könnte man ihn von hier erschießen«, sagte mein Vater, als er mich durch die Luke herabblicken ließ. Aber er erklärte seine Bemerkung nicht, und als Hitler vorbeifuhr, standen wir schon nicht mehr am Fenster. Die Worte meines Vaters hatten sich mir tief eingeprägt. Ich war sechs Jahre und wusste noch nicht recht, wer Hitler war. Aber ich verstand schon, dass die Erwachsenen eine Frage nach ihm nicht beantworten wollten. Das Schweigen blieb bis zur Niederlage und sogar darüber hinaus. Und je weniger Antworten ich erhielt, umso mehr Fragen bedrängten mich.

Hitler war schon vier Jahre an der Macht, als ich zum ersten Mal direkt in Kontakt mit dem Nationalsozialismus kam. Meine Eltern hatten sich getrennt, und ich sollte in ein Internat. Um die Aufnahmebedingungen zu erfüllen, musste ich dem Jungvolk, der NS-Organisation für die Zehn- bis Vierzehnjährigen, beitreten. Ich war zwar erst neun Jahre alt und damit eigentlich ein Jahr zu jung, wurde aber trotzdem in eine Hamburger Jungvolkeinheit eingegliedert, wo ich dann einige Male zum Exerzieren erschien, ohne viel Verständnis, worum es ging, und mit wenig Verbindung zu den anderen Jungs, die Arbeiterkinder waren und mit mir nichts anfangen konnten. Ich hatte keine Lust, in Reih und Glied anzutreten und mir von einem älteren Jungen sagen zu lassen, dass meine schwarzen Schuhe nicht gut genug geputzt seien. Den Sinn des Strammstehens und Herummarschierens verstand ich nicht. Nur einmal hat es mir gefallen, als wir beim Vorbeimarsch eines Reichswehr-Regiments zuschauen durften: Die da so zackig marschierten, waren die »Ratzeburger

Jäger«. Ich hatte in den Ferien auf dem Lande Jäger und Förster bewundert. So wie die wollte ich auch einmal werden, aber dass es zwei grundverschiedene Arten von Jägern gab – die einen im Wald, nahe den Tieren, die anderen in Militärkolonnen –, hatte ich nicht verstanden. Wie auch immer: Ich gehörte nun zum Jungvolk, hatte eine Uniform – sehr kurze schwarze Hose, schwarze Filzbluse – und konnte damit im Internat erscheinen.

Das Landerziehungsheim Marienau in der Lüneburger Heide war in den zwanziger Jahren als eine »Freie Schulgemeinde« gegründet worden, eine höchst liberale Variante der Erziehungsreform, bei der sich Lehrer und Schüler regelmäßig zur »Schulgemeinde« versammelten, um über Fragen des Schullebens, ja sogar über das Verhalten von Lehrern und ihre Anstellung abzustimmen. Als ich 1937 aufgenommen wurde, gab es diese Abstimmungen allerdings nicht mehr. Die meisten älteren Schüler, die den Geist der Schule mitgeprägt hatten, waren abgegangen. Jetzt lebten noch rund sechzig Kinder und Jugendliche in dem Internat. Viele von ihnen stammten aus liberalen Familien Hamburgs und Berlins, viele ihrer Eltern arbeiteten bei Film und Presse oder als Kaufleute mit Beziehungen zum Ausland.

Kurz vor meiner Ankunft hatte Max Bondy, der Gründer und Leiter des Landerziehungsheims, ein Jude, auf Druck der nationalsozialistischen Behörden seine Schule verkaufen müssen. Der neue Direktor, Bernhard Knoop, und die Lehrer, die mit ihm gekommen waren, stießen bei den älteren Schülern auf erbitterten Widerstand. Sie machten Knoop zur Zielscheibe harter Kritik, erzählten etwa von offiziellen Schreiben der Schule, die mit »Heil Hitler« unterzeichnet waren. In Wirklichkeit war der neue Leiter eher bürgerlich und christlich-konservativ orientiert. Er und befreundete Pädagogen wollten im politischen Umbruch wenigstens einen Teil der Tradition der Landschulheimbewegung bewahren, auch wenn klar war, dass die Freiheit und Eigenständigkeit Schulgemeinschaften unter dem

Druck der Behörden nicht erhalten werden konnten. Stattdessen mussten sich die betreffenden Internate nun als »Deutsche Heimschulen« durchschlagen.

Mit meinen neun Jahren war ich der Jüngste und musste sogar eine Klasse überspringen, damit man mich aufnehmen konnte. Ich musste mich gegen die Älteren durchboxen, wenn nötig in Keilereien, die mir den Ruf eintrugen, ein Spezialist für die »Nierenschere« zu sein. Wenn es mir zu viel wurde, verschwand ich im Wald, baute mir Höhlen und beobachtete Vögel und Rehe. Es kam vor, dass ich ein verlorenes Jungtier mit auf mein Zimmer nahm und durchfütterte, bis ich einen Förster fand, der es großziehen wollte. Man gab mir deshalb den Spitznamen »Waldläufer«. In der Schule hatte ich mit dem Unterrichtsstoff kaum Schwierigkeiten. Ein paar Lehrer fanden mich frech, weil ich manchmal widersprach, aber im Großen und Ganzen wurde ich von Pädagogen, die ich achtete, ebenfalls mit freundlichem Respekt behandelt. In einem der Zeugnisse hieß es bezeichnenderweise: »Gerd ist höflich, aber unzugänglich.«

Es machte mir keinen Spaß, die aktuellen politisch gefärbten Romane über Weltkrieg und nationalen Freiheitskampf zu lesen. Die einzige Lehrerin, die aus der Gründungszeit in der Schule verblieben war, machte mich zum Glück auf einige Bücher in den obersten Regalen der Bibliothek aufmerksam. Und so entdeckte ich nicht nur *Emil und die Detektive*, sondern auch andere Bände aus der Zeit vor 1933 und die Lust am Lesen überhaupt. Später kamen auch Gedichte hinzu. Ich war dreizehn oder vierzehn Jahre alt, als ich manchmal zusammen mit einigen anderen Schülern Lyrik las – allerdings nicht die offiziell gefeierte von Hanns Johst oder Hans Baumann, sondern den »Cornet« von Rilke oder »Der Tor und der Tod« von Hofmannsthal.

Es gab einige Lehrer, deren Gehabe mich ärgerte, aber auch andere, deren frische und lebhafte Art mir gut gefiel. Zwei Kunstlehrerinnen bewunderte ich sehr. Ich liebte es, wenn sie nachmittags oder abends nach dem Unterricht mit mir über die Bilder sprachen, die ich während der Zeichenstunde gemalt hatte. Beide waren vor 1933 erfolgreiche freie Künstlerinnen gewesen. Was sie mir außerhalb des Unterrichts zeigten, war eine Kunst, die von den Nazis als »entartet« abgestempelt wurde: Picasso, Nolde, Barlach, Rohlfs. Ohne ein Wort über die heroische, militaristische Kunst des Dritten Reichs oder über Politik im Allgemeinen zu verlieren, gaben sie mir ihren Widerwillen gegen das NS-System zu erkennen. Als Dreizehnjähriger beeindruckte mich solch unausgesprochener Widerstand. Aber offene politische Opposition, so viel begriff ich nun, konnte man von ihnen nicht erwarten oder erlernen, nur eine Haltung eindeutiger Ablehnung.

Als älterer Schüler hatte ich den Auftrag, mich um die Schüler aus den beiden Unterklassen zu kümmern – mit dem Titel »Kornett«, in dem gewissermaßen ein Anflug von Disziplin und Rilke mitschwang. Wenn die »Kleinen« zu Bett gebracht waren, unterhielt ich mich oft mit zwei Frauen, die als Erzieherinnen diese Gruppe der jüngsten Schüler betreuten. Sie sprachen mit mir offener über den politischen und geistigen Zwang durch den Nationalsozialismus. Eine der beiden hat später bis zum Ende des Kriegs die Mutter von Christoph Probst, einem der hingerichteten Studenten der Weißen Rose, betreut, von der anderen erfuhr ich mehr als zwanzig Jahre danach, dass ihre Mutter jüdische Schulkinder und Familien vor den Nazis gerettet hatte und heute in Yad Vashem von den Israelis als »Gerechte unter den Völkern« geehrt wird. Ihr Sohn wiederum hatte sich geweigert, Offizier zu werden, war einem Todesurteil knapp entkommen und in einem Strafbataillon gefallen. Manchmal erwähnten die beiden Frauen in knappen Worten auch, dass Juden in Deutschland »abgeholt« und in Lager gesteckt würden. Als ich die Jüngere einmal bei ihrer Mutter in Hamburg besuchte, schnappte ich eine verstörende Bemerkung auf. Die Mutter erzählte von einer Hamburger Schriftstellerin, einer Jüdin, die zwei Tage vorher abgeholt worden sei. »Wohin?«, fragte die Tochter. »Nach Theresienstadt«, war die Antwort. Daraufhin die Tochter: »Gott sei Dank, das ist ja nicht das Schlimmste.« Ein paar Tage zuvor hatte sie im Gespräch mit mir erwähnt, dass Juden aus Deutschland zwangsweise in ein Ghetto in der Tschechoslowakei umgesiedelt würden, nach Theresienstadt. Als ich nun fragte, was es denn noch Schlimmeres gebe, bekam ich keine Antwort mehr. Erst später verstand ich, dass sie mich und sich vor unvorsichtigen Bemerkungen schützen wollte – so wie im Sommer 1943, als sie mich in Hamburg unerwartet anrief: »Die Amerikaner sind auf Sizilien gelandet.« Ich antwortete, ohne nachzudenken: »Gott sei Dank, endlich.« – »Ja, endlich, jetzt können unsere Soldaten sie schlagen und vernichten«, gab sie geistesgegenwärtig zurück. Anders als mir war ihr die Gefahr, von der Gestapo abgehört zu werden, immer bewusst.

Mitunter spotteten wir über Lehrer, die sich allzu bieder an die offiziell vorgegebene Linie hielten. Einer war Mitglied der SA und trug eine Uniform mit einer steifen Mütze, die wir Pappendeckel nannten. Spätabends kam er manchmal schwankend und Marschlieder singend von Versammlungen im Nachbarort zurück. Dass er ein richtiger Nazi war, schien mir allerdings nicht ganz sicher, denn immerhin las er uns gelegentlich auch *Sherlock Holmes* vor, voller Bewunderung für diese englische Romanfigur. Einmal warnte er einen Klassenkameraden und mich, wir sollten den Mund halten, weil wir sonst die Existenz der ganzen Schule gefährdeten. Niemand außer uns rede über die Verhaftung und Hinrichtung der Studenten der Weißen Rose. Die Schwester von Christoph Probst war mit dem Direktor unserer Schule verheiratet. Probst und seinen Freund Alexander Schmorell hatten wir bei ihren kurzen Besuchen in der Schule vor allem als flotte Reiter und eindrucksvolle Kerle bewundert. Nun waren sie wegen ihrer Aufforderung zum Widerstand verhaftet und zum Tode verurteilt worden. Die Einzigen, die unter den Schülern davon gehört hatten und darüber sprachen, waren mein Freund und ich. Wir hatten es von den beiden Erzieherinnen erfahren und versprochen, nichts davon weiterzuerzählen. Aber für völlige Verschwiegenheit waren wir zu aufgeregt. »Wenn es rauskommt, dass bei uns darüber geredet wird, dann kann es passieren, dass die Schule geschlossen wird. Es ist schwer genug, sie gegen den Druck der Behörden offen zu halten«, ermahnte uns daher der Englischlehrer, der offensichtlich doch kein lupenreiner Nazi war.

Ein älterer Lehrer, der viel über die *Edda* und die nordische Lebenskultur erzählte – das lag ja ganz auf der Nazilinie –, verschwand eines Tages und endete, wie wir später erfuhren, als Homosexueller im KZ. Seine Nordland-Begeisterung stammte aus der Zeit vor Hitlers Machtübernahme, aus einem esoterischen Zweig der Jugendbewegung. Auch bei anderen, jüngeren Lehrern konnten wir die jeweilige Gesinnung nicht klar ausmachen: Ein Musiklehrer, ein feinsinniger Komponist romantischer Lieder, begeisterte sich für das Vaterland und schien auf idealistische Weise nahe an der NS-Gesinnung zu sein. Er starb als Soldat im Russlandfeldzug. Erst danach erfuhr ich, dass er sich unter dem Eindruck der Gräuel des Kriegs und der Hitlerherrschaft der Bekennenden Kirche angeschlossen hatte, der einzigen protestantisch-kirchlichen Form des Widerstands gegen die NS-Ideologie.

Ich selbst hatte, als ich ungefähr vierzehn war, das Vertrauen zum Pastor unserer Kirche wegen seiner unkritischen Haltung zum Nationalsozialismus verloren und beschlossen, mich nicht konfirmieren zu lassen. Atheismus kam mir allerdings auch sehr fremd vor. Der Deutschlehrer empfahl mir, in der Bibliothek die Bücher über Gottgläubigkeit zu lesen, eine Art Ersatzreligion mit vielen nordischen Göttern und pseudoreligiösen Versatzstücken. Mir erschien das wie eine leere Geste, aber endgültig abgeschreckt wurde ich durch ein »Gottesbekenntnis«, von dem mir bis heute ein Satz im Gedächtnis geblieben ist: »Dass das Ross rennt, ist Gott.« Dieses künstlich nordische Pathos ging mir unmittelbar auf den Geist, und auf den Rat der beiden Erzieherinnen hin ließ ich mich am Ende doch konfirmieren.

Dass man nicht alles offen sagen musste, um auszusprechen, was man wusste, war mir im Herbst 1940 aufgefallen, als der Lateinlehrer uns den Umgang mit Büchern in der Bibliothek erklärte. Ein Buch hielt er hoch: *Finnlands Jugend bricht Russlands Ketten* von Klaus Mehnert. »Das Buch ist im Augenblick nicht so geeignet und gehört eigentlich gesperrt«, sagte er, »aber ihr könnt es ruhig einmal lesen, bald kommt es wieder.« Das Buch blieb tatsächlich während der Zeit des Hitler-Stalin-Paktes offiziell gesperrt – bis zum deutschen Überfall auf die Sowjetunion, den der Lehrer allem Anschein nach vorausgeahnt hatte. Als Zwölfjähriger wusste ich nichts von den politischen Zusammenhängen, mir erschien es aber nicht recht geheuer, dass er so offensichtlich eine doppelte Moral empfahl. Darüber sprach ich dann, als im Sommer 1941 der Russlandkrieg begann, noch einmal mit einem Freund, der ein Jahr älter war als ich und der Einzige, mit dem ich solche Gespräche führen konnte. Er war der Sohn eines hohen Marineoffiziers, und mir fiel auf, dass er sich weigerte, den *Völkischen Beobachter*, das Parteiorgan der NSDAP, zu lesen, und sich stattdessen in der *Deutschen Allgemeinen Zeitung* informierte – zwar alles andere als ein Organ des Widerstands, aber weniger von knallharter Propaganda geprägt.

Im Sommer 1942 saß ich in der Bibliothek, als ein älterer Schüler hereinkam. Er nahm den *Völkischen Beobachter* in die Hand, las die Schlagzeile und haute die Zeitung mit der Bemerkung auf den Tisch: »Ein Bluthund weniger!« Auf der Titelseite hatte er die Nachricht von der Ermordung des SS-Führers Reinhard Heydrich durch tschechische Partisanen gesehen. Zwar wusste ich nicht genau, worum es ging, aber der Obersekundaner war ein blendender Hockeyspieler, gefürchtet für seine Wutausbrüche und jedenfalls einer, zu dem wir Jüngeren voller Bewunderung aufschauten.

Im Allgemeinen hatte sich der Umgangston in der Schule zumindest oberflächlich an die Forderungen der nationalsozialistischen Schulbehörden angepasst. Unter uns Schülern gab es gelegentlich eine aufsässige Stimmung, die sich aber weniger politisch als vielmehr aus einzelnen Ärgernissen erklären ließ. Mitschüler erzählten mir noch viele Jahre später, wie ich einmal mit einem Lehrer zusammengestoßen sei. Er habe versucht, mir eine Ohrfeige zu geben, woraufhin ich – hier gehen die Erinnerungen auseinander – versucht hätte, meine Schultasche durch das geschlossene Fenster zu schmeißen oder den Lehrer ebenfalls zu ohrfeigen. Jedenfalls hatte die Auseinandersetzung keine Folgen für mich: Der Lehrer forderte die Klasse auf, über diesen Vorgang zu schweigen, weil sonst strenge Maßnahmen gegen mich eingeleitet würden. In Wirklichkeit, so meinten wir, fürchtete er vor allem die Reaktion seiner Kollegen.

Ein Zwischenfall drohte dann allerdings die weitere Existenz des Landschulheims ernsthaft zu gefährden. Ein paar Jungs hatten sich – aus Gründen, die ich vergessen habe – über den Direktor geärgert. Als dieser kurz darauf auf den Flur des Wohnflügels heraustrat, beschlossen sie, ihm eine Lehre zu erteilen. Sie schnappten ihn sich vor der Tür des Waschraums und schoben ihn unter die Dusche. Das hätte auch in der alten Freien Schulgemeinde als Vergehen gegen die Schulordnung gegolten, allerdings als eines, über das man reden konnte. Nun kam der stellvertretende Schuldirektor dazu, schrie die Schülergruppe an, drohte mit Strafen. Der Direktor selbst war noch ein bisschen benommen von der Duschorgie und widersprach nicht, als sein Stellvertreter allen älteren Schülern Zimmerarrest bis zur weiteren Bestrafung verordnete.

Das aber wollten sich die meisten Schüler der Oberstufe nicht gefallen lassen. Ich erfuhr von ihren Plänen ziemlich spät, da ich als »Kornett« auf dem Flur der jüngsten Schüler wohnte. Ein Oberstufler kam nun zu mir und sagte: »Du bleibst hier und passt auf, dass die Kleinen nicht mitkommen, wenn wir losgehen. Die können das noch nicht verstehen. Halt sie in ihren Zimmern!« So konnte ich den Anfang der Aktion nicht miterleben. Die Gruppe griff sich den stellvertretenden Direktor auf dem Flur, fesselte ihn mit Wäscheleinen und brachte ihn in die »Hühnerkirche«, einen früheren Hühnerstall, der inzwischen als Hitlerjugendheim fungierte. Das schien zu passen, weil er immer das Parteiabzeichen trug und regelmäßig verkündete, dass nun die Disziplin des Dritten Reiches eingeführt werden müsse. Als sie von der »Hühnerkirche« weiter zum Waldrand zogen, rannte ich hinaus und schloss mich ihnen an. In einem alleinstehenden Haus lebte dort der Lateinlehrer, ein kleiner ältlicher Mann und ebenfalls einer von denen, die sich immer das Parteiabzeichen ansteckten. Nun stellten wir Schüler uns wie bei den Marschübungen der Hitlerjugend in Reih und Glied vor seiner Tür auf und begannen zu singen und zu marschieren. Besonders begeistert schmetterten wir ein Lied, das man uns in der HJ beigebracht hatte: »Es zittern die morschen Knochen der Welt vor dem großen Krieg, wir haben die Knechtschaft gebrochen, für uns war es ein großer Sieg. Wir werden weitermarschieren, bis alles in Scherben fällt. Denn heute gehört uns Deutschland und morgen die ganze Welt.« Nach einer Stunde marschierten wir mit dem inzwischen gleichfalls gefesselten und ziemlich verwirrten Lateinlehrer zur »Hühnerkirche« zurück und legten ihn neben den stellvertretenden Direktor. Andere Lehrer, die mittlerweile etwas mitbekommen hatten, holten die beiden Kollegen aber bald wieder heraus.

Ich weiß nicht, wer unter den Erwachsenen über das weitere Vorgehen beriet und wie man zu dem Ergebnis kam, den Vorgang möglichst herunterzuspielen. Am folgenden Vormittag wurden wir älteren Schüler in die Bibliothek zitiert. Der Direktor warf uns unverantwortliches Verhalten vor, das den Fortbestand der Schule gefährde. Er forderte strengstes Stillschweigen, auch den Eltern gegenüber. Niemand solle die Ereignisse der Nacht je erwähnen. Außerdem würden Strafmaßnahmen gegen die Anstifter beschlossen. Einige ältere Schüler erkannten sofort, dass unsere Position gar nicht so schlecht war. Die Erwachsenen befürchteten gefährliche Nachteile für die Schule, wenn die Übergriffe gegen die Lehrer bekannt würden, noch dazu das spöttische Marschieren und Absingen von Hitlerjugendliedern. Wir einigten uns mit dem Direktor darauf, dass niemand mit Außenstehenden über den Vorfall reden oder in den Briefen an die Eltern ein Wort darüber verlieren werde. Falls die Schulleitung jedoch gegen einzelne Jugendliche vorgehen und diese eventuell von der Schule verweisen sollte, wollten wir die Geschichte nicht nur unseren Familien, sondern auch Freunden in anderen Schulen bekanntmachen. Es war eine Erpressung, die funktionierte: Unsere »Gefangenen« fürchteten um ihren Ruf so wie die anderen Lehrer um die Existenz der Schule. Dennoch beschlossen sie, dass die zwei ältesten und, wie sie sagten, reifsten Schüler das Heim verlassen müssten. Schließlich handelten wir für beide einen Kompromiss aus: Sie mussten die Schule zwar verlassen, konnten aber ohne eine negative Bemerkung in ihren Zeugnissen in ein anderes Landschulheim wechseln. Wir übrigen wurden zu körperlicher Arbeit verpflichtet und verbrachten unsere »Freizeit« in den nächsten drei Monaten mit dem Bau eines Staudamms.

Für fast alle Schüler, insbesondere für die jüngeren, hatte dieser Zwischenfall wenig mit Politik und Nationalsozialismus zu tun, trotz der Parteiabzeichen und der Hitlerjugendlieder. Wir hatten uns über die Einmischung des stellvertretenden Direktors in eine Auseinandersetzung geärgert, die wir eher als einen kameradschaftlichen Streit zwischen den Schülern und dem Direktor verstanden und die früher fast normal erschienen wäre. Ein grundsätzlicher Protest gegen das NS-System war das nicht. Und so marschierten wir dann auch von Zeit zu Zeit, wenn auch nicht allzu energisch, in Hitlerjuguniform um den Sportplatz und mokierten uns bei überregionalen HJ-Treffen hochmütig über die Tölpel aus den Dörfern und Kleinstädten am Rande der Heide, die besser strammstehen, aber schlechter Fußball spielen konnten als wir. Es ging weniger um politischen Widerstand oder auch nur Widerwillen, sondern vielmehr um unseren Lebensstil und unsere Schule. Beides wollten wir uns nicht nehmen lassen.

Dementsprechend angespannt war auch die Stimmung, als sich die Reichsfrauenführerin Gertrud Scholtz-Klink zu einer Inspektion ankündigte. Sie war für alle Internate zuständig und beauftragt, sie in Deutsche Heimschulen umzuwandeln. Die Lehrer erzählten uns, wie wichtig es sei, einen ordentlichen Eindruck auf sie zu machen, und einige ältere Schüler dachten sich einen Plan aus: in jeder Situation eine Antwort geben, die den Forderungen und Parolen der Partei entsprach. So standen wir im Karree vor der Schule, als die Reichsfrauenführerin von der obersten Stufe der Treppe ihre Ansprache hielt. Dann stellte sie uns Fragen: »Wer von euch will im Osten siedeln?« Darauf meldeten sich sechs ältere Schüler, und ich schloss mich ihnen an – ziemlich sicher, dass die anderen keineswegs die Absicht hatten, in den neu eroberten Ostgebieten Bauern zu werden. Eine der nächsten Fragen lautete: »Wer hat viele Geschwister?« Ich hob den Arm, zusammen mit mehreren Jungs, von denen ich wusste, dass sie nicht aus Großfamilien kamen. »Wie viele?« Ich meldete drei Geschwister, obwohl ich nur zwei hatte. Zwei Jungs gingen so weit, drei oder vier Geschwister zu erfinden. Irgendwie hofften wir, der Kinderreichtum würde auf die Frauenführerin einen guten Eindruck machen. Viel geholfen hat es gleichwohl nicht, denn die Oberstufe wurde wenig später geschlossen. Die Unterstufe dagegen blieb bis zum Kriegsende bestehen, weil die Akten, die die Verstaatlichung und Umwandlung in eine Deutsche Heimschule regeln sollten, in Hannover im Bombenkrieg zerstört worden waren.

Für mich fand meine Mutter im Frühjahr 1943 eine Schule weit entfernt von Hamburg. Das Süddeutsche Landerziehungsheim Schondorf am Ammersee war von seinem Ursprung her bürgerlich-konservativer als die Freie Schulgemeinde Marienau, aber durchaus von liberalem Geist geprägt. Diese Tradition versuchte der Leiter Ernst Reisinger gegen die Eingriffe der staatlichen Schulpolitik so weit wie möglich zu schützen, unterstützt von einigen älteren Lehrern. Sie versuchten etwas vom Geist der Studentenbewegung der zwanziger Jahre zu erhalten und trotz aller notwendigen Zugeständnisse an die Erziehungspolitik von Partei und Regierung möglichst viel von der freiheitlichen Grundhaltung der Schule zu bewahren. Der stellvertretende Direktor dagegen, gerade erst eingesetzt, gehörte zu denen mit stets sichtbarem Parteiabzeichen. Andere jüngere Lehrer waren wohl ebenfalls NSDAP-Mitglieder oder zumindest unkritisch gegenüber den Parolen von Partei und Regierung. Die Zeichenlehrerin etwa warnte mich vor »entarteter Kunst« – wegen meiner Aquarelle, für die ich von den Malerinnen in Marienau gelobt worden war. Zwei ältere Kameraden, die sich gern ein wenig als Zensoren aufspielten, schrieben als Urteil der Mitschüler: »Gerd liest zu viel Rilke, Hofmannsthal und Hölderlin. Er sollte mehr moderne Dichtung, etwa von Hans Baumann und Hanns Johst, lesen.« Das ärgerte mich, denn von Baumann kannte ich hauptsächlich Nazi-Gedichte wie das berüchtigte »Es zittern die morschen Knochen«, nicht seine mehr lyrische Produktion, an die die beiden Mitschüler dachten. Eigentlich waren die zwei ganz anständige, gebildete Jungs, die sich mit anderen zu einer kleinen Jazzband zusammengefunden hatten und eine Musik machten, für die sie, wie ich wusste, in Hamburg eingesperrt worden wären. Auch der Sportlehrer, der stets den Geist der Hitlerjugend pries, gefiel mir trotz seiner Parolen, weil er hilfsbereit und kameradschaftlich im Umgang war.

Es war eine Welt von Widersprüchen und ein Leben mit gemischten Gefühlen. Ich spielte gern Jäger oder Scharfschütze und schoss mit dem Luftgewehr aus meinem Zimmerfenster in die Bäume, aber dann schrieb ich eines Tages einen erschütterten Brief an eine der jungen Erzieherinnen in Marienau: Ich hatte eine Meise getroffen, unmittelbar vor meinem Fenster, zuerst stolz darauf, sie im Flug erwischt zu haben, und dann bestürzt über diesen Mord. In ihrem Antwortbrief lobte die Frau meine Gefühle und tröstete mich ein wenig. Oft führte ich nun lange Gespräche mit einer Erzieherin, die nur sechs oder sieben Jahre älter war als ich, eine gebildete Frau aus einer Verleger-Familie. Ihr Abstand zu den politischen Parolen des Dritten Reichs war unverkennbar. Aber dann erstaunte sie mich, als sie mir das Buch *Der Wanderer zwischen beiden Welten* von Walter Flex schenkte, geschrieben im Ersten Weltkrieg. Was der Autor da als Kriegserlebnis in feinsinniger Sprache schilderte, schien mir in seinem deutschnationalen Pathos erschreckend, da doch die Nationalsozialisten inzwischen einen ganz anderen Krieg führten. Die Zeiten waren verwirrend.

Bereits nach einem Dreivierteljahr ging mein Aufenthalt in Schondorf zu Ende. Unsere ganze Klasse wurde geschlossen. Meine Mitschüler wurden zur Heimat-Flak eingezogen und, gelegentlich mit etwas Schulunterricht, an Flugabwehrgeschützen bei Bahnhöfen oder kriegswichtigen Fabriken stationiert. Anstelle erwachsener Soldaten sollten sie nun die Verteidigung gegen die immer stärker werdenden Luftangriffe der Engländer und Amerikaner übernehmen. Mir schlug Direktor Reisinger einen anderen Posten vor. Ich könne doch gut mit jüngeren Schülern umgehen, meinte er, und solle mir deshalb überlegen, die Betreuung einer Schulklasse aus dem Ruhrgebiet zu übernehmen, die nach den Bombenangriffen auf ihre Heimat Schutz und Unterkunft in Bayern gefunden habe. Mir war das zwar nicht ganz geheuer, aber ich ließ mich überzeugen. Zwei Wochen später prüften mich zwei HJ-Führer und ein BDM-Mädchen – alle nicht sehr zackig, eher ein bisschen schludcrig – und wiesen mich in die »Führungsaufgaben« ein. Die Schulklasse sei in dem Ort Burghausen an der Salzach gemeinsam mit ihrem Lehrer und einem Hitlerjugendführer untergebracht, und ich sollte Lagermannschaftsführer werden. Dass ich keinen Rang in der Hitlerjugend hätte, sei egal.

So einfach war die Aufgabe als Lagermannschaftsführer in Burghausen dann aber doch nicht. Mit den Schülern aus dem Ruhrgebiet kam ich zwar ganz gut aus, besonders weil ich mich ab und zu in ihre Prügeleien mit den Jungs aus der Kleinstadt einmischte, doch mit den beiden Erwachsenen wurde ich nicht warm. Mein Stellvertreter hatte den HJ-Rang eines Scharführers – nicht gerade hoch, bloß die zweitniedrigste Stufe –, aber es verbitterte ihn, dass ich sein Vorgesetzter geworden war und somit einer ohne Dienstrang die geflochtene weiße Kordel des Lagermannschaftsführers tragen durfte. Sein Missfallen teilte er mit dem Lehrer aus Gladbeck, der ein Anhänger Hitlers und der Naturheilkunde war. Zum Ärger der Jungs hatte er Rohkost auf den Speiseplan gesetzt – schließlich sei auch der Führer Vegetarier. Viel ärgerlicher war jedoch, dass er kranke Schüler nicht zum Arzt gehen ließ, sondern selbst behandelte. Zwei seiner jungen Patienten hatten seit Tagen eitrig geschwollene Wunden an den Füßen, die er ausschließlich mit Heilerde kurieren wollte. Ich holte aus der Apotheke, was ich von zu Hause kannte: eine schwarze Salbe, mit der es den beiden Jungen sehr schnell besser ging. Aber nun hatte ich einen Feind, und gemeinsam mit dem Scharführer fing der Lehrer an, mir Schwierigkeiten zu bereiten. Ich hatte in meinem Zimmer ein paar Drucke aufgehängt, Cézanne, van Gogh und Corot, was die beiden zum Anlass nahmen, mich bei der nächsthöheren Führungsstelle als Anhänger »entarteter Kunst« anzuschwärzen. Überhaupt sei ich politisch unzuverlässig und auch nicht schneidig genug.

Doch noch ehe die Sache ernster wurde, erhielt ich einen Marschbefehl nebst Fahrkarte in den von Deutschland annektierten Teil der Tschechoslowakei, das sogenannte Protektorat Böhmen und Mähren. In Podiebrad war ein Schulungslager eingerichtet worden. Mit ein paar Hundert Jungen studierte ich Theorie und Praxis nationalsozialistischer Jugendführung. Über meinen Streit in Burghausen wurde nicht gesprochen, was mich beruhigte. Andererseits langweilte mich der mehrwöchige Lehrgang enorm, und die HJ-Führer blieben mir fremd. Nur mit einem jungen Wiener konnte ich anfangs ab und zu Gespräche führen, aber auch wir verkrachten uns: In der großen Warteschlange vor dem Esssaal hatte ich aus Spaß und Langeweile angefangen, ihm ein Ringelnatz-Gedicht über Kuttel Daddeldus Weihnachtsfeier aufzusagen. Da packte er mich am Ärmel und sagte leise, aber entschlossen: »Hör sofort damit auf. Wir sind hier, um von der Weltanschauung des Nationalsozialismus zu lernen.« Nun hatte ich keinen Gesprächspartner mehr.

Natürlich war ich froh, als wir nach sechs Wochen den Kurs mit einem stramm gesungenen »Die Fahne hoch, die Reihen fest geschlossen« beendeten. Jetzt hätte ich ins Landverschickungslager von Burghausen zurückfahren sollen, aber den Ärger wollte ich mir ersparen. Ich wollte nach Hamburg zurück, auch wenn das verboten und vielleicht gefährlich war. Also stieg ich in Prag aus dem Zug nach München aus und ging zum Nachdenken in den Bahnhofswartesaal. Angenehm war es nicht, dort zu sitzen und angestarrt zu werden: Die Leute um mich herum waren Tschechen, und sie schauten sehr unfreundlich auf diesen jungen Nazi in schwarzem Hemd, Trainingshose und hohen Gummistiefeln.

Immerhin, ich kam in dieser Uniform zunächst einmal mit dem Zug unbehelligt bis Berlin, wo ich spätabends bei der Auskunft fragte, wie ich nach Hamburg weiterfahren könne. Ein dunkelhaariger, gutgekleideter Mann bot mir seine Hilfe an. In dieser Nacht gebe es keinen Zug mehr nach Hamburg, stellte er fest. Ich könne aber bei ihm übernachten. Er hatte eine kleine, angenehm moderne Wohnung, doch als er mir den Schlafplatz in seinem Doppelbett zuweisen wollte, merkte ich, dass er homosexuell war. Meine Ablehnung überraschte ihn. »Ich dachte, in der Hitlerjugend seid ihr alle so«, meinte er nervös, und seine Besorgnis steigerte sich noch, als ich vor einem großen Porträt an der Wand stehenblieb. Unter dem Bild eines gutaussehenden jungen Mannes stand der Name »Montgomery«. »Ist das der englische Feldmarschall?«, fragte ich. »Ist das ein Jugendbild von ihm?« Mein Gastgeber war sichtlich erschrocken. Das hatte ihm noch gefehlt, dass er einen Hitlerjungen aufnahm, der nachher erzählte, er habe das Porträt eines englischen Generals an der Wand. Das sei kein Soldat, sondern ein junger Schauspieler in Amerika, meinte er aufgeregt. Ich versuchte ihn zu beruhigen, aber als ich mich am nächsten Morgen verabschiedete, spürte ich ganz deutlich seine Sorge, ich könnte ihn als Homosexuellen und Engländerfreund verpfeifen.

In Aumühle, zwanzig Kilometer von Hamburg entfernt, zog ich in das Haus meiner Großeltern, wo auch meine Mutter lebte. Ich ging zur Oberschule in Reinbek und meldete mich einfach an. Alles lief ohne große Formalitäten, und dass ich mich einfach nach Hamburg abgesetzt hatte, blieb ohne Konsequenzen. Immer wieder fiel der Unterricht aus, wenn wir die Schule wegen Fliegeralarm verlassen mussten. Dann begleiteten mein Freund und ich zwei Mitschülerinnen zu deren Haus im Villenviertel. Dort saßen wir oft im Garten, wo ich das Kartenspiel Schafkopf lernen musste. Die Mutter des einen Mädchens, eine gutaussehende, gebildete Frau, war eine Amerikanerin, die sich aber nie über politische Themen äußerte. Mein Freund war der einzige Katholik in der Schule und redete auch nicht von Krieg, Politik oder dem Führer. Zwei Häuser von meiner Großmutter entfernt wohnte einer der Anführer des Kieler Matrosenaufstands von 1918, der jedem möglicherweise schwierigen Gespräch auswich, und noch ein paar Häuser weiter die wohlhabende Schwiegermutter einer jungen Engländerin, die mit einem erfolgreichen deutschen Juristen in Berlin verheiratet war. Von dieser erzählte man sich, ihr Vater sei einer der größten Zeitungsverleger in England, ein enorm reicher und einflussreicher Mann, der uns vor den Bombern der Royal Air Force schützen würde. Zu bombardieren gab es in diesem Hamburger Vorort eigentlich nichts, aber auf den Schutz der mächtigen englischen Verwandtschaft unserer Nachbarin rechnete man gern.

Alles lief ganz gut für mich, außer in der Schulklasse. Da hatte sich ein Mädchen in mich verknallt, eine etwas maskulin wirkende Blondine, die wir in unserem kleinen Freundschaftszirkel manchmal »die Nazisse« nannten. Sie ärgerte sich, dass ich mit ihr nichts anfangen wollte, und meckerte darüber, dass ich im Garten einer Amerikanerin Zeit verbrächte. Einmal bekamen wir im Deutschunterricht ein zeitgenössisches Theaterstück zu lesen: Junge Nationalsozialisten kämpfen gegen die Weimarer Republik, gegen die »Systemzeit«, die durch einen sozialdemokratischen Regierungspräsidenten repräsentiert wird. »Den muss der Gerd spielen«, rief das blonde Mädchen der Lehrerin zu, »das ist genau seine Rolle.« –

»Aber der Regierungspräsident ist dick, alt und hat große rote Hände. Das ist doch nicht der Gerd«, sagte die Lehrerin. Sie schob den Vorschlag schnell beiseite, weil sie wusste, dass eine Diskussion darüber, ob ich der Typ eines Systemzeit-Demokraten sei, gefährlich werden könnte. Immerhin bestellte der Direktor mich zu sich und fragte, was da vorgefallen sei, um dann fast sofort von den Problemen des Mathematikunterrichts zu reden. Zwar gehörte er auch zu denen, die mit dem Parteiabzeichen am Revers herumliefen, doch er war kein fanatischer Nazi und wollte jedenfalls vermeiden, dass seine Schule politisch auffiel.

Manchmal musste ich mich ziemlich verbiegen, beispielsweise bei einem Aufsatz über Schillers *Räuber*. Die erwartete Richtung war klar: Karl Moor ist ein edler Räuber, ein idealistischer deutscher Rebell. Sein Mit-Räuber Moritz Spiegelberg hingegen ist ein Jude und ein Verbrecher aus Selbstsucht und Geldgier. Ich versuchte, dem Zwang zu dieser antisemitischen Gegenüberstellung zu entgehen, und beschrieb Spiegelberg vor allem als einen schlauen Planer und hochintelligenten Kopf. Karl Moor mit seinen großen Worten kam dagegen schlechter weg. Die Deutschlehrerin gab mir das Aufsatzheft ohne jeden Kommentar zurück, aber mit einer Zwei. Ich fand, dass ich mich eigentlich ganz klug aus der Affäre gezogen hatte. Doch die junge Erzieherin aus Marienau, der ich den Aufsatz einige Wochen später zeigte, war nicht so zufrieden. Ich sei in die Falle gegangen, meinte sie, denn die Geschicklichkeit und die Intelligenz, die ich bei Spiegelberg gelobt hätte, entspreche doch gerade dem Negativklischee des jüdischen Intellektuellen, während sich der weniger gerissene Karl Moor umso mehr als selbstloser idealistischer Deutscher erweise. Ich war verwirrt und unsicher. »Es gibt keinen Ausweg, außer der Lüge. Und die Lüge kann kein Ausweg sein«, schrieb ich der jungen Erzieherin.

In unserer Klasse gab es zweiundzwanzig Mädchen und drei Jungen. Alle anderen Schüler waren schon zur Wehrmacht eingezogen worden. Der dritte Junge neben mir und meinem katholischen Freund kam aus einer reichen Familie in unserer Nachbarschaft. Seine Mutter hatte sich mit Spenden und Beziehungen in der NS-Frauenschaft engagiert und galt als einflussreich. Ihr Sohn war nicht der Schlaueste, aber mit Hilfe seiner Mutter hatte er sich einen Wunsch erfüllen können: Er hatte einen Zug der Nachrichten-HJ gegründet und ihn mit Funkgeräten ausgerüstet. Damit hatte er sich eine kleine, durchaus linientreue, fast selbständige Einheit zugelegt. Er wollte mich in seinen Verband von zwölf oder vierzehn Leuten aufnehmen, besonders, so sagte er, wenn ich bei passender Gelegenheit noch einmal die weiße Kordel des Lagermannschaftsführers anlegen könnte. Offenbar dachte er, dass man diesem Splittergrüppchen der Nachrichten-HJ dadurch zu mehr Ansehen verhelfen könnte. Also tat ich ihm den Gefallen und stolzierte gelegentlich mit meiner weißen Kordel umher, wenn es galt, bei anderen HJ-Führern Eindruck zu machen, aber ohne möglichst allzu sehr aufzufallen – ein schwieriger Balanceakt.

Meine Mutter versorgte mich immer mit Lesestoff. Ohne weitere Kommentare brachte sie aus Hamburger Antiquariaten Bücher mit, die nicht politisch waren, aber deutlich aus dem Rahmen der offiziellen national gefärbten Literatur fielen: Manfred Hausmanns *Kleine Liebe zu Amerika*, Hans Leips *Jan Himp* oder Fritz Steubens ganz unsentimentale Bücher über die Indianer und die Vernichtung ihrer Kultur. Warum sie solchen Lesestoff für mich aussuchte, erklärte sie mir nicht. Ich verbrachte sehr viel Zeit auf dem Dachboden im Haus meiner Großeltern. Dort standen etliche Kartons und Kisten mit Büchern aus den zwanziger Jahren. Ich schmökerte in dicken Bänden mit gesammelten Illustriertenausgaben, und auch an einige politische und staatsrechtliche Bücher wagte ich mich heran, wobei ein rechtsphilosophisches Werk von Gustav Radbruch über die staatspolitische Bedeutung einer Verfassung mich besonders in Bann zog. Da tat sich eine politische Landschaft auf, deren Begriffe von Recht, Staat und Verfassung mich faszinierten, ja begeisterten, obwohl ich sie nur zum Teil verstand. Meine Großmutter, so fand ich durch eine der Kisten heraus, hatte früher kleine Gesellschaften von Frauen geleitet, deren Männer zu einer Freimaurerloge gehörten. Aber das war nichts, worüber sie mit mir sprechen mochte.

In der Molkerei meines Großvaters lernte ich eine Polin kennen. Sie war, wie sich herausstellte, in Warschau an der Universität Dozentin für deutsche Literatur gewesen und als Zwangsarbeiterin nach Deutschland deportiert worden. Offenbar machte es ihr Freude, mit einem jungen Deutschen ins Gespräch zu kommen, der sich ernsthaft für Literatur interessierte. Sie wollte gerne etwas von Hamburg sehen, nicht nur den Weg zwischen Fremdarbeiterunterkunft und Molkerei. Ich holte ihr einen Mantel meiner Mutter, damit sie weniger auffällig aussah, und so gingen wir, in Gespräche vertieft, im Zentrum von Hamburg spazieren. Da entdeckte ich dann eine Art satirischer Literaturkritik, der ich in Büchern noch nicht begegnet war. »Der Hauptmann«, sagte sie über eine Büste des damals staatlich verehrten Großdichters Gerhart Hauptmann, »sieht aus, wie wenn der Goethe ein Arrrschloch gewesen wäre.«

Inzwischen hatte ich auf dem Umweg über die Musik einen kleinen Kreis von Freunden gefunden. Zunächst im Kirchenchor, wo besonders die vorbarocke Musik gepflegt wurde, deren Ernst mich ergriff. An manchen Abenden traf sich eine Gruppe von jüngeren Leuten zu Hause bei der Organistin und Chorleiterin, um zu singen und, mehr noch, um zu diskutieren. Gleich am ersten Abend erlebte ich, wie sich das Gespräch Richard Wagner zuwandte, dem Lieblingskomponisten des Führers. Wagners Opern galten als gewaltige Verkörperungen echter deutscher Ideale. In dieser Runde aber holte einer Nietzsches Schriften aus dem Bücherschrank der Organistin und begann dessen Verurteilung Richard Wagners und seiner Ideologie zu zitieren. Die Unterhaltung, die scheinbar über Kunst und Oper geführt wurde, bekam einen doppelten Boden, denn indirekt wurde Kritik an Hitlers Kunstverständnis geübt. So vorsichtig das Gespräch geführt wurde, zog es mich doch tiefer in diesen kleinen Kreis von zehn, elf Freunden.

Später merkte ich, dass einige der neuen Freunde jüdischer Abstammung waren. Die Organistin etwa hatte entfernte jüdische Vorfahren, musste aber keinen Judenstern tragen. Sie ließ ihre Mutter trotzdem nicht auf die Straße gehen, weil sie fürchtete, Nachbarn würden, wenn sie die alte Frau sahen, gegen sie und dann auch die Tochter vorgehen. Zwei der jungen Männer in unserem Kreis hatten ebenfalls einen jüdischen Hintergrund, sie waren nicht offiziell klassifiziert als Juden oder Halbjuden, lebten aber doch ständig in Bedrohung. Den einen, ein gutaussehender blonder Mann von zweiundzwanzig Jahren, hätte ein absurder Zufall beinahe ans Messer geliefert: Als er mit einer schwarzhaarigen, etwas dunkelhäutigen jungen Frau auf dem Jungfernstieg spazieren ging, stellte ihn eine Patrouille der Hitlerjugend. Warum er mit dieser Jüdin herumlaufe? Sie fanden schließlich heraus, dass nicht das Mädchen, sondern er jüdischer Abstammung war, und prügelten auf ihn ein. Das Mädchen war die Tochter des Konsuls eines südamerikanischen Landes, und ihr Vater erreichte über die Hamburger Senatsbehörden, dass man ihm eine Art Entschuldigung für den Übergriff auf seine Tochter und ihren Freund zustellte – was immerhin ein wenig mehr Sicherheit für die beiden bedeutete.

Zwei weitere Mitsänger waren allerdings eindeutig jüdischer Abstammung. Sie durften noch in ihrer Wohnung schlafen, mussten aber jeden Morgen nach Neuengamme fahren, in das Konzentrationslager am Rande Hamburgs, wo sie zur Büroarbeit verpflichtet waren. Sie brauchten keine gestreiften Anzüge zu tragen wie die Gefangenen in dem Lager, in dem über die Jahre fünfzigtausend Menschen – Juden, politische Häftlinge, sowjetische Kriegsgefangene – erschossen oder hingerichtet wurden oder schlicht verhungerten. Unsere beiden Freunde erzählten kaum davon, aber manchmal erwähnten sie Gefangene, denen sie bei ihrer Arbeit begegnet waren, etwa eine vom Hunger und von anderen Entbehrungen geschwächte Pianistin aus Warschau oder Lehrer oder Ingenieure, die schrecklich unterernährt seien. Sie fragten, ob wir ihnen für diese

Leute etwas zu essen mitgeben könnten. Viel war es ohnehin nicht, was sie hineinschmuggeln konnten – mal ein Viertelpfund Butter, mal ein Stück Wurst oder ein halbes Brot. Wir anderen hatten auch längst nicht alle Nahrungsmittel, die wir gerne wollten, doch bis zum Ende des Kriegs funktionierte die Versorgung immerhin leidlich, eingeschränkt zwar durch Lebensmittelkarten, aber gestützt durch Lieferungen und Pakete der Soldaten an ihre Angehörigen aus den besetzten Ländern West- und Osteuropas. Ich wusste nicht, ob meine Großeltern damit einverstanden gewesen wären, dass ich ein bisschen Wurst oder Butter aus der Speisekammer mitnahm. Also tat ich es heimlich. Meine Großmutter hatte mir deutlich zu verstehen gegeben, dass sie es für ungut oder gar gefährlich hielt, dass ich einen der Freunde, mit dem ich gemeinsam im Chor sang, bei uns im Gästezimmer übernachten ließ, wenn er den späten Zug nach Bergedorf verpasst hatte. Es sei für unsere ganze Familie gefährlich, einen Juden in unserem Haus aufzunehmen, sagte sie. Aber verboten hat sie es mir nicht.

In unserer Familie wurde nicht über die Judenverfolgung gesprochen, schon gar nicht befürwortend. Mein Großvater hatte die Angewohnheit, Hamburger Großkaufleute, die er nicht leiden konnte, gelegentlich als »weiße Juden« – als besondere Ausbeuter – zu beschimpfen. Da war also ein kritischer Vorbehalt gegen die Juden, aber nun auf reiche Deutsche bezogen. Ich hatte inzwischen gelernt, bei solchen Themen nicht nachzufragen. Meine Großmutter fand ohnehin, dass ich das Maul gefährlich weit aufriss. »Wenn du so weitermachst, dann kommt die SA und nimmt dich mit. Dann musst du ins Lager, und da binden sie dich auf die Pritsche, und du kannst nicht mehr runter, du musst alles unter dich machen«, sagte sie einmal zu mir. Das war zu einer Zeit, als längst viel schrecklichere Lager existierten. Sie sprach noch von den Übergriffen der SA kurz nach 1933. Vielleicht erschien das meiner Großmutter immer noch als das Schlimmste, was uns drohen konnte, vielleicht wusste sie nichts von den großen KZs, vielleicht wollte sie einfach nichts davon wissen.

Wir hatten eigentlich nur einen in der Familie, den ich für eine Art Nazi hielt: den Bruder meiner Mutter. Er war als junger Rechtsanwalt im März 1933, gleich nach der Machtübernahme durch Hitler, in die NSDAP eingetreten. Meine Großmutter ärgerte ihn gelegentlich, indem sie ihn »unser Märzveilchen« oder »unseren Märzgefallenen« nannte (ursprünglich eine Bezeichnung für die Toten der Märzrevolution 1848). Mein Onkel war, schien mir, eher ein Opportunist als ein Fanatiker. Einmal, es muss um das Jahr 1943 gewesen sein, wurde er streng mit mir. Sein Sohn, der ein paar Jahre jünger war als ich, hatte mich gefragt, was ein Usurpator sei, ein Wort, das er gerade irgendwo gelesen hatte. »Das ist einer wie Hitler, der alle Macht im Staate an sich reißt«, erläuterte ich. Da unterbrach uns mein Onkel und sagte: »Das ist nicht richtig, Hitler ist kein Usurpator, er ist 1933 von der Mehrheit gewählt und vom Reichstag ernannt worden.«

Zwar hatte er danach erst einmal bei mir verloren, aber dann machte er doch einiges wieder gut: Er war als Verwaltungsoffizier in Italien gewesen und kam mit einem ganz ungewöhnlichen Geschenk zurück, einem Buch von Ernest Hemingway, das in deutscher Sprache gerade erst in Stockholm erschienen war und das er in Rom für mich gekauft hatte. *Wem die Stunde schlägt* erzählt von einem jungen Amerikaner und einer Gruppe von Partisanen im Kampf gegen Franco, den faschistischen Herrscher Spaniens. So etwas hatte ich bis dahin noch nicht gelesen. Vom Bürgerkrieg in Spanien war bei uns nur Heldenhaftes über Francos Faschisten und ihre deutschen Unterstützer berichtet worden und nur Böses über ihre grausamen Gegner, die Kommunisten. Was ich nun in Hemingways Roman las, fand ich mitreißend und erschütternd, und dass ausgerechnet mein Onkel, der »Märzgefallene«, mir das Buch aus Italien mitgebracht hatte, ließ mich daran zweifeln, ob er wirklich ein richtiger Nazi war.

1943 war der Sommer der großen Luftangriffe. Sie veränderten unser Leben einschneidend. Schon vorher hatte es immer wieder Fliegeralarm gegeben und viele Berichte über einzelne Bombenangriffe, zerstörte Häuser oder Fabriken. Aber irgendwie hatten wir uns an solche Meldungen gewöhnt, wenn sie uns von anderswo erreichten – als angebliche Gerüchte, die nicht verbreitet werden durften. Es war zunächst eine mehr abstrakte Gefahr, die einen selbst nicht betraf. Dann donnerten Ende Juli 1943 die britischen und amerikanischen Bomber heran, Welle um Welle. Ganze Stadtviertel brannten, Zehntausende von Menschen flüchteten in die Orte des Umlands, ein Gefühl totaler Hilflosigkeit griff um sich, dem auch die Organisatoren und Propagandisten der Partei nichts entgegensetzen konnten.

Nach der ersten Bombardierung war mein Großvater in die Stadt gefahren, um zu sehen, ob es seine Molkerei getroffen hatte. Zwei oder drei Angriffe später, als es keine Telefonverbindung mehr gab, fuhr auch ich schließlich mit zwei Flaschen Mineralwasser, einem Stück Mettwurst und einem Regenmantel auf dem Gepäckträger mit dem Fahrrad nach Hamburg hinein. Immer mehr Flüchtlinge strömten mir entgegen. Dann kamen Rauchwolken und abgebrannte, oft noch glimmende Häuser. Am Straßenrand lagen Verletzte, die meistens schon von Sanitätern versorgt worden waren. Nicht weit vom Hauptbahnhof fand ich neben ein paar qualmenden Ruinen meinen Großvater in der Molkerei. Sie war beschädigt, aber zum größten Teil erhalten. Die ganze Nacht über hatten die Arbeiter die Einschlagstellen der Brandbomben zu löschen versucht. Als das Wasser ausfiel, gossen sie Milch in die Flammen und schworen später, Buttermilch sei das Beste gegen Phosphorbomben. Die Stimmung unter den Männern war bedrückt. Viele warteten auf Nachricht von ihren Familien und wussten nicht, ob ihre Wohnungen zerstört waren. Einer fing an, auf die mörderischen Briten zu schimpfen, aber die anderen stimmten nicht ein und hörten nur mürrisch zu. Über den Krieg wurde kaum gesprochen, schon gar nicht über die Siegesversprechen von Partei und Regierung. In den ersten zwei Tagen verzichteten auch die örtlichen Parteifunktionäre auf ihr Gerede vom Durchhalten und vom Sieg und gaben sich lieber als Organisatoren von Hilfsmaßnahmen für die verzweifelten Menschen.

Ich fuhr in ein anderes Viertel, wo ich die Stadtwohnung meiner Großeltern suchte: Das Haus war ausgebombt und abgebrannt, eine Nachbarin stocherte in den Trümmern. Sie müsse den Kellereingang freimachen, sagte sie. Unter dem Schutt lägen ihre ganzen Vorräte, Decken und Kleider und alles andere, was gut und knapp sei. Ich half ihr, Steine zur Seite zu legen, aber die Arbeit war zu schwer für uns. Mit zwei Leuten aus der Molkerei fing ich am Abend noch einmal an. Die Männer räumten auch die Tür zum Keller meiner Großeltern frei, und gemeinsam beluden wir einen Handwagen mit Konserven und Eingemachtem, das nun durch die Brandhitze zum zweiten Mal gekocht war, wie einer der Helfer bemerkte. Aber das war uns egal, alles Essbare war wertvoll. Als ich dann mit meinem Großvater allein war, sank er auf einem Stuhl zusammen und sagte: »Das war ja nun das Ende.« Er habe von Anfang an gewusst, dass der Krieg verloren sei, spätestens seit Beginn des Russlandfeldzugs. Und überhaupt, der ganze Zauber mit dem Dritten Reich habe ja schlimm enden müssen. Dann stand er auf und schaute draußen nach, was noch getan werden konnte.

Alle, die ich kannte, warteten auf den Einmarsch der Engländer, der das Ende des Kriegs bringen würde. Die Durchhalteparolen, mit denen der Ortsgruppenleiter der NSDAP gelegentlich auftrat, wirkten besonders hohl, wenn er an den Sammelstellen für Flüchtlinge redete. Dabei war er durchaus ein guter Organisator bei der Verteilung von Lebensmitteln oder Unterkünften. Das hielten ihm alle zugute, aber für seine politischen Reden war es längst zu spät. Ich hoffte ebenfalls auf das baldige Ende des Kriegs und spürte, dass dies auch unter meinen Freunden die eigentliche, wenngleich unausgesprochene Hoffnung war. Wirklich sicher konnte ich da freilich nicht sein. Als nach dem 20. Juli 1944 die Nachricht vom gescheiterten Attentat auf Hitler kam, war ich erschrocken und verbittert über die Reaktion der vielen Leute, die in dieser Tat nur bösartigen, feigen Hochverrat erkennen wollten und die Hasstiraden der Führer und Unterführer wiederholten. Unter unseren näheren Bekannten wurde das Thema vermieden. Nur ein Junge aus der Nachbarschaft sprach mich darauf an. Er war der Sohn eines Bankiers und konnte gut Englisch, weil er im Ausland aufgewachsen war. In seinem Zimmer hockten wir manchmal vor dem Radio und hörten die Nachrichten und Kommentare der BBC, die er mir übersetzte. Das war gefährlich, und weder er noch ich erzählten unseren Familien davon. Aber wir glaubten fest daran, dass das Kriegsende bevorstand.

Für mich allerdings fing der Krieg gerade erst richtig an. Im Februar 1945 wurde ich zur Wehrmacht einberufen, als Einziger unter meinen Schulfreunden. Andere wurden zur Heimatflak oder zum Volkssturm geholt, ich dagegen gehörte mit ein paar Gleichaltrigen, aber auch mit wesentlich älteren Männern zum letzten Aufgebot der Wehrmacht. Von Kriegsbegeisterung war unter uns nichts zu spüren, als wir in die Kaserne in Neumünster einzogen. Keiner konnte sich erklären, warum es gerade ihn getroffen hatte. Ein Bauernjunge – wie ich sechzehn Jahre alt – vermutete, das sei die Rache dafür, dass sein Vater ein Schwein schwarz geschlachtet hatte. Mir fiel ein, dass mir ein älterer Schulkamerad aus der gleichen Kaserne berichtet hatte, man habe ihn nach der Ausbildung zum Offizier machen wollen. Er sei jedoch kurz vor der Ernennung ziemlich betrunken und einigermaßen auffällig über die Mauer des Kasernengeländes geklettert, woraufhin man ihn zur Strafe als »offiziersunwürdig« eingestuft habe. Bei uns war freilich nicht einmal mehr Zeit für die normale Ausbildung. In Güterwagen verladen, rollte unser Regiment schon bald Richtung Westen.

Wir hatten gebrauchte Uniformen bekommen, aber keine Waffen. Die sollten wir an der Front erhalten, so erklärte man uns, vermutlich den geschlagenen Feinden abgenommen. Die älteren Männer hörten sich das mit unbewegtem Gesicht an, aber kaum waren die Offiziere und Unteroffiziere in ihre Wagen zurückgegangen, da machten sie Witze über die geplante Waffenverteilung. Manchmal sangen sie dann ihr Lieblingslied: »Lieber Gott im Himmel, du da droben, du wirst meine Sehnsucht schon verstehen. Lass mich meine bombardierte Heimat und den Rest der Möbel wiedersehen.« Dann aber kamen wir gar nicht an die Front. Unser Zug fuhr stattdessen ein paar Tage kreuz und quer durch Westfalen, bis wir eines Nachts wieder bei Hamburg auf dem Güterbahnhof standen. Dort wurden die Waggons erst einmal geparkt. Auch die Offiziere wussten nicht, wie und wohin es weitergehen würde. Warten sei das Los des Soldaten, meinte ein Unteroffizier zu uns, und das sei ja nicht das Schlechteste.

Am Rande des Bahnhofs mussten wir antreten, und der Regimentskommandeur, ein adliger Oberst, hielt eine Durchhalterede, die alle schweigend anhörten. Ich konnte diese Parolen jedoch nicht mehr ertragen und wollte nur noch abhauen. Aber wohin? Mich zu Hause bei meiner Mutter und den Großeltern zu verstecken ergab wenig Sinn, da würde man mich zuerst suchen. Am nächsten zum Güterbahnhof lag die Wohnung einer Großtante. Unauffällig verließ ich das Bahngelände, und meine Großtante fütterte mich hocherfreut mit Apfelkuchen, als ich bei ihr erschien. Aber aufnehmen und verstecken wollte sie mich nicht. »Der Krieg kann noch Monate dauern«, meinte sie. »Und wenn sie dich hier finden, bist du dran, und die ganze Familie muss leiden.«

Zurück in mein Regiment wollte ich aber auch nicht. In der Lüneburger Heide besaß unsere Familie ein kleines, abgelegenes Holzhaus. Also riskierte ich die Zugfahrt, mit einer gekauften Fahrkarte, aber ohne Urlaubsschein oder Marschbefehl. Jede Streife hätte mich festgenommen, doch zum Glück kam keine. Das Haus lag still und unbewohnt im Wald, der Schlüssel war hinter der Regenrinne versteckt. Ich schlüpfte hinein, ohne das Licht anzumachen. Am nächsten Tag würde ich weitersehen. In einer der Schlafkojen zündete ich die kleine Petroleumlampe an und fand ein altes Buch. *Esch oder die Anarchie* hieß es, verfasst von Hermann Broch, und darin fand ich Sätze, die mich im Innersten trafen. Da schrieb einer über den Ersten Weltkrieg: »Hat dieses verzerrte Leben noch Wirklichkeit? ... Die pathetische Geste einer gigantischen Todesbereitschaft endet in einem Achselzucken – sie wissen nicht, warum sie sterben ... Eine Zeit, feige und wehleidiger denn jede vorhergegangene, ersäuft in Blut und Giftgasen, aber für unser Einzelschicksal können wir mit Leichtigkeit einen logischen Motivenbericht liefern. Sind wir wahnsinnig, weil wir nicht wahnsinnig geworden sind?« Ich las die ganze Nacht. Ein Klopfen an der Tür weckte mich. Draußen stand ein freundlicher älterer Herr, der in einer Feriensiedlung auf der anderen Seite des Waldes lebte. Sie war einige Jahre zuvor von Anthroposophen gegründet worden. Am Abend vorher habe er ganz überrascht einen Funken Licht gesehen und wolle nun vorbeischauen. Er war bestimmt keiner, der mich verraten würde, aber eines war klar: Sicher würde ich auch hier nicht sein. Ich dachte, das Beste wäre es wohl doch, wenn ich unauffällig in die Güterwagen meiner Einheit zurückkehren könnte.

Und tatsächlich schaffte ich es. Als ich am Nachmittag auf dem Güterbahnhof möglichst zielstrebig, aber auch vorsichtig zum Wagen mit meinen Kameraden ging, hielt mich ein junger Leutnant an und wollte wissen, woher ich käme. Noch ehe ich antworten konnte, fuhr er fort, ich solle in den Kompanietrupp eingegliedert werden, eine kleine Gruppe mit Sonderaufgaben. Ich sei ja aus der Nachrichten-HJ, und sie bräuchten noch einen Funker. Ich konnte zwar nur ganz schlecht mit einem Funkgerät umgehen, aber das Angebot nahm ich natürlich an. Später stellte sich heraus, dass der Leutnant ein Reserveoffizier aus Hamburg war, ein junger Rechtsanwalt, der meinen Onkel kannte.

Als schließlich unser Zug nach Norden über die dänische Grenze rollte, war das Schlimmste für mich erst einmal vorbei. Im allgemeinen Durcheinander der letzten Kriegswochen war das Regiment auseinandergerissen worden: Zwei Bataillone fuhren Richtung Ostfront, wir hingegen kamen nach Dänemark, »das Land der Butter und der Schlagsahne«, wie die älteren Kameraden wussten. Das hob die Stimmung ein wenig. Dann allerdings rollte unser Zug über eine kleine Landmine, die dänische Widerständler gelegt hatten. Die Wagen blieben weitgehend unversehrt und wir konnten die Fahrt fortsetzen, aber ich hatte infolge der Explosion blaue Flecken und einen verstauchten Fuß. Nahe der jütländischen Stadt Vejle wurden wir in Schulen und Scheunen untergebracht. Dort herrschte dann Dienst wie üblich, Marschieren und Exerzieren, immer noch so gut wie ohne Waffen. Einmal gab es einen Zwischenfall, ein paar Soldaten waren auf einem Bauernhof in die Speisekammer eingebrochen und hatten geklaut. Zwei Offiziere ermahnten sie: Jetzt, wo der Krieg praktisch zu Ende sei, sollten wir uns nicht noch mehr Feinde machen.

Und tatsächlich: Der Krieg war vorbei. Mit drei Pferdewagen machten wir uns auf den Rückmarsch durch halb Jütland; irgendwie war es unseren Offizieren in Verhandlungen mit den Widerständlern gelungen, dass wir aus Dänemark abziehen konnten. Nach ein paar Tagen erreichten wir die deutsche Grenze. Die Offiziere meldeten sich bei den englischen Kommandanten und kamen mit einer verwirrenden Information zurück: Wir seien von nun an Kriegsgefangene, und unser Lager sei Schleswig-Holstein von der dänischen Grenze bis zum Kaiser-Wilhelm-Kanal bei Rendsburg.

Wir hockten am Straßenrand. Die Engländer hatten zwei große Lautsprecher aufgestellt, die den deutschen Dienst der BBC übertrugen. So hörten wir einen langen und schrecklichen Bericht über die Befreiung des Konzentrationslagers Bergen-Belsen, über das Massensterben, über Zehntausende von Toten und Verhungernden, die die englischen Soldaten dort vorgefunden hatten. Ich saß dort und konnte nur noch heulen. Ein älterer Feldwebel kam zu mir und fragte, was denn los sei. Ich deutete auf den Lautsprecher und brachte nur die Worte »Bergen-Belsen KZ« heraus. »Hast du da Verwandte drin?«, fragte der Feldwebel. Als ich den Kopf schüttelte, meinte er nur: »Na, dann ist es ja nicht so schlimm, dann beruhige dich mal.«

Fünfundvierziger

Journalistische Anfänge
1945–1949

Einen Tag, nachdem wir die deutsche Grenze erreicht hatten, marschierten wir weiter, in Kolonnen geordnet, aber nun gar nicht mehr zackig im Gleichschritt, sondern eher nachlässig. Ich bekam nicht mehr viel davon mit, denn ich hatte hohes Fieber und konnte kaum noch laufen. Nach drei Tagen lieferten mich meine Kameraden schließlich in der Nähe von Husum in ein Lazarett ein. Die Diagnose: Typhus, gefährlich und ansteckend, also Quarantäne. Ich lag in einem ganz gewöhnlichen Wehrmachtslazarett, wo es kaum anders zuging als in einem Kleinstadtkrankenhaus. Kämpfe hatte es in dieser Gegend nicht gegeben und das Lazarett arbeitete nun fast unverändert weiter.

In meinem Zimmerchen in der Seuchenabteilung döste ich mit Fieber vor mich hin. Als es wieder besser ging, versuchte ich von den Sanitätern und Patienten mehr über die Außenwelt zu erfahren, aber sie wussten nur wenig zu erzählen oder hatten das meiste schon verdrängt. Die dreitausend KZ-Häftlinge aus vielen Ländern, die hier noch einige Monate zuvor täglich durch die Stadt marschieren mussten, waren für sie schon in der Vergangenheit versunken. Unser Horizont war auf die nähere Umgebung des Lazaretts beschränkt. Der Krieg war vorbei und verloren, doch in den ersten Monaten lebten wir hier, am nördlichsten Zipfel Deutschlands, als hätte sich kaum etwas geändert. Ohne dass ein Schuss gefallen war, hatten die Engländer in ihrer Besatzungszone das Kommando übernommen. Die deutschen Offiziere und Ärzte unterstanden englischen Kommandanten, aber die sahen sie nur selten, und Anweisungen und

Befehle bekamen sie von ihnen kaum. Die Wehrmachtsstrukturen blieben vorerst unverändert bestehen. Dieselben Offiziere wie vorher gaben die Befehle, nur dass sie nun selbst offiziell Kriegsgefangene waren, die andere Kriegsgefangene befehligten und von Fall zu Fall noch wegen mangelnden Gehorsams vor ein deutsches Kriegsgericht bringen konnten. »Die können einen glatt noch erschießen lassen«, sagte mein Zimmernachbar, ein Unteroffizier. Das Gerücht ging um, dass wir alle nach England abtransportiert würden, wo wir die nächsten Jahre in Lagern leben und die zerstörten Städte wiederaufbauen müssten. Das war keine angenehme Aussicht, aber auch nicht mehr als eine durch »Latrinenparolen« erzeugte Sorge, mit der man uns disziplinierte. Für mich war das eine unheimliche, seltsam erstarrte Welt: Die Machthaber hatten den Krieg verloren, und wir sollten weiter gehorchen wie bisher. Nur so könne die Ordnung aufrechterhalten und Schlimmeres vermieden werden, sagten die Offiziere. Ich hatte mir das Ende von Krieg und Naziherrschaft anders vorgestellt.

Dann war diese seltsame Gefangenschaft ganz überraschend für mich vorbei. Nach fast zwei Monaten im Lazarett kamen zwei Ärzte zu mir und erklärten nach einer kurzen, oberflächlichen Untersuchung, ich sei einigermaßen gesund, jedenfalls nicht mehr ansteckend, und würde in den nächsten Tagen entlassen. Allerdings nicht, wie ich zuerst fürchtete, zu meinem alten Bataillon, sondern direkt nach Hause. Solange ich noch nicht siebzehn sei, gelte ich nicht als Kriegsgefangener, hatten die Ärzte herausgefunden. Also sollte ich machen, dass ich wegkäme. Zwei Tage später gaben sie mir einen Entlassungsschein. Da hatte ich noch ungefähr zehn Tage Zeit bis zu meinem siebzehnten Geburtstag und machte mich auf den Weg ins Unbekannte.

Ich trug meine schäbige Uniform, aber ohne irgendwelche Abzeichen. Einen Dienstrang hatte ich ja nicht gehabt. Am Rande von Husum nahm mich ein Pferdewagen mit, der mit Milchkannen beladen und unterwegs zu einer Molkerei war. Als Oberschüler oder Soldat wäre ich nicht weitergekommen, aber der Molkereichef kannte meinen Großvater in Hamburg, und so hatte ich es leichter, einen Lkw zu finden, der mich nach Süden mitnahm. Schließlich stand ich zehn Kilometer vor dem Kaiser-Wilhelm-Kanal, der heute Nord-Ostsee-Kanal heißt und damals die Südgrenze des großen Kriegsgefangenenbezirks bildete. Ein Geländewagen hielt an, zwei deutsche Offiziere riefen mich in festem Befehlston zu sich und fragten, was ich da machte. Ich sei auf dem Weg vom Lazarett nach Hause, entlassen, weil ich ja noch keine siebzehn Jahre sei. So etwas hatten die beiden, ein Hauptmann und ein Oberstleutnant, noch nie gehört, und sie studierten den Entlassungsschein zunächst misstrauisch. Dann wurde der Ältere plötzlich freundlich und sagte: »Steig ein, Junge, du kannst ein Stück mitfahren.« Am Übergang über den Kanal kontrollierte ein Posten die Papiere, die eine englische Dienststelle für die Fahrt zu Verhandlungen mit britischen Stabsoffizieren in der Nähe von Hamburg ausgestellt hatte. Man ließ unseren Wagen passieren. Den Fahrer und mich beachteten sie gar nicht. Auf der anderen Seite des Kanals war der Krieg für mich nun wirklich und endgültig zu Ende.

Weiter ging es per Anhalter. Am Abend, kurz vor der Sperrstunde, stand ich vor dem Haus meiner Großmutter in Aumühle. Wiedersehensfreude und Tränen bei der Großmutter, und dann die schlechte Nachricht, dass meine Mutter nach einer Operation vierzig Kilometer entfernt im Krankenhaus lag. Das Telefon funktionierte immer noch nicht, und so konnte ich ihr die gute Nachricht meiner Rückkehr nicht sofort mitteilen. Das Haus meiner Großmutter war unverändert, überhaupt war im ganzen Ort nichts zerstört. Aumühle war kampflos besetzt worden, nachdem der Bürgermeister mit weißer Fahne auf die englischen Truppen zugegangen war, erzählte mir meine Großmutter. Zum Glück hatten hier keine fanatischen Werwölfe einen Guerilakrieg entfachen wollen, wie ihn die HJ-Führer zuvor mit großen drohenden Worten angekündigt hatten. Es war wenig los auf den Straßen, kein Verkehr, überall herrschte eine scheinbar friedliche Stille. Zehn Tage ehe die englischen Soldaten durchmarschiert waren, hatte meine Großmutter die halbjüdische Mutter der von mir verehrten Organistin doch noch aufgenommen und im Taubenstall versteckt. So kurz vor dem Ende schien ihr das Risiko für unsere Familie nicht mehr so groß, und sie hätte es sich nicht verziehen, wenn die alte Frau noch in letzter Stunde verschleppt worden wäre. Die englischen Soldaten sah sie nicht als Feinde an, aber auch nicht dankbar als Befreier. Ein kleiner Trupp war mit einem Metallsuchgerät in ihren Garten gekommen, hatte ihr Tafelsilber gefunden, ausgegraben und mitgenommen – das Beste, was sie nach den Bombenangriffen und der Zerstörung ihrer Stadtwohnung noch besessen hatte.

Ich suchte nach meinen Freunden. Wie ich feststellte, hatten alle die letzten Kriegsmonate überlebt. Die Nachricht, dass ich zurück sei, gaben sie von Mund zu Mund weiter, und einige meldeten sich bald bei mir. Der jüdische junge Mann aus dem Chor, der manchmal bei mir übernachtet hatte, ließ mir einen Gruß und ein kurzes Gedicht zukommen. »Nun wird sich alles wenden«, schrieb er. Als wir dann zum ersten Mal wieder zusammensaßen und mehr sangen als redeten, gab mir auch die Chorleiterin ein kleines Gedicht. »O Gerd! Entbehrt durchs Schwert im frühen Jahr! Unterernährt, doch nicht versehrt, am eigenen Herd nun wieder da. Ob unbelehrt und ganz verkehrt, ob leicht verstört – wer weiß es ja. Tenorbewährt und geistbeschwert, von uns verehrt, hoch, hoch, hurra.« Es schien alles wie früher, und doch war alles anders. Wir wussten nur noch nicht, wie.

In diesen ersten Wochen nach meiner Rückkehr musste ich einen Weg in das normale, unerwartet langweilige Alltagsleben finden. In Hamburg meldete ich mich zum Steineklopfen in den Trümmern. Das war ein Beitrag zum Wiederaufbau und, so sagte man, die Voraussetzung, um später einmal an der Universität aufgenommen zu werden. Die war allerdings noch geschlossen, und niemand wusste, wann und mit welchen Professoren sie wieder ihre Tore öffnen würde. So hockten ein paar Freunde und ich täglich in den Trümmern der Hamburger Häuser – ein paar junge Männer, die nicht in Kriegsgefangenschaft waren, und viele Frauen jeden Alters, die man zum Trümmerdienst geholt hatte. Wir alle arbeiteten für unsere Lebensmittelkarten, für die schmalen Rationen, die uns zugeteilt wurden. Manchmal hungerten wir, konnten uns aber irgendwie durchschlagen. Auf die großen Schwarzmärkte, die es in jedem Viertel gab, musste man viel Geld mitbringen, und das besaß ich nicht oder nur ganz selten, wenn es mir etwa gelungen war, ein Paar gut erhaltene Schuhe, eine Jacke oder einen Rock aus den häuslichen Kleiderschränken zu verkaufen – für alte Reichsmark, die das Ende des Reichs fast wertlos überlebt hatten. Wir hätten alle gerne mehr zu essen gehabt und etwas Besseres anzuziehen als die aufgetragenen, von Verwandten geerbten Klamotten, aber dafür diskutierten und lasen wir, wanderten durch Antiquariate, deren Bücher für uns zu teuer waren, entdeckten gebrauchte Paperbacks, die amerikanische Soldaten verkauft hatten, und stießen schließlich auf eine neue Literatur, deren Bücher wegen der Papierknappheit wie Zeitungen gedruckt wurden – in Hamburg von Ernst Rowohlt erfunden und verlegt. Da hätte ich auch gerne Verleger werden wollen.

Als die ersten Verwaltungsstellen der Universität wieder zu arbeiten anfingen, stellte ich fest, dass mein Notabitur nicht anerkannt wurde. Ich hatte das Abschlusszeugnis bekommen, als ich zur Wehrmacht eingezogen wurde, aber nun lachten die Schulbeamten nur darüber, weil ich junger Spund mir einbildete, damit gleich studieren zu können. Es werde sowieso viel zu viele Studienbewerber mit gültigem Abiturzeugnis geben, wenn die ehemaligen Soldaten zurückkehrten. Die seien ein paar Jahre älter als ich und hätten noch lange Vorrang. Also zurück in die Obersekunda. Das Wilhelm-Gymnasium gehörte zu den ersten Oberschulen in Hamburg, die wieder den Betrieb aufnahmen. Die Lehrer waren jedoch alle sehr alt und viele von ihnen eigentlich schon pensioniert. Man hatte die Schulbücher »gesäubert« und alles, was mit Politik zu tun hatte, entfernt. Die deutsche Geschichte hörte im Mittelalter auf. Überlebt hatten eigentlich nur Mathematik sowie Naturwissenschaften und im Deutschunterricht mehr Grammatik als Literatur.

Ich fand diesen Unterricht unerträglich. Die Jungen in meiner Klasse waren ebenso alt wie ich, aber sie hatten nur das normale Schul- und HJ-Leben hinter sich und wussten mit mir so wenig anzufangen wie ich mit ihnen. Ein erstes wiedereröffnetes Tutorium, ein privater Weg zum Externen-Abitur, schien da schon vielversprechender. Hier kamen ältere Schüler und Schülerinnen zusammen, die bereits Erfahrung im Leben hatten, und unterrichtet wurden wir von jüngeren Lehrern, die gern mit uns diskutierten. Aber dann teilte die Hamburger Schulbehörde mit, dass eine Abiturprüfung für Externe noch für längere Zeit nicht möglich sei. Wieder musste ich einen Umweg suchen und fand ihn diesmal in einer Dolmetscherschule, wo ich Englisch und Russisch belegte. Englisch fand ich sowieso notwendig. Russisch reizte mich, weil es die Sprache der Sowjetunion war, dem Siegerland, das die Heimat einer neuen Gesellschaftsform mit eigenem Lebensgefühl sein sollte – dem Sozialismus. Ich hatte gerade begonnen, mich einzulesen: Ein neues Antiquariat in der Innenstadt, das sich auf Bücher der zwanziger Jahre spezialisierte, zog mich an. Da gab es in den Regalen Mann, Brecht und Toller, Gedichte des deutschen Expressionismus und eben auch Marx, Trotzki und Lenin. Ich hockte mich da in eine Ecke und blätterte durch die Bücher, manchmal eine oder zwei Stunden lang. Die beiden Antiquare fanden mich offenkundig nett und ließen mich in Ruhe schmökern, weil sie sahen, dass ich mich für Bücher interessierte, die zum Teil vorher verboten gewesen waren. Kaufen konnte ich sie nicht, aber Geld spielte ja ohnehin noch keine große Rolle. Unter meinen Bekannten hatte keiner welches.

Auf der Suche nach neuen politischen Erkenntnissen war ich bei Kommunismus und Sozialismus hängengeblieben. Hier kündigte sich eine radikale und in meinen Augen notwendige Systemänderung an. Auch wenn die Hitlerpartei verboten und diskreditiert war, schien mir eine Rückkehr in die politische Welt der zwanziger Jahre, in die gescheiterte bürgerliche Demokratie, nicht möglich. Die Wiedergründung der alten Parteien durch Sozialdemokraten und Liberale war aus meiner Sicht eine Wiederauflage der Parteien von vor 1933, die damals versagt hatten. Die CDU war mir als eine »kapitalistische« Partei ganz verdächtig. Wo gab es die Sicherheit, dass die Großindustriellen, die Nationalisten und Militaristen, die Hitler unterstützt hatten, nicht wieder den Kurs bestimmten? Für einen wirklichen Neuanfang schienen daher nur die Kommunisten in Frage zu kommen. Da ging es mir wie manchen gleichaltrigen Freunden. Mit einem von ihnen saß ich besonders oft zusammen, wir rollten aus Tabakresten unsere Zigaretten und suchten die Wahrheit. Ralf Dahrendorf stammte aus einer sozialdemokratischen Familie, hegte nun aber Vorbehalte gegen die Partei seines Vaters und seines Onkels und war ebenfalls auf der Suche. Manchmal stritten wir uns und lagen im Denken quer zueinander, wenn der eine die marxistisch-sozialistischen Lösungen für zuverlässig hielt, während der andere die mangelnde Meinungs- und Diskussionsfreiheit und die versteinerte Theoriedebatte bei den Kommunisten kritisierte.

Ralf Dahrendorf, der später ein international bekannter Sozialwissenschaftler war und als Rektor der London School of Economics von der englischen Königin geadelt wurde, reiste für einige Wochen nach Berlin und kam mit großen Vorbehalten gegen die neugegründete SED zurück. Ich war noch in dem Versuch gefangen, die ersten Gruppen der FDJ, der Freien Deutschen Jugend, in Schleswig-Holstein zu gründen. Ganz wohl war dabei aber auch mir nicht mehr: Die Mischung von Ideen der vornazistischen Jugendbewegung mit einer bürokratisch gefärbten Klassenkampfideologie, wie wir das damals ausdrückten, löste bald Misstrauen und Kritik bei Ralf und mir aus. Daraufhin erschien ein Hamburger KP-Funktionär, sicher doppelt so alt wie wir, um uns mit fertigem Propagandamaterial und einem starren ideologischen Korsett zu versorgen. Das aber war endgültig nichts mehr für uns.

Wir suchten weiter nach politischen Antworten. Es gab nichts Linkes, das wir ausschlossen. Einmal landete ich auf meiner Suche in einer Kellerwohnung nahe dem Bahnhof. Hier, so hatte ich gehört, befände sich das Hauptquartier der Anarchosyndikalisten, einer Gruppe, die für Arbeiterselbstverwaltung und für direkte Demokratie bis hinauf in die höchste Staatsführung eintrat und im Spanischen Bürgerkrieg unabhängig von den Kommunisten gegen Franco gekämpft hatte. Da traf ich allerdings nur drei ältere Männer an, die einzigen organisierten Anarchisten von Hamburg – wiederum eine Enttäuschung. Mit den Trotzkisten erging es uns ähnlich, obwohl sie die besseren Diskussionspartner waren und viel Kluges über Stalins Diktatur und die Fehlentwicklung des Marxismus zu sagen wussten. Etwas später, Anfang 1947, entdeckten wir das Buch *Jenseits des Kapitalismus*, unter Pseudonym von Richard Löwenthal geschrieben, einem der gescheitesten Emigranten, der inzwischen aus England zurückgekehrt war. Was er an Überlegungen vortrug, wurde für uns und für viele jüngere Leute zum Handbuch einer demokratisch-sozialistischen Politik. Die Analyse der Vergangenheit und die Hoffnung auf politische Chancen der Zukunft faszinierten mich.

Ich wollte nach wie vor unbedingt auf die Universität, aber was ich studieren wollte, wusste ich nicht genau. Eine Mischung aus Volkswirtschaft, Geschichte und Kunstgeschichte hätte mir gefallen, und unerwartet schien sich auch ein Zugang zum Studium zu eröffnen, ein Vorkurs für ehemalige Soldaten, die ohne gültiges Abiturzeugnis vor ihrem Studium eingezogen worden waren. Plötzlich schien auch mein Notabitur wieder etwas wert. Ich durfte mich zwischen die ehemaligen Landser und künftigen Akademiker setzen. Sie waren im Schnitt fünf Jahre älter als ich und hatten es schwer, wieder an einen Studienplan anzuknüpfen, der bei ihnen lange zurücklag. Mir machte es weniger Schwierigkeiten und viel Spaß. Meine Abschlussarbeit akzeptierten die Lehrer allerdings nur widerwillig. Der Inhalt war schwer zu bewerten, der Titel suspekt: »Die Malerei des deutschen Expressionismus«. Mein Wissen darüber hatte ich von den zwei Malerinnen im Landschulheim erworben und aus älteren Büchern zusammengelesen. Was ich schrieb, war vielleicht nicht so klug, wie ich dachte. Dem Lehrerkollegium aber waren Namen wie Nolde und Barlach, Kirchner und Marc völlig fremd. Sie ließen mich trotzdem die Prüfung bestehen, und ich erfuhr, dass ich nun damit rechnen könne, in zwei bis drei Jahren zum Studium zugelassen zu werden. Erst hätten Ältere den Vorrang. Das war erneut eine Enttäuschung, aber ganz so schrecklich war es auch wieder nicht, denn zwei Jahre nach dem Ende des Dritten Reichs wussten ich und fast alle meiner Altersgenossen sowieso noch nicht, wie unsere Zukunft aussehen könnte.

Und dann hatte ich Glück: Durch einen Zufall kam ich in Kontakt mit Axel Eggebrecht, einem Rundfunkmann der ersten Stunde, der für den Nordwestdeutschen Rundfunk (NWDR), die Rundfunkanstalt in der britischen Besatzungszone, arbeitete. Ich hatte in einem evangelischen Jugendzentrum an einem Gespräch über »Religion heute« teilgenommen und mit meinen Äußerungen über die Rolle der Kirchen im Nazireich Ärgernis erregt. Besonders mutig und bibeltreu hätten die Kirchen sich ja nicht gezeigt, hatte ich gesagt. Danach lud mich Axel Eggebrecht erneut zu einer Diskussion ein, und die Jugendredaktion schickte mich manchmal zu kleinen Reportagen aus. Ein weiterer Vorteil war, dass ich ab und zu in die Kantine des NWDR gehen durfte. Da gab es – ohne Lebensmittelmarken – Grießpudding mit einer Soße aus Süßstoff und künstlichem Orangeat oder ähnliche Magenfüller.

Schließlich wollte ich auch einmal eine Glosse für die tägliche Sendung *Echo des Tages* schreiben. Das wäre Anfang 1947 beinahe meine letzte Arbeit für den Rundfunk geworden. Ein älterer Kollege hatte mir vorgeschlagen – vielleicht um mich hereinzulegen –, ein kleines Stück über »Demontagen und Reparationen im Alten Testament« zu machen, also darüber, wie man schon in biblischer Zeit mit besiegten Gegnern umging. Das Thema war hochaktuell und gefährlich aufgeladen, weil in diesen Wochen Hamburger Hafenanlagen und Werften demontiert und in die Sowjetunion transportiert werden sollten. Die Hamburger fürchteten um die Zukunft der Stadt, die Arbeiter und die Gewerkschaften hatten Angst um Arbeitsplätze und Lohn. Die öffentliche Erregung war groß, die Proteste gegen die Siegermächte drohten zu eskalieren; bei der kommunistischen Partei in Hamburg war die Empörung allerdings gebremst durch die Tatsache, dass die Werften in die Sowjetunion verlegt werden sollten. Jung und naiv war ich in ein Wespennest gestiegen. Einer der britischen Kontrolloffiziere vermutete hinter meinem Beitrag neonazistische oder nationalistische Propaganda. Er überwachte unsere Sendungen gewöhnlich mit viel Sinn für Diskussionen und Meinungsfreiheit, aber nun beschloss er einzugreifen und ein Exempel zu statuieren. Ab sofort, so teilte er mit, sei ich als Rundfunkautor gesperrt. Bei aller Liebe zur Pressefreiheit, aber das, was ich da geliefert hätte, gehe einfach zu weit. Ich schien mal wieder am Ende, als ich unerwartet aufgefordert wurde, mich beim obersten Chef des Funkhauses zu melden.

Der Mann, der mich in seinem Büro erwartete, hatte die Beine auf den Schreibtisch gelegt. Böse und hart sah er nicht aus, und eine vorwurfsvolle Miene machte er auch nicht. Hugh Carleton Greene war vor dem Krieg ein englischer Auslandskorrespondent mit Erfahrungen in Deutschland und anderen Ländern Mitteleuropas gewesen und hatte dann beim deutschsprachigen Dienst der BBC gearbeitet, ehe er nach Kriegsende eingesetzt wurde, ein neugegründetes Sendersystem in der britischen Besatzungszone zu leiten. Viele Jahre später wurde er der erfolgreiche und bewunderte Generaldirektor der BBC. Greene kam gleich zur Sache. Was ich da geschrieben hätte, egal, ob richtig oder falsch, wolle er nicht senden. Ich solle es noch mal lesen, dann würde ich das selbst einsehen. Er blätterte dabei in Texten, die ich für NWDR-Redaktionen, meistens den Jugendfunk, verfasst hatte, und sagte dann, das sei gar nicht schlecht, aber ich müsse nun mal nicht nur schreiben, sondern auch denken lernen, und dazu könne ich auf die Rundfunkschule gehen. Ich wollte ihn aufklären: Ich sei zu jung für die Rundfunkschule – gerade erst achtzehn, für die Aufnahme sei aber zweiundzwanzig das Mindestalter. Außerdem seien für den ersten Kurs, der gerade im Januar 1947 begonnen habe, unter vierhundert Bewerbern nur zwanzig ausgewählt worden. Da hätte ich also keine Chance. Greene kehrte daraufhin den Chef hervor, der meine Aufnahme in die Rundfunkschule durchsetzen konnte. Tatsächlich hatte er bei den beiden Leitern des Kurses schon vorgefühlt. Sein Angebot musste ich einfach annehmen, zumal ich ahnte, dass hier Weichen für meine Zukunft gestellt wurden. Nach der Rundfunkschule würde ich weitersehen, erst mal in eine Rundfunkredaktion, zum Studium bliebe später noch Zeit genug. Ein Glücksfall.

Eine richtige Schule war diese Rundfunkschule eigentlich nicht, eher ein Experimentierfeld. Neben Vorträgen und Diskussionen wurden verschiedene Formen von Sendungen ausprobiert. Viel praktische Erfahrung damit hatte keiner von den etwa fünfundzwanzig jungen Kursteilnehmern, aber dafür zeichnete die meisten eine bemerkenswerte Neugier aus. Für viele war es die erste Begegnung mit einer Form von intellektueller und politischer Auseinandersetzung, deren Wurzeln direkt auf die Zeit vor 1933 zurückgingen. Die »Lehrer« waren in ihrer Mehrheit deutsche Emigranten. Einige hatten die Nazijahre in England verbracht und den Stil der BBC übernommen, der sich in seiner Gelassenheit völlig von der fanatischen Erregung und dem Propagandadonner des NS-Reichsrundfunks unterschied. Zwei andere waren als Kommunisten in die Sowjetunion geflohen, hatten dort den Deutschen Dienst von Radio Moskau aufgebaut und sich schließlich der Stalin-Diktatur entzogen, indem sie als Freiwillige in den Spanischen Bürgerkrieg gezogen waren und sich dann nach Francos Sieg zur BBC nach London gerettet hatten. Außerdem gab es Dozenten, die in Deutschland in einer Art intellektueller innerer Emigration geblieben waren – Axel Eggebrecht zum Beispiel, unabhängig, scharfsinnig und witzig formulierend, war ein Star der wieder entstehenden linksliberalen Szene. Hanns Hartmann, Leiter der Kurse an der Rundfunkschule, war 1933 der jüngste deutsche Theaterintendant gewesen und hatte sich dann wegen seiner jüdischen Frau in unauffällige Büroarbeit zurückgezogen. Nach 1945 hatte ihn die sowjetische Militärverwaltung in Ost-Berlin zum Leiter des Metropoltheaters gemacht. Hartmann hatte sich dem Druck der kommunistischen Zensur jedoch entzogen, woraufhin englische Rundfunkoffiziere auf ihn aufmerksam wurden und ihn nach Hamburg herausschmuggelten. In den erwähnten Diskussionen und Vorträgen wurden die Probleme der nationalsozialistischen Zeit und der Gegenwart in großer Offenheit zur Diskussion gestellt – das ging so weit, dass sogar einige führende Beamte aus dem ehemaligen Goebbels'schen Reichspropagandaministerium eingeladen wurden, damit sie über ihre Arbeit im Dritten Reich berichteten. Etwas Vergleichbares wäre zu dieser Zeit anderswo undenkbar gewesen.

Der Nordwestdeutsche Rundfunk war in Hamburg ansässig, mit zwei oder drei Nebenstellen in anderen Orten der britischen Besatzungszone. Am Ende der Kurse sollten die jungen Teilnehmer eine gute Chance auf einen Job in den Rundfunkredaktionen haben. Ob es für mich, so jung, wie ich war, eine Redakteursstelle geben würde, war einigermaßen fraglich. Nach zähen Kämpfen zwischen Politikern, Landesregierungen und Verbänden fiel die Entscheidung, Rundfunk nicht nur von Hamburg aus zu machen, sondern auch in Nordrhein-Westfalen einen Sender aufzubauen. Das war meine Chance. Als ersten Intendanten für den neuen Sender in Köln hatte die englische Rundfunkverwaltung Hanns Hartmann ausgewählt und mit großer Entschlossenheit gegen alle parteipolitisch gefärbten Vorschläge durchgesetzt. Hartmann wiederum rief mich in sein Büro und schlug mir vor, meine Lehrzeit in Köln zu machen.

Das war Ende 1947 ein verlockendes Angebot, aber keine leichte Entscheidung. Zu Hause hatte ich bei meiner Mutter und meinen Großeltern eine Unterkunft und etwas zu essen, wenngleich das, was es auf Lebensmittelmarken gab, knapp war und ohne Hilfe der Familie kaum ausgereicht hätte. Überhaupt wusste ich nicht, wie das Leben in Köln sein würde. Ich war zuvor noch nie im Rheinland gewesen, und meine Hamburger Großeltern erinnerten sich auch nur an Karneval, Leichtlebigkeit und Katholizismus. Von Köln wusste ich bloß, dass es eine von Bombenangriffen schwer zerstörte Stadt war. Aber das galt für Hamburg schließlich auch. Beim NWDR in Hamburg gab es bereits ungefähr achthundert Mitarbeiter und für einen Neunzehnjährigen daher kaum Bedarf. Im Kölner »Funkhaus«, angesiedelt auf zwei Etagen der ehemaligen Musikhochschule, arbeiteten dagegen zu diesem Zeitpunkt nur dreiunddreißig feste Mitarbeiter. Dass Hanns Hartmann diesen Kleinstsender, den Rest des ehemaligen Reichssenders Köln, in größerem Umfang ausbauen würde, schien mir sicher. Aus der Rundfunkschule wusste ich, dass er ein enormes Durchsetzungsvermögen hatte – also nahm ich sein Angebot an.

Anfang Januar 1948 kam ich also eines Morgens auf dem Kölner Hauptbahnhof an. Die meiste Zeit während der Fahrt hatte ich stehen müssen, alle Züge waren damals überfüllt. Zerstörte Straßen und Bombenkrater kannte ich schon aus Hamburg, aber nun wanderte ich allein und fremd im Zentrum von Köln durch eine Trümmerwüste. Auf kleinen Trampelpfaden musste ich meinen Weg zu der ehemaligen Musikhochschule finden.

Der Pförtner schickte mich zum Büro des britischen Kontrolloffiziers, Edward Rothe. Er war von Hause aus weder Offizier noch Engländer, sondern ein intellektueller Theatermann, der in Österreich Regieassistent von Max Reinhardt gewesen war, ehe ihn die Machtausdehnung des Dritten Reichs als Juden zur Flucht nach England gezwungen hatte. Er zeigte sich einigermaßen misstrauisch gegenüber einem sehr jungen Deutschen, der ja immerhin durch seine Jugend im Nazireich geprägt sein musste. Andererseits machte ihn gerade das auch neugierig. Ähnlich wie Hanns Hartmann, der kurz zuvor sein Intendantenbüro im ersten Stock bezogen hatte, konnte Rothe »Nazis riechen«. Beide verließen sich mehr auf Menschenkenntnis, Instinkt und Erfahrung als auf die bürokratischen Methoden der Entnazifizierungsprozesse – was später zu harten Auseinandersetzungen darüber führte, welche Nähe zu den Zeitungsredaktionen und Propagandabehörden der Nazizeit als Belastung noch erträglich sei. Das betraf nicht zuletzt meinen neuen Chef, Werner Höfer, den Hartmann trotz solcher Bedenken eine Woche zuvor angestellt hatte. Höfer sollte ein regionales Hörfunkmagazin für Nordrhein-Westfalen entwickeln, und ich sollte als Assistent praktische Erfahrungen sammeln. Bei diesen drei Männern, so unterschiedlich sie waren, fühlte ich mich in der fremden Stadt gut aufgehoben.

Einfach war das Leben dennoch nicht. Der Intendant bewohnte ein Zimmer mit fließend kaltem Wasser in einem christlichen Hospiz gegenüber dem legendären Gefängnis Klingelpütz. Werner Höfer, der spatere Erfinder und Moderator des *Internationalen Frühschoppen*, wohnte mit seiner Frau und zwei kleinen Töchtern in einer Garage. Ich bekam ein Monatsgehalt von 300 Reichsmark. 75 Mark gingen für das möblierte Zimmer am Stadtrand ab. Der Rest langte gerade für die Straßenbahn und fürs Essen, das in der kleinen Funkhaus-Kantine billig, aber nicht reichlich war. Einige der Kölner Kollegen waren hilfsbereit, wenn es darum ging, in den kleinen Lebensmittelgeschäften etwas »unter der Theke zu organisieren«. Gegenüber vom Funkhaus befand sich eine Bäckerei, die ohne allzu große Heimlichtuerei selbstgebrannten Schnaps im Angebot hatte. Aber als junger Fremder aus Norddeutschland hatte ich es doch schwer, wie die echten Kölner vom »Maggeln«, von Beziehungen, zu leben.

Geld spielte also keine große Rolle, weder beim Essen noch bei der Kleidung. Alles, was es nicht auf Lebensmittelmarken gab, war für uns zu teuer, und neue Anzüge erst recht. Solange ich zur Schule gegangen war, bis zur Einberufung in die Wehrmacht, hatte ich überhaupt nie lange Hosen getragen. Das galt unter meinen Freunden als bürgerlich und spießig. Danach hatte ich zwei Anzüge von meinem Großvater geerbt, nicht gerade schick, aber durch Änderungen angepasst, dazu zwei Paar Schnürstiefel und für ganz schlechtes Wetter alte Reitstiefel, die der Großvater schon als Kavallerist im Ersten Weltkrieg getragen und weiter liebevoll gepflegt hatte. Natürlich sah ich, dass es manchen Leuten viel besser ging, aber das schien mir eher eine Nebensache, während Diskutieren, Lesen und das Schreiben meiner Berichte das wirkliche Leben bedeuteten.

All das sollte sich aber bald ändern, und zwar buchstäblich über Nacht: Mit einem Mal war das Geld wieder etwas wert. Am 20. Juni 1948 hatte noch die alte Reichsmark gegolten, am nächsten Tag bereits konnten ihre wertlos gewordenen Scheine in die neuen D-Mark-Noten umgetauscht werden – allerdings limitiert: Nur ganze vierzig Reichsmark durfte ein Bürger in die neue D-Mark-Währung umtauschen. Wer indes vorher Wertsachen versteckt hatte, konnte sie jetzt in Geld verwandeln, mit dem man wieder etwas kaufen konnte. Schlagartig begannen die Unterschiede zwischen Arm und Reich von neuem das Leben zu bestimmen.

Es kehrte eine gewisse Normalität ein, ohne dass mir dieser Wandel gefallen hätte. Das galt auch für manche Veränderungen in der politischen Landschaft. Hugh Carlton Greene und die englischen Kontrolloffiziere traten im Herbst 1948 ab. Ihre Zeit war vorüber, die neu entstehenden politischen Parteien und Organisationen mussten eigene Führungsstrukturen erfinden und sich ihren Einfluss auf die öffentliche Meinung sichern. Mich erschreckte, mit welcher Härte auch in Presse und Rundfunk um strukturelle Veränderungen gestritten wurde und wie viel Bedeutung die Parteizugehörigkeit plötzlich bekam.

Im Nordwestdeutschen Rundfunk ging es zunächst darum, aus der einheitlichen Sendeanstalt, die die Briten von Hamburg aus gesteuert hatten, eine Konstruktion zu schaffen, in der das neu entstandene Land Nordrhein-Westfalen sein eigenes Sendegebiet möglichst weitgehend kontrollieren konnte. Das Hamburger Mutterhaus, das bis dahin über Form und Inhalt des Gesamtprogramms entschieden hatte, musste seine Vorherrschaft einschränken lassen, während der Intendant Hartmann mehr Sendezeit für Köln erkämpfte. Für mich war das ein großer Vorteil, denn so konnte auch ich mehr Sendungen machen, und zwar über sehr verschiedene Themen, an die ich unter all den Profis in Hamburg selten herangekommen wäre. Das änderte aber nichts daran, dass die Auseinandersetzungen in Hamburg mir eindeutig missfielen. Die Vereinnahmung durch die Parteien erschwerte die Arbeit gerade jener Rundfunkjournalisten, die ich am meisten bewunderte. Axel Eggebrecht, Ernst Schnabel und Peter von Zahn verloren an Einfluss und Entscheidungsfreiheit. Karl Eduard von Schnitzler, vom Sohn eines Kölner Bankhauses zum kommunistischen Leitartikler konvertiert, bekam keine Kommentartermine mehr und setzte sich zum Rundfunk in der sowjetischen Besatzungszone ab.

Mehr noch verärgerte und beunruhigte mich das Vorgehen gegen einen Kollegen von der Rundfunkschule, den ich als nachdenklich und ehrlich kennengelernt hatte, der aber nun als bekennendes Mitglied der KPD entlassen wurde. Ich versuchte, bei den englischen Kontrolloffizieren eine Revision der Entscheidung zu erreichen, und wandte mich auch an einige deutsche Vorgesetzte, besonders an Axel Eggebrecht, dem ich einen mehrseitigen Brief schickte. »Die Entlassung scheint mir sehr problematisch, die außergewöhnliche Lage mag jedoch außergewöhnliche Entscheidungen fordern«, schrieb ich. »Im Fall von G. S. scheint mir eine solche Maßnahme jedoch nicht angebracht zu sein. Ich lernte ihn auf der Rundfunkschule kennen und mochte seine sachliche Art zu diskutieren von Anfang an gerne. Er stand dabei in der ersten Zeit durchaus auf dem Standpunkt des dialektischen Materialismus und bekannte sich offen zu den Zielen der KP ... Bei Gesprächen über Marxismus und Kommunismus fiel mir auf, wie sachlich er reagierte und wie aufgeschlossen er Argumenten gegenüber war. Ich nehme an, daß er schon vorher Zweifel an der Doktrin der KP gehabt hat, jedenfalls konnte ich bemerken, daß er in keiner Weise fanatisch oder dogmatisch am Kommunismus hing.« Ich weiß bis heute nicht, ob zu diesem Zeitpunkt schon eine endgültige Entscheidung gefallen war, tatsächlich aber musste der Kollege die Rundfunkschule verlassen – immerhin ohne dass er öffentlich als KP-Mann verurteilt wurde. Er fand schließlich eine Position in einem DGB-nahen soziologischen Forschungsinstitut, ehe er nach England übersiedelte. Ich war enttäuscht und fürchtete, dies könne der Anfang einer verschärften politischen Säuberung sein.

Im Nordwestdeutschen Rundfunk hatte Ende 1948 ein neuer Generaldirektor die Leitung übernommen. Adolf Grimme war ein angesehener sozialdemokratischer Kulturpolitiker aus der Weimarer Republik, stand aber trotz allem guten Willen der veränderten Rundfunklandschaft und ihren Journalisten fremd gegenüber. Das Rundfunkgerät müsse werden, was einst die Petroleumlampe gewesen sei, der Mittelpunkt der häuslichen Familie, hatte Grimme verkündet. Einer der leitenden Redakteure hatte diesen Spruch aufgenommen und ergänzt: »Die Lampe blakt – ausputzen, ausputzen!« Grimme machte ihn bald zum Intendanten des NWDR-Hamburg. Herbert Blank war ein interessanter Einzelgänger, ein ziemlich kleiner, kahlköpfiger Mann, der nur keuchend sprach, weil seine Stimmbänder bei einem Gasangriff im Ersten Weltkrieg beschädigt worden waren. Seine Geschichte war höchst ungewöhnlich. In den zwanziger Jahren war er in der NSDAP ein verehrter Mann gewesen, der Essays und Bücher über Treue und Ehre verfasst hatte. Dann, um 1930, schrieb er ein Buch mit dem Titel *Hitler – Wilhelm III.*, das auf bitter-satirische Weise Hitlers politisches Denken auseinandernahm und karikierte. Nach Hitlers Machtübernahme saß Blank bis zum Ende des Kriegs im KZ, in einer Art Ehrenhaft, aber doch als Häftling. Danach hatten seine Veröffentlichungen zum Thema »Direkte Demokratie statt Parteienherrschaft« harte Diskussionen ausgelöst. Seine Gegner sahen in Blank eine Art diktatorischen Linksfaschisten. Dass ihn Grimme, der gestandene Sozialdemokrat, als Intendanten im Funkhaus Hamburg einsetzen wollte, verblüffte uns alle. Der hoffte jedoch, in diesem ihm fremden Haufen von Intellektuellen und Journalisten jemanden zu finden, der klare Entscheidungsprozesse durchzusetzen vermochte – und er hatte scheinbar den richtigen Mann gefunden: Auf einen Schlag entließ Blank 51 leitende Mitarbeiter der Redaktionen und Verwaltung mit der knappen Begründung »grundsätzlicher Reorganisationsmaßnahmen« – darunter fast alle Kollegen, die ich besonders schätzte. Dass er mit Genehmigung des neuen, demokratischen Generaldirektors zu einem solchen Kahlschlag fähig war, ließ mich dann endgültig zweifeln, ob die neue Machtverteilung auf die Parteien eine bessere Lösung war als die sogenannte englische Militärdiktatur.

Ich war dankbar, dass ich nicht in Hamburg, sondern in der Kölner Redaktion saß, wo Intendant Hartmann die Unabhängigkeit der Rundfunkarbeit hoch einschätzte und sich zugleich auf die Machtspiele der Parteien und Aufsichtsgremien verstand – jedenfalls einige Jahre lang, bis ihn die Politiker abschossen und in Pension schickten. Bis dahin allerdings blieb ihm ausreichend Zeit, um den WDR zu einem starken und selbständigen Sender auszubauen. In Hamburg folgte auf die große Entlassungswelle glücklicherweise doch der Wiederaufbau der Redaktionen und schließlich auch die Rückkehr einiger der besten und interessantesten Rundfunkjournalisten, deren Rauswurf rückgängig gemacht worden war. Von nun an gab es freilich regelmäßig Attacken aus dem Bundeskanzleramt und Kritik an allen, die Adenauers Einfluss auf den Rundfunk zu begrenzen versuchten. Immerhin aber saß jetzt in der Presse wie im Rundfunk eine neue Generation von Journalisten an den Redaktionstischen und in den Chefsesseln, von denen viele zwischen 1925 und 1929 geboren waren. Diese »Fünfundvierziger«, die nach dem Zusammenbruch des NS-Staats und seiner Ideologie eine neue Welt zu entdecken und aufzubauen begannen, konnten in den folgenden Jahren einen unabhängigen journalistischen Stil entwickeln, wie es ihn vorher in

Deutschland nicht gegeben hatte. Sie verteidigten die Grundzüge von unabhängiger Recherche und Kritik gegen einen allzu staatsnahen Journalismus, der sich im Laufe des nächsten Jahrzehnts bei einigen Verlagsgruppen und Rundfunkgremien zwischen Hamburg und München wieder durchsetzen sollte – ganz im Sinne des Bundeskanzlers Konrad Adenauer.

Ich war einer der jüngsten unter den Neulingen des Nachkriegsjournalismus. Ein Aufstieg in der Hierarchie kam aufgrund meines Alters erst einmal nicht in Frage, außerdem hatte ich wenig Lust auf Schreibtischarbeit. Ich wollte mir viel lieber anschauen und davon berichten, wie es im Rest der Welt aussah. Eigentlich hatte kaum einer von den Kollegen wirkliche Erfahrungen damit, wie es außerhalb von Deutschland zuging. Im Ausland war diese Generation nur in Uniform gewesen, schwer belastet mit den Vorurteilen der deutschen Kriegspropaganda, meist hochmütig auf die besetzten Länder, ihre Kultur und Lebensweise herabblickend. Nun war ich schlichtweg neugierig und wollte selbst erfahren, wie man in anderen Gesellschaften lebte, im Westen wie im Osten. Das freilich war zu dieser Zeit fast unmöglich. Es gab keine deutschen Pässe. Wir bekamen keine Visa und keinerlei Devisen, mit denen wir reisen konnten. Auch ich hatte bis dahin Ausländer praktisch nur in Uniform gesehen. So war es für mich der größte Glücksfall, dass mir die abziehenden englischen Kontrolloffiziere eine Einladung nach London hinterließen: zum Deutschen Dienst der BBC, dessen Kommentatoren ich ein paar Jahre vorher noch heimlich und nur ganz leise zugehört hatte und die ich immer noch bewunderte.

In London war man neugierig auf einen jungen Deutschen von knapp einundzwanzig Jahren. So lief ich im Sommer 1949 mit weit aufgerissenen Augen durch London und verwirrte die ernsthaften englischen Kollegen mehr als einmal durch die Leute, die ich kennenlernte: einen jungen englischen Kommunisten, einen älteren Guru der Gewaltlosigkeit und des Anarchosyndikalismus, einen brillanten Schriftsteller, Cyril Connolly, den ich in der Redaktion seiner hochintellektuellen Zeitschrift *Horizon* besuchte. Aber natürlich ging ich – mit dem bisschen Geld, das ich hatte – auch mal im Künstlerviertel Soho in eine Bar oder in der City of Westminster in einen Ballroom, ein großes, schickes Tanzlokal voll von jungen Menschen. Eines Abends tanzte ich dort mit einer netten jungen Amerikanerin, die sich mit einer Gruppe von Freunden amüsierte. Ich verstand mich gut mit ihnen, wir trafen uns noch einmal in einem anderen Ballroom, und dann lud sie mich zu einer Party nach Hause ein.

Ihr Zuhause entpuppte sich zu meiner Überraschung als die amerikanische Botschaft. Und sie war die Tochter des Botschafters. Ich war ziemlich beeindruckt und ein bisschen eingeschüchtert von den anderen Gästen, aber die zogen mich in ihre Gespräche hinein, neugierig darauf, sich zum ersten Mal mit einem jungen Deutschen zu unterhalten. Einer verwickelte mich in eine lange Diskussion über die politische Situation in Deutschland, besonders über die Entwicklung in der sowjetischen Besatzungszone und über die deutschen Kommunisten. Unsere Gastgeberin war mit uns ein wenig unzufrieden, weil wir nur in der Ecke saßen und redeten, statt zu tanzen. Der junge englische Oxford-Dozent stellte immer neue Fragen, und ich erzählte über meine Erfahrungen mit den Leuten von der KPD, die ich während der Zeit, als ich die FDJ in Schleswig-Holstein zu gründen versuchte, in ihrer Rigidität und Sturheit kennengelernt hatte. Er wiederum erzählte mir von den Veränderungen in Jugoslawien, wo Tito regierte und mit Stalin und dem Sowjetkommunismus gebrochen hatte. Ich müsse mal nach Jugoslawien reisen, um mit eigenen Augen zu sehen, was für Veränderungen Tito dort durchsetze. Das aber erschien mir ziemlich naiv, denn es gab ja für Deutsche keine Reisepässe, wie es auch eigentlich keine deutsche Staatsangehörigkeit gab, sondern bloß die Zugehörigkeit zu einer der Besatzungszonen. Dass ich unter diesen Umständen eine Reisemöglichkeit nach Jugoslawien bekommen könnte, schien ausgeschlossen. Also trank ich noch einen irischen Whiskey, den ich gerade als schick entdeckt hatte, und kehrte endlich aufs Tanzparkett zurück.

Ungefähr zwei Monate später, als ich wieder in Köln im Büro saß, erhielt ich völlig unerwartet einen Telefonanruf. Es meldete sich die jugoslawische Militärmission, die ihren Sitz in Düsseldorf hatte und die Verbindung zwischen der jugoslawischen Armee und den westlichen Besatzungsbehörden darstellte – ein Überbleibsel der militärischen Partnerschaft aus Kriegszeiten. Ich hatte nicht gewusst, dass es so etwas gab, und war völlig überrascht und ein bisschen verunsichert, als man mich zu einem Gespräch einlud. Kühl, aber höflich und ebenfalls ein wenig unsicher, erklärte mir ein ziviler Mitarbeiter der Militärmission – wie ich später erfuhr, ein Mann vom Geheimdienst UDBA –, es liege für mich ein Visum für eine Reise nach Jugoslawien bereit. Er wusste allerdings so wenig wie ich, was das in der Praxis eigentlich bedeutete, wie ich es würde einsetzen können. Es dauerte einige Wochen, in denen ich mit den jugoslawischen Stellen und der britischen Militärverwaltung nach Lösungen suchte. Schließlich waren die Engländer bereit, mir in einem Ausweis zu bescheinigen, dass ich ein Einwohner der britischen Besatzungszone von Deutschland sei, während die Jugoslawen mir versicherten, dass ich mit diesem Dokument die Grenze überschreiten dürfe.

Mit dieser Nachricht, dass ich, ganze einundzwanzig Jahre alt, als erster deutscher Journalist aus Jugoslawien berichten dürfe, saß ich dann dem Intendanten Hanns Hartmann an seinem Schreibtisch gegenüber. Das Gespräch, von dem ich eher eine Ablehnung erwartete, war ziemlich kurz: »Gehen Sie zur Kasse und lassen Sie sich 5000 D-Mark auszahlen, und dann schauen Sie mal, wie lange Sie da unten davon leben können.« 5000 D-Mark, das war damals nicht nur für mich viel Geld. Aber schließlich hatten wir nicht die geringste Vorstellung davon, wie mein Aufenthalt in Jugoslawien aussehen würde, was Fahrkarten und Hotelunterkunft kosteten. Es gab auch weder Bankverbindungen zwischen Deutschland und Jugoslawien noch eine deutsche diplomatische Vertretung in Belgrad, die mir im Notfall aushelfen konnte. Deshalb, so gab Hartmann mir mit auf den Weg, solle ich gleich nach meiner Ankunft feststellen, was die Rückfahrt kosten würde, und das Geld dafür sorgfältig zurücklegen. Das Ganze war ein unberechenbares Unternehmen, aber auch ein verheißungsvolles Abenteuer.

Gottes eigenes Panoptikum

*Erste Auslandsreportagen
1950–1954*

Auf mich schien allerdings niemand mit besonderem Interesse gewartet zu haben, als ich mich im Frühjahr 1950 in Belgrad bei der Presseabteilung des Außenministeriums vorstellte. Man teilte mir lediglich mit, in welchem Hotel ein Zimmer für mich gebucht sei und dass ich mich zwei Tage später wieder beim Außenministerium vorstellen solle. Immerhin hatte ich Glück: In der Hotelhalle saß der Korrespondent einer großen Schweizer Zeitung, ein älterer Mann mit langjähriger Erfahrung, der in den dreißiger Jahren als Emigrant aus Berlin nach Bern gekommen war und dann nach Kriegsende regelmäßig als Korrespondent nach Jugoslawien reiste. Kurz darauf traf ich noch den Kollegen einer weiteren Zeitung aus der Schweiz, einen hochintelligenten ehemaligen Trotzkisten, der im Spanischen Bürgerkrieg gekämpft hatte, und schließlich als dritten ausländischen Journalisten einen jungen Engländer. Wir vier waren eine seltsame kleine Gruppe, verbunden durch unsere politische Neugier und die wenig erfolgreichen Bemühungen, Kontakte mit Politikern, Beamten und Wirtschaftsleuten vor Ort herzustellen.

Jugoslawien, das sich zu Beginn der fünfziger Jahre dem dominierenden Einfluss Stalins entziehen wollte, war immer noch ein kommunistisches, sowjetisch geprägtes Land, streng überwacht durch die Geheimpolizei. Hinter den Kulissen tobte zu der Zeit ein innerparteilicher Machtkampf. Ministerpräsident Tito und seinen Kameraden aus dem Partisanenkampf des Zweiten Weltkriegs standen die Funktionäre aus der Parteibürokratie gegenüber, die sich und ihr Land dem Moskauer Herrschaftsbereich anpassen wollten.

Alle meine Begegnungen mit jugoslawischen Offiziellen vollzogen sich daher in einer Atmosphäre der Doppeldeutigkeit und Vorsicht. Gleichgültig, ob wir über Weltpolitik, Industrialisierung oder die Landwirtschaft in den neuen Kollektivbetrieben sprachen – alles, was man mir erzählte, schien weniger meiner Information zu dienen, als vielmehr von den taktischen Auseinandersetzungen im Parteiapparat bestimmt zu sein. Wenn wir mit einheimischen Journalistenkollegen zusammen aßen und dabei mitunter reichlich Sliwowitz tranken, waren wir uns sympathisch, manchmal fast wie Freunde, aber sobald wir über Innen- oder Außenpolitik sprachen, wurde die Atmosphäre kühl und berechnend. Für mich hatte man einige Reisen vorbereitet, bei denen ich außerhalb von Belgrad und zum Teil weiter entfernt, in Montenegro und Mazedonien, landwirtschaftliche und industrielle Großbetriebe sowie Stadt- und Ortsverwaltungen besichtigen durfte. Offene Gespräche, etwa mit Studenten an den Universitäten, kamen dabei aber nie zustande. Unterwegs saß ich häufiger abends mit dem offiziellen Begleiter und dem Fahrer zusammen und versuchte ein bisschen mehr über das Leben in Jugoslawien zu erfahren. Über Politik hörte ich wenig Neues, weil sie Titos Rolle zwischen Stalins Sowjetunion und dem amerikanisch geführten Westen selbst nicht einschätzen konnten und über die Spannungen in der jugoslawischen Führung nicht reden wollten. Doch über den Alltag und seine Schwierigkeiten, über ihre Hoffnungen und ihre Befürchtungen redeten sie ziemlich offen mit mir.

So mühsam die Arbeit war, so spannend war die Frage, welchen Kurs ein von Moskau unabhängiges Jugoslawien einschlagen würde – falls eine solche Selbständigkeit überhaupt möglich war. Denn immer noch bestand die Gefahr, dass die sowjetische Armee von den Nachbarländern Ungarn oder Rumänien aus nach Jugoslawien einrücken könnte. Das, so unsere damalige Einschätzung, hätte nicht zu einem schnellen Sieg des Moskauer Lagers geführt, sondern zu einer Wiederbelebung des blutigen Partisanenkriegs, mit dem sich Tito und seine Anhänger lange und heftig zur Wehr setzen würden.

Mit meinen Berichten wollte ich den deutschen Hörern verständlich machen, welche Chancen die jugoslawische Entwicklung für Osteuropa bieten könnte, aber auch welche Gefahren damit verbunden waren. Allerdings blieb es schon technisch außerordentlich schwierig, mit diesen Informationen die Redaktion in Deutschland überhaupt zu erreichen. Telefonisch oder fernschriftlich war nichts zu machen. Ich wäre völlig abgeschnitten gewesen, wenn mir nicht die beiden Schweizer Kollegen geholfen hätten. Sie waren schon seit Monaten in Belgrad, kannten halblegale Verbindungswege und schleusten so dreimal ein Manuskript von mir über ihre Schweizer Redaktionen zum WDR nach Deutschland. Da aber auch sie nicht riskieren konnten, für mich Geld über die Grenzen nach Belgrad zu bringen, war klar, dass mein Aufenthalt schon bald zu Ende gehen würde.

Im Hotel Majestique wohnten fast ausschließlich Geschäftsleute aus dem Westen. In der undurchsichtigen Situation, in der sich Jugoslawien befand, sondierten sie die Möglichkeiten, diesen selbständigen kommunistischen Staat durch Finanz- und Handelsbeziehungen zu erschließen. Manche von ihnen erschienen mir als reichlich zwielichtige Gestalten der internationalen Finanzwelt. Bei den Millionengeschäften, die sie durchzuziehen versuchten, spielten die hohen Hotel- und Reisekosten offensichtlich keine Rolle. Gelegentlich wurden wir Korrespondenten von einem fast siebzigjährigen Amerikaner eingeladen, einem Arzt, der Jahre zuvor Tito behandelt hatte und nun als eine Art Dauergast des Staatschefs im Hotelrestaurant seine Rechnungen bloß abzuzeichnen und nicht zu bezahlen brauchte. Offenbar suchte er die Nähe der jugoslawischen Freundin meines englischen Kollegen. Sie war eine hübsche Ballettänzerin und die einzige Jugoslawin in Belgrad, zu der wir eine Art freundschaftliche Beziehung unterhielten – bis wir entdeckten, dass sie gleichzeitig die Geliebte eines höheren Geheimdienstoffiziers war.

Eines Abends rief mich der Portier des Hotels an und sagte, ich würde in der Lobby von einem Mann aus Deutschland erwartet. Wir trafen uns dann in der Bar, beide ein wenig zurückhaltend, und er stellte sich vor: Wolfgang Leonhard. Ich hatte schon von ihm gehört, dachte aber, er lebe noch im Osten Berlins. Als einer der zehn Mitglieder der sogenannten Gruppe Ulbricht war er unmittelbar nach Ende der Kriegshandlungen aus der Sowjetunion nach Ostdeutschland gekommen. Diese kleine Gruppe deutscher kommunistischer Funktionäre sollte den Kern einer politischen Neuorganisation bilden. Wolfgang Leonhard war in der Sowjetunion aufgewachsen, nachdem seine kommunistische Mutter mit ihm vor der Verfolgung in Hitlerdeutschland geflohen war. In der DDR sollte er die Jugendarbeit organisieren und ideologisch verankern. Doch er war ernüchtert von den stalinistischen Verhältnissen und schließlich 1949 aus Ost-Berlin geflohen. Statt allerdings zum »westlichen Klassenfeind« überzulaufen, reiste er über die Tschechoslowakei nach Jugoslawien, in der Hoffnung, im Titoismus eine bessere Variante des marxistischen Sozialismus zu finden. Schon 1950 aber ging er doch in den Westen und beschrieb einige Jahre später den politischen Zustand der Sowjetunion in seinem berühmten Buch *Die Revolution entlässt ihre Kinder*. Bei aller Vorsicht, die wir uns in unserem ersten Gespräch in Belgrad auferlegten, war dies doch der Anfang einer langen Freundschaft. Seine Freundin erzählte mir später, Wolfgang habe an diesem Abend nachdenklich zu ihr gesagt: »Für einen Westdeutschen ist dieser Ruge doch ziemlich fortschrittlich.«

Jedenfalls war ich fest entschlossen, neugierig zu bleiben und meine Urteile nicht in erster Linie auf den Berichten und Erfahrungen anderer aufzubauen. Was ich schließlich aus Jugoslawien mitbrachte, waren daher vielleicht keine tiefschürfenden Analysen, aber dafür erste Augenzeugenberichte aus einer osteuropäischen, kommunistischen Welt im Umbruch. Außerdem wusste ich nun, dass man mit einigem Glück und trotz aller Schwierigkeiten auch als junger Deutscher fünf Jahre nach dem Krieg fremde Länder und Gesellschaften aus der Nähe kennenlernen konnte.

Ich war erst zweiundzwanzig, als ich mich 1950 um eine Amerikareise bewarb, zu der das US-Außenministerium ein halbes Dutzend Rundfunkjournalisten aus Deutschland einladen wollte. Vor der amerikanischen Auswahlkommission äußerte ich ganz schlicht und offen meinen Wunsch, das Land mit eigenen Augen zu sehen, was anscheinend gut ankam. Dass ich nach dem Kurs in der Dolmetscherschule ziemlich gut Englisch sprach, war sicher auch ein Pluspunkt. Und da es bei den Amerikanern eine gewisse Neugierde auf die allerjüngste deutsche Journalistengeneration gab, gehörte ich schließlich zusammen mit sechs Kollegen zu der Gruppe von Radiojournalisten, die nun erstmals nach Kriegsende eine Einladung für eine mehrwöchige Reise ins Gelobte Land bekamen.

Vor der großen Überfahrt von Bremen nach New York suchte meine Mutter für mich auf dem Dachboden Knickerbocker-Hosen und Shuffleboard-Schläger heraus, schicke Sportgeräte, die sie noch von den Seereisen mit ihrer Mutter kannte. Die Schläger ließ ich allerdings über Bord fallen, sobald das Schiff aus der Wesermündung in die Nordsee bog. Auf dem amerikanischen Truppentransporter hätten die Soldaten nur darüber gestaunt und gelacht, und in der Sechserkabine mit den doppelstöckigen Betten wäre es mir wohl kaum gelungen, die Schläger vor den mitreisenden Soldaten zu verstecken. Wir hatten unsere Kojen im Mannschaftsdeck, aber Kontakte mit den GIs gab es kaum. An Gesprächen mit Deutschen waren die meisten nicht besonders interessiert. Ihre Zeit in Europa war vorbei, nun unterhielten sie sich über ihre Zukunft in Amerika. Die deutschen Kollegen in unserer Gruppe waren viel älter und erfahrener als ich, aber gegenüber den amerikanischen Soldaten eher unsicher und überheblich.

An einem frühen Nachmittag lief unser Schiff in den Hudson River ein. Wir standen an der Reling und staunten über die New Yorker Wolkenkratzer-Kulisse. Ein Bus brachte uns schließlich durch die Straßenschluchten zu einem großen Studentenheim der Rockefeller-Stiftung. Ich war viel zu aufgeregt, um mich in meinem Zimmer zu erholen, wie es der Reiseleiter empfohlen hatte. Schon eine halbe Stunde nach der Ankunft war ich mit einem Kollegen wieder unterwegs, und bei Sonnenuntergang standen wir auf der Aussichtsplattform des Empire State Building, fasziniert von den glitzernden Fensterfronten der Hochhäuser, hinter denen eine unendliche Zahl von Lichtern aufleuchtete. Von einer Wolkenkratzer-Stadt hatten wir natürlich schon in Deutschland gelesen, auch Fotografien gesehen, aber die Wirklichkeit war nun ein überwältigendes Erlebnis. Fast bis Mitternacht blickten wir von oben rundum auf dieses Städtewunder, das einer anderen Welt und einem anderen Jahrhundert anzugehören schien.

Das State Department hatte einen Politologen beauftragt, uns Amerika zu zeigen und zu erklären. Der Mann, ein bekannter österreichischer Akademiker, der nach Amerika emigriert war, hatte freilich keine allzu große Lust, uns Journalisten die komplizierten Zusammenhänge in seinem neuen Heimatland nahezubringen. Am zweiten Abend saßen wir mit ihm in der Bibliothek des Studentenheims, wo er über die amerikanische Innenpolitik referierte. Ein junger Schwarzer hatte zuvor in dem Raum Klavier gespielt, lehnte nun im Halbschlaf auf dem Flügel und wartete darauf, dass wir wieder gingen. Als sich die Runde schließlich wieder auflöste, musizierte er weiter, schön und jazzig, wie ich fand, und so blieb ich sitzen, um ihm zuzuhören. Nach einer halben Stunde kamen wir ins Gespräch. Er erzählte mir, dass er an diesem Abend ein kleines Konzert geben würde, um damit etwas Geld zu verdienen. Leider aber besitze er kein Jackett, und in Hemdsärmeln könne er nicht auftreten. Ob ich ihm wohl für diesen Abend meine Jacke leihen könne? Am nächsten Morgen wolle er sie mir zurückbringen. Was sollte ich machen? Wir kannten uns nicht, aber ich fand ihn nett, und irgendwie wäre es mir peinlich gewesen, ihm seine Bitte abzuschlagen. Er verschwand dann mit meiner Jacke, und ich hatte eine etwas unruhige Nacht, aber tatsächlich klopfte er am nächsten Morgen um sieben an meine Tür und brachte sie zurück. Er habe am Abend noch ein Konzert, sagte er, und wenn ich noch eine zweite Jacke hätte, würde er mich mitnehmen.

Also trafen wir uns am Abend wieder. Tagsüber hatte unsere Gruppe eine große Besichtigungstour durch New York gemacht, die uns vom Bankenviertel an der Wall Street über das Boheme-Viertel Greenwich Village und die eleganten Ladenstraßen um die Fifth Avenue bis zur Studentenmensa der Columbia-Universität geführt hatte. Nun zog mein neuer Freund zu Fuß mit mir los. Wir gingen bloß fünfzehn Minuten Richtung Norden und waren doch plötzlich gänzlich anderswo. Mir war etwas unheimlich zumute, denn ich sah keine Weißen mehr, nur noch Schwarze, die man damals auch in Harlem noch ganz unbefangen »negroes« nannte. Auf den Straßen herrschte lautes, quirliges Leben. Mein Freund zeigte mir ein paar Theater und Bars und erzählte, was in Harlem gerade angesagt sei.

Zu meiner Überraschung fand das Konzert nicht in einem Saal, sondern in einer großen Privatwohnung statt, einem Apartment mit vielen Zimmern. Mein Freund setzte sich im großen Empfangsraum an den Flügel und begann zu spielen. Um mich herum kein einziges weißes Gesicht, stattdessen eine Reihe junger schwarzer Frauen, ziemlich sexy aufgemacht. Ab und zu kamen recht smart gekleidete, aber nicht sonderlich seriös wirkende Männer, redeten mit den Frauen und verschwanden mit der einen oder anderen im Nebenzimmer. Mich beäugten sie neugierig und ein bisschen misstrauisch. Mein Freund gab ein Konzert besonderer Art: Er spielte in einem Bordell. Zwischendurch fragte ihn eine der Frauen, wieso er mich mitgebracht habe, und dann erzählte er, ich sei ein besonders netter Deutscher, überhaupt kein Rassist und so hilfsbereit, dass ich ihm sogar meine Jacke geliehen hätte. Das fanden die Damen und ihre Kunden offenbar bemerkenswert, und einige versuchten, mit mir ins Gespräch zu kommen. Sie hatten noch nie mit einem Weißen zusammengesessen, schon gar nicht mit einem Deutschen. Es beunruhigte mich ein wenig, als sie fragten, wie viel Geld ich bei mir hätte. Sie luden den jungen Pianisten und mich schließlich zum Cocktail ein.

Zwei der Männer, die sich zu uns gesellten, waren als Besatzungssoldaten in Deutschland gewesen, wo es ihnen gefallen hatte. Nazis oder Rassisten seien ihnen dort nicht begegnet, erzählte einer der beiden.

Dann machte ich mich allein auf den Rückweg zum Studentenheim und lief durch ein lebhaftes schwarzes Vergnügungsviertel. Manchem weißen New Yorker, erfuhr ich später, hätte ein nächtlicher Spaziergang dort Angst bereitet. Für mich hingegen war das alles nur fremd, und als ich nach zehn Minuten allmählich in die fast menschenleeren Straßen des weißen New York kam, fühlte ich mich dort keineswegs sicherer, sondern eher einsam.

Meine deutschen Kollegen und der österreichisch-amerikanische Politologe hielten mich einfach nur für verrückt, als sie von meinem nächtlichen Abenteuer hörten. Nur Clark Foreman, der Assistent des Politologen, war von dem Ausflug fasziniert und setzte sich zu einem längeren Gespräch mit mir zusammen. Er sollte für jeden der deutschen Journalisten eine Besuchs- und Reiseroute organisieren und kümmerte sich von nun an besonders um mich. Zu meiner Überraschung stellte ich fest, dass er zwar im Auftrag des State Department arbeitete, politisch aber zum äußersten linken Flügel der Demokratischen Partei gehörte. Er stand nicht für die Politik von Präsident Truman, sondern näher bei dem ehemaligen Vizepräsidenten Henry Wallace. Dessen Progressive Party – Wallace hatte mit ihr 1948 die Präsidentschaftswahl verloren – fand ich in ihrer Einschätzung der Sowjetunion und der Kommunisten zwar ziemlich wirklichkeitsfern und sozialromantisch, aber Foreman kannte Theorie und Praxis der Rassenkonflikte in den USA, die lange nach dem Ende der Sklaverei noch immer die Grundlagen der amerikanischen Innenpolitik mitbestimmten.

So lernte ich, zehn Jahre vor dem Höhepunkt der Bürgerrechtsbewegung und bevor die Fragen der Gleichberechtigung zu wachsenden Spannungen und Zusammenstößen führten, über Clark Foreman einige der zukünftigen Anführer und Organisatoren, Sänger und Musiker kennen, die später den Protestbewegungen gegen Rassenungleichheit oder gegen den Vietnamkrieg ihr Gesicht und ihre Stimme geben sollten. Stärker noch als in anderen Städten kündigte sich in New York schon zu Beginn der fünfziger Jahre die tiefgreifende Veränderung an, die Amerika ein Jahrzehnt später erschüttern sollte, und ich traf auf kleinen Partys oder in Jazzclubs die Leute, über die ich Kontakt zu den schwarzen und weißen Gegnern der Rassentrennung finden konnte.

In weiten Teilen des Landes, und nicht nur in seinen südlichen Staaten, war die Segregation schlichtweg eine allgemein akzeptierte Tatsache. Einer meiner älteren deutschen Kollegen formulierte das so: »Wenn es der großen Mehrheit der Bürger eines Landes so gut geht wie hier, aber fünfzehn Prozent in schlechten Verhältnissen leben, dann muss man jede Veränderung vermeiden, durch die die Mehrheit in ein schlechteres Leben gezwungen wird.« Darin war er sich mit den allermeisten weißen Amerikanern einig, von denen manche die Gleichberechtigung als Prinzip akzeptierten, die Rassentrennung aber für durchaus gerechtfertigt hielten. Ich hatte solche Gedanken zunächst ebenfalls einleuchtend gefunden – ehe ich über meine neuen Freunde die Realität der Rassendiskriminierung kennenlernte.

Clark Foreman hatte für mich eine Busfahrt in die Südstaaten der USA gebucht. Das Ziel meiner Reise war die Highlander Folk School in Monteagle, Tennessee. Auf halbem Weg dorthin erlebte ich meinen ersten Schock. In der Busstation von Richmond, Virginia, hingen Schilder mit den Worten »White« und »Colored« an den Türen der Toiletten und an den Trinkwasserspendern. Im Bus durften die Schwarzen nur auf den hinteren Plätzen sitzen. Für sie war es nicht nur verboten, sondern geradezu lebensgefährlich, sich einen Platz zwischen den Weißen zu suchen. Von nun an galt das auf allen Busstationen bis zur südlichen Grenze der USA.

Die Highlander Folk School war eine Mischung zwischen Heimschule und Volkshochschule. Ursprünglich, im Jahr 1932, war sie für die Ausbildung von Mitgliedern der Landarbeitergewerkschaft gegründet worden, und auch noch Anfang der fünfziger Jahre wurde hier Hilfe für die Männer organisiert, die auf den Farmen Lohnarbeit verrichteten und ohne jegliche Rechte waren. An der Schule wurden weiße Gewerkschafter und Studenten mit Techniken des Widerstands vertraut gemacht, mit denen sie sich gegen die unbeschränkte Ausbeutung wehren konnten. Das brachte die Einrichtung nicht nur ständig in Gefahr, von den lokalen Behörden und Gerichten geschlossen zu werden, sondern trug ihr auch den Ruf einer Art kommunistischer Institution ein, die keinerlei staatlichen Schutz verdiente. Alle paar Wochen stoppten vorbeifahrende Autos. Dann zogen Schüler und Lehrer den Kopf ein und kauerten auf dem Boden der Klassenräume, weil manchmal aus solchen Autos heraus auf die Fenster des Schulgebäudes geschossen wurde. Weder der örtliche Sheriff noch die Gerichte gingen gegen solche Überfälle vor, die an der Außenwand der Schule ihre Spuren hinterlassen hatten.

In der ersten Hälfte der fünfziger Jahre wendete sich die Schule immer stärker dem Kampf gegen die Segregation zu und holte nun immer mehr Schwarze in ihre Kurse. Dadurch wurde die Highlander Folk School auch im Norden der USA bekannt. Angesehene Wissenschaftler, Theologen, Schriftsteller und Musiker unterstützten die Einrichtung, später kam sogar Eleanor Roosevelt, die charismatische Witwe des ehemaligen Präsidenten, zu Besuch. Zu denen, die sich dort ausbilden ließen, gehörte auch ein junger schwarzer Geistlicher, Martin Luther King. Er ließ sich hier in die Philosophie und Praxis des gewaltlosen Widerstands einführen, ebenso wie Rosa Parks, die sich am 1. Dezember 1955 in Montgomery im Bundesstaat Alabama weigerte, ihren Sitzplatz im Bus für einen Weißen freizumachen. Damit löste sie in der Stadt monatelange Proteste gegen die Rassentrennung in Autobussen, Zügen, Restaurants, Hotels oder Kinos aus. An der Schule sammelte man aber auch die Lieder der armen Weißen aus den Tennessee Mountains und anderen Regionen. Einem alten protestantischen Kirchenlied aus dieser Tradition beggenete ich dort zum ersten Mal. Zehn Jahre später sollte »We shall overcome« zur Hymne der Bürgerrechtsbewegung werden, gesungen von Hunderttausenden auf den Demonstrationen in den Großstädten und in der Hauptstadt Washington.

Mich hat die frühe Begegnung mit Menschen, die für Gleichberechtigung und Meinungsfreiheit kämpften, sicher davor bewahrt, in jenen blinden Antiamerikanismus zu verfallen, der später die kritische Haltung vieler junger Europäer mitgeprägt hat. Als ich die Highlander Folk School nach einigen Tagen wieder verließ, ging meine Reise weiter durch die Kornfelder des Mittleren Westens und durch die Industriestädte des Ostens. Auch meine Erlebnisse im weiteren Verlauf der Fahrt zeigten mir deutlich, dass sich meine Erwartungen an das reiche und mächtige Amerika keineswegs auf die Alltagswirklichkeit des Landes übertragen ließen. Was ich in meiner ersten großen Reisereportage über das Hinterland der modernen Städte schrieb, weiß ich nicht mehr genau. Aber der Titel, scheint mir, spricht für sich: »Gottes eigenes Panoptikum«.

Viele, denen ich begegnete, waren neugierig zu hören, was ein junger Deutscher wenige Jahre nach dem Ende der Hitlerherrschaft dachte und sagte. Vor allem in New York mit seinen zahlreichen Intellektuellen und jüdischen Emigranten fragte man mich nach den politischen Vorstellungen in meiner Heimat. Im Mittleren Westen und den kleineren Städten dagegen, auf den Partys des Mittelstands, der Ärzte, Anwälte und Geschäftsleute, erschöpfte sich das Interesse an der deutschen Vergangenheit und Gegenwart meist ziemlich schnell. Zu Hause hatten mich Kollegen gewarnt, ich würde in Amerika auf eine regelrechte Deutschfeindlichkeit stoßen. Aber eine solche Haltung war kaum zu bemerken. Einmal allerdings überraschte mich eine Frau, als ich ihr vorgestellt wurde. »Oh really«, sagte sie zu mir, »I never thought I'd see a real Nazi alive.« Und dann fing sie an, mich regelrecht zu bemuttern.

Einige Tage verbrachte ich auch in Madison, wo ich mit amerikanischen Studenten ins Gespräch kam. Im Bundesstaat Wisconsin mit seinen vielen Einwohnern deutscher Abstammung, mit seinen deutschen Brauereien und dem deutschen Ordnungssinn stellten mir die jungen Amerikaner kaum Fragen nach den Nazijahren. Gleichzeitig stand für sie unumstößlich fest, dass Amerika das beste aller Länder sei. Sie überlegten allen Ernstes, wie ich wohl an ein amerikanisches Einwanderungsvisum gelangen könne, und heckten schließlich einen Plan aus: Zwei Studenten, die für die Armee gemustert werden sollten, würden mich mitnehmen und dort einschmuggeln. Mein Englisch sei gut genug, und es gebe dort so wenig Bürokratie, dass man mich glatt als kriegsdiensttauglich durchwinken würde. Dann wäre es nur noch ein kleiner Schritt, ich würde in die Armee rutschen und bekäme ein oder zwei Jahre später die amerikanische Staatsbürgerschaft. Ich glaubte inzwischen zwar, dass in Amerika alles möglich sei, aber davor schreckte ich doch zurück – zumal gerade in Korea aus dem Kalten Krieg zwischen Ost und West ein heißer Krieg geworden war. Als meine Zeit in Amerika nach drei Monaten zu Ende ging, hatte ich sehr gern aus der Nähe beobachtet, wie sich die großen und kleineren Mächte (unter amerikanischer Führung als UNO-Truppen zusammengefasst) in dieser bedrohlichen Krise verhielten, aber nicht gerade als US-Soldat oder in einer der anderen Einheiten, die unter dem Kommando der Vereinten Nationen den Süden der koreanischen Halbinsel zurückerobern sollten.

So kehrte ich nach Köln zurück und arbeitete zunächst in der Regionalredaktion, die im Land zwischen Rhein und Weser nach interessanten Themen suchte und über das Leben in den schwer zerstörten Industriestädten an der Ruhr berichtete. Wahrscheinlich tat mir das ganz gut, denn gerade in der Lokalberichterstattung kann man einiges lernen. Kommentare und Leitartikel zur Welt- und Kulturpolitik oder zur wirtschaftspolitischen Großwetterlage sind manchmal einfacher zu schreiben als Berichte über regionale Ereignisse – da genügt ein kleiner Fehler, um einen Bürgermeister oder Landespolitiker zu einem verbissenen Protest zu veranlassen. Schließlich nutzte ich dann aber doch die erste Gelegenheit, als Augenzeuge aus Korea zu berichten, als deutscher Journalist, nicht als US-Soldat.

Fünf Jahre nach Ende des Zweiten Weltkriegs hatte es so ausgesehen, als würden sich die großen Weltmächte in Ostasien in einen neuen Konflikt stürzen. Mitte 1950 waren die amerikanischen Besatzungstruppen und die südkoreanische Armee nach einem Überraschungsangriff des Nordens bis zur Südspitze der koreanischen Halbinsel zurückgedrängt worden. Nach der dramatischen Wendung, die der Kriegseintritt Chinas gebracht hatte, einigten sich Ost und West im Juli 1953 auf einen Waffenstillstand, der die Teilung des Landes besiegelte und dem, wie gesagt, bis heute kein Friedensschluss gefolgt ist. Der Koreakrieg veränderte die allgemeine Einschätzung der Ost-West-Spannungen. Die Gefahr einer neuen Auseinandersetzung auch in Europa stand allen plötzlich vor Augen, und die Alliierten sahen in den Westdeutschen nun nicht mehr nur die ehemaligen Feinde, sondern auch Verbündete, die ihnen helfen könnten, einen Angriff der Sowjetunion zu verhindern oder aufzuhalten.

Ende 1953 stellte die Bundesrepublik Deutschland den Vereinten Nationen ein Feldlazarett für den Einsatz in Korea zur Verfügung – kein Militärlazarett, aber eines, in dem Ärzte und Schwestern vom Deutschen Roten Kreuz Verwundete und Kranke behandeln sollten. Wo es ein deutsches Lazarett gab, so meine Überlegung, mussten eigentlich auch deutsche Journalisten die Genehmigung zur Berichterstattung bekommen. So wandte ich mich mit meinem Anliegen an die zuständigen zivilen und militärischen Einrichtungen der Amerikaner und hatte Glück: Mit einer Befürwortung aus dem US-Verteidigungsministerium gelangte ich an den Pressedienst der Vereinten Nationen. Von nun an ging alles reibungslos. Ich erhielt die Genehmigung, in der Sondermaschine mit dem Lazarett nach Korea zu fliegen, was auf deutscher Seite mehr Erstaunen und Vorbehalte weckte als bei den Amerikanern. Beim Zwischenstopp in Tokio begab ich mich sofort zur Pressestelle des UNO-Oberkommandos, und innerhalb eines Tages besaß ich einen Journalistenausweis und eine amerikanische Uniform, die deutlich mit »UN War Correspondent« gekennzeichnet war und mich als »Nichtkombattanten« auswies. Arbeitsbedingungen und Alltag der Kriegskorrespondenten waren genau, aber großzügig geregelt: Unterbringung in amerikanischen Militärunterkünften bei gleicher Behandlung, wie sie einem Oberst der US-Armee zustand. Ziemlich bemerkenswert für einen fünfundzwanzigjährigen deutschen Journalisten.

Auf dem Feldflughafen von Taegu, dem ersten Stopp auf koreanischem Boden, warteten außer mir noch fünf ältere Offiziere auf eine Militärmaschine nach Norden. Als sie gelandet war, teilte uns der Platzkommandant mit, dass in der Maschine leider nicht mehr für alle Platz sei. Er zog eine Streichholzschachtel aus der Tasche und hielt uns sechs Streichhölzer hin. Wer das kopflose Streichholz zog, musste auf ein anderes Flugzeug warten. Als es dann einen Oberstleutnant traf, wollte ich zu seinen Gunsten verzichten. Der Flugplatzkommandant aber verwarnte mich und meinte, ich dürfe die Regeln nicht verletzen. Dies war meine erste Begegnung mit dem militärischen Reglement der Amerikaner – eine solch privilegierte Behandlung für einen jungen Journalisten hätte ich mir in einer deutschen Armee nicht vorstellen können. Als ich meinem Nebenmann im Flugzeug, einem amerikanischen Zeitungskorrespondenten, von dem Vorfall erzählte, war auch er geradezu empört über den Versuch, einem Offizier den Vorrang einzuräumen. Wenn so etwas einmal einreiße, dann würden am Ende alle Journalisten, auch die amerikanischen, Schwierigkeiten bekommen, meinte er.

Damit endeten die Überraschungen allerdings nicht. Im Pressecamp von Pusan gab es ein Einzelzimmer für mich, und beim Frühstück trat ein Unteroffizier an meinen Tisch und fragte: »Können Sie Auto fahren?« Als ich bejahte, stellte er mir einen Militärführerschein aus und drückte ihn mir mit den Worten in die Hand: »Ihr Jeep steht unten im Hof, gute Fahrt!« Donnerwetter, dachte ich, die Rechte der Journalisten müssen gewaltig sein. Ganz so groß waren sie dann aber doch nicht, denn wie sich herausstellte, lag eine Verwechslung vor: Am Abend zuvor waren vier amerikanische Starjournalisten angekommen, und ihretwegen war die Richtlinie ausgegeben worden, sie ohne viele Fragen bevorzugt zu behandeln. Man hatte mich irrtümlich für einen von ihnen gehalten.

Über zweihundert akkreditierte Journalisten arbeiteten in Korea. Fast alle waren Amerikaner, dazu kamen ein Dutzend Engländer, drei oder vier Franzosen und einzelne Kollegen aus jenen UNO-Staaten, die Truppen nach Korea entsandt hatten. Ich war vor allem mit einem Belgier und einem Schweden zusammen. Für die Presseoffiziere waren wir die »Europäer«, exotische Außenseiter, die zu keiner militärischen Einheit gehörten, dabei auch keine Koreaner waren und sich trotzdem frei bewegen durften und Zugang zu amerikanischen Unterkünften und Kasinos hatten. Außerdem waren wir bei weitem die Jüngsten, alle drei etwa Mitte zwanzig, und entschlossen, möglichst nah an Informationen und Ereignisse heranzukommen. Tatsächlich waren wir dann manchmal in den Unterständen und Gräben oder auf Patrouille dichter an gefährlichen Situationen als unsere Kollegen, die von den Offizieren vorsichtig im Auge behalten wurden. Einige Monate später trafen wir drei uns in Indochina wieder, und in der letzten Phase des Kriegs, den die Franzosen dort führten, stieß noch ein junger Schweizer Fotograf zu unserer Gruppe.

Der Koreakrieg war ein Krieg, der nie zu Ende ging. Nach den Feldzügen, in denen bei Grabenkämpfen, Bombardierungen und Partisanenaktionen fast eine halbe Million Soldaten auf beiden Seiten ihr Leben verloren hatten, lagen sich die Armeen seit 1951 auf einer Linie mitten durch das Land in Bunkern und Grabenstellungen gegenüber. Es gab aber auch Einheiten, denen das zu langweilig war, meist aus kleineren Ländern, wie etwa die Frankokanadier, die im ersten Jahr des Waffenstillstands immer wieder nachts zu Patrouillenvorstößen aufbrachen, in Schießereien verwickelt wurden und gelegentlich mit einem gefangenen Nordkoreaner zurückkamen. Das alles machte sie bei den Einheiten, die neben ihnen an der Frontlinie lagen, nicht gerade beliebt, denn die waren ganz zufrieden damit, dass der Krieg nach dem Waffenstillstand einzuschlafen drohte. Uns drei Korrespondenten aus Europa interessierte vor allem, wie nach einer so mörderischen Auseinandersetzung ein Übergang zu einer friedlichen Lösung möglich war. Anders als die meisten unserer Kollegen beunruhigte uns die Frage, ob eine Verschärfung der Spannungen zwischen Ost und West auch in Europa zu blutigen Zusammenstößen und womöglich zu einem ausgewachsenen Krieg führen könnte. Die chinesische Armee war in Korea eingedrungen – könnte die Rote Armee in ähnlicher Weise nach Westeuropa vorstoßen? Und wie würde das Leben in einem Land weitergehen, das zwar keinen Krieg mehr führte, aber auch noch keinen Frieden hatte?

Nach einiger Zeit war ich nicht mehr UN War Correspondent, sondern ein normaler Auslandskorrespondent. Ich fuhr in kleine Städte und in Dörfer, die noch in Trümmern lagen. Das war manchmal gefährlicher als ein Aufenthalt in der Nähe des Frontverlaufs. An der Südspitze Koreas geriet ich einmal in einen umkämpften Landstrich, in dem sich weit von der Front entfernt kommunistische Partisanen und südkoreanische Polizeieinheiten völlig unübersichtliche Gefechte lieferten. Ein koreanischer Lehrer, der mich aus Hilfsbereitschaft und Neugier als Dolmetscher begleitete, merkte früher als ich und noch ehe geschossen wurde, dass wir uns zwischen gefährlich umkämpften Dörfern befanden. Schließlich konnten wir nur den Armee-Jeep zwischen ein paar zerfallenen Strohhütten stehenlassen und uns zu Fuß auf die Suche nach südkoreanischen Soldaten oder Polizisten machen. Wir waren erleichtert, als uns bald tatsächlich eine kleine Gruppe von Bereitschaftspolizisten umstellte. Als westlichen Ausländer akzeptierten sie mich. Mein Dolmetscher, der ihnen meine Ausweispapiere übersetzt hatte, war dagegen schlechter dran und wurde als Gefangener behandelt. Erst der Chef dieser Mannschaft erklärte ihn für frei und sorgte auch dafür, dass wir unseren Jeep unbeschädigt wiederbekamen. Schließlich tranken wir zusammen ein paar Schnäpse, und er nannte mir seinen Namen: Chief Tiger Kim. Solange wir bei ihm waren, hielt sich mein Dolmetscher respektvoll, ja fast furchtsam hinter mir. Erst am nächsten Morgen erzählte er mir, wer Chief Tiger Kim war: einer der blutrünstigsten Partisanenbekämpfer, ein Folterer, manche sagten Mörder. Mich hatte er eingeladen, in seinem Camp zu übernachten, nach einem guten Abendessen und mit hübschen Frauen. »Chief Tiger Kim – bloody best fuck in the world«, pries er sich an. Ich war ihm dankbar, dass er uns aus einer schwierigen Situation herausgeholt hatte, aber dieses Angebot mochte ich dann doch nicht annehmen.

In der südkoreanischen Hauptstadt Seoul begann sich das Leben allmählich zu normalisieren. Neben der UNO-Militärpräsenz gab es koreanische Verwaltungseinrichtungen und den Apparat des Präsidenten Syngman Rhee, der seine Macht mit einem diktatorischen Herrschaftssystem zu sichern suchte. Einmal bemühten wir drei jungen Korrespondenten uns um ein gemeinsames Interview mit ihm und seiner österreichischen Frau, was jedoch unter den amerikanischen Kollegen für Protest sorgte. Wieso sollten ausgerechnet diese jungen Männer aus irgendwelchen westeuropäischen Staaten Zugang zu Syngman Rhee bekommen? Die Engländer und Franzosen sahen das ähnlich. In einer Bar artete das Ganze schließlich in einen lauten Streit mit einigen amerikanischen Korrespondenten aus. Wir Europäer seien doch bloß Mitläufer, die sich um die Teilnahme an diesem Krieg drückten, ließen sie uns wissen. Ein Sergeant kam so in Fahrt, dass er uns aus der Bar prügeln wollte. Aber eine richtige Schlägerei wusste die Militärpolizei zum Glück zu verhindern. Aus unserem Interview wurde selbstverständlich nie etwas.

So hielt ich mich lieber an die Kontakte zu Koreanern, vor allem an Gespräche mit Lehrern und Professoren, die sich bemühten, an Kulturgütern und Geschichtszeugnissen zu retten, was die japanische Okkupation und den Krieg überlebt hatte. Einer der Direktoren des Nationalmuseums hatte in Deutschland studiert und freute sich, wieder einmal Deutsch sprechen zu können. Für mich bot sich umgekehrt die Möglichkeit, mit der koreanischen Kunst und Kultur in Berührung zu kommen. Gelegentlich konnte ich sogar ein bisschen mithelfen, wenn Kunstwerke aus den zerstörten Museen in den Händen von Ausländern auftauchten – für ein paar Dollar als Souvenir erstanden. Das meiste davon war nicht wirklich bedeutend, aber wenn man einen der neuen Besitzer überreden konnte, sein Kunstwerk an Museumsleute zu verkaufen oder manchmal auch zu verschenken, dann zeigten diese stolz die Siegel des zerstörten Museums, das die Stücke nun zurückbekam.

Viele der Koreaner sprachen gut Deutsch. Als ich meinen schwedischen Kollegen einmal beim Arzt abholte, war der koreanische Mediziner so begeistert, dass er sogar zu singen anfing: »In München steht ein Hofbräuhaus.« Das Lied kannte er noch aus seinen Studientagen in München, Mitte der dreißiger Jahre, in einer Zeit, die für ihn vielleicht die beste seines Lebens gewesen sei, meinte er. So gut sei die Hitlerzeit nun auch nicht gewesen, entgegnete ich. Als ausländischer Student sehe man das eben anders, sagte er daraufhin und wollte von mir wissen, was ich wohl an koreanischen Erinnerungen behalten würde. Tatsächlich kannte ich auch nur ein einheimisches Volkslied namens »Arirang«. Das hatten mir die Tänzerinnen vom Nationalballett beim Besuch einer ihrer Proben vorgesungen. Mehr als die schmalzige Melodie und das eine Wort »Arirang« hatte ich freilich nicht behalten.

Prosaischer und praktischer war der Kontakt mit koreanischen Journalisten und ihren ersten wiedergegründeten Zeitungen. Für *Kookje Ilbo* in Pusan, eine der ersten Zeitungen, die aus dem Trümmerchaos auftauchte, schrieb ich gelegentlich eine Kolumne über internationale Politik. Nicht weil ich ein besonders kenntnisreicher Leitartikler war, sondern weil sich koreanische Kollegen und Leser einfach für das interessierten, was Ausländer über die Weltlage dachten. Ich verdiente damit ein wenig Geld, das ich wahrlich gut gebrauchen konnte. Denn die Dollarscheine, die ich als kleines

Päckchen aus Deutschland mitgebracht hatte, gingen zur Neige. Es gab keine Bankverbindung zwischen Korea und der Bundesrepublik, nicht einmal zwischen der Bundesrepublik und Japan. Im deutschen Lazarett lieh ich mir hin und wieder etwas Geld, woraufhin in Deutschland WDR-Kollegen den entsprechenden Betrag auf das Konto eines Arztes überwiesen. Auch die Manuskripte aktueller Berichte konnte ich bisweilen von dort nach Hause schicken.

Angesichts des zur Bewegungslosigkeit erstarrten Waffenstillstands im Korea wollte ich mir nun lieber von dem anderen Krieg in Asien, Frankreichs Verteidigung seiner Kolonialherrschaft in Indochina, ein eigenes Bild machen. Ich hatte sogar schon herausgefunden, wie ich nach Saigon, eine der beiden Hauptstädte der französischen Kolonie, gelangen konnte: Ein Rückflugticket Tokio–Düsseldorf ließ sich auf einen Stopp in der thailändischen Hauptstadt Bangkok umschreiben, und von Bangkok, so hatte mir mein belgischer Kollege erzählt, konnte man leicht nach Saigon weiterfliegen. Mein Problem blieb nur, dass ich kein Visum für Indochina besaß und, wie ich herausfand, auch nur schwer eines bekommen würde. Aus dem unbeschreiblichen Wirrwarr, in dem sich Frankreichs Kolonialpolitik befand, hatten zivile und militärische Instanzen verschiedenste Vorrechte für sich abgeleitet; dazu gab es noch die neu entstandene Bürokratie der vietnamesischen Übergangsregierung und einer teilweise selbständigen vietnamesischen Armee. Zum Ärger der Franzosen hatte sich diese von ihnen eingesetzte und unwillig geduldete Übergangsregierung ein nur scheinbar nebensächliches Recht, nämlich die Erteilung kurzfristiger Visa, gesichert. Mehr zufällig traf ich in Bangkok einen jungen vietnamesischen Offizier, der für die Vertretung dieser eigentlich nicht vorhandenen neuen vietnamesischen Regierung arbeitete. Wir waren ungefähr gleich alt und verstanden uns gut. Die Idee, dass ein deutscher Journalist in sein Land reisen würde, gefiel nicht nur ihm, sondern auch seinen Vorgesetzten. Ich erhielt mein Visum und konnte so die Kontrolle der französischen

Behörden umgehen, die sehr aufmerksam darüber wachten, was international über das Schicksal der Vietnamesen bekannt wurde.

Nun zog ich also in das Hotel Majestic, einen Prachtbau am Saigon-Fluss. Für die französische Kolonialverwaltung war ich offiziell nicht existent. Von meinem neuen Freund in Bangkok hatte ich die Adresse eines Professors für Volkswirtschaft bekommen, bei dem er einige Jahre vorher studiert hatte. Mit ihm lernte ich einen der ersten Indochina-Vietnamesen kennen, die bei ihrem Studium in Frankreich von den Ideen und Ideologien der Linksintellektuellen geprägt worden waren. Sie waren überwiegend Trotzkisten und wurden von den Vietminh, den Verbündeten der Sowjetkommunisten, verfolgt. Ich traf in Vietnam auf eine für mich weitgehend undurchsichtige Mischung politischer Gruppierungen und hatte Kontakt zu Vertretern unterschiedlicher regionaler Machtzentren mit jeweils eigenen Söldnern und Kämpfern. Von ihnen wurde ich sozusagen von Hand zu Hand weitergereicht. Das war spannend, aber auch der Weg durch einen Irrgarten.

In Bangkok hatte ich Dollar zu einem guten Kurs in französische Kolonialfrancs getauscht. Als das Geld sehr bald knapp wurde, half ein abenteuerlicher Umweg über Südkorea: Noch in Pusan hatte mir die Zeitung *Kookje Ilbo* vorgeschlagen, meine Artikel zu drucken und anzubieten, denn sie war auch die Verteilungsstelle, über die die englische Nachrichtenagentur Reuters andere koreanische Zeitungen bediente. Nun lieferte ich ein paar Artikel beim Büro von Reuters ab, sie wurden nach Korea weitergeleitet, und ein paar Tage später zahlte man mir in Saigon das Honorar in Dollar aus – nicht viel, aber immerhin etwas. Eine Dauerlösung war das natürlich nicht. Als es ganz eng wurde, verkaufte ich meine Rolleicord-Kamera an den Direktor des Majestic Hotels, und mit dem Geld konnte ich schließlich noch den Flug von Bangkok nach Düsseldorf buchen.

Beinahe hätte ich allerdings die Heimreise noch einmal aufgeschoben. Wochenlang hatten die französischen Armeedienststellen meine Bitte um Zugang zu militärischen Stellungen oder Operationen abgelehnt. Kurz vor meiner Abreise nach Deutschland boten sie mir plötzlich an, mit ihren Truppen zu einem großen und entscheidenden Feldzug aufzubrechen: nach Dien Bien Phu im Norden des Landes, wo eine Schlacht die Überlegenheit der klassischen französischen Kriegführung über die Guerillatechnik der Vietminh beweisen sollte. Doch ich lehnte ab – auch weil ich bezweifelte, dass die französische Strategie Erfolg haben würde. Und tatsächlich erlitten die Franzosen im Mai 1954 eine entscheidende Niederlage, faktisch hatten sie den Krieg verloren. Fast zehntausend französische Soldaten waren gefallen, zehntausend in Gefangenschaft geraten, in der die meisten von ihnen nicht überlebten – darunter viele Deutsche, die aus der Kriegsgefangenschaft in die französische Fremdenlegion übergewechselt waren.

Eines jedenfalls hatte ich in meiner Arbeit als Kriegskorrespondent gelernt: Man tut gut daran, sich so weit wie irgend möglich von militärischen Stellen fernzuhalten. Später, während des Algerienkriegs, waren es die Geheimdienste, die uns Journalisten mit falschen Hinweisen beeinflussen oder verwirren sollten. Außerdem gab es auf französischer wie auf algerischer Seite Gruppierungen, die gegen ihre eigenen Landsleute agierten und uns Korrespondenten in gefährliche Aktionen hineinzuziehen versuchten. Eine andere abschreckende Erfahrung machte ich Ende der sechziger Jahre während des Kriegs in Vietnam. Ich kannte einige junge Amerikaner in wichtigen militärischen und politischen Positionen. Mit einem war ich schon lange befreundet, und wenigstens bei ihm war ich überzeugt davon, dass er mir zwar nicht die ganze Wahrheit erzählen konnte, mich aber auch nicht, wie er es dann tat, aktiv belügen würde. Man hat eben unweigerlich immer nur eine eingeschränkte Sicht auf das Geschehen, wenn man als Korrespondent bei militärischen Einheiten »embedded« ist und zusammen mit ihnen in die umkämpften Zonen fährt.

Als ich Anfang Mai 1954 in Düsseldorf aus dem Flugzeug stieg, hielt ich alles, was ich aus Ostasien mitgebracht hatte, unter dem

Arm: einen Schuhkarton, der mit leuchtendem chinesischem Reklametext bedruckt war, darin Seife, ein Rasierapparat und ein kleines Handtuch; hinzu kam, was ich anhatte: ein kurzärmliges Khakihemd, eine olivgrüne Hose und Sandalen. Die Zollbeamten wunderten sich über den frierenden Ankömmling. Aber es war tatsächlich alles, was mir geblieben war. Der Rest war irgendwo zwischen Saigon und Bangkok verlorengegangen, darunter mein ohnehin kleiner Koffer und auch das Keramik-Trinkhorn, das mir mein koreanischer Kunsthistoriker-Freund aus den wiedergefundenen Stücken des zerstörten Nationalmuseums in Seoul herausgesucht hatte. Was leider auch fehlte: die meisten meiner Notizen, Manuskripte, Tonbänder und sämtliche Filmrollen. »Das hätte schlimmer kommen können«, meinte einer der Zollbeamten. Einerseits hatte er damit recht, andererseits konnte er nicht wissen, warum verlorenes Papier so viel für mich bedeutete. Immerhin, den Stoff für zwei große Hörfunkreportagen bekam ich aus dem Handgepäck noch zusammen.

Als dreizehnjähriger Internatsschüler mit Rehkitz in Marienau.

Als Hitlerjunge in Marienau, vorne links.

Teilnehmer der NWDR-Rundfunkschule, Gerd Ruge vorn im Bild, 1947.

Hörfunkreporter beim NWDR, 1952.

Als Zwanzigjähriger, Köln, 1948.

Bundeskanzler Adenauer in Moskau, 1955 (in der vorderen Reihe von links: Nikolai Bulganin, Konrad Adenauer, Nikita Chruschtschow, Carlo Schmid).

Zum Abschluss der Verhandlungen tauschen Adenauer und der sowjetische Ministerpräsident Bulganin Briefe aus, im Hintergrund links Gerd Ruge, 13. September 1955.

Vor dem Bolschoi-Theater, Moskau, 1956.

Auf dem Balkon des Hotel National, Moskau, 1957.

Boris Pasternak vor seinem Haus in Peredelkino, nach seinem Ausschluss aus dem Schriftstellerverband, 1959.

Mit Werner Höfer und Klaus Bölling im *Internationalen Frühschoppen*, 1957.

Mit dem *Weltspiegel* erhielten die Auslandskorrespondenten der ARD 1963 ihre eigene wöchentliche Sendung. Die beiden oberen Bilder sind Standbilder aus dem Vorspann, darunter im Uhrzeigersinn die beiden Mitbegründer der Sendung, Gerd Ruge und Klaus Bölling, sowie Thilo Koch und Peter Scholl-Latour.

Peter Benenson, der Gründer von Amnesty International, 1961.

Der Herausgeber des *Spiegel* Rudolf Augstein und der stellvertretende Chefredakteur Conrad Ahlers nach der Aufhebung des Haftbefehls gegen Augstein, 1963.

»Dann können Sie ja der CDU beitreten,
Herr Chruschtschow.«

Mit Adenauer in Moskau
1955

Die Zeit der Kriegskorrespondenten war erst einmal zu Ende, nachdem sich die Ost-West-Kriege in Korea und Indochina erschöpft hatten. Die Amerikaner mit ihren Verbündeten waren in Korea aus dem Grabenkrieg nicht mehr herausgekommen. Die Sowjetunion hatte die Chinesen und Nordkoreaner unterstützt, allerdings ohne die Politik der beiden unter Kontrolle zu bringen. Und in Indochina hatten die Amerikaner gegen die Kolonialmacht Frankreich keine Politik durchsetzen können, die von der westlichen Seite gemeinsam gestützt wurde. Sie glaubten nicht mehr an einen Sieg Frankreichs, aber es sollte noch Jahre dauern, bis Washington schließlich auch nicht mehr an einen eigenen Sieg in Vietnam glaubte. Die Kriege in Korea und Vietnam hatten insgesamt weit über eine Million Soldaten das Leben gekostet. Nun setzte sich in Washington und Moskau die Ansicht durch, es sei besser, den Verhandlungsweg zu gehen und eine Lösung zu suchen, die für alle Beteiligten weniger gefährlich und kostspielig wäre.

So begann im Mai 1954 in Genf eine Konferenz zur Zukunft Koreas und Indochinas, an deren Ende eine Vereinbarung stand, die eine friedlich abgegrenzte Koexistenz in geteilten Staaten ermöglichen sollte. Ein ähnlicher Weg hatte sich in Europa ja schon abgezeichnet: An der künstlichen Teilungsgrenze in Deutschland standen sich die Soldaten der NATO und des Warschauer Paktes zwar in Drohhaltung gegenüber, jedoch sorgfältig darauf bedacht, dass aus kleinen Zwischenfällen keine ernsthaften militärischen Zusammenstöße entstanden. Wie da über die Zukunft Koreas und Vietnams verhandelt wurde und mit welchem Ergebnis – das war von größter Wichtigkeit für die Deutschen, die nicht mit am Verhandlungstisch der Genfer Konferenz sitzen durften. Eine kleine Gruppe deutscher Asienexperten und ehemaliger Diplomaten, die in China oder Japan stationiert gewesen waren, bemühte sich gleichwohl, bei den Konferenzteilnehmern inoffiziell Informationen einzuholen. Immerhin gab es Ausweise und Akkreditierungen für ein halbes Dutzend westdeutscher Journalisten – darunter auch ich –, die für einige Tage oder Wochen die Konferenz aus der Nähe verfolgten. Pressekonferenzen waren selten, und anders als heute kamen nicht Dutzende oder Hunderte von Journalisten, sondern allenfalls zehn oder zwanzig, wenn die Pressesprecher mal wieder andeuten wollten, welche Meinungen im Konferenzsaal aufeinandergeprallt waren.

Es war ein angenehmes Korrespondentenleben, der Konkurrenzdruck unter uns Journalisten hielt sich in Grenzen. Da es vormittags fast keine Termine gab, konnte ich für wenig Geld und ohne Sorge, etwas zu verpassen, im Gasthof eines kleinen Örtchens am Genfer See wohnen. Morgens genoss ich den See, und wenn ich nachmittags oder abends in der Stadt war, ging ich manchmal Pizza essen. Das war gerade modern geworden in Europa, und zu einem kleinen Abendessen in der einzigen, brandneuen Pizzeria von Genf konnte man jüngere Diplomaten und natürlich die osteuropäischen Kollegen preiswert einladen. Gute Kontakte konnten auch in Genf nützlich sein, aber besonders wichtig war mir, Verbindungen zu knüpfen und ein wenig Vertrauen bei solchen Kollegen aufzubauen, die ich irgendwann in ihren Heimatländern wiederzutreffen hoffte. Noch gab es keine diplomatischen Beziehungen zwischen Bonn und Moskau, und bisher hatte nur eine ganz kleine Gruppe westdeutscher Kollegen über sowjetische Stellen in Ost-Berlin Einladungen in die Sowjetunion bekommen, vornehmlich dann, wenn die Behörden in Moskau kurzfristig Informationen streuen wollten. Ich hatte noch nicht das Glück gehabt, zu einem solchen Moskaubesuch eingeladen zu werden.

Nun lernte ich in Genf einen sowjetischen Kollegen kennen, der ein paar Jahre älter war als ich und als Korrespondent für die offizielle sowjetische Nachrichtenagentur TASS arbeitete. Wir waren nicht wirklich befreundet, konnten aber sachliche Gespräche führen, ohne ständig die Vorbehalte zu erwähnen, die jeder von uns gegen die politischen Erklärungen der anderen Seite haben mochte, und auch ohne die wodkaselige Geselligkeit, in die Bekanntschaften zwischen Russen und Deutschen manchmal abrutschten. In Genf hatte mein Bekannter noch einen Journalistenausweis, ein Jahr später traf ich ihn in Bonn mit einem Diplomatenpass wieder. Dabei war er nach wie vor bloß ein TASS-Korrespondent, von dem wir mit einiger Sicherheit annehmen konnten, dass er für den Nachrichtendienst des KGB arbeitete. Knapp zwanzig Jahre später sollte er ein wichtiger Mittelsmann bei der Vorbereitung der ersten deutsch-sowjetischen Abkommen sein.

Bis zu diesen Verhandlungen, die Bundeskanzler Willy Brandt Ende der sechziger Jahre in Gang setzte, musste noch viel Zeit vergehen. Im Frühjahr 1955 verdichteten sich Berichte über eine bevorstehende Einladung der sowjetischen an die deutsche Regierung. Bundeskanzler Adenauer stand einem Besuch in Moskau jedoch skeptisch, ja ablehnend gegenüber. Dass die drei Westalliierten in Genf mit der Sowjetunion auch über Entspannung in Europa verhandelt hatten, schien ihm eher ein Warnzeichen. Er war besorgt, sie könnten gemeinsam mit Moskau einen Vertrag über die Zukunft Deutschlands aushandeln, bei dem die Interessen der Bundesrepublik hinter einer Entspannungslösung zurücktreten müssten. Eines der sowjetischen Ziele war es, die Existenz zweier selbständiger deutscher Staaten offiziell und international festschreiben zu lassen. Deshalb wünschte man in Moskau die Aufnahme diplomatischer Beziehungen mit der Bundesrepublik. Wenn sowohl die BRD als auch die DDR weltweit diplomatische Beziehungen unterhalten konnten, so der Hintergedanke, wäre die Teilung Deutschlands formell bestätigt. Eine solche Entwicklung fürchteten nicht nur viele auf der Seite der drei westlichen Mächte, auch in der Bundesrepublik sahen die meisten Politiker darin eine kaum zu überwindende Barriere auf dem Weg zu einem in Westeuropa integrierten wiedervereinigten Deutschland.

Die offizielle sowjetische Einladungsnote traf am 7. Juni kurz vor Adenauers Besuch in Washington ein. Auf dem Flug nach Amerika fragte ihn mein CBS-Kollege Dan Shaw, was er denn von dieser russischen Einladung halte. Ach, sagte der deutsche Bundeskanzler, er habe sie eben im Flugzeug zum ersten Mal gelesen. Das sei ein in lyrischen Worten gehaltener Text. Auf Shaws Nachfrage, warum er denn nach Moskau eingeladen werde, antwortete Adenauer flapsig: »Vielleicht haben die seit Stalins Tod keinen richtigen Diktator mehr gesehen.« Adenauer zweifelte öffentlich daran, dass die Verhandlungen in Moskau überhaupt sinnvoll seien, letztlich konnte er sie aber nicht von der internationalen Tagesordnung streichen. Der amerikanische Außenminister John Foster Dulles wunderte sich, dass der Kanzler die Frage der Wiedervereinigung in Moskau keinesfalls mit besonderem Nachdruck vorbringen wollte. Doch Adenauer wusste genau, dass er mit diesem Thema vor allem in Frankreich und England, aber auch in Amerika Misstrauen wecken könnte, die Bundesrepublik wolle womöglich – wie zur Zeit der Weimarer Republik – besondere Beziehungen zu Moskau anknüpfen. Bezeichnenderweise stand in den USA auf der Bestsellerliste der *New York Times* gerade ein Buch mit dem Titel *Germany Plots With the Kremlin* – Deutschland konspiriert mit dem Kreml. Adenauer, so hieß es darin, plane, mit Hilfe der Sowjetunion ein unabhängiges Deutschland zu schaffen, das dann gemeinsam mit Frankreich ein unabhängiges Europa gegen die USA bilden werde.

Nachdem die Einladung in Bonn eingegangen war, hatte Konrad Adenauer immer häufiger vom Schicksal der deutschen Kriegsgefangenen gesprochen. Im Laufe des Kriegs waren über drei Millionen deutsche Soldaten in sowjetische Gefangenschaft geraten. Nur zwei Millionen hatten die Lager überlebt, und fast alle von ihnen waren inzwischen nach Deutschland entlassen worden. Nun ging es um die Freilassung der letzten Zehntausend, die noch in der Sowjetunion festgehalten wurden, sowie um Russlanddeutsche oder Menschen aus den Grenzgebieten, die nach Deutschland ausreisen wollten. Sieben Millionen Petitionen mit der Bitte, die Gefangenen zurückzubringen, waren in den Monaten zuvor im Bundeskanzleramt eingetroffen. Ein sogenannter Freiheitslauf der deutschen Jugend von Berlin nach Bonn hatte mit einer Kundgebung vor Adenauers Kanzleramt geendet. In der Bundesrepublik war so der Eindruck entstanden, wichtigstes Ziel der Reise sei die Heimholung der Gefangenen.

Am 8. September 1955 landete Adenauer mit einer Delegation von zweihundert Politikern, Diplomaten, technischen Mitarbeitern, Sekretärinnen, Leibwächtern und Journalisten auf dem Moskauer Flughafen Wnukowo. Zehn Jahre nach Kriegsende und zwei Jahre nach Stalins Tod musste man eine Konferenz erwarten, die unter schweren emotionalen Belastungen stattfinden würde, unter den Erinnerungen an den Krieg, unter dem Misstrauen und der Furcht, mit denen sich Deutsche und Russen vermutlich gegenüberträten. Moskau, darunter stellten sich viele eine verarmte, kriegszerstörte, von der Polizei beherrschte, eher provinzielle Stadt vor, so wie manche von ihnen Russland im Krieg erlebt hatten. In die Hauptstadt des Weltkommunismus und des KGB zu reisen war der deutschen Delegation und den meisten Journalisten auf jeden Fall unheimlich. Am Tag vor der Abreise hatte Adenauer noch vor Pressevertretern geäußert, er komme sich vor, als fahre er in das Hauptquartier einer Räuberbande.

Tatsächlich wusste man in der deutschen Delegation nur wenig über die Lage in der Sowjetunion nach dem Tode Stalins. Das Auswärtige Amt verfügte damals noch über keine Russlandabteilung mit diplomatischen Experten, auch einen festangestellten Russisch-Dolmetscher gab es noch nicht. Für die Delegation fand man zum Glück einen klugen Übersetzer russischer Literatur und Dichtung,

Rolf-Dietrich Keil, der Stimmungen bereits an Tonfall und Ausdrucksweise erkennen konnte. Als Russlandkenner galt in der Delegation ansonsten ein Professor Koch. Er war in der NS-Zeit Ostforscher in Königsberg und »Berater für ukrainische Angelegenheiten« im Oberkommando der Wehrmacht gewesen und hatte sehr holzschnittartige Vorstellungen davon, wie man mit Russen umgehen müsse. Die anderen Mitreisenden waren Diplomaten mit Auslandserfahrung oder führende Vertreter aus dem Bundestag; manche von ihnen, wie der Vizepräsident des Deutschen Bundestags Carlo Schmid oder Kurt Georg Kiesinger, waren zwar gute Gesprächspartner bei offiziellen Essen, wussten aber kaum etwas über die sowjetische Situation und das außenpolitische Konzept der neuen Führung.

Ich war zu jung für die Erinnerungen und Vorurteile, wie sie viele in der Delegation nach Moskau mitbrachten. Stattdessen war ich neugierig auf dieses fremde Land und freute mich, dass ich überhaupt an der Reise teilnehmen konnte, denn eigentlich war das gar nicht vorgesehen gewesen. Die Gruppe der etwa hundert deutschen und ausländischen Korrespondenten umfasste unter anderem die Büroleiter der großen Zeitungen, Agenturen und Rundfunkanstalten mit engen Beziehungen zum Kanzleramt und zu den Experten der Delegation. Erst in letzter Minute war aufgefallen, dass keiner von ihnen Russisch verstand. Daraufhin setzte sich der Kölner Intendant Hartmann entschieden dafür ein, dass ich mit den älteren Kollegen mitreisen durfte. Für mich sprach auch, dass ich einige Monate zuvor bei Chruschtschows erstem Auslandsbesuch in Belgrad eine Art Scoop hatte landen können: Ich meldete als Erster, dass sich Chruschtschow bei Tito für Stalins Verbrechen entschuldigt hatte, eine Weltsensation.

Wir Journalisten waren von Ost-Berlin mit einer Zusatzmaschine abgeflogen und kamen zwei Stunden vor dem Kanzler in Moskau an. Während wir auf dem Flugfeld warteten, trat der sowjetische Protokollchef an unsere Gruppe heran und fragte, ob jemand vom Rundfunk dabei sei. Ich meldete mich vorsichtig, woraufhin er mich zu einem Mikrofon führte und erklärte: »Hier wird eine Leitung nach Hamburg geschaltet. Von hier können Sie nachher über die Ankunft Kanzler Adenauers berichten.« Ich war völlig überrascht, denn es war nichts Derartiges vorbesprochen worden. Der Mann vom Protokoll – oder vom KGB – meinte jedoch, Rundfunktechniker in Ost-Berlin würden die Verbindung organisieren. Er drückte mir das Mikrofon in die Hand und sagte, sobald Kanzler Adenauer und Ministerpräsident Bulganin sich begrüßten, könne ich anfangen. Zehn Minuten später öffnete sich die Flugzeugtür, und ich begann das Geschehen zu schildern, ohne zu wissen, ob mich überhaupt jemand in Deutschland hörte. Ich beschrieb, wie Adenauer die Gangway herunterkam und wie die sowjetische Paradeeinheit das Gewehr präsentierte und das Deutschlandlied spielte, während der Kanzler mit Ministerpräsident Bulganin vorbeischritt. Auch ohne Kontakt mit der Technik des NDR in Hamburg kommentierte ich also eine Zeremonie, die uns Deutschen am Tag zuvor noch unvorstellbar erschienen war.

Auf einmal beobachtete ich etwas Eigenartiges, vom Protokoll nicht Vorgesehenes: Adenauer nahm seinen Gastgeber bei der Hand und führte ihn in Richtung Pressetribüne. Was er zum Regierungschef der Sowjetunion sagte, konnten wir nicht verstehen. Mehr als zwanzig Jahre später erzählten mir jedoch der deutsche und der sowjetische Dolmetscher, was sie bei der Begegnung aus nächster Nähe erlebt hatten. »Kommen Sie mit. Das sind heute die eigentlichen Diktatoren«, habe Adenauer halblaut gesagt, während er Bulganin zu den Fotoreportern mitnahm. Es war eine Bemerkung, die dem deutschen Dolmetscher unheimlich war: zehn Jahre nach Hitlers und zwei Jahre nach Stalins Tod so von Diktatoren und Fotografen zu sprechen. Alles andere, was das Protokoll vorsah – Vorbeimarsch der Ehrengarde, die flatternden Fahnen der Sowjetunion und der Bundesrepublik, auch die »Hurra, hurra, hurra«-Rufe –, war dagegen keine Überraschung. Doch die Art und Weise, wie Adenauer aus der Situation heraus improvisiert hatte, war für uns ein erstes

Zeichen, dass diese Konferenz durchaus ungewöhnlich verlaufen könnte – zumal Parteichef Nikita Chruschtschow ein ganz anderer Typ war als der höfliche, aber konventionelle Bulganin.

Von nun an war alles vorzüglich organisiert. Das überraschte uns, denn wir hatten uns Moskau anders vorgestellt. Man behandelte uns großzügig und gastfreundlich. Es gab ein Besuchsprogramm für Delegierte und Journalisten, das aber kaum wahrgenommen wurde. Theaterkarten waren reserviert, wurden aber nicht abgeholt, und in den großen Hotelrestaurants lagen seitenlange Speisekarten aus, die ungelesen blieben. Die russischen Kollegen fragten, ob wir deutschen Journalisten wirklich ständig Artikel und Kommentare über Adenauer in Moskau nach Hause durchgeben müssten und ob wir gar kein Interesse an Russland hätten. Manche aus der deutschen Delegation wiederum hegten den Verdacht, die Sowjets wollten uns Journalisten durch ein Touristenprogramm bloß ablenken, damit wir nur ja keine wirklichen Informationen über Moskau sammeln könnten.

Tatsächlich war ein direkter Kontakt mit Moskauer Bürgern für Journalisten und Delegationsmitglieder so gut wie unmöglich. Die meisten Russen machten sich schnell davon, wenn man sie als Deutscher auf der Straße ansprach. Über solchen Versuchen der Kommunikation hing ein zweifacher Schatten: die Erinnerung an die schrecklichen Opfer und Wunden, die Deutsche wenige Jahre zuvor dem Land zugefügt hatten, und darüber hinaus die Erinnerung an Stalin, zu dessen Lebzeiten jeder Kontakt mit Ausländern schwer bestraft werden konnte. Diejenigen unter uns, die etwas über das sowjetische Leben und Denken erfahren wollten – und das war nicht die Mehrheit in der Journalistengruppe –, hatten das Gefühl, hinter einer Glasscheibe zu arbeiten.

Am zweiten Abend wagte ich dennoch einen Spaziergang auf eigene Faust. Die Etagendame auf unserem Flur, die unübersehbar ein Auge auf uns hielt, saß gerade nicht an ihrem Platz. In der Halle des Hotel National dösten zwei oder drei Männer und bemerkten mich nicht. Draußen ging es vorbei an einer Bäckerei und einem großen Fischgeschäft. Am zentralen Telegrafenamt war ein Polizist vor der Tür postiert, aber auch er regte sich nicht. Hinter dem Bolschoi-Theater stand noch einer. Vor der Prunkfassade des Theaters kam ich auf eine breite Straße mit hohen modernen Häusern, die in meinem alten Stadtplan gar nicht verzeichnet war. Gerade die Tatsache, dass sich überhaupt nichts rührte, empfand ich als bedrohlich. Wir alle waren gewarnt worden, jeder Schritt und jedes unserer Worte würden registriert und die Geheimpolizei habe uns immer im Visier. Doch nun ging ich durch die Moskauer Nacht, ohne dass sich jemand für mich interessierte – auch die Männer nicht, die bei meiner Rückkehr noch immer in der Hotelhalle saßen, und die Etagendame fragte bloß, ob ich eine Tasse Tee haben wolle. Ich war kaum fünf Minuten zurück in meinem Zimmer, da klingelte das Telefon. Ich hob ab, aber es meldete sich niemand. So unbeobachtet, wie ich gedacht hatte, war ich offenbar doch nicht gewesen.

Die meisten mitreisenden Bonner Korrespondenten pflegten ihre deutschen Informationsquellen und wurden ab und zu von Delegationsmitgliedern und Leuten des Bundespresseamtes mit einigen Details versorgt. Weder die deutschen noch die sowjetischen Presseamtsvertreter waren befugt, Eindrücke vom Verlauf der Verhandlungen wiederzugeben. An Interviews mit Mitgliedern der Delegation war gar nicht zu denken. Auf sowjetischer Seite wäre niemand auf die Idee gekommen, Zurufe und Fragen der Journalisten aufzugreifen. Dennoch merkten wir, dass im Sitzungssaal des Spiridonowka-Palais etwas Ungewöhnliches vorging, mehr als nur der Austausch diplomatisch abgewogener Reden. Außenminister Heinrich von Brentano, erst seit kurzer Zeit im Amt, kam irgendwann sichtlich erregt aus dem Palais herausgeschossen und rief uns ein paar Worte zu, so etwas wie: »Unverschämtheit, unerträglich, die Verhandlungen sind zu Ende. Wir reisen ab!« Nur die schlechten Telefonverbindungen bewahrten mich davor, eine Falschmeldung in die Welt zu setzen, wie sie heute innerhalb von Minuten, von Sekunden, über

Rundfunk, Fernsehsender und durch das Internet kursieren würde. Dabei war das, was der Außenminister uns vier oder fünf Journalisten, die stundenlang auf der Straße ausgeharrt hatten, zugerufen hatte, lediglich Brentanos »persönliche Meinung«, wie der Kanzler uns später erklärte. Als Adenauer selbst aus dem Verhandlungssaal kam, winkte er uns zu: keine Rede von Abbruch der Verhandlungen. Anders als die meisten seiner Berater und ohne es auszusprechen, hatte der Kanzler sich entschlossen, auf keinen Fall ergebnislos nach Hause zu reisen.

Eine Möglichkeit nachzufragen, gab es an Ort und Stelle nicht. Sich in sowjetische Hotels einzuschleichen, um Delegierte zu befragen, war zu normalen Tageszeiten aussichtslos. Immer weniger deutsche Kollegen wollten länger auf der Straße warten, und auch die wenigen sowjetischen Journalisten zogen nach und nach ins Pressezentrum. Nur einer der jüngsten im sowjetischen Pressetross hielt gemeinsam mit mir bis zur Abfahrt der Limousinen die Stellung. Wir kamen ins Gespräch und stellten fest, dass wir beide gern Korrespondenten werden wollten, er in Bonn und ich in Moskau. Nach der Aufnahme diplomatischer Beziehungen, so dachten wir, müssten schließlich nicht nur Botschafter, sondern auch Journalisten ausgetauscht werden.

Lediglich ein paar Starjournalisten oder Bürochefs, die in Bonn zu den Auserwählten des Kanzlerkreises gehörten, bekamen Hinweise über den Verlauf der Gespräche. Was am nächsten Tag in deutschen Zeitungsartikeln darüber erschien, passte gleichwohl nicht immer zusammen. Hatte Adenauer nun Chruschtschow mit den Fäusten gedroht oder nicht? Hatte Chruschtschow geflucht und gepöbelt und ebenfalls mit der Faust gedroht? Und wie hatten die russischen Gastgeber auf den trockenen Humor Adenauers reagiert, als der beim ersten Empfang auf ein großes Bild von Karl Marx zeigte und zu Bulganin sagte: »Der ist auch aus dem Rheinland.« Oder als der Bundeskanzler den russischen Ministerpräsidenten fragte, ob er schon mal den Namen Pferdmenges gehört habe: »Der ist ein Großneffe von Herrn Friedrich Engels und einer unserer größten Kapitalisten.« Bulganin zeigte keine Reaktion. Wahrscheinlich wusste er das alles tatsächlich nicht. Es waren höchstens solche Gesprächssplitter aus den Konferenzräumen, auf die wir Journalisten uns einen Reim zu machen suchten. Ansonsten waren wir ahnungslos, wie die Stimmungslage war.

In Moskau lebte und arbeitete zu dieser Zeit nur ein knappes Dutzend akkreditierter Korrespondenten aus westlichen Ländern. Sie versuchten natürlich von uns zu erfahren, was im Verhandlungssaal vorging. Wir dagegen hörten von ihnen, was Mitarbeiter der deutschen Delegation den amerikanischen, englischen und französischen Diplomaten, aber nicht den deutschen Korrespondenten mitgeteilt hatten. Doch die Korrespondenten gaben uns sehr oft unterschiedliche Informationen weiter. Manche Botschafter betrieben in dieser Hinsicht ihre ganz eigene Politik. Der amerikanische Botschafter, der hochangesehene Russlandkenner Charles Bohlen, war zunächst besonders kritisch und lehnte Adenauers Moskauer Verhandlungen völlig ab. Dann hörten wir von amerikanischen Kollegen, Bohlen wolle Adenauers Bemühungen nun doch unterstützen, denn Präsident Eisenhower habe ihm in einem scharfen Telegramm mitgeteilt, er vertraue auf Adenauers Verhandlungsstrategie. Das wiederum ließ die US-Botschaft später über amerikanische Korrespondenten zu uns Deutschen durchsickern.

Einige Kollegen mit engen Verbindungen zum Kanzleramt hatten schon aus ihren Bonner Vorgesprächen etwas mehr Hintergrundwissen und reichten uns ihre Erkenntnisse manchmal bröckchenweise weiter. Daraus konnte man sich immerhin die deutsche Themenliste zusammenreimen. Erstens: keine Aufnahme diplomatischer Beziehungen. Zweitens: Bereitschaft zu Verhandlungen über Wirtschaftsbeziehungen. Drittens: Belebung der kulturellen Beziehungen. Und schließlich viertens: Freilassung der Kriegsgefangenen und Verschleppten. Vielleicht hatte es eine solche Liste in Bonn wirklich gegeben, aber sie war offensichtlich nicht die endgültige. Von anderen Bonner Kollegen hörte ich, nach Adenauers Ansicht könne auch über die Wiedervereinigung gesprochen werden oder eben doch über eine Art diplomatischer Beziehungen. Ein Austausch von Botschaftern komme für ihn allerdings wohl nicht in Frage.

Das Problem war, dass man selbst im inneren Kern der Delegation nicht genau wusste, was Adenauer vorhatte. Unter seinen Beratern und Begleitern gab es ganz widersprüchliche Vorstellungen darüber, wie weit man bei der Aufnahme formeller Beziehungen gehen solle. Außenminister Brentano etwa war gegen fast alle Gespräche in Moskau und wollte die Ergebnisse so klein wie möglich halten. Ebenso wie die Außenminister der drei westlichen Mächte waren er und sein Beraterstab für eine restriktive Verhandlungsführung, bei der die Sowjets die bestehenden Grenzen in Deutschland als »vorläufig, aber unveränderbar« bestätigen sollten. Sie empfahlen sogar, auf das Wort »Verhandlungen« ganz zu verzichten und nur den Terminus »Gespräche« zu benutzen.

Eigentlich wollte Adenauer keine deutschen Politiker mit am Verhandlungstisch haben, die wie Brentano eigene rigide Vorstellungen über das deutsch-sowjetische Verhältnis hegten. Bundeswirtschaftsminister Ludwig Erhard beispielsweise hatte er deswegen nicht in die Delegation aufgenommen – das beklagten später russische Diplomaten, die sich von den Verhandlungen einen Durchbruch in den Außenhandelsbeziehungen erhofft hatten. Adenauer hatte Sorge, Verhandlungen in Anwesenheit des Wirtschaftsministers würden den engen Rahmen überschreiten, den er gesetzt hatte. Er hatte deswegen den Führer der Freien Demokraten, Thomas Dehler, ebenfalls außen vor gelassen, weil dieser wiederum zu stark auf die Wiedervereinigung als Verhandlungsziel drängte. Bei den vorbereitenden Besprechungen nahm er durchaus zur Kenntnis, was ihm Mitarbeiter und Experten vortrugen, gab diesen selbst aber kaum Hinweise darauf, wie weit er bei den Verhandlungen gehen würde. Adenauer war ein Praktiker und nicht bereit, seinen Spielraum durch ideologische Vorbehalte oder durch Anhänger der einen oder anderen

Richtung in der Ost- und Wirtschaftspolitik einengen zu lassen. Sein Antikommunismus und Antisowjetismus standen schließlich außer Frage.

So begannen die Verhandlungen am 9. September. Von vielem, was in den folgenden Tagen in Moskau besprochen wurde, erfuhr ich erst sehr viel später in Unterhaltungen mit deutschen Delegationsteilnehmern oder sogar erst nach zwanzig Jahren von einem russischen Dolmetscher. Der Tag begann mit einem Höflichkeitsbesuch des deutschen Bundeskanzlers bei Außenminister Molotow und Ministerpräsident Bulganin – das war pures Protokoll. Niemand aus dem Westen konnte wissen, dass Molotow zu den alten Führern gehörte, die Chruschtschow wenig später aus Moskau verbannen würde. Um elf Uhr vormittags saßen sich die Delegationen an einem langen Tisch im Spiridonowka-Palais gegenüber. Die erste Sitzung leitete Ministerpräsident Bulganin. Er hielt eine sehr allgemeine Rede, in der er an gute Zeiten deutsch-russischer Zusammenarbeit erinnerte und hervorhob, dass der Friede in Europa auch künftig von solch guter Kooperation abhänge. Seine Rede rückte dann die Aufnahme diplomatischer Beziehungen in den Vordergrund. Adenauer dagegen sprach von der defensiven Ausrichtung der deutschen Wiederbewaffnung im Rahmen der neuen Verträge, die gerade mit Amerika, Frankreich und England geschlossen worden waren. Die Frage der deutschen Einheit nannte er eine Sache der großen Vier. Die Normalisierung der Beziehungen aber könne erst beginnen, wenn die letzten deutschen Kriegsgefangenen in der Sowjetunion freigelassen und heimgekehrt seien. Die Grundsatzerklärungen der beiden Seiten waren sehr ausführlich und in ihrer Stoßrichtung völlig unterschiedlich, und man trennte sich ohne Diskussion.

Es folgte eine Verhandlungspause mit dreistündigem Mittagessen und sehr vielen Trinksprüchen. Adenauer trank mit Chruschtschow und Bulganin auf ex. Der SPD-Politiker Carlo Schmid, ein großer, gewichtiger Mann, wurde von Chruschtschow als »Gospodin Velikaja Germanija«, als »Herr Großdeutschland«, angesprochen und er trank seinen Wodka wie ein Russe aus dem Wasserglas, was sogar Chruschtschow beunruhigte. Außenminister Brentano versuchte, Adenauer zum Abschied zu bewegen und die Begegnung zu beenden. Aber Chruschtschow und Bulganin protestierten dagegen, auch weil Adenauer mit seiner Schlagfertigkeit immer wieder Gelächter hervorrief. Chruschtschow sprach von der sozialen Fürsorge und den Lebensbedingungen der Bevölkerung, die er verbessern wolle. Adenauer sagte darauf: »Dann können Sie ja bei uns der CDU beitreten.« Chruschtschow: »Sie würden mich ja nicht nehmen.« Adenauer: »Bei Ihrem Sozialprogramm gehören Sie zu uns.« So entstand eine Stimmung, wie sie auf deutscher Seite nur Adenauer schaffen konnte. Die beiden Außenminister, Molotow und Brentano, hörten bei alldem nur mit ernsten Mienen zu.

Die meisten deutschen Delegationsmitglieder hatten zwar in Bonn Handbücher mit Informationen über die Themen und russischen Partner bekommen, aber auf diese Art von Verhandlungen waren sie nicht vorbereitet. Adenauer baute sehr auf den Kontakt mit Ministerpräsident Bulganin, vielleicht weil er ihm schon einmal Anfang der dreißiger Jahre in Köln begegnet war – er als Oberbürgermeister von Köln, Bulganin als Oberbürgermeister von Moskau. Daraus hatte sich jenseits aller Ideologie ein gewisser Respekt zwischen zwei Amtsinhabern entwickelt. Zweifellos hielt Adenauer anfänglich Bulganin für den entscheidenden Mann und Chruschtschow nur für einen, der sich immer wieder vordrängte. Vertrauenerweckender auf die Deutschen wirkte Bulganin mit seinem Spitzbärtchen und seiner altväterlichen Art allemal. Außenminister Molotow dagegen erschien ihnen als Mann aus der zweiten Reihe. Georgi Malenkow, kurz zuvor noch Ministerpräsident, saß meistens schweigsam dabei, und viele aus der deutschen Delegation hielten ihn für einen eher nachdenklichen Intellektuellen. Carlo Schmid erzählte mir später, Malenkow könne sogar Latein. Die deutschen Teilnehmer neigten jedenfalls dazu, aus Gesten und Bemerkungen ihrer Gesprächspartner allzu weitreichende Schlüsse zu ziehen: Bulganin etwa sei ein Russe wie aus vorrevolutionären Zeiten, ein Mann, wie man ihn in der klassischen Literatur beschrieben finde. Der spätere Außenminister Gromyko sei unverkennbar der Spross einer Adelsfamilie und so weiter.

Auf der sowjetischen Seite hatte Valentin Falin, der spätere Botschafter in Bonn, die Aufgabe gehabt, Tausende von Seiten aus westlichen Veröffentlichungen über Adenauer durchzuarbeiten. Daraus war zweifellos eine ernsthafte Studie geworden, aber niemand weiß, inwieweit sie Chruschtschow tatsächlich beeinflusst hat. Ein großer Leser war der nämlich nicht. Gromyko wiederum soll Adenauer in einer Notiz für sein Amt als »reaktionären Superpedanten« charakterisiert haben, als einen Mann, der davon träume, Ostdeutschland zu verschlingen. Vielleicht hatte Chruschtschow diese Einschätzung im Hinterkopf, als er dem deutschen Delegationschef im Verhandlungssaal gegenübersaß – die Wortwechsel waren jedenfalls ungewöhnlich genug. Und sie waren keineswegs immer freundlich.

Am Konferenztisch hatten sich Szenen mit Gefühls- und Wutausbrüchen ereignet, die an Dramatik alles übertrafen, was die deutschen Politiker und Diplomaten auf internationalen Konferenzen mit westlichen Mächten je erlebt hatten. Chruschtschow redete Adenauer in der Erregung manchmal mit »Du, Konrad« an, drohte mit den Fäusten, Adenauer drohte zurück. Chruschtschow schrie, Adenauer beleidige das sowjetische Volk, wenn er behaupte, auch sowjetische Soldaten in Deutschland hätten schreckliche Dinge getan. Adenauer wehrte sich entschieden gegen den Vorwurf, er sei ein Kriegstreiber, der Hitlers Politik gegen die Sowjetunion wiederaufnehmen wolle. Wenn sich die Gelegenheit geboten hätte, beteuerte Adenauer, hätte er Hitler mit eigenen Händen erwürgt.

Der Zusammenprall der Meinungen und der Temperamente zeigte nur, wie tief das Verhältnis zwischen Deutschen und Russen von Erinnerungen und Emotionen geprägt war. Am Verhandlungstisch hatte Adenauer bei Chruschtschow für Empörung gesorgt, als er die

Freilassung der letzten deutschen Kriegsgefangenen zur Vorbedingung für verbesserte Beziehungen machte. Aber Adenauer rechnete damit, dass eine solche Freilassung unter Umständen der einzige Erfolg sein könnte, der für ihn in Moskau zu erzielen war. Und so hielt er daran fest, obwohl sein Berater Herbert Blankenhorn gewarnt hatte, ein derartiges Insistieren könne dazu führen, dass die sowjetische Seite an die fast sechs Millionen Kriegsgefangenen in den deutschen Lagern erinnerte. Die Hälfte von ihnen hatte die Wehrmacht verhungern lassen oder umgebracht. Ebenso gefährlich war es, die Leiden der Deutschen unter sowjetischer Besatzung in die Diskussion zu bringen, denn immerhin hatte Hitlers brutaler Eroberungskrieg 15 Millionen ziviler Sowjetbürger das Leben gekostet.

Was Adenauers Berater nicht wussten: Chruschtschow und Bulganin wollten die Frage der Kriegsopfer und besonders der Kriegsgefangenen nicht in einen langen Streit einbeziehen, weil sie fürchteten, im eigenen Land die Erinnerung an jene kriegsgefangenen Russen zu wecken, die das Elend der deutschen Lager überlebt hatten und nach ihrer Rückkehr als Landesverräter in sibirischen Lagern eingesperrt worden waren. Chruschtschow schob die Frage der Kriegsgefangenen deshalb zunächst an den Rand der Diskussion, um sie für die Endphase der Verhandlungen bereitzuhalten. Er hatte in den letzten Wochen vor der Adenauer-Reise die DDR-Regierung darauf vorbereiten lassen, dass Moskau bereit sei, das Thema einzubringen. Die meisten Gefangenen hatten inzwischen an der etwas verbesserten Versorgung bemerkt, dass sich eine Änderung ihrer Lage abzeichnete. Das allerdings war Adenauer und den deutschen Unterhändlern nicht bekannt, als der Bundeskanzler in der ersten Sitzung ihre Freilassung als Vorbedingung einer Übereinkunft erwähnte.

So begann der zweite Verhandlungstag in einer völlig anderen Tonart als der erste. Bulganin griff Adenauers Bemerkung über die Kriegsgefangenen auf und sprach nun von den Verbrechen der Hitler-Armee, von den Morden an Frauen, Kindern und Greisen, von

Zehntausenden Opfern in Kiew und der Schlucht in Babi Jar. Bis dahin hatte niemand in der Sowjetunion diesen Massenmord an den Juden erwähnt. Bulganin sprach ganz erregt: »Kann man die Tonnen von Haaren vergessen, die den zu Tode gemarterten Frauen in Majdanek abgeschnitten wurden?« Niemals hatten er oder andere Sowjetführer solche Nazigräuel so klar benannt und beschrieben. Adenauer antwortete spontan und ohne Notizen, man dürfe sich nicht entgegenschreien, was einer dem anderen vorwerfe, doch dann sprach er selbst davon, dass auch in der von der Sowjetarmee besetzten Zone viele entsetzliche Dinge vorgefallen seien.

Es war genau die Art von Diskussion, die Adenauer eigentlich hatte vermeiden wollen. Die Mitglieder der deutschen Delegation waren überrascht, dass der Kanzler solche Anschuldigungen erhob. In den internen Beratungen zuvor hatte er von allen Zurückhaltung gefordert, und nun löste er selbst die härteste Auseinandersetzung der deutsch-russischen Verhandlungen aus. Chruschtschow rief: »Wo sind denn die sowjetischen Männer, die im Krieg umkamen? In der Erde. In der sowjetischen Erde.« Dabei soll er aufgestanden sein und Adenauer mit den Fäusten gedroht haben. Adenauer berichtet in seinen Memoiren, auch er sei aufgestanden und habe seine Fäuste gegen Chruschtschow erhoben. Nun warf Chruschtschow in höchst emotionaler Form dem deutschen Bundeskanzler vor, er wolle die Wiedervereinigung nur, damit ganz Deutschland Mitglied der NATO und Todfeind der Sowjetunion und des sowjetischen Volkes werden könne. So ging es nun stundenlang hin und her. Russische und deutsche Delegationsmitglieder erzählten mir später kopfschüttelnd von diesem verbissenen Streit.

Schließlich meldete sich der SPD-Politiker Carlo Schmid, den Adenauer eigentlich nicht als Verhandlungsteilnehmer, sondern nur als eine Art würdevollen politischen Beobachter mitgenommen hatte, zu Wort und hielt eine kluge und menschlich eindrucksvolle Rede. Er bat die Sowjets darum, Gnade walten und die »Festgehaltenen« zu ihren Frauen, Kindern und Eltern zurückkehren zu lassen.

Da applaudierte Chruschtschow und sagte: »Das ist das rechte Wort auf die rechte Art.« Jetzt könne man weitersprechen. Erregung und Schärfe waren damit vorerst aus der Diskussion genommen.

Nachmittags war von den Spannungen des Vormittags kaum noch etwas zu spüren. Der Kanzler hatte die sowjetischen Delegierten auf seine Datscha eingeladen – in das Landhaus, das ihm die Russen zur Verfügung gestellt hatten. Chruschtschow erschien in einer buntbestickten Russenbluse, und Adenauer überreichte ihm als Gastgeschenk eine Flasche Schwarzwälder Kirsch, den Chruschtschow sogleich probierte, aber zu stark fand. Die Deutschen waren überrascht. Adenauer selbst hatte seine Mitarbeiter darauf vorbereitet, dass russische Gastgeber enorm trinkfest seien, und ihnen vor Beginn des Empfangs einen Esslöffel Olivenöl verpassen lassen. Ganz so gefährlich wurde es dann doch nicht, die Stimmung war vergleichsweise freundlich und unverkrampft. Dem Pressechef der Bundesregierung, Felix von Eckardt, gelang es, Journalisten durch das Tor auf das Gelände der Datscha zu lotsen. Das war zwar gegen alle Spielregeln, aber die Polizisten gestatteten uns dennoch den Zutritt. Dann ließen sich die sowjetischen und deutschen Gäste im Garten und im Haus zu allen möglichen, keineswegs protokollregulierten Fotos bewegen. Irgendwann wurde es Ministerpräsident Bulganin zu bunt, und er fragte, ob er auch noch auf einen Baum klettern solle. So locker hatten wir uns die Begegnung zwischen sowjetischen Führern und deutschen Gästen nicht vorgestellt, jedenfalls passte der Eindruck nicht recht zu den Informationen über angeblich laute Auseinandersetzungen während der Verhandlungen. Wie ich später von einem der russischen Dolmetscher erfuhr, unterhielt sich Adenauer an diesem Nachmittag mit Chruschtschow sehr allgemein über Weltpolitik, über Düsenflugzeuge, über Dinge des persönlichen Lebens. Es war ein fast zwangloses Gespräch, das manchem aus der deutschen Delegation missfiel, Adenauer selbst aber außerordentlich wichtig war. Unter uns Journalisten waren viele enttäuscht von der Belanglosigkeit dessen, was wir aus zweiter Hand hörten.

Am Abend saßen wir mit einigen Hundert sowjetischen Zuschauern im Bolschoi-Theater und sahen nicht nur die große und weltberühmte Aufführung des Balletts *Romeo und Julia*, sondern auch einen bewegenden Auftritt des sowjetischen und des deutschen Regierungschefs. Schon als Bulganin und Adenauer die Zarenloge betraten, erhob sich das russische Publikum und begrüßte die beiden mit großem Beifall. In der Pause, als es in einem Nebenraum hinter der Zarenloge Kaviar und Wodka gab, wurde einigen konservativeren Mitgliedern der deutschen Delegation das Klima der Verbrüderung fast unheimlich. Im Vorfeld der Reise hatte man in Bonn gerätselt, wie wohl Staatssekretär Hans Globke in Moskau aufgenommen würde – ein Mann, der in Hitlers Reichsinnenministerium die juristischen Grundlagen der Judenverfolgung mitformuliert hatte. Aber anders als einige befürchteten, gab es keine kritischen Hinweise auf seine Vergangenheit, wie man sie aus der DDR-Presse kannte. Im Gegenteil: In der weißgoldenen Zarenloge des Bolschoi-Theaters trat Chruschtschow auf Globke zu, ließ zwei Gläser Wodka einschenken und gratulierte ihm zum Geburtstag. Sie tranken in einem Zug aus, ließen nachschenken und tauschten die Gläser. Man konnte glauben, sie hätten Bruderschaft getrunken.

Getanzt von der großen Galina Ulanowa, erlebte das Publikum den Kampf zwischen den Geschlechtern Montague und Capulet und den Tod Julias und Romeos. Als sich die Väter auf der Bühne über den Leichen ihrer Kinder in die Arme fielen, erhoben sich Bulganin und Adenauer von ihren Sitzen und fassten sich an den Händen. Den Zuschauern schien es, als würden die beiden sich ebenfalls gleich in die Arme fallen. Im Saal und auf den Rängen des Bolschoi-Theaters applaudierten die Menschen begeistert und gerührt. Ihr Beifall galt nicht nur der Ulanowa, sondern den beiden alten Männern, die da in einer Geste der Versöhnung in der goldenen Loge verharrten. Auch bei den meisten Mitgliedern der deutschen Delegation löste sich die Anspannung. Dieser Eindruck allerdings, das merkte ich in den Gesprächen mit Delegationsmitgliedern, wurde schon nach wenigen Stunden vom politischen Kalkül überlagert. Manche sahen in Adenauers Geste nur Berechnung. Der Kanzler selbst bemerkte später einmal, er habe ganz impulsiv gehandelt. So haben es damals die russischen Zuschauer im Bolschoi-Theater und auch ich empfunden. Die Erinnerung an den Krieg war noch immer so lebendig und die Furcht vor einem neuen Konflikt so groß, dass das Bild der beiden Männer einen Ausbruch echten Gefühls ausgelöst hatte. Mein Eindruck war, dass Adenauer die Bedeutung dieses Augenblicks erkannt hatte.

Der dritte Verhandlungstag war ein Kontrastprogramm. Erst ein Protokollbesuch Adenauers beim Moskauer Oberbürgermeister und dann eine Besichtigung der Kreml-Museen. Parallel dazu Gespräche der Außenminister Molotow und Brentano, der beiden größten Zweifler am Sinn dieser Verhandlungen. Wie erwartet, produzierten sie Missverständnisse und Verärgerung. Im deutschen Sonderzug, in dem sich viele aus der deutschen Delegation trafen, forderten einige daraufhin, man solle sofort abreisen. Bundespressechef von Eckardt erzählte später, er habe in einem offenen, unverschlüsselten Telefongespräch eine Lufthansa-Maschine aus Deutschland für den vorzeitigen Rückflug angefordert. Ob Adenauer selbst den Einfall mit dieser unausgesprochenen Abreisedrohung gehabt hatte, konnten wir Journalisten nicht herausfinden, und ob die sowjetische Seite darauf reagierte, erfuhren wir erst recht nicht.

Meinen Kollegen und mir schien es, als sei die Luft aus den Verhandlungen nun endgültig heraus. Jetzt stehe nur noch das abendliche Schlusszeremoniell an, so dachten wir. Tatsächlich wurde dieses dann auch mit allem zaristischen wie sowjetischen Pomp abgewickelt, ein großer Empfang im Kreml für mehrere Hundert Gäste. Salutierende Gardisten standen auf den Stufen der großen Treppe zum Georgssaal. Eine dicke rote Kordel trennte die Sowjetführer und die deutsche Delegation von der Masse der Gäste. Die meisten Reden wurden vom Blatt gehalten, wirkten präzis abgestimmt und enthielten keine Überraschungen: das Ende einer ergebnislosen

Großkonferenz. Dann jedoch sah ich, wie Ministerpräsident Bulganin den deutschen Bundeskanzler am Arm nahm und, gefolgt von den beiden Dolmetschern, mit ihm zur Seite des Saals ging. Die anderen Gäste, mit dem Champagner- oder Wodkaglas in der Hand, betrieben derweil weiter Konversation, während zwischen Adenauer und Bulganin ein intensives Gespräch entstand. Die Dolmetscher haben es in ihren Notizen festgehalten.

Nach drei langen Tagen begann Bulganin mit der Frage: »Wie wollen wir nun diese Verhandlungen abschließen?« Adenauer wiederholte die Formeln vom ersten Tag und sagte mit bewegter Stimme, er habe den festen und aufrechten Willen, den Frieden zu sichern und die Verhandlungen deshalb zu einem guten Ende zu führen. Es entstand eine Pause, dann sagte Adenauer, er wolle in der Offenheit und Ehrlichkeit bis zum Letzten gehen: Die Frage der Kriegsgefangenen und anderer in der Sowjetunion lebender Deutscher sei nach allem, was das deutsche Volk habe durchmachen müssen, von außerordentlicher psychologischer Bedeutung. Ohne eine Lösung dieser Frage könne eine Normalisierung der Beziehungen zwischen Bonn und Moskau der deutschen Öffentlichkeit nicht zugemutet werden. Er bat Bulganin – im Protokoll eines der Dolmetscher steht das Adjektiv »inständig« –, wenigstens einen Schritt in diese Richtung zu tun. In den letzten zwei Jahren seien Briefe von hundertdreißigtausend Deutschen eingegangen, die aus der Sowjetunion in die Bundesrepublik ausreisen wollten. Die Briefe lägen vor, so Adenauer, aber er wolle die Atmosphäre der Verhandlungen nicht dadurch stören, dass er auch dieses Material auf den Tisch lege. Bulganin nickte: Im Fall der Aufnahme diplomatischer Beziehungen könnten alle diese Personen freigegeben werden.

Wir Journalisten drängelten uns an der roten Kordel und sahen, dass das Gespräch zwischen den beiden nicht im Streit endete. Adenauer, der Wochen vorher den westlichen Regierungen erklärt hatte, dass eine gegenseitige diplomatische Anerkennung zwischen Moskau und Bonn nicht in Frage komme, sagte nun zu Bulganin, dieser habe ihn mit seinen Worten ganz glücklich gemacht. Bulganin wiederum gab dem Bundeskanzler das Ehrenwort der Sowjetregierung und wiederholte mehrere Male, das Wort werde gehalten. Nach Tagen angespannter Verhandlungen kam der Durchbruch also am Rande eines Kreml-Empfangs. Unter den deutschen Delegierten fragten manche allerdings, ob Adenauer nicht seine ganze außenpolitische Strategie aufgegeben habe, indem er auf ein Ehrenwort hin die Aufnahme diplomatischer Beziehungen akzeptierte.

Ein letzter Verhandlungstag musste nun noch der klärenden Auseinandersetzung über Formulierungen dienen. Es scheint, als seien Chruschtschow, Bulganin und Adenauer von der Wirkungskraft diplomatischer Vorbehaltsklauseln weniger überzeugt gewesen als ihre Außenminister und die Experten, die noch einige Stunden lang konferierten und über den Text der Briefe verhandelten, die als Konferenzergebnis ausgetauscht werden sollten. Die Formulierungen, auf die sie sich einigten, wirkten letztlich unverbindlich. Die Aufnahme normaler Beziehungen, »die zur alsbaldigen Wiederherstellung eines deutschen demokratischen Staates« beitragen würden, war eine Wendung, auf der die deutsche Seite ursprünglich hatte bestehen wollen, doch die sowjetischen Unterhändler waren auf keinen Fall bereit, das Wort »alsbaldig« zu akzeptieren. Die Entlassung der letzten deutschen Kriegsgefangenen wurde überhaupt nicht erwähnt. Bei den Trinksprüchen des Abschlussbüfetts hörte ich, wie Adenauer sagte, leider müsse er wohl seine Karte für das Ballett »Schwanensee« verfallen lassen, weil kein Ergebnis in Sicht sei. Aber dann fuhr er doch noch ins Bolschoi-Theater. Den Brief mit den deutschen Vorbehalten, die das Alleinvertretungsrecht der Bundesrepublik für ganz Deutschland und die Vorläufigkeit der Grenzen darlegten, hat er irgendwann spätnachts oder am nächsten Morgen vor der Abfahrt ohne Zeremonie unterzeichnet.

Ich verbrachte den Abend des vierten und letzten Verhandlungstages mit drei Kollegen im Hotelzimmer. Wir schrieben auf, was wir an Informationen oder Gerüchten tagsüber gesammelt hatten, und verglichen, was an Hinweisen im Umlauf war. Vieles war Spekulation, einiges gezielte Stimmungsmache, Fakten und Zitate fehlten ganz. Die Delegationsmitglieder, die bei der Formulierung der Abschlussdokumente mitgemacht hatten, waren für uns Journalisten unerreichbar. In diesen Nachtstunden erfuhr ich wieder einmal, dass es meist mehr Fragen gab als Antworten und dass auch diese Antworten wiederum oft fragwürdig blieben. Aus den offiziellen Verlautbarungen am Tag danach ließ sich ebenfalls nicht wirklich ablesen, was sich durch die Moskauer Entscheidungen im Verhältnis zwischen Deutschen und Russen verändern würde. Die Gewinner waren zweifelsohne die Kriegsgefangenen, die von ihren Lagerkommandanten schon auf die Entlassung vorbereitet worden waren und wenige Wochen später in der Bundesrepublik eintrafen. Jubel und Anerkennung für Adenauers Befreiungsaktion waren in der Bundesrepublik gewaltig. In den sowjetischen Zeitungen dagegen war zu lesen, dass die Kriegsgefangenen aufgrund der Bitte des Präsidenten der DDR, Wilhelm Pieck, begnadigt worden seien.

Adenauers Moskaureise markierte letztlich keineswegs den Anfang neuer Beziehungen zwischen der Sowjetunion und der Bundesrepublik. Bereits wenige Tage nach dem Ende der Gespräche war das Verhältnis zwischen Bonn und Moskau so formell und distanziert wie vorher, und so sollte es auch noch mehr als ein Jahrzehnt bleiben. Drei Jahre lang verhandelte man in den beiden Hauptstädten weiter über juristische Feinheiten der Konsular- und Handelsverträge. Über die Wiedervereinigung konnte überhaupt nicht gesprochen werden. Die diplomatischen Beziehungen mit Moskau blieben ein Sonderfall: Bonn akzeptierte sie nur, weil die Sowjetunion als Siegermacht gewisse Sonderfunktionen im ganzen geteilten Deutschland hatte. Ansonsten galt die Regel: Ein Land, das die DDR anerkannte, durfte keine diplomatischen Beziehungen mit der Bundesrepublik unterhalten.

Mit einer solchen Entwicklung hatte ich nicht gerechnet, als ich mich gleich nach der Rückkehr bemühte, als erster ständiger Korrespondent aus Westdeutschland ein Visum für die Sowjetunion zu bekommen. Jetzt, da die letzten deutschen Kriegsgefangenen von Adenauer endlich aus der Sowjetunion herausgeholt worden waren, konnten die meisten meiner Kollegen und Freunde nicht recht verstehen, dass ich freiwillig nach Moskau umsiedeln wollte. Aber ich war überzeugt davon, dass Moskau zwar nicht gerade der angenehmste, aber sicherlich einer der spannendsten Korrespondentenposten war, den man in diesen Jahren bekommen konnte.

Der neue Chef des Bundespresseamts war immerhin bereit, bei einer Flasche Wein meinen Plan zu diskutieren. Er gab sich jedoch skeptisch: Die Akkreditierung eines Korrespondenten sei eine Sache der Gegenseitigkeit, und ob man einen sowjetischen Korrespondentenposten in Bonn haben wolle, sei auf der deutschen und vermutlich auch der sowjetischen Seite ungeklärt. Daraufhin wandte ich mich an einen älteren Kollegen, der in den dreißiger Jahren in Moskau gewesen war und jetzt mit einem befristeten Visum nach Moskau fahren durfte. Klaus Mehnert versprach mir, den russischen Kollegen zu kontaktieren, mit dem ich während des Adenauer-Besuchs über unseren gemeinsamen Wunsch gesprochen hatte, Korrespondent im Land des jeweils anderen zu werden. Nach einigen Wochen kehrte er mit der Nachricht zurück, dass möglicherweise die Gewerkschaftszeitung *Trud*, ein Blatt mit Millionenauflage, den russischen Journalisten nach Bonn schicken könne. Also ging ich wieder zum Chef des Bundespresseamts und berichtete ihm, in Moskau bereite man die Akkreditierung eines ständigen Korrespondenten in Bonn vor. Vielleicht klang meine Darstellung ein wenig definitiver als die Information, die ich aus Moskau bekommen hatte. Wie auch immer, einige Wochen später rief mich der Bundespressechef an: Es sei von sowjetischer Seite tatsächlich eine Aufenthaltsgenehmigung für einen Korrespondenten in Bonn beantragt worden. Jetzt könne ich an meiner Akkreditierung in Moskau weiterarbeiten.

Es sah also gut aus. Nun musste ich nur noch die ARD, die Gemeinschaft der westdeutschen Sender, davon überzeugen, dass der deutsche Rundfunk einen Korrespondenten in Moskau brauchte. Bei einigen Intendanten war das nicht schwer, andere dagegen fanden jeden Kontakt mit der kommunistischen Weltmacht überflüssig und gefährlich. Es sei widersinnig, meinten diese Kritiker, dass sich die ARD mit einem Mann in Moskau die sowjetische Propaganda auf eigene Kosten ins Programm hole. Der Kölner Intendant zog einen Schlussstrich unter diese Debatte: Er entschied, mich als WDR-Korrespondenten nach Moskau fahren zu lassen und meine Berichte allen ARD-Sendern anzubieten, die sie übernehmen wollten. Plötzlich ging alles ganz schnell: Ich holte mein sowjetisches Dauervisum bei der Botschaft in Bonn ab, und mein russischer Kollege erhielt seines von der deutschen Botschaft in Moskau. Und so war ich bereits ein paar Wochen später zum zweiten Mal auf dem Weg in die sowjetische Hauptstadt.

Wenn es aufklart

Moskau

1956–1958

Eine direkte Flugverbindung zwischen der Bundesrepublik und der Sowjetunion bestand 1956 nicht. Aber das sei kein Problem, hatte mir ein Konsularmitarbeiter der sowjetischen Botschaft in Bonn gesagt. Ich könne ganz einfach von Ost-Berlin nach Moskau fliegen. Tatsächlich war es nicht schwierig, einen Platz in der Maschine der »Deutschen Lufthansa der DDR«, der späteren Interflug, zu buchen. Es gab da jedoch einige Umstände, die sich aus der besonderen Situation der geteilten Viermächtestadt Berlin und den komplizierten Beziehungen zwischen den beiden deutschen Staaten ergaben. Zusammen mit mehreren Geschäftsleuten stieg ich in West-Berlin in einen Bus zum Flughafen Schönefeld. Wir fuhren zunächst durch den Ostteil der Stadt, aber kurz vor dem Ziel warnte uns ein uniformierter Volkspolizist, der neben dem Fahrer gesessen hatte, der Bus erreiche nun das Territorium der DDR, unter keinen Umständen dürfe einer der Insassen das Fahrzeug verlassen. Der Volkspolizist setzte sich demonstrativ neben die Tür, bis der Bus am Flughafen Schönefeld in einen kleinen, von einer hohen Mauer umgebenen Hof einbog. Hinter uns schloss sich das Einfahrtstor, vor uns lag das Gebäude mit der Pass- und Visakontrolle. Nun saßen wir abgetrennt von den Mitfliegenden aus der DDR in einem kleinen Raum und warteten geduldig und auch etwas eingeschüchtert auf den Abflug, der sich immer mehr verspätete. Lange nach der geplanten Startzeit erfuhren wir, dass die Maschine erst am nächsten Tag abheben würde. Für die Übernachtung würde man uns mit dem Bus in ein Hotel auf DDR-Territorium bringen, wo wir uns bis zum Morgen in unserem Zimmer aufhalten sollten. Mir und einem jüngeren Mitreisenden passte das nicht, und wir weigerten uns, den Flughafen zu verlassen. Nach einer Stunde kam der Bescheid: Wir könnten im Warteraum übernachten, allerdings werde die Tür abgeschlossen, und wenn wir auf die Toilette müssten, sollten wir kräftig klopfen. Am nächsten Morgen begleitete man uns schließlich ins Flugzeug und zu unseren Sitzen.

In Moskau verlief die Ankunft wesentlich zivilisierter. Mitarbeiter der staatlichen Reiseorganisation Intourist holten uns westliche Passagiere ab und brachten uns durch den Zoll direkt zu den Autos. Auf mich wartete eine große schwarze SiL-Limousine, ein Wagen, wie ihn auch Regierungsmitglieder benutzten. Wie schon während des Adenauer-Besuchs sollte ich im Hotel National wohnen. Dieses Mal aber erschrak ich beinahe, als man mich in mein Quartier führte: Es war eine Suite mit drei Räumen, alles Plüsch vom Feinsten, mit Landschaftsgemälden berühmter Maler des 19. Jahrhunderts und einem die Wand beherrschenden Lenin-Porträt. Ich habe nie herausbekommen, warum man mich ausgerechnet in diesen Räumen unterbrachte, in denen einmal der große Revolutionär selbst gewohnt hatte und die seither als Lenin-Suite geführt wurden. Es war mir jedenfalls ein bisschen unheimlich. Aber ich wusste auch, dass ich hier nicht lange wohnen konnte, denn meine Intourist-Gutscheine reichten nur für drei Wochen. In der Zeit, so hatte es sich der WDR überlegt, würde ich eine Wohnung finden können.

Doch ganz so einfach war die Suche nicht, und als ich nach vierzehn Tagen noch immer in der Lenin-Suite saß, wurde das auch dem Hoteldirektor suspekt. Er bat mich in sein Büro. »Sie wohnen jetzt schon zwei Wochen hier«, sagte er. »Bleiben Sie denn länger in Moskau?« Er war demnach keineswegs so gut informiert, wie ich das vom Apparat des sowjetischen Geheimdienstes erwartet hatte. Ich antwortete ihm, dass ich ein unbefristetes Visum hätte und vielleicht ein paar Jahre in der Sowjetunion verbringen würde. Der Direktor war sichtlich erschrocken. Es sei völlig unmöglich, dass ich als Dauergast in seinem Hotel bliebe. Mir war das ganz recht, denn ich hoffte, in ihm einen Verbündeten bei meiner Wohnungssuche zu finden.

Von meinen englischen Kollegen hatte ich erfahren, dass kurz vorher ein amerikanischer Korrespondent abgereist war und dass sein Apartment noch leer stand. Es lag allerdings ein gutes Stück außerhalb der Innenstadt, und man brauchte einen Wagen und einen russischen Führerschein, wenn man dort leben und arbeiten wollte. Tatsächlich schlug der Hoteldirektor den Umzug in diese Unterkunft vor – er hatte deswegen bereits mit dem UPDK, der Dienststelle für die Unterbringung und Versorgung des diplomatischen Korps, verhandelt. Ich hatte allerdings etwas anderes im Auge, das Hotel Metropol. Kollegen aus Frankreich und Italien hatten dort im Obergeschoss ihre Büros und Wohnräume, die Zimmer waren zwar nicht so nobel, dafür aber praktisch. Der Direktor meines Hotels war erleichtert, als ich ihm davon erzählte. Ich hatte richtig vermutet: Von Direktor zu Direktor konnte er erfolgreich verhandeln, ich zog ins Metropol, und ihm stand seine Edelsuite wieder zur Verfügung. Etwas später bewohnte sie der erste deutsche Botschafter in Moskau, Wilhelm Haas, während er auf Residenz und Bürogebäude wartete. So sah ich sie noch ein zweites Mal: Auf Büttenpapier hatte mir der Botschafter eine Einladung zu einem Abend der kleinen westdeutschen Kolonie in Moskau geschickt, und so saßen wir dann zu zweit unter Lenins Porträt und aßen Kaviar und Bœuf Stroganoff aus der Hotelküche.

Ich versuchte mich in der schwer durchschaubaren sowjetischen Welt zu orientieren. Von meinen Kollegen wusste ich, dass es strenge Verbotsregeln gab und eine Überwachung, die zwar lückenlos schien, aber gleichzeitig unberechenbar war. Kam ich nach dem Abendessen in meine Räume zurück, klingelte nach wenigen Minuten das Telefon. Nahm ich den Hörer ab, meldete sich niemand. Das kannte ich ja schon von der Reise mit Adenauer. Irgendjemand – und das konnte nur der KGB sein – wollte prüfen, ob ich wirklich in mein Zimmer gegangen war. Vor dem Hoteleingang warteten auch stets wieder Männer in Ledermänteln, und häufig folgte mir einer von ihnen, wenn ich auf die Straße ging. Er hielt Abstand, trat zurück, wenn ich umkehrte und ihm entgegenging, und drehte sich weg, wenn ich den Fotoapparat hob. Die Männer waren kamerascheu. Einmal suchten zwei von ihnen Deckung im Gemüseladen nebenan, sie spähten minutenlang durch das Ladenfenster und warteten darauf, dass ich endlich weiterging.

Und auf meiner Etage saß auch diesmal eine Frau am Pult, die uns die Zimmerschlüssel gab und notierte, wann man kam und ging. Die meisten dieser Deschurnajas, der »Diensthabenden«, wirkten gleichgültig und mürrisch, aber einmal kam ich mit einer von ihnen ins Gespräch. Sie war besser angezogen als die anderen und weniger bärbeißig. Sie wusste, dass ich Journalist war, und erwähnte, dass ihr Mann als Redakteur bei der satirischen Zeitschrift *Krokodil* arbeitete, die wegen ihrer witzigen Aufarbeitung des sowjetischen Alltagslebens beliebt war. Von da an war die Frau immer freundlich zu mir und gab mir manchmal einen Tipp: »Heute ist wieder ein heißer Abend«, warnte sie etwa, wenn in der Hotelhalle oder vor dem Eingang besonders viele Bewacher warteten. Als ich die Treppe hinabging, hörte ich dann, wie sie halblaut ins Telefon sprach – wahrscheinlich, um mich bei den Bewachern anzukündigen.

Als ich mein Visum bei der Sowjetbotschaft in Bonn abgeholt hatte, hatte ich mich vorsichtig nach den Zensurbestimmungen in Moskau erkundigt. »Zensur?«, sagte der Presseattaché. »In der Sowjetunion gibt es keine Zensur.« In Moskau erfuhr ich dann aber von dem Dutzend westlicher Korrespondenten, dass keine Meldung und kein Bericht unzensiert übermittelt werden konnte. Schon der Versuch, die Redaktionskollegen in Köln anzurufen und mit ihnen über einen langweiligen Leitartikel der *Prawda* zu sprechen, endete nach wenigen Sekunden. Die Leitung war tot. Westliche Kollegen erklärten mir schließlich die Spielregeln: Alle Artikel waren maschinengeschrieben an einem Schalter im zentralen Telegrafenamt einzureichen. Den Text durfte man erst dann telefonisch durchgeben – und das auch nur vom Telegrafenamt aus –, wenn man ihn mit dem Stempelaufdruck »Glawlit« zurückbekommen hatte, der Abkürzung für »Hauptverwaltung für Literatur«. Ohne die Genehmigung von »Glawlit« durfte in der Sowjetunion kein Zeitungsartikel, kein Gedicht, kein Lehrbuch erscheinen und auch keine Meldung eines Korrespondenten ins Ausland übermittelt werden. Manchmal waren unsere Berichte mit Bleistift zusammengestrichen. Gelegentlich erhielt man sein Manuskript erst nach Stunden oder Tagen zurück; zehn bis zwanzig Minuten für einen Routinebericht waren normal. Als ich ein paar Monate später in Deutschland auf Urlaub war, machte ich den schon erwähnten Presseattaché höflich darauf aufmerksam, dass seine Kenntnis der Regeln für ausländische Berichterstatter nicht ganz vollständig sei. »Ach, das war es, was Sie meinten«, sagte er daraufhin. »Das ist keine Zensur, das ist eine Hilfe, damit durch Missverständnisse und Irrtümer keine Fehlinformationen veröffentlicht werden.«

Wirklich persönliche und private Gespräche mit Sowjetbürgern blieben die Ausnahme. Die Moskauer lebten in einem schwierigen Spannungsfeld. Drei Jahre nach Stalins Tod lag sein Schatten noch immer über dem Land. Die Zeit der großen Massenverhaftungen und Hinrichtungen war zwar vorbei, aber selbst jetzt noch konnte der kleinste Kontakt mit Ausländern Verdacht erregen oder gar zur Verhaftung führen. Wenn wir ausländischen Journalisten im zentralen Telegrafenamt saßen und auf die Rückgabe unserer Manuskripte warteten, beobachteten uns Russen, die hier ein Auslandsgespräch angemeldet hatten. Wir redeten zu laut und zu viel, machten Witze, wenn uns die Langeweile packte, versuchten mit den Telegrafenbeamtinnen hinter den Schaltern über das Wetter und die Gesundheit zu schwatzen. Die anderen im Raum sprachen nicht miteinander und schon gar nicht mit uns Ausländern. Mit verschlossenen Mienen warteten sie darauf, aufgerufen zu werden.

Gelegenheit für ausführlichere Unterhaltungen gab es nur aus dienstlichem Anlass: bei offiziellen Interviews, Fabrikbesichtigungen, Begegnungen auf Empfängen von Regierungsstellen und Botschaften. Mitunter luden sowjetische Journalisten zu einem Gespräch ein. Da ging es dann in der Regel darum, uns ausländische Korrespondenten mit Informationen zu versorgen, die in keinem sowjetischen Organ veröffentlicht worden waren, von denen der KGB aber meinte, wir sollten sie in unseren Heimatländern verbreiten. Meistens drehte es sich um Fragen der Außenbeziehungen und um Versuche, im Ausland eine ungünstige Wahrnehmung von sowjetischen Maßnahmen zu korrigieren. Wir nannten die russischen Kollegen, die uns solche Informationen zukommen ließen, die »Halbleiter«. Einige von ihnen waren angenehme Gesprächspartner, neugierig darauf, wie Journalisten aus dem Westen die Welt betrachteten. Wir redeten mit ihnen nicht nur über die Themen, für die sie auf uns angesetzt waren, sondern tauschten uns auch über Film, Theater und Literatur aus und sprachen ein bisschen über unser Leben und über Ereignisse, die nicht gerade hochpolitisch waren. Es waren vernünftige Leute darunter, nicht bloß flache Propagandisten, und mit einem Kollegen, dem Historiker Lew Besymenski, blieb ich fast fünfzig Jahre lang bis zu seinem Tod befreundet. Eine gewisse Distanz zwischen uns blieb dennoch bestehen, und erst nach dem Ende der Sowjetunion erzählte er mir, dass er zu den Wenigen gehört habe, die den toten Hitler im Führerbunker gesehen hätten.

Freilich blieb immer die Frage, ob ein Gesprächspartner, so freundlich er sein mochte, nicht jede unserer Äußerungen dem KGB meldete. Sekretärinnen, Fahrer und Hausangestellte mussten angeblich einmal in der Woche zusammenfassend Bericht erstatten, üblicherweise, so sagte man, am Mittwochnachmittag. Und letztlich wurde auch uns Ausländern durch das sowjetische System ein tiefes Misstrauen eingeimpft. Als mir das UPDK eines Tages eine Sekretärin und Dolmetscherin schickte, warnten mich einige Kollegen davor, in ihrer Anwesenheit über Politik zu sprechen. Aber gerade deshalb verstand ich nicht, warum man Ljubow Golowanowa ausgesucht hatte. Sie war alles andere als eine gut organisierte Geheimdienstagentin. Ich merkte sehr bald, dass sie von politischen Dingen so gut wie keine Ahnung hatte. Die Lektüre der großen Zeitungen langweilte sie, und die Leitartikel verstand sie bestenfalls ungefähr. Wenn sie für mich vormittags die Provinzzeitungen durchging, machte sie mich vorzugsweise auf Skandalgeschichten aufmerksam: Meldungen über Halbstarken-Krawalle, unmoralische Mädchen, Betrügereien in der Landwirtschaft. Sie meinte offenbar, ausländische Journalisten suchten für ihre Zeitungen Skandale aus der Sowjetunion, und außerdem kam es wohl ihren eigenen Interessen entgegen.

Ljubow Golowanowas große Liebe aber war die Bühne. Sie konnte stundenlang über Schauspieler und Schauspielerinnen erzählen und tat nichts lieber, als Karten für uns beide zu organisieren. Immerhin kam ich auf diese Weise zu einigen ungewöhnlichen Theaterbesuchen. Als die berühmte Galina Ulanowa im Ballett *Romeo und Julia* auftrat, führte mich Frau Golowanowa zu einem Nebeneingang des Bolschoi-Theaters. Ein älterer Herr empfing uns mit tiefer Verbeugung und führte uns in die Intendantenloge. Ich habe nie erfahren, als wen sie mich ausgegeben hat.

Eines Tages bat sie mich um Hilfe bei einer Übersetzung aus dem Deutschen. Für den Verlag des Komponistenverbandes sollte sie Mozarts Briefe an seine Cousine ins Russische übertragen. Sie kam mit der verspielten Sprache nicht zurecht, und eigentlich fand sie manche von Mozarts Scherzen auch etwas unanständig. Ich konnte ihr nicht wirklich helfen, und die Übersetzung ist am Ende wohl nie erschienen. Aber dass so ein Projekt überhaupt versucht wurde, fand ich bemerkenswert, und ein wenig veränderte es auch mein Bild vom kollektiv vorgestanzten russischen Intellektuellen.

Ljubow Golowanowa hatte ihre eigene Skandalgeschichte, die sie mir nach einiger Zeit erzählte. Am Schwarzen Meer hatte sie im Urlaub einen Mann kennengelernt, war mit ihm tanzen gegangen und traf ihn dann in Moskau wieder. Nun hatte sie herausgefunden, dass er nicht bloß verheiratet, sondern obendrein ein stellvertretender Unionsminister war. In Moskau konnte er sich nicht mit ihr zeigen. Er wollte sie auf seine Datscha mitnehmen, aber das schien ihr zu unmoralisch. Manchmal ließ er sich bei zugezogenen Gardinen in seinem Dienstwagen mit ihr durch die Stadt chauffieren. Einige Wochen lang erzählte sie mir fast täglich davon, dann versickerte die Romanze irgendwie. Für mich blieb die Frage, wie sie die verschiedenen Elemente von Liebe und Überwachung in ein sowjetisches Frauenleben zusammenfügen konnte, und natürlich auch, was sie wohl dem KGB über mich berichtet hat.

Die seltsam verspannte Atmosphäre in Moskau führte dazu, dass wir die lebhaftesten Unterhaltungen dort hatten, wo man sie am wenigsten erwartete: im Kreml und auf Botschaftsempfängen. Wenn eine ausländische Regierungsdelegation zu Besuch war, gab es in der Regel einen großen Empfang im russischen Regierungssitz und einen Gegenempfang der ausländischen Gäste in den Botschaften ihrer Länder. Bei diesen Gelegenheiten durften wir Korrespondenten auf ein Zusammentreffen mit Nikita Chruschtschow hoffen, der gegenüber Ausländern nicht vor lauten und deutlichen Worten zurückschreckte. Wenn er mit uns zusammenkam, redete sich der Parteiführer der KPdSU den Ärger des Tages von der Seele, mit einer Offenheit, die es sonst in der Sowjetunion nirgends gab.

Zu den Empfängen im Georgssaal des Kreml waren üblicherweise rund vierhundert Gäste geladen, die durch die rote Kordel, an der ich schon während des Adenauer-Besuchs gestanden hatte, von den ausländischen Ehrengästen, den Parteiführern und Ministern getrennt wurden. An langen Tischen gab es Stör, Kaviar, Pilzragout, Spanferkel und allerlei Aufschnitt, dazu Flaschen mit Champagner, Wodka und Mineralwasser. In diesem Teil des Saals konnten wir Ausländer mit Leuten ins Gespräch kommen, zu denen wir sonst nie Zugang hatten: Generäle, Offiziere der Raketentruppen, Vertreter des staatlichen Planungskomitees, Universitätsrektoren. Je ranghöher die Gesprächspartner, desto ungezwungener schien die Unterhaltung, aber sie blieb natürlich konventionell. Immerhin konnte man führende Leute aus der Nähe betrachten, Schauspieler und Schriftsteller persönlich kennenlernen, die Gesichter von Ministern und ZK-Sekretären studieren – und auch einmal mit dem über siebzigjährigen Marschall Budjonny über die längst vergangenen Reiterattacken seiner Kosaken reden. Die meisten im Georgssaal waren jedoch von ihrer Fabrik oder ihrer Dienststelle entsandt worden, das »Gästeproletariat«, wie wir sie nannten. Sie aßen schweigend und waren verwundert darüber, dass sie das große Los einer Kreml-Einladung gezogen hatten. Im Laufe der ersten Stunde arbeiteten wir Korrespondenten uns dann an die rote Kordel heran. Chruschtschow hatte zu diesem Zeitpunkt bereits die protokollarisch vorgeschriebenen Trinksprüche und die zugehörigen Wodkas hinter sich und war gelangweilt von den abgezirkelten Phrasen der Diplomatie. Das war der Augenblick, in dem wir uns bemerkbar machten, um ihn herüberzulocken. Manchmal kam er, um gleich Streit anzufangen. »Ist hier ein Engländer?«, fragte er kurz nach der Suezkrise im Herbst 1956 und setzte dem Reuters-Korrespondenten den Finger auf die Brust: »Dem britischen Löwen haben wir den Schwanz abgekniffen.«

Andere Male schien es, als wolle sich Chruschtschow von dem Ärger befreien, den er aus internen Gesprächen mitgebracht hatte. Er wetterte dann darüber, dass fast ausschließlich Kinder von Funktionären an den Universitäten studierten und nicht einmal zehn Prozent der Studenten aus Bauern- und Arbeiterfamilien stammten. Oder er schimpfte, dass es viel zu viele Juristen gebe, die keine nützliche Arbeit täten. Nun wolle auch noch seine Tochter Julia Jura studieren, dabei seien viele Jurastudenten doch Juden, die nicht arbeiten, sondern nur eine höhere Bildung erwerben wollten. Auch über die Trägheit der Kolchosvorsitzenden und Bauern, über niedrige Ernteerträge und verrostende Maschinen ließ er sich aus.

Wir ahnten, dass er in einem harten Kampf um Veränderungen von Politik und Staat steckte, aber er war meist zu verärgert oder verbittert, als dass er zu langen Diskussionen bereit gewesen wäre. Stellte einer von uns eine Frage, die ihm missfiel, dann sah er einen bloß mit seinen eiskalten Schweinsaugen an. Oft war es schwer für uns, seine Worte zu bewerten. Wollte er ein Signal an den Westen senden, wenn er sagte, Kommunismus bedeute nicht Revolution und Umsturz des Kapitalismus, oder räsonierte, auch Parlamente könnten echte Organe der Arbeiterklasse sein? Es gebe verschiedene Wege zum Sozialismus, meinte er einmal, und die Zusammenarbeit mit Sozialdemokraten sei für Kommunisten nicht nur möglich, sondern notwendig. Für solche Bemerkungen waren vor ihm noch Leute nach Sibirien geschickt oder erschossen worden. Später fanden wir mitunter ähnliche Gedanken, vorsichtiger formuliert, in offiziellen Dokumenten und Reden wieder.

Ende 1956 lud der chinesische Ministerpräsident Zhou Enlai am Ende einer Osteuropareise zu einem Empfang in die chinesische Botschaft. Chruschtschow war ebenfalls anwesend und erweckte den Eindruck, als seien nun, nach dem Ungarnaufstand und der Unruhe in Osteuropa, die Krisen und Spannungen, die seine Entstalinisierung heraufbeschworen hatte, überwunden. Die Gäste im Saal wirkten lebhafter als sonst. Vielleicht hatten die erfahrenen Wodkatrinker aber auch nur den hochprozentigen Hirseschnaps Maotai unterschätzt. Die offiziellen Reden waren vorbei, als Chruschtschow hinter dem Bankettisch der Ehrengäste noch einmal sein Glas erhob. »Trinken Sie auf den Sieg des Kommunismus. Dieser Sieg kommt«, rief er den westlichen Botschaftern zu. »Es ist historisch sicher, dass wir Sie begraben werden. Ob Sie es wollen oder nicht, der Kommunismus wird kommen. Das ist, wie wenn eine Frau schwanger wird und ein Kind gebiert, dann kann man das Kind auch nicht ...« Politbüromitglied Anastas Mikojan, ein nüchterner Armenier, zog Chruschtschow am Arm. »Nikita Sergejewitsch, wir haben schon verstanden.« Aber Chruschtschow ließ sich nicht unterbrechen. »Wenn eine Frau ein Kind kriegt, dann kann das kein Arzt in die Mutter zurückdrücken. Das kann keiner. Der Kommunismus siegt.«

Gastgeber und Ehrengäste wirkten erleichtert, als Chruschtschow nun mit der Floskel vom Rad der Geschichte fortfuhr. Die Chinesen blickten unbewegt vor sich hin, einige westliche Diplomaten tranken Chruschtschows Toast auf den Sieg des Kommunismus mit, andere stellten die Gläser weg.

Wir Journalisten wussten oft nicht recht, wie wir derlei Ausbrüche bewerten sollten, und es blieb immer die Frage, wie weit der Wodka aus Chruschtschow gesprochen hatte. Immerhin aber verdanke ich einem solchen Moment mit dem sowjetischen Parteiführer eine Reise, die mich 1958 nach Sibirien führen sollte, in den fernen Osten der Sowjetunion. Auf einem Empfang in der italienischen Botschaft hatte sich Chruschtschow mal wieder mit uns Korrespondenten angelegt. Wir verstünden nichts von Russland und den Russen. »Ihr müsst viel mehr mit den einfachen Menschen reden«, sagte er. »Die einfachen Menschen reden nicht gern mit uns«, antworteten wir. »Dann müsst ihr sie zu euch einladen«, gab er zurück. »Die kommen nicht zu uns«, sagte ein Kollege, »vor jedem unserer Häuser steht ein Polizist, und der lässt sie nicht herein.« Einer der Leibwächter drängte sich zwischen uns und erklärte, die Polizisten seien nicht dazu da, die Ausländer zu isolieren, sondern um sie zu schützen: »Was würden Sie sagen, wenn ein Mann in Ihr Haus kommt und Sie ermordet?« Chruschtschow schob den Leibwächter beiseite und empfahl uns, möglichst oft aus Moskau aufs Land zu reisen, wo die Menschen offen und gastfreundlich seien – am besten ins weite Sibirien.

Am nächsten Morgen schickte ich einen Reiseantrag an die Presseabteilung des Außenministeriums: Der Erste Sekretär der KPdSU, Nikita Sergejewitsch Chruschtschow, habe mich bei einer Begegnung in der italienischen Botschaft aufgefordert, über die Menschen in Sibirien zu berichten. Im Außenministerium begann eine schwierige Beratung, wie ich viele Jahre später erfuhr: Hatte Chruschtschow seine Aufforderung ernst gemeint? Wollte er wirklich, dass ein Journalist aus Westdeutschland nach Sibirien reise? Man hätte ihn fragen können, aber niemand war erpicht darauf, beim großen reizbaren Chef nachzuhaken. Da schien es einfacher, mich reisen zu lassen. Nach einer Woche kam eine Rückfrage: Wohin ich in Sibirien fahren wolle? Das war nun nicht so leicht zu beantworten. Die wenigen größeren Städte im Süden Sibiriens interessierten mich nicht besonders. Im Norden dagegen war seit dem Zweiten Weltkrieg, als dort amerikanische Hilfslieferungen auf dem Seeweg angekommen waren, kein westlicher Ausländer mehr gewesen. Auf gut Glück nannte ich einen Namen, der mir aus dem Erdkundeunterricht in Erinnerung war: Werchojansk, in Lexika verzeichnet als kältester Ort der Erde mit einer Minustemperatur von 67,8 Grad. Und dann suchte ich im Atlas ein paar weitere Städte, größere und kleine Orte. Tatsächlich bekam ich daraufhin einen Reiseplan vorgelegt, der mich bis fast an den Pazifik führen sollte.

Vierzig Stunden samt Zwischenstopps und Verspätungen brauchte die zweimotorige Maschine, um über den Ural, über eine Mondlandschaft abgeernteter riesiger Getreidefelder, über die Sümpfe der Tundra und dünn bewaldetes Bergland ins breite Stromtal des Lena-Flusses zu gelangen. Bei nächtlichen Zwischenlandungen auf kleinen Flughäfen kam man sich vor wie im Flüchtlingslager; die einstöckigen hölzernen Hotels mit ihren Sechsbettzimmern waren zu klein und die Zahl der Reisenden zu groß. Manche lagen auf dem Fußboden, hockten auf Fensterbrettern und Balustraden oder schliefen mit ihrem Koffer als Kissen; einige Familien teilten sich mit Gepäckstücken und Holzbänken kleine Ecken des Raumes ab, die Frauen gaben ihren Babys die Brust, die Männer holten sich Wodka und Bier, aber niemand klagte, niemand schien unzufrieden. In Jakutsk, der Hauptstadt der sibirischen Republik Jakutien, wartete ich einen Tag und eine Nacht lang auf die nächste Maschine. Dann wurden wir endlich aufgerufen: Eine LI-15 stand bereit, ein Flugzeug mit Platz für zwölf bis fünfzehn Personen. Die Maschine flog auf Sicht – einmal lag eine menschliche Siedlung, ein Rentier-Kolchos, unter uns, dann wieder Bergtaiga mit dünnen Wäldern und moosbedeckten Ebenen.

Schließlich flog die LI-15 ganz tief über eine Hügelkette und bog in ein breites Tal ein. Da standen ein flaches Holzhaus und ein Mast mit einem Windsack. Die Wiese unter uns war der Flugplatz. Nach der Landung ging ich etwas unentschlossen zu dem kleinen Haus, aber da kam schon ein hochgewachsener Ukrainer in der blauen Uniform von Aeroflot auf mich zu. Er war der Chef des Flughafens und fragte, ob ich angemeldet sei, was ich vorhätte und wie lange ich bleiben wolle. Er wirkte nicht sonderlich überrascht von dem ausländischen Besucher. Dann schlug er vor, mich in den Ort zu begleiten, ein Fußweg von fünf Minuten.

Die ersten Gebäude von Werchojansk wirkten nicht gerade einladend: flache Blockhäuser, umgeben von einem meterhohen Erdwall, mit flachen Dächern, die mit einer Erdschicht bedeckt waren. Die ärmsten Häuser des Orts, sagte der Flughafenchef, aber ich bemerkte, dass es viele von dieser Art gab. Der Sitz des Ortssowjets war ein einstöckiger Holzbau, besaß jedoch ein richtiges Dach, war mit Lehm verkleidet und weiß gekalkt. Im Hof weidete eine Kuh. In der großen halbdunklen Diele summte ein Wasserkessel, wie in einem Bauernhaus. Dann betrat man das Büro und war wieder in der Sowjetunion: ein Raum mit dem typischen langen, grün überzogenen Konferenztisch, an dem Funktionäre überall im Lande ihre Sitzungen abhielten. Der Ukrainer von Aeroflot stellte mich zwei Männern vor, dem Vorsitzenden des Ortssowjets und seinem Stellvertreter, beides Jakuten, die mit Ausländern hier noch nie zu tun gehabt hatten.

»Kalt heute, nicht wahr?«, fragte mich der stellvertretende Vorsitzende. »Bald wird es Winter, dann ist es hier richtig kalt. Das macht uns nichts aus. Wir leben hier ganz gut, nicht gerade reich, aber auch nicht arm.« Eigentlich sei ich zu früh gekommen, meinten beide, denn noch gebe es nur milde Nachtfröste. Im Dezember oder Januar würde es für einen Touristen richtig interessant. Und dann erzählte der Vorsitzende, dass er im Krieg bis Wien gekommen sei. Dort sei das Klima ja sehr angenehm. In Wien gebe es das ganze Jahr Gemüse zu essen. Hier in Werchojansk lebe eine Frau, die habe sogar Kartoffeln gepflanzt und könne sie jetzt ernten. Das solle ich mir mal ansehen. Während der Vorsitzende einen Lehrer anrief, der als Leiter der Kulturabteilung von Werchojansk arbeitete, fragte mich sein Stellvertreter über Deutschland aus. Ob die Teilung noch lange dauern werde, ob man von einem Teil in den anderen reisen könne. Ich erklärte ihm die Verhältnisse, woraufhin der Vorsitzende, der inzwischen sein Telefonat beendet hatte, sich wieder ins Gespräch einmischte: »So was kann man sich gar nicht vorstellen«, sagte er kopfschüttelnd. »Jakutien geteilt – in Ostjakutien und Westjakutien –, und die Leute können nicht mehr über den Lena-Fluss zusammenkommen.« Er verabschiedete sich, stieg auf sein Rad und fuhr zum Angeln.

Der Stellvertreter zeigte mir meinen Schlafplatz. Auf der anderen Seite der großen Diele befand sich ein Raum mit drei eisernen Bettgestellen. Bettzeug und Wolldecken lagen auf der Matratze. Es gab einen kleinen, mit Lehm ummauerten Ofen, drei Stühle und einen Tisch, auf dem eine Karaffe mit kaltem Tee stand. »Tee«, meinte mein Gastgeber, »Tee muss sein, damit man sieht, dass das Wasser wirklich abgekocht ist.« Auf zwei Marmeladengläsern standen Kerzen. Daneben lag eine Schachtel Streichhölzer. Auf einem Bett schlief ein Mann bereits, auf dem anderen saß ein junger Jakute, den ich schon im Flugzeug gesehen hatte. Dann machte mich der stellvertretende Vorsitzende des Ortssowjets mit dem Lehrer Innokenti Roschin bekannt, einem kleinen mageren Mann und reinblütigen Jakuten, wie er dabei ausdrücklich betonte. Roschin sagte sofort, er sei in Werchojansk geboren und aufgewachsen. Als er hörte, dass ich während meines kurzen Aufenthalts in Jakutsk die Universität besichtigt hatte, wollte er wissen, ob der Direktor ein Russe oder ein Jakute sei. Die Frage der Nationalität war ihm offenkundig wichtig. Er schlug nun vor, erst einmal mit mir in der Ortskantine essen zu gehen: Kartoffelsuppe, Schweinegulasch mit Reis, Rote Grütze und Kakao. Bezahlen durfte ich nicht. »Ich weiß den Gast zu ehren. Bei uns braucht der Gast nicht zu bezahlen. Er ist Gast.« Nach dem Essen nahm mich der Lehrer mit zu sich nach Hause. Wir gingen die Hauptstraße von Werchojansk entlang, die damals immer noch Stalinstraße hieß – die Entstalinisierung war offenbar noch nicht bis hierher vorgedrungen. Auf halbem Weg lag ein kleiner eingezäunter Platz mit einer Holztribüne. An Feiertagen winkte hier der Vorsitzende des Ortssowjets dem Volk zu, den 1500 Menschen aus dem Dorf und von den Rentier-Kolchosen der Umgebung. Die Straße selbst ging irgendwann in einen schmalen Weg über, der sich in den graubraunen Hügeln verlor.

Eines der Zweifamiliengebäude, die neben der Schule lagen, war das Lehrerhaus. Roschins Arbeitszimmer wirkte trostlos und kahl, ein roher Holztisch mit einem Stuhl und ein überladenes Bücherregal. Auf dem Fußboden stapelten sich neben Lehrbüchern und Schulheften Werke von Marx, Engels, Lenin, Stalin – sogar ein Band mit Gedichten von Heinrich Heine war dabei. Von der Decke hing eine nackte Glühbirne. Ob man in Deutschland auch Marx, Engels, Kautsky und Lenin studiere, fragte Roschin, und ob es bei uns auch viele Bilder von Lenin, Marx und Engels gebe. Meine Antwort überraschte ihn nicht. Er war politisch geschult und wusste, dass die Bundesrepublik Deutschland kein fortschrittliches Land war. Unsere Unterhaltung blieb zäh: Auf seiner Seite bestand sie fast nur aus Phrasen.

Später am Nachmittag luden mich meine beiden Zimmernachbarn ein, mit ihnen einen Film zu sehen. Ein Kino besaß Werchojansk zwar nicht, aber im Kulturhaus gab es ein Zimmer mit dreißig Stühlen und einem Projektor. Wir warteten gespannt, was man uns zeigen würde, und zu meiner Überraschung war es schließlich ein französischer Film, *Lohn der Angst* mit Yves Montand. Im Westen galt das als ein spannendes sozialkritisches Stück, in Werchojansk faszinierte der Film, weil er ein Land zeigte, in dem ständig die Sonne schien und die Opfer des Kapitalismus Whiskey tranken. Dazu erklang flotte südamerikanische Musik. So nahm die soziale Anklage im Kulturhaus von Werchojansk fast märchenhafte Züge an. Der düstere Schluss konnte daran nichts ändern, denn wir bekamen ihn nicht zu sehen: Die Vorführung brach mittendrin ab, und es hieß, der zweite Teil solle in einigen Wochen gezeigt werden. Ich konnte freilich bei meinen jakutischen Zimmergenossen dadurch punkten, dass ich ihnen das Ende erzählte. Sie waren unterwegs zu ihren Rentierherden und hätten ohne mich wohl nie erfahren, wie die Geschichte ausgegangen ist.

Als ich Werchojansk zwanzig Jahre später in der Breschnew-Zeit erneut besuchte, hatte sich der kleine Ort nur wenig verändert. Im Gegensatz zum Lehrer Innokenti Roschin, der jetzt neue Fragen stellte: Ob die deutsche Industrie wirklich so gut funktioniere und ob sie dazu beitragen könne, Sibirien zu erschließen. Er sprach inzwischen auch mehr von jakutischen Traditionen als vom Marxismus. 1992, bei unserer dritten Begegnung, war Roschin dann Abgeordneter des jakutischen Parlaments. Nun ging es ihm darum, die Bodenschätze Jakutiens gegen die Ausbeuter aus Moskau zu verteidigen. Mittlerweile war die zweistöckige Schule fertig geworden, und gemeinsam mit dem Ortsvorsitzenden erzählte er mir davon, wie man künftig Jagdfreunde aus dem Westen als Touristen nach Werchojansk holen werde. Daraus war allerdings nichts geworden, als ich 1997 zum vierten Mal Werchojansk anflog – der einzige Westeuropäer, der sich viermal in seinem Leben für den kleinen Ort interessiert habe, meinte der Ortsvorsitzende. Roschin war nunmehr der Direktor der Schule, die einige Jahre zuvor zur besten ländlichen Schule Russlands gewählt worden war. Als ich ihn zu Hause aufsuchen wollte, war er nicht da. Er war zu einer medizinischen Behandlung in der Hauptstadt Jakutsk, wie mir seine Frau Swetlana erzählte. Sie zeigte mir ihr Treibhaus: zwei Meter hoch, verglast, fast hundert Quadratmeter groß, mit einem Holzofen in der Mitte. So etwas habe es früher nicht gegeben, sagte sie und präsentierte mir Tomaten und Gurken, Kürbisse und Paprikaschoten. Zum Schluss gab sie mir die Telefonnummer der Wohnung, in der ihr Mann auf die Untersuchung im Krankenhaus von Jakutsk wartete. Er war nicht sonderlich überrascht von meinem Anruf. Wir sähen uns eigentlich alle zehn Jahre, meinte er, und diesmal seien eben nur fünf vergangen.

Am Sonntagnachmittag trafen wir uns im Park hinter dem Sportstadion von Jakutsk. Dort kam er mit alten Freunden zusammen, gemeinsam tanzten sie jakutische Volkstänze, und der Vorsänger improvisierte Lobgesänge auf die Natur und die Menschen, die in ihr leben. Irgendwann nahm Roschin mich an der Hand und reihte sich mit mir in den Reigen ein. Es waren lauter ältere Leute, pensionierte Lehrerinnen und Schuldirektoren, Frauen aus der Bezirksverwaltung, Leiterinnen kleinerer Krankenhäuser, Partei- und Staatsfunktionäre, eine weißhaarige Frau war sogar Abgeordnete des Obersten Sowjet in Moskau. Roschin und ich setzten uns anschließend auf eine Parkbank und dachten über die vergangenen fast vierzig Jahre nach. Er selber habe sich verändert und sein Leben auch, sagte er. »Als ich jung war, wollte ich an die Hochschule, um die Wahrheit zu lernen und für sie zu kämpfen. In dieser Hinsicht haben sich meine Prinzipien nicht gewandelt. Aber als Student und junger Lehrer habe ich alles vom Standpunkt der kommunistischen Ideologie aus gesehen. Das ganze Leben lag unter dieser Kuppel, und ich will diese Lehre auch heute nicht völlig wegwerfen. Da war ja auch die Idee der Gleichberechtigung von Menschen und Völkern. In diesem Sinne bin ich auch heute nicht gegen die marxistisch-leninistische Lehre, aber diese Doktrin war eben ganz einseitig, und dann wurde sie auch noch durch Stalin entstellt. Also bin ich dafür, dass sich unsere Gesellschaft in Richtung Demokratisierung bewegt, trotz all der Schwierigkeiten, die wir heute haben. Früher sollte es nur den Sowjetmenschen geben. Aber die Menschen sind doch verschieden, mit unterschiedlichen Interessen und Begabungen, ganz abgesehen von ihrer nationalen Herkunft. Bei uns steht nun auch die jakutische Kultur auf dem Lehrplan. Man muss doch seine Muttersprache sprechen können.« Auf unserem kleinen Planeten seien es die Unterschiede der Kulturen, die das Leben reich und vielfältig machten, meinte der alte Schuldirektor. Andrej Sacharow, der Atomwissenschaftler und Friedensnobelpreisträger, habe solche Prinzipien vertreten. Sein früher Tod habe ihm wehgetan, sagte der Schuldirektor zu mir. »Vieles ändert sich, das muss so sein. Wir beide werden uns nicht mehr entwickeln. Wir sind ja gleich alt und halten uns aufrecht. Sie arbeiten, ich arbeite, das ist das Beste dabei.« Es war unser letztes Gespräch, und bis heute ist für mich eine Frage offen: War der junge Innokenti mit seinem Sermon kommunistischer Theorie bei unserer ersten Begegnung fünf Jahre nach Stalins Tod bloß vorsichtig gewesen oder hatte sich sein Weltbild im Laufe der Jahre tatsächlich so stark gewandelt? Auffällig jedenfalls war, dass Roschin mit mir nie über das Leben unter Stalin gesprochen hat. Immerhin lag das kleine Werchojansk in dem riesigen Gebiet der Arbeits- und Todeslager.

Als ich mich 1958 von Werchojansk zum ersten Mal verabschiedete, hatte ich den Reiseplan der Moskauer Behörden in der Tasche, auf dem fast nur noch große Städte standen: Irkutsk, Tschita und Chabarowsk im fernen Osten. Doch was in Moskau geplant worden war, ließ sich nicht so einfach realisieren. Ein Abschnitt der Reise wurde am Abend vor der Weiterfahrt von Jakutsk ersatzlos gestrichen: Die Polizei teilte mir mit, die vorgesehene Strecke sei für Ausländer gesperrt. Daraufhin musste ich in einen kleinen Ort an der mittleren Lena fliegen – »sozusagen ins Nichts«, wie die junge Frau bei Intourist sagte, die meine Reise umbuchte. Mir tat es nicht leid, denn je kleiner und abgelegener die Orte waren, desto mehr interessierten sie mich. Nach drei Tagen in Olekminsk bekam ich einen Anschlussflug nach Süden in die Großstadt Irkutsk und dann weiter Richtung Osten. Diesmal blieb ich ungeplant in Birobidschan, einer Kleinstadt im äußersten Südosten der Sowjetunion. Fünfunddreißig Jahre zuvor war sie als Siedlungszentrum für die Juden Russlands ausersehen worden, dann aber war ihre Entwicklung bald steckengeblieben. Für mich wurde Birobidschan zum Endpunkt meiner Sibirienreise. Ein Mann von der Stadtverwaltung hatte ein Telegramm aus Moskau erhalten: Das eigentlich vorgesehene Ziel, die große Industriestadt Chabarowsk, sei für Ausländer gesperrt worden.

Eine andere Rückreiseroute stand jedoch nicht auf meinem Plan. Ich versuchte meine Sekretärin in Moskau anzurufen, doch erst zwei Tage nach der Anmeldung gab es eine Verbindung. Ich wisse nicht, wie ich nach Moskau kommen solle, sagte ich, in Birobidschan gebe es keinen Flugplatz. Sie möge mit den Ausländerbehörden klären, welche Route ich benutzen solle. Anderthalb Tage später kam die telegrafische Antwort: »Abwarten bis ein Platz frei.« Ich hatte Deutsch mit meiner Sekretärin gesprochen – das war ein Fehler gewesen. Sie hatte verstanden, es gebe keinen Platz im nächsten Flug nach Moskau, und so hatte sie es auch der Ausländerbehörde mitgeteilt. Und selbst beim KGB wusste man offenbar nicht, dass in Birobidschan kein Flughafen existierte. Bis Chabarowsk waren es bloß noch 170 Kilometer, aber ich traute mich nicht, durch diese offenbar neu eingerichtete Sperrzone zu fahren.

In Birobidschan hatte ich inzwischen alle Sehenswürdigkeiten besucht, die kleine Synagoge und die Bibliothek mit Büchern in Russisch und Jiddisch, erschienen in einem jüdischen Verlag, der zehn Jahre zuvor geschlossen worden war. Nun half mir der Ortsvorsitzende. Ich merkte, dass er mich loswerden wollte, und tatsächlich brachte er mich zum Bahnhof, kurz bevor ein Zug der Transsibirischen Eisenbahn in Richtung Moskau fahren sollte. Er half mir, ein Billett zu kaufen – allerdings nur bis Tschita, zwei Tage Bahnfahrt entfernt und immer noch weit weg von Moskau. In Tschita wiederum hatte ich auf der Hinfahrt die Chefin des Intourist-Büros kennengelernt, die mir nun ein Flugticket nach Irkutsk besorgte. Als ich dort landete, war gerade auch eine große Düsenmaschine aus Peking angekommen. Mit dem Koffer in der Hand begab ich mich zum Schalter von Intourist. Gegen fünfzig Rubel Zuschlag durfte ich schließlich in die Maschine umsteigen, die nach Moskau weiterfliegen sollte. Irgendwie gefiel mir der Gedanke, dass die Behörden in Moskau, die doch jeden Schritt eines Ausländers beobachten wollten, noch weniger als ich wussten, wo ich mich eigentlich aufhielt. Und so war ich bereits wieder in meinem Hotel am Roten Platz, während mich der KGB noch am anderen Ende des Landes vermutete.

Mittlerweile wohnte ich wieder im National, und dort war es auch, dass ich eines Abends, als ich mit dem Fahrstuhl in mein Zimmer fuhr, so etwas wie Jazzmusik hörte, es klang nach Cool Jazz, damals das Neueste aus Amerika. Die Musik kam aus dem Restaurant. Der Speisesaal war überfüllt, bevölkert von jungen Leuten, die aussahen, als lebten sie in Saint Germain des Prés oder Schwabing, Männern mit Existenzialistenbart und Frauen, die ihr langes Haar à la Juliette Gréco frisiert hatten. An einem runden Tisch saßen Komponisten, Musiker und Musikkritiker, wie sich später herausstellte, und klatschten mit großem Vergnügen. An einem anderen Tisch lauschten Offiziere in Uniform mit ihren Mädchen misstrauisch den ungewohnten Klängen, und dann waren da auch recht gut angezogene Männer mit ein paar jungen Frauen, so schick gekleidet, wie man sie in Moskauer Restaurants selten sah. Ein paar ältere Leute, offenbar Hotelgäste, hatten sich auf der Suche nach einem Abendessen in diesen Saal verirrt. Sie ertrugen die Musik und aßen, ohne zu protestieren.

Zwei der jungen Musiker, den Pianisten und den Schlagzeuger, hatte ich schon einmal kurz getroffen – im Gorki-Institut für Weltliteratur. Da hatten sie den Auftritt von einigen blutjungen Dichtern begleiten wollen, doch das hatte die Leitung nicht genehmigt. Die beiden studierten am Konservatorium, andere wollten Ingenieure und Ärzte werden, und es gab an den Moskauer Universitäten und Instituten noch sehr viel mehr Jazzfans. Während der Weltjugendfestspiele 1957 in Moskau, bei denen die Sowjetführung Modernität demonstrieren wollte, hatte diese Band sogar den zweiten Preis gewonnen. Nun jazzten sie im feinen National, durch dessen große Fenster man auf die Kremltürme mit den leuchtenden roten Sternen blickte. Der Direktor des Hotels hatte überlegt, wie er in den Wochen des Jahres, wenn kaum ausländische Touristen kamen, Gäste in sein Restaurant locken könnte. Da hatte man ihn auf die Amateurband aufmerksam gemacht, die während der Weltjugendfestspiele mit Rücksicht auf die Ausländer gewissermaßen behördlich anerkannt worden war. Und nun waren in dem langweiligen Restaurant alle Tische besetzt.

So gab es einige Monate Jazz gegenüber vom Kreml. Dann allerdings meinten die jungen Musiker, dass sie nicht nur als geduldete Amateure auftreten, sondern ganz professionell ihren Anteil von den Einnahmen bekommen sollten – doch dem Hoteldirektor war es ohnehin schon mulmig bei dem Gedanken an die Kritik, die früher oder später von der Partei und vom kommunistischen Jugendverband kommen würde. Als die jungen Jazzfans ein paar Tage nicht mehr auftreten wollten, heuerte er kurzerhand eine Kapelle von Berufsmusikern an, und nun erklangen im spießig eingerichteten Speisesaal wieder der Amur-Wellen-Walzer, die Donkey-Serenade und ab und zu ein eingängiges Stück von Gershwin. Zwar wurde der Saal nicht mehr voll, aber dafür schob sich nun ein gemischtes mittelaltes Publikum über das Parkett, an dem selbst der Jungkommunistenverband nichts auszusetzen hatte.

Ich war über zehntausend Kilometer durch Sibirien gereist, aber jetzt saß ich wieder in Moskau mit extremer Reisebeschränkung: Vom Roten Platz aus, auf den ich von meinem Hotelzimmer blicken konnte, durfte ich mich nur in einer Zone mit einem Radius von dreißig Kilometern frei bewegen. Und selbst dreißig Prozent von dieser Zone waren Sperrgebiete. Interviews und Besichtigungen wurden von unbekannten Dienststellen organisiert und waren meist kaum mehr als Pressekonferenzen mit vorbereiteten Erklärungen.

Bitten um Begegnungen mit sowjetischen Intellektuellen und Professoren blieben meist unbeantwortet. Aber es gab auch Ausnahmen. So hatte es seit Ende 1957 im Fall des Dichters Boris Pasternak eine Entwicklung gegeben, die es den sowjetischen Stellen nützlich erscheinen ließ, ausländischen Korrespondenten ein Treffen mit dem berühmten Schriftsteller zu vermitteln.

Boris Pasternak war einer der großen Lyriker zur Anfangszeit der Sowjetunion gewesen, gemeinsam mit Majakowski und Jessenin gefeiert als einer der Dichter des sogenannten Dreigestirns. Die beiden anderen hatten später unter dem Druck der stalinistischen Diktatur Selbstmord begangen; Pasternak dagegen war es gelungen, als Übersetzer bedeutender Werke der Weltliteratur, von Goethe und Shakespeare, die Jahre der Unterdrückung zu überstehen. Seit langer Zeit hatte er an dem Roman *Doktor Schiwago* gearbeitet, einem Buch über das Schicksal russischer Menschen in den Aufbaujahren der Sowjetunion – kein antisowjetisches Pamphlet, sondern eine tief empfundene, nachdenkliche Auseinandersetzung mit dem schwierigen Leben als Intellektueller unter Stalin. Jahrelang schien es, als habe der Roman keine Chance auf Veröffentlichung. Doch mit Stalins Tod im März 1953 begann eine Zeit, für die der Autor Ilja Ehrenburg in einer gleichnamigen Novelle die Bezeichnung »Tauwetter« fand.

Intellektuelle, Schriftsteller und Künstler fingen an, sich wieder vorsichtig mit der Wirklichkeit des Lebens auseinanderzusetzen. Sie wagten es zwar nicht, die Ungerechtigkeiten des Sowjetsystems offen zu benennen, aber sie wollten, dass die Fehler und Härten der Vergangenheit beseitigt würden. Viele erinnerten sich jetzt auch wieder an Boris Pasternak. Alte Bekannte meldeten sich, Schriftsteller, Musiker und Schauspieler trafen sich in seinem Haus, und immer häufiger standen junge Frauen mit den Gedichtbänden der zwanziger und dreißiger Jahre vor seiner Tür und erbaten ein Autogramm. Ein Jahr nach Stalins Tod druckte eine Moskauer Literaturzeitung zum ersten Mal wieder zehn Gedichte von ihm ab: »Verse aus dem Roman in Prosa ›Doktor Schiwago‹«. Das Parteiorgan *Prawda* indes reagierte schnell und attackierte den Dichter als Dekadenzler, Symbolisten und subjektivistischen Individualisten. Im Westen, wo man mittlerweile auch nach Pasternaks Schicksal und dem neuen Roman fragte, verkündete der Leiter der Auslandsabteilung des sowjetischen Schriftstellerverbands, Pasternak habe seinen Roman nicht beendet, weil er durch seine Arbeit als Übersetzer reich und träge geworden sei. Zwei Jahre vergingen, ohne dass eine Zeile von ihm in der Sowjetunion gedruckt werden konnte. 1955 wurde Pasternak schließlich zu einer offiziellen Veranstaltung nach Moskau eingeladen: Der deutsche Dichter Bertolt Brecht, der den Stalin-Preis erhalten sollte, hatte explizit darum gebeten. Doch der russische Dichter sagte ab und arbeitete lieber in aller Stille weiter. Ende 1955 war *Doktor Schiwago* vollendet.

Das Manuskript wurde nun in Redaktionen begutachtet und von Parteiorganen überprüft. Mehrfach wurde verlautet, *Doktor Schiwago* werde in wenigen Wochen oder Monaten erscheinen. Ein junger Redakteur in Moskau, so hieß es, solle noch einige notwendige Kürzungen vornehmen. Pasternak war mit solchen Eingriffen in seinen Text durchaus einverstanden. Er gehörte zwar nicht zu jenen Autoren, die ihre Bücher nach den Parteirichtlinien umschrieben, aber es war ihm recht, wenn eine gekürzte Ausgabe in der Sowjetunion herauskam. Tolstois *Auferstehung* sei in erster Ausgabe auch nur in einer von der Zensur gekürzten Fassung gedruckt worden, sagte er zu seinen Freunden. Es vergingen Monate, in denen eine Stelle der anderen die Verantwortung zuschob. Die Entscheidung zögerte sich immer weiter hinaus – am Ende sollte es noch drei Jahrzehnte dauern, bis *Doktor Schiwago* offiziell in der Sowjetunion erscheinen durfte. Allerdings lag das Manuskript mittlerweile in Mailand auf dem Schreibtisch des kommunistischen Verlegers Giangiacomo Feltrinelli. Ein italienischer Kommunist, der beim Schriftstellerverband in Moskau als Lektor arbeitete, hatte Feltrinelli eine Kopie des Manuskripts geschickt, als die Veröffentlichung in der Sowjetunion noch kurz bevorzustehen schien. Um nun eine italienische Ausgabe zu verhindern, wurde der erste Sekretär des sowjetischen Schriftstellerverbands, Alexej Surkow, nach Mailand in Marsch gesetzt. Nichts in seiner Karriere hatte Surkow auf feinfühlig-diplomatische Gespräche mit italienischen Intellektuellen vorbereitet. Er drohte ihnen mit dem Ausschluss aus der kommunistischen Partei, falls sie die Veröffentlichung von *Doktor Schiwago* unterstützten. Feltrinelli trat daraufhin aus der kommunistischen Partei aus, viele seiner Mitstreiter waren über die versuchte Einflussnahme verärgert und verstört, und die Geschichte erregte am Ende internationales Aufsehen. Ausländische Beobachter nahmen sie zum Anlass, an das Schicksal sowjetischer Dichter und Schriftsteller und an die große Zahl der Verhaftungen und Selbstmorde unter Stalin zu erinnern. Nachdem dann der Roman 1957 in Italien erschienen war, kam schließlich auch das Gerücht auf, Pasternak sei der nächste Kandidat für den Literaturnobelpreis. In dieser Situation beschloss das sowjetische Staatskomitee für kulturelle Beziehungen mit dem Ausland, uns westliche Korrespondenten zu einem Besuch der Schriftstellerkolonie Peredelkino einzuladen. Wir sollten einmal mit eigenen Augen sehen, dass Pasternak doch ganz gut lebte.

Ich wusste, dass Boris Pasternak, der Übersetzer von *Faust I* und *Faust II*, gut Deutsch können musste, und bat darum, ihn allein und nicht zusammen mit den englischen und amerikanischen Kollegen besuchen zu dürfen. Der Bitte wurde entsprochen, und so fuhr mich ein Chauffeur Ende 1957 in einem großen schwarzen Mietwagen nach Peredelkino, über die Dreißig-Kilometer-Zone hinaus, an der meine Reisefreiheit normalerweise endet. In der Schriftstellerkolonie, die Stalin in den dreißiger Jahren hatte erbauen lassen, bewohnte Pasternak eine zweistöckige Datscha am Waldrand. Hier stand nun ein großer Mann lachend auf der Treppe und winkte mir zu – ein ungewöhnlicher Empfang in der Sowjetunion mit ihrer von Vorsicht und Misstrauen geprägten Atmosphäre. Die Notizen von dieser ersten Begegnung habe ich bis heute aufbewahrt.

Aus der scharfen Winterkälte trat ich durch eine schmale Tür in die warme Küche. Boris Pasternak schüttelte mir beide Hände, als ich mich auf Russisch vorstellte. »Sie sind also der angekündigte Korrespondent aus Westdeutschland«, sagte er auf Russisch, um dann auf Deutsch fortzufahren: »So jung und schon so verdorben.« Das war ein Witz, den er noch aus seiner Studentenzeit in Deutschland vor dem Ersten Weltkrieg kannte. Es war eine unerwartet herzliche und stürmische Begrüßung, ehe seine Frau uns in einen hellen Raum mit großen Fenstern im ersten Stock hinaufführte. Ein Schreibtisch stand darin, dazu ein Kleiderschrank, neben dem ein paar Koffer lagen, einige Holzstühle und ein schmales, dunkel gebeiztes Bücherregal. Da gab es ein großes englisch-russisches Wörterbuch neben einer alten russischen Bibel, und da standen die Werke Franz Kafkas in einer deutschen Ausgabe neben Marcel Proust auf Französisch. »Ich habe Kafka noch nicht gelesen, gerade erst bekommen«, meinte Pasternak. »Ich lese eben Proust. Sehr, sehr schön zuweilen, aber etwas fehlt mir dabei. Aber darüber sprechen wir später.« Und dann begann fast ohne Übergang ein turbulentes Selbstgespräch, der Versuch des Dichters, sein Werk und sein Schaffen zu definieren und abzugrenzen. Die Namen Rilke, Thomas Mann, T.S. Eliot, James Joyce erschienen und verschwanden im Strudel der Vergleiche. »Die Kraft von Thomas Mann und Rilke in einer Person vereint – das wäre ein Kunstwerk.« Thomas Mann, das sei zu viel Experimentalstudio, auch zu viel Essay für literarische Zeitschriften. Aber seine Kunst verbunden mit der Feinfühligkeit und Tiefe, mit dem Sinn jenes Rilke, der den *Malte Laurids Brigge* schrieb, das wäre etwas! Und was für ein Roman wäre der *Ulysses* von James Joyce geworden, wenn darin die Klarheit der Erzählung von den *Dubliners* bewahrt geblieben wäre! Erregt und begeistert sprach Pasternak über die westliche Literatur der zwanziger Jahre, wie er sie selbst erlebt hatte und über die er seit fast drei Jahrzehnten in seinem Heimatland nicht mehr öffentlich reden durfte.

Er sei ein moderner Mensch, so Pasternak, und wenn er auch

ein großes Stehpult habe, das an Goethe erinnere, so sei es nur wegen seines Beinleidens aufgestellt. Er müsse in der Formenwelt der Gegenwart schaffen. In Goethes Werk hätten sich alle Strömungen seiner Zeit wiedergefunden, überindividualistisch, überaktuell, nicht nur als persönliches Bekenntnis. Und dann sprachen wir plötzlich von *Doktor Schiwago*. Er sagte: »Ich bedaure nicht, dass mein Roman im Westen erscheint, aber ich bedaure den Lärm, der darum gemacht wird. Wer hat das Buch eigentlich gelesen? Sie zitieren immer die gleichen drei Seiten aus einem Buch von siebenhundert Seiten.« Pasternak verwahrte sich dagegen, dass man sein Buch wie ein politisches Pamphlet behandelte; in seinen Augen war es mehr als nur eine Anklageschrift gegen die Gesellschaft, in der er lebte.

Im Erdgeschoss neben der Küche saßen inzwischen einige Freunde an der langen weißgedeckten Esszimmertafel. Immer wieder kam der Schriftsteller bei den Trinksprüchen auf die Liebe zu seinem Land zurück. Er wolle nun einen patriotischen Toast ausbringen, sagte Pasternak, und erhob das Wodkaglas: Er müsse seiner Epoche und seinem Land dankbar sein, denn sein Werk und seine Kraft seien von dieser Epoche und diesem Land geformt worden. Er selbst sei ein esoterischer, in Fantasien und Impressionen verlorener Dichter gewesen. Deshalb sei er dem Sowjetstaat dankbar für dessen literarische Erziehungsarbeit. »Ich bin kein sozialistischer Realist geworden«, meinte er. »Nein, ein sozialistischer Realist bin ich nun doch nicht, aber ein Realist bin ich geworden, und dafür bin ich dankbar.« Pasternak lud mich beim Abschied ein, am folgenden Sonntag zum Mittagessen mit seinen Freunden wiederzukommen, aber das war nicht so einfach, wie er es sich vorstellte. Nichts sprach dafür, dass man mir die Sperrzone noch einmal öffnen würde.

Zu meinem Glück hatte ich eine andere Verabredung mit einem Schriftsteller, der ebenso intellektuell wie lebensklug war, Ilja Ehrenburg, der Autor von *Tauwetter*. Er hatte lange Jahre in Frankreich gelebt, kannte Deutschland und Osteuropa gut und war kurz vor Beginn des Zweiten Weltkriegs aus der Emigration in die Sowjetunion zurückgekehrt. Ich hatte ganz offiziell ein Interview mit ihm beantragt und genehmigt bekommen. Wir sprachen über die deutsche Literatur der Weimarer Republik, auch über Camus und Hemingway, überhaupt über die Literatur seiner Generation. Er zählte eine ganze Reihe guter russischer Romane auf, und ich wusste, dass es durchweg Werke von Autoren waren, die von den offiziellen Parteiorganen scharf kritisiert wurden. Auf dem Bücherbord entdeckte ich die deutsche Übersetzung seines Romans *Die ungewöhnlichen Abenteuer des Julio Jurenito*. Es stand da auch in Englisch, Französisch, Spanisch und anderen Sprachen. Im übrigen Europa war das Buch ein großer Erfolg gewesen, in der Sowjetunion durfte es nicht erscheinen. Es gefalle mir am besten von all seinen Romanen, sagte ich. Ehrenburg lächelte, *Julio Jurenito* sei ihm auch sehr lieb. Das Buch sei ein bisschen boshaft, aber sehr amüsant. Es ist die Geschichte eines seltsamen Heiligen, der in Westeuropa Friedfertigkeit, Gerechtigkeit und Demokratie predigt, bis all seine Anhänger im Ersten Weltkrieg in nationalen Überschwang und mörderische Kriegslust verfallen. Tief enttäuscht emigriert Julio Jurenito daraufhin in die junge Sowjetunion. Hier hat er nur noch Lob für die kommunistischen Führer, weil sie die Welt richtig behandeln: So wie die Menschen nun einmal seien, verdienten sie strenge Strafen und gewaltsame Unterdrückung. Aber das wollen die neuen Herrscher der Sowjetunion nicht hören, und Julio Jurenito ist nun endgültig desillusioniert. Er kratzt sein letztes Geld zusammen, kauft sich ein Paar neue Winterstiefel, geht bei Einbruch der Dunkelheit auf den großen Boulevard und wird dort am nächsten Morgen tot und ohne Stiefel aufgefunden. Andere Schriftsteller wären mit einem solchen Text in größte Schwierigkeiten geraten. Ehrenburg aber wusste, wie man sich taktisch geschickt verhielt. Als auf einem Schriftstellerkongress eine heftige Debatte über ein anderes seiner Bücher ausbrach, erhob er sich zu einer kurzen Antwort. Das Buch sei seiner Ansicht nach klug und richtig, das habe ihm ein Leser gerade am Abend vorher telefonisch bestätigt. »Aber«, so Ehrenburg, »der Genosse Stalin kann sich vielleicht auch einmal irren.« Es waren solche Tricks, mit denen er sich immer wieder aus der Schusslinie brachte. Manche Kollegen im Schriftstellerverband hassten ihn dafür, andere, besonders unter den Jüngeren, empfanden so etwas wie Bewunderung.

Als wir über *Doktor Schiwago* sprachen, fand Ilja Ehrenburg nur lobende Worte. »Pasternak ist einer der größten lebenden Dichter der Welt, auch seine Prosa ist immer Poesie, immer eine Handbreit über der Erde, aber es ist stets große Prosa. Ich habe *Doktor Schiwago* gelesen, die Beschreibung jener Zeit ist ausgezeichnet. Wir sind Altersgenossen, und ich kann das beurteilen.« Und dann, als er merkte, wie sehr mich sein offenes, positives Urteil über ein schon fast verbotenes Buch überraschte, fügte er hinzu: »Ich habe den Roman gelesen, das Manuskript. Ich bin allerdings noch nicht am Ende, bin gerade bis zur Revolutionsepoche gekommen. Bis dahin, das muss ich wiederholen, ist die Beschreibung jener Zeit ganz ausgezeichnet.« Ehrenburg hatte sich wieder einmal geschickt aus der Affäre gezogen. Vielleicht konnte ich ja von ihm einen Rat bekommen: Pasternak habe mich eingeladen, aber ich glaubte nicht, dass man mir ein zweites Mal einen Besuch genehmigen würde. Ob er es für möglich halte, dass der Schriftstellerverband mich dabei unterstützte? Ehrenburg überlegte. »Wozu brauchen Sie eine neue Genehmigung? Da stand doch nichts von zeitlicher Begrenzung drin, also sollte man annehmen, dass Sie auch ein zweites oder drittes Mal zu Pasternak fahren können.«

Genau das habe ich dann auch riskiert und bin weiter nach Peredelkino gefahren, allerdings nicht mehr mit einer Mietkarosse von Intourist. Ich fuhr vom Hotel zunächst ein paar Stationen mit der Metro, dann nahm ich ein Taxi zum Weißrussischen Bahnhof und von dort einen Vorortzug zum Stadtrand, um schließlich eine Viertelstunde über Felder und zwischen Kleingärten zu Pasternaks Haus zu wandern. Niemand hielt mich auf, und ich glaubte, niemand habe mich gesehen. Fünfundzwanzig Jahre später nahm mich der Sohn eines KGB-Generals auf einer Cocktailparty zur Seite und überreichte mir einen Umschlag mit einem Foto. Man brauche das nicht mehr, sagte er, und mir würde es vielleicht Freude machen. Das Bild zeigte Pasternak und mich auf einem Waldspaziergang, steil von oben von einem Hochstand oder Baum aus fotografiert. Ich war also keineswegs unbeobachtet und unerkannt geblieben, aber warum ich damals nicht verwarnt wurde, hat mir niemand erklären können.

Wenn Pasternak und ich allein hinter seinem Haus unter den großen Kiefern spazierengingen, schien es manchmal, als ob ihn Traurigkeit und Selbstzweifel überkämen. Dann erzählte er von der Angst in den Jahren der großen Säuberungen, als Dichter verschwanden oder Kulturfunktionäre unangepassten Schriftstellern Papiere zur Unterschrift vorlegten, die für Kritiker Stalins die Todesstrafe forderten. Ich weiß nicht, ob auch er solche Forderungen unterschrieben hat, aber manchmal schien es ihn zu plagen, dass er sich nicht mutig genug für andere eingesetzt hatte. Einmal habe spätabends das Telefon bei ihm geklingelt. Als er den Hörer abnahm, war er mit Stalin persönlich verbunden. Erst habe er an einen schlechten Scherz geglaubt, aber dann doch verstanden, dass es sich tatsächlich so verhielt. Stalin fragte ihn nach einem anderen Dichter, Ossip Mandelstam, der für seine Lyrik als Abweichler kritisiert worden war. Ob Mandelstam ein großer Dichter sei, habe Stalin wissen wollen. Pasternak erzählte mir, damals sei er nicht für Mandelstam eingetreten. Er habe nur gesagt, man dürfe eine schöne Frau nie nach einer anderen schönen Frau fragen. Nun, viele Jahre später, machte er sich seine Zurückhaltung zum Vorwurf – vielleicht hätte eine entschiedenere Antwort Mandelstam vor dem Tod im Lager bewahrt. Von Pasternaks Frau und seinen Freunden hörte ich zwar, er habe getan, was er konnte. Aber er litt darunter, dass es offenbar nicht genug gewesen war.

Als mein Gepäck kurze Zeit darauf nach einem Deutschlandbesuch bei der Wiedereinreise am Moskauer Flughafen von Zollbeamten durchsucht wurde, fanden sie in einem Koffer zusammengeheftete Seiten mit auf der Maschine geschriebenen russischen Gedichten von Pasternak. Eine Dreiviertelstunde ließen sie mich stehen und diskutierten aufgeregt in einem Nebenzimmer über ihren Fund. Schließlich kamen zwei der Offiziere und gaben mir die Texte zurück. Da unter jedem Gedicht eine Fußnote mit Datum und dem Namen einer sowjetischen Literaturzeitschrift stand, waren sie zu dem Ergebnis gekommen, dass die Gedichte bereits veröffentlicht worden seien und somit die sowjetische Zensur schon passiert hätten. Weder die Zollbeamten noch ich wussten, dass nur sieben der dreiunddreißig Gedichte tatsächlich 1956 in der literarischen Zeitschrift *Snamja* gedruckt worden, die übrigen Angaben in den Fußnoten jedoch freie Erfindungen waren. Verehrer von Pasternak, mit ziemlicher Sicherheit russische Emigranten, hatten die neuen Texte in den Westen geschmuggelt, vervielfältigt und mir nach Moskau mitgegeben, damit Pasternak sie noch einmal korrigieren könne: Ehe sie im Ausland gedruckt würden, wollte er sie unbedingt noch einmal kritisch ansehen. (In Deutschland, wo sie 1960 im S. Fischer Verlag erschienen, hat sie der Slawist Rolf-Dietrich Keil einfühlsam übersetzt, der als Adenauers Dolmetscher an der Kanzlerreise nach Moskau teilgenommen hatte.) Es waren keine politischen Bekenntnisse oder Aufrufe, sondern lyrische Naturskizzen und Erinnerungen an die Liebe zwischen Menschen, getragen von dem großen Aufatmen nach Stalins Tod. Der Titel des Gedichtbands klang hoffnungsvoll: *Wenn es aufklart*. Immer mehr Zollbeamte und, wie mir schien, vor allem Zollbeamtinnen hatten die Texte einander gezeigt. So hatte ich langsam und unbemerkt meinen zweiten Koffer mit dem Fuß am Schalter vorbeischieben können. Eingepackt in Hemden und Pullover lagen darin die ersten sechs gebundenen Exemplare von *Doktor Schiwago* in englischer Sprache.

Je mehr sich die Gerüchte über einen Nobelpreis für Pasternak verdichteten, desto häufiger trafen Briefe französischer und englischer Schriftsteller bei ihm ein, die ihm im Voraus gratulierten. Auf Veranstaltungen, die der kommunistische Jugendverband Komsomol in der Universität organisierte, fragten Studenten immer drängender danach, was denn *Doktor Schiwago* für ein Roman sei und warum man ihn im Ausland eher lesen könne als in Russland. Die Antworten fielen immer gleich aus: Gegen Pasternak selbst habe man nichts, er sei ein großer Lyriker, der einen solchen Preis für seine Gedichte verdient hätte. Sein Roman *Doktor Schiwago* aber sei wertlos und verleumderisch. Von ausländischen Korrespondenten befragt, sagte Kulturminister Michailow, der Roman sei schwach, aber Pasternak sei ein guter Lyriker und großer Übersetzer. Am 23. Oktober 1958 kamen Nachbarn zu Pasternak und berichteten ihm von einer Meldung der BBC: Er sei der aussichtsreichste Kandidat für den Literaturnobelpreis, und die Bekanntgabe werde wohl am Nachmittag erfolgen. Pasternak zog sich seinen Mantel an, setzte die alte Schirmmütze auf und ging hinaus in den strömenden Regen. Uns Korrespondenten, die wir ihm später zur Verkündigung gratulieren wollten, hatte er nicht viel zu sagen. An seinem Haus versammelten sich Nachbarn und Freunde, um diesen Tag mit ihm zu feiern. Glückwunschtelegramme ausländischer Dichter und Schriftsteller trafen ein, und schließlich überbrachte ein Bote vom Telegrafenamt die offizielle Benachrichtigung, dass ihm der Nobelpreis verliehen worden war. Es schien ein gutes Zeichen zu sein, dass die sowjetische Post nicht den Auftrag hatte, die Telegramme zurückzuhalten.

Unterdessen bereitete man sich jedoch in den Redaktionen, insbesondere bei den Organen des Schriftstellerverbandes, schon auf den Gegenschlag vor. Pasternaks Roman sei eine übelriechende Schmähschrift und die Verleihung des Nobelpreises ein sorgfältig geplanter Akt ideologischer Wühlarbeit, so hieß es in einer offiziellen Erklärung des Verbandes. »Der innere Emigrant Schiwago, von kleinmütiger und niederträchtiger Spießernatur, ist den Sowjetmenschen ebenso fremd wie der gehässige literarische Snob Pasternak. Man muss entweder mit jenen gehen, die den Kommunismus aufbauen, oder mit denen, die seinen Vormarsch aufhalten wollen. Pasternak hat den Weg der Schande und Ehrlosigkeit gewählt.« Die Pressekampagne steigerte sich von Tag zu Tag. Auf einer Massenversammlung von Jungkommunisten, an der Nikita Chruschtschow teilnahm, nannte der Komsomol-Chef Pasternak »ein Schwein, das in den eigenen Futtertrog scheißt«, und forderte seine Ausweisung aus der Sowjetunion. Die Moskauer Mitglieder des Schriftstellerverbands stimmten schließlich über den Ausschluss Pasternaks ab: Die einzige Gegenstimme kam vom jüngsten Mitglied, dem sechsundzwanzigjährigen Dichter Jewgeni Jewtuschenko. Ilja Ehrenburg blieb der Versammlung mit der Begründung fern, er sei erkältet.

Der Druck hielt gleichwohl unvermindert an. Tag und Nacht versammelten sich Demonstranten vor Pasternaks Haus, die ihn beschimpften und verfluchten. Ein Polizeiposten wurde zu seinem Schutz eingerichtet, ein Bereitschaftsarzt war ständig im Haus. Die Parteibürokraten fürchteten, der Schriftsteller könne in den Selbstmord getrieben werden, wie vor ihm schon die beiden anderen Dichter des großen Dreigestirns der zwanziger Jahre. Das immerhin wollte die Partei vermeiden. An die Schwedische Akademie, die ihm den Nobelpreis für Literatur zugesprochen hatte, sandte Pasternak schließlich ein Telegramm: »In Anbetracht der Bedeutung, die die Gesellschaft, an der ich teilhabe, dieser Auszeichnung unterstellt, muss ich den unverdienten Preis zurückweisen, der mir zuerkannt wurde. Seien Sie durch meine freiwillige Ablehnung nicht verletzt.«

An Nikita Chruschtschow schrieb Pasternak: »Ich wende mich an Sie persönlich und an das Zentralkomitee der KPdSU und an die sowjetische Regierung. Für mich ist es unmöglich, die Sowjetunion zu verlassen. Ich bin durch meine Geburt, mein Leben und meine Arbeit mit Russland verbunden. Was immer meine Fehler und Irrtümer gewesen sein mögen, so habe ich mir doch nicht vorstellen können, dass ich in den Mittelpunkt einer politischen Kampagne geraten würde, die man im Westen um meinen Namen entfacht hat. Nachdem mir das klar wurde, habe ich die Schwedische Akademie davon in Kenntnis gesetzt, dass ich freiwillig auf den Nobelpreis verzichte. Das Verlassen meines Landes wäre für mich gleichbedeutend mit dem Tode, und deshalb bitte ich Sie, nicht gegen mich die äußerste Maßnahme zu ergreifen. Mit der Hand auf dem Herzen kann ich sagen, dass ich etwas für die sowjetische Literatur getan habe und ihr noch nützlich sein kann. B. Pasternak.«

Weder Chruschtschow noch eine andere sowjetische Instanz beantworteten je diesen Brief, und die Drohung der Ausweisung hing damit immer noch in der Luft. Doch im Laufe der Zeit ließen die Hassdemonstrationen vor Pasternaks Haus nach, und auch die bösartigen Zeitungsartikel blieben schließlich aus. Solange Pasternak lebte, gab es gegen ihn keine Verleumdungskampagnen und Strafmaßnahmen mehr. Aber der Druck und die Angst begleiteten ihn weiter. Er mache sich weniger Sorgen um seine Familie, denn sie würden nach seinem Tod in der Schriftstellersiedlung Peredelkino weiterleben können. Umso mehr beunruhigte ihn jedoch das Schicksal seiner langjährigen Geliebten Olga Iwinskaja. Im Sommer 1958, also noch vor der Verleihung des Nobelpreises, hatte er mich einmal gebeten, seine Freundin zu besuchen. Er wollte, dass jemand im Ausland von ihr wusste, falls sie nach seinem Tod verfolgt würde. Schon 1949 war sie unter einem Vorwand zu langer Haft verurteilt worden, um dadurch Pasternak zu bestrafen. Nun fragte er sich, was man Olga Iwinskaja antun könnte, sobald der Schutz seines Namens fehlte. Ich fuhr also zu ihrer Wohnung, wo sie mit Tochter und Sohn aus erster Ehe auf mich wartete – eine blonde, etwas füllige, aber immer noch schöne Frau. Anfangs sprachen wir über Pasternaks Arbeit, denn sie hielt mich zunächst für einen deutschen Wissenschaftler, der sich mit dessen Goethe-Übersetzungen beschäftigte. Wir tranken Tee, und ich versuchte zu verstehen, was sich Pasternak von diesem Besuch versprach – schließlich war diese Begegnung mit einem Ausländer nicht ungefährlich für Olga Iwinskaja. Schon seit langem und trotz ihrer Haftstrafe hatte sie sich beim Schriftstellerverband und bei Parteidienststellen für Pasternak eingesetzt und war dabei über Grenzen gegangen, die ein Sowjetbürger in dieser Zeit nur unter großer Gefahr überschreiten konnte.

Pasternak fürchtete, dass Olga Iwinskaja völlig mittellos zurückbleiben würde. Deshalb bat er mich, ihr eine möglichst große Summe Geld zu überlassen, ehe ich wieder in den Westen fuhr. Das war für uns alle drei riskant. Mit großer Vorsicht hielt ich daraufhin mit Olgas Tochter Irina Kontakt, indem ich gelegentlich von Münzfernsprechern in Theatern oder Restaurants anrief. Zugleich versuchte ich, eine möglichst große Summe in Rubel zusammenzubringen. Von meinem Konto bei der Außenhandelsbank hob ich mehr Geld ab, als ich benötigte. Im Warteraum des bundesdeutschen Konsulats sprach ich vorsichtig russlanddeutsche Aussiedler an, die ihre Rubel nicht mit nach Deutschland nehmen durften. Sie überließen sie mir gegen das Versprechen, ihnen später in Deutschland den entsprechenden Betrag in D-Mark zurückzugeben. Das schien mir eine vertretbare Umgehung der Devisenbestimmungen, ebenso wie Pasternaks Vorschlag, mir mein Geld eines Tages aus seinen westlichen Honoraren zurückzuüberweisen. Bevor ich schließlich im Herbst 1958 nach Deutschland zurückkehrte, verabredete ich mich mit Irina Iwinskaja in der Metro-Station Majakowskiplatz. In der Menschenmenge des Berufsverkehrs übergab ich ihr im Vorübergehen das Bündel der gesammelten Rubelscheine, in die Parteizeitung *Prawda* eingeschlagen. Offenbar waren wir vorsichtig genug gewesen, denn in dem Gerichtsverfahren, bei dem ihre Mutter 1960, wenige Monate nach Pasternaks Tod, erneut zu langer Lagerhaft verurteilt wurde, spielte unsere Geldübergabe keine Rolle. Andere Besucher aus dem Ausland hatten offenkundig mit weniger Vorsicht geholfen.

Meine Freundschaft mit Pasternak hatte die Behörden schon lange nach Maßnahmen gegen mich suchen lassen. Ende Oktober 1958 lief meine Akkreditierung als Korrespondent in der Sowjetunion ab, und normalerweise hätte ich automatisch eine Verlängerung bekommen. Diesmal jedoch teilte mir ein junger Diplomat im Außenministerium mit freundlichem Bedauern mit, mein Visum könne nur noch um drei Wochen verlängert werden. »Man« habe die Presseabteilung des Ministeriums davon in Kenntnis gesetzt, dass ich von nun an nur noch ein Besuchervisum hätte. Ich ging in mein Hotelzimmer, packte meine Koffer und landete zwei Tage später wieder in Deutschland. Sowjetische Schriftsteller, gleichgültig, ob sie nun für oder gegen Pasternak gewesen waren, zeigten sich immer weniger bereit, den »Fall Pasternak« und seine Folgen zu kommentieren und den Dichter zu verurteilen. Sie zogen es sicherheitshalber vor, ihn gar nicht zu erwähnen. Auch sie konnten nicht wirklich verstehen, warum der Nobelpreis im Herbst 1958 in Parteikreisen einen so heftigen Wutausbruch ausgelöst hatte. Ihnen allen aber war klar, was es bedeutete, dass auf dem Friedhof Peredelkino am Grabe Pasternaks stets mehr Sträuße, Kränze und Briefe von Verehrerinnen lagen als auf allen Gräbern des Friedhofs zusammen.

Freiheit, und was dann?

Menschenrechte und Pressefreiheit
1959–1962

Das Fernsehen, das in der ersten Hälfte der fünfziger Jahre mit Versuchssendungen begann, hatte sich während meiner Zeit in der Sowjetunion in einer Weise verändert, wie ich es mir nicht hatte vorstellen können. Es begann zum Massenmedium zu werden. Ich kam zurück in eine Welt, in der ständig Experimente mit den verschiedensten Sendeformen im In- und Ausland möglich und sogar nötig waren. Das hieß für mich Redaktionsarbeit in aktuellen und regionalen Sendungen, Sonderberichterstattung von den großen internationalen Konferenzen, die Gründung und Entwicklung der heute noch lebendigen Sendung *Weltspiegel* und die Auslandsberichterstattung in größeren, kritischen Dokumentarfilmen. In diesen Jahren sammelte ich Erfahrungen der verschiedensten Art, nicht nur mit dem Medium selbst, sondern auch mit den Hindernissen, auf die eine unvoreingenommene, kritische Berichterstattung regelmäßig stieß.

In der Sowjetunion hatte ich kennengelernt, was klassische, altmodische Zensur bedeutete. Ich wusste, dass mein Buch über Boris Pasternak, das ich noch in Moskau begonnen hatte, nie die Zensurabteilung im zentralen Telegrafenamt hätte passieren können. Daher hatte ich das Manuskript einem deutschen Geschäftsmann mitgegeben, der es in Deutschland beim Verlag ablieferte. Nun war ich zurück in der Bundesrepublik, wo es keine amtliche Zensur gab. Dennoch ging es auch hier nicht immer ohne Schwierigkeiten ab: Einmal behaupteten zwei CDU-Hinterbänkler im Bundestag, ich hätte Nikita Chruschtschow in einem biografischen Rundfunkporträt zu positiv und propagandistisch dargestellt, und verlangten, die

Leitung des WDR solle mich maßregeln. Häufiger kam es vor, dass Politiker in inoffiziellem Kontakt mit Rundfunk- und Fernsehchefs kritische Journalisten auszuschalten versuchten. Es gab Intendanten und Programmdirektoren, die solche Hinweise aufnahmen, und andere, die sich gegen solche Eingriffe entschieden zur Wehr setzten. In meinem Fall half mir auch der stellvertretende Bundespressechef Karl-Günther von Hase, als er sagte, das Chruschtschow-Porträt sei wichtig für eine sachliche Einschätzung der Möglichkeiten deutscher Außenpolitik.

Der Versuch, die Presse zum Instrument der Regierungspropaganda zu machen, war in dieser Zeit bei unseren französischen Nachbarn noch deutlicher zu erkennen als in der jungen Demokratie der Bundesrepublik. Unter gaullistischen wie sozialistischen Regierungen war die Pressezensur in Paris mehr oder weniger offiziell zu einem Instrument der Meinungsbeeinflussung geworden. Das bekam ich zu spüren, als das französische Staatsfernsehen eine Delegation nach Köln schickte, um beim WDR gegen meinen ersten Dokumentarfilm »Freiheit, und was dann?« zu protestieren. Das Thema des Films war die Entkolonisierung in Afrika. Am Beispiel von Kamerun hatte ich gezeigt, wie die französischen Kolonialherren mit Hilfe muslimischer Stammesführer den demokratischen Freiheitsdrang der einheimischen Schwarzen zu ersticken versuchten. Die Delegation drängte darauf, den Film aus dem Verkehr zu ziehen, aber so weit ging das Entgegenkommen der deutschen Rundfunkanstalten dann doch nicht.

Ich durfte also weiter Informationen und Bilder sammeln, die ich für eine fünfundvierzigminütige Fernsehsendung über den Zustand der französischen Politik benötigte. Zu dieser Zeit, als die Auflösung ihrer Kolonialmacht die Franzosen beunruhigte und damit auch das französisch-deutsche Verhältnis belastete, befand sich Frankreich praktisch im Krieg mit der algerischen Befreiungsbewegung. Wie in fast allen Kolonialkriegen wurden die Gegner als Menschen zweiter Klasse behandelt. Die Regierung hatte zur Charakterisierung dieser Auseinandersetzung einen Begriff eingeführt, der im Grunde das Kriegsrecht der Genfer Konvention außer Kraft setzte. Der Kolonialkrieg galt demnach als »Maßnahme der öffentlichen Ordnung« gegen den Terrorismus der algerischen Befreiungsfront, also als eine rein innenpolitische Angelegenheit. Das schränkte auch die Arbeitsmöglichkeiten unserer akkreditierten Kollegen im Pariser ARD-Studio ein, während ich als Reisekorrespondent mehr Freiheiten hatte, die problematischen Aspekte der französischen Politik darzustellen. Es gab zwar offiziell keine Zensurbehörde, aber in einzelnen Redaktionen von Presse, Hörfunk und Fernsehen arbeiteten staatlich eingesetzte Kontrolleure, die durchaus zu unterschiedlichen Bewertungen kommen konnten – eine Meldung oder ein Kommentar konnte von dem einen Zensor gesperrt, von dem anderen jedoch genehmigt werden. Grundsätzlich verboten waren Berichte über die Folterungen, die von der Armeeführung nicht nur geduldet, sondern ausdrücklich angeordnet wurden.

Fast alle französischen Kollegen, die ich kannte, waren Gegner dieses mit äußerster Härte geführten spätkolonialen Kriegs. Linksliberale, aber auch katholische Konservative meldeten sich mit Protesten zu Wort. Frankreichs staatliche Stellen ließen sich jedoch immer neue Schikanen gegen jene kritischen Zeitungen und Zeitschriften einfallen, die den Algerienkrieg und die Protestkundgebungen in Frankreich umfassend darstellen wollten. So wurden beispielsweise einzelne Ausgaben am Tag des Erscheinens von der Regierung beschlagnahmt. Wenn Tage später ein Gericht entschied, sie habe nichts Verbotenes enthalten, bekamen Verleger und Redakteure ihre Zeitungen zurück, aber durch die Verzögerung waren sie unverkäuflich geworden. In Frankreich und Algerien wurden angesehene Blätter – *Le Monde*, *L'Express*, *France Observateur* – mit diesem Mittel der zeitweiligen Beschlagnahmung unter Druck gesetzt.

Die Zeitungsverlage, ihre Redakteure und Reporter lebten folglich ständig mit der Gefahr, dass ihr Blatt in Konkurs geriet. Eine freie

Berichterstattung wurde auf diese Weise fast unmöglich gemacht. Manche französische Kollegen hätten eine offene amtliche Zensur für erträglicher gehalten als eine derart unberechenbare Verletzung der Pressefreiheit. Gelegentlich gingen die Behörden noch weiter: Bei einem Polizeieinsatz gegen eine Großdemonstration in Paris waren mehrere Menschen getötet worden, unser Kameramann hatte einen Schlag auf den Kopf abbekommen. Das Informationsministerium wies die Nachrichtenredakteure des Staatsfernsehens an, eine Falschmeldung zu verkünden. Die Demonstranten, so die Sprachregelung, hätten sich auf einer U-Bahn-Treppe gegenseitig totgetreten. Die Fernsehredakteure weigerten sich, diese Version zu verbreiten. Daraufhin sandte das Informationsministerium einen Sprecher in das Nachrichtenstudio, der die Meldung verlas. Natürlich war all dies nicht vergleichbar mit der totalen Informationssteuerung, wie ich sie in der Sowjetunion erlebt hatte. Dennoch schockierte es mich zu sehen, welche Maßnahmen eine demokratische Regierung zur Vertuschung der Wahrheit und zur Unterdrückung ihrer Gegner und Kritiker einzusetzen bereit war.

Meine Sympathien lagen bei den französischen Linksliberalen, aber auch bei den Führern des algerischen Unabhängigkeitskampfes, und so konnte ich stets auf das Wohlwollen einiger französischer Kollegen zählen. Gleichwohl war es schwierig, Verbindungen aufzubauen, die mich nicht nur zu den Ausbildungslagern der algerischen Nationalen Befreiungsfront im Nachbarland Tunesien brachten, sondern auch zu den rechtsextremen Untergrundkämpfern der Organisation de l'Armée Secrète (OAS). Diese terroristische Gruppierung wollte den Status Algeriens als französisches Département, in Wirklichkeit als eine Kolonie mit allen Mitteln verteidigen. Sie begann in Frankreich einen Untergrundkrieg zu führen, der sich nicht nur gegen die algerischen Freiheitskämpfer richtete, sondern mit fast noch größerer Brutalität auch gegen die eigene Regierung, die nach Ansicht der OAS in Algerien nicht entschieden genug eingriff. Während ich in Nordafrika und in Frankreich zuverlässige Informationen suchte, bemerkte ich, dass ich zwischen den Netzen verfeindeter Geheimdienste manövrierte.

Einer der hilfsbereiten Kollegen, die mich zuweilen mit Informationen versorgten, war ein ehemaliger Offizier der französischen Armee. Nun arbeitete er für eine konservative Tageszeitung und war auch in deutschen Fernsehdiskussionen ein gern gesehener Gast. In Paris überraschte er mich eines Nachmittags mit einem Vorschlag: Ich solle mit einem Kamerateam abends um elf vor meinem Hotel bereitstehen und mich von einem Lastwagen abholen lassen. Wir würden an einen Ort gebracht, an dem wir in einem Hauseingang unsere Kamera aufbauen könnten. Um Mitternacht würde das Gebäude gegenüber in die Luft gehen, gesprengt von einem Trupp der OAS. Bis dahin hatte ich den Mann eher für den Mitarbeiter eines der staatlichen französischen Geheimdienste gehalten. Nun fragte ich mich, ob er vielleicht im Untergrund beides sei, Vertreter der Ordnungsmacht und der extremen Rechten. Er schien enttäuscht, dass ich seine Einladung nicht annehmen wollte, und hielt mich wohl für feige. Oder das Ganze war der Versuch eines der Geheimdienste, uns zu testen und in eine Falle zu locken. Vielleicht ging es aber auch nur um einen Konkurrenzkampf zwischen verschiedenen französischen Geheimorganen.

Spätnachts auf der Rückfahrt nach Deutschland wurde unser Auto dann an einem kleinen, abgelegenen Kontrollpunkt an der französisch-belgischen Grenze von einer Gruppe von Beamten gestoppt. Der Wagen wurde bei der Durchsuchung förmlich auseinandergenommen, aber wir hatten alles, was uns an Aufnahmen wichtig war, schon auf anderen Wegen nach Deutschland geschickt. So konnten wir uns nach zwei Stunden der Untersuchung von den Beamten verabschieden und grübelten: Wer war es wohl, der uns hereinlegen, verdächtig machen oder missbrauchen wollte? In dieser Zeit misstraute jeder jedem.

Nachdem mein Film in der ARD gelaufen war, erhob das französische Außenministerium beim Auswärtigen Amt in Bonn offiziell Protest. Man warf mir vor, ich hätte sowohl für die algerische Freiheitsbewegung wie auch für die Untergrundleute der OAS Propaganda betrieben – einfacher gesagt, ich hätte mich nicht an die Linie des französischen Informationsministeriums gehalten. In jener Zeit hätte das zu einem großen Problem für mich werden können, wenn nicht angesehene französische Kollegen wie Michel Gordey und Stéphane Roussel nachdrücklich darauf verwiesen hätten, dass die Anschuldigungen haltlos seien und einen Eingriff in die Freiheit der Berichterstattung bedeuteten.

1960 stand ich schließlich vor einer Aufgabe, wie sie mir in meiner journalistischen Karriere noch nicht vorgekommen war: Ich sollte an dem bis dahin größten und wichtigsten Dokumentarprojekt im deutschen Fernsehen mitarbeiten. Die Intendanten des Süddeutschen und des Westdeutschen Rundfunks hatten sich darauf geeinigt, in einer großen Serie die Geschichte des Dritten Reichs darzustellen – in vierzehn Folgen mit insgesamt siebenhundert Minuten Laufzeit. Die Ausstrahlung begann im Herbst 1960 und zog sich bis in das Frühjahr 1961. Eine vergleichbare Auseinandersetzung mit der jüngsten Vergangenheit hatte es im deutschen Fernsehen und selbst bei den englischen und amerikanischen Kollegen noch nicht gegeben. Damals war der Öffentlichkeit nur wenig zuverlässige Literatur über die NS-Zeit und noch weniger Bildmaterial zugänglich. Die kritische Diskussion war in den fünfziger Jahren beiseitegeschoben worden zugunsten der Auseinandersetzung darüber, wie das geteilte Deutschland wiederaufgebaut und in die Strukturen des neuen Europa eingegliedert werden könne. Die Intendanten der zwei beteiligten Sender stärkten einander, indem sie *Das Dritte Reich* gemeinsam produzierten und gegen die Bedenken anderer ARD-Intendanten und vieler kritischer Stimmen in den Aufsichtsgremien und in der Politik verteidigten.

Die Idee der Reihe war klar: So weit wie möglich dokumentarisch zu belegen, was in der NS-Zeit geschehen war, und die deutschen

Zuschauer mit diesen Bildern zu konfrontieren, die viele mit eigenen Augen gesehen hatten und an die sie sich doch nicht mehr erinnern wollten. An der Realisierung der Serie war nur eine kleine Gruppe von Personen beteiligt: der Redakteur Heinz Huber vom Süddeutschen Rundfunk, der Politikwissenschaftler Waldemar Besson und der freie Textautor Arthur Müller. Darüber hinaus hatte der WDR mich mit der Aufgabe betraut, nach Zeitzeugen und Opfern zu suchen und sie für die Sendung zu interviewen. Die Recherche nach gedrucktem und fotografischem Archivmaterial übernahm Hannes Hoff. Er suchte in deutschen und ausländischen Archiven, aber das gestaltete sich schwieriger als erwartet, weil es kaum offizielle Materialsammlungen gab. Vieles lag außerdem in kleinen, manchmal privaten Archiven, in denen nach Kriegsende einzelne Filmrollen auf oft dubiose Weise gelandet waren. Oder es befand sich im Ausland, zum Beispiel in Italien, wo Regierungsstellen alles Material wegzuschließen versuchten, das Hitler und Mussolini gemeinsam zeigte.

Auch in Deutschland gab es Widerstand gegen die Aufarbeitung der jüngsten Vergangenheit. Das gängige Gegenargument lautete: In der Bundesrepublik sei endlich eine demokratische Konsolidierung erreicht worden, die durch eine weitere kritische Auseinandersetzung mit dem Nationalsozialismus nur gestört werden könnte. Die Kritik kam nicht immer nur aus extrem rechten Kreisen, sondern auch von Leuten, die besorgt darüber waren, dass zu viele Anschuldigungen gegen das Dritte Reich das erst langsam erwachende Selbstwertgefühl der Deutschen wieder ins Wanken bringen könnten. Aber letztlich bekamen wir als Redaktion weniger Druck von außen, als wir erwartet hatten. Außerdem arbeiteten wir an den einzelnen Folgen oft bis kurz vor dem Sendetermin, so dass sich die Aufsichtsgremien oder Bedenkenträger aus der Politik nicht mehr einmischen konnten. Wir selbst führten lange Diskussionen darüber, wie das vorhandene Material verwendet werden und welcher Kommentar es jeweils erläutern sollte. Wir wussten, dass jeder sachliche

Fehler von Kritikern und Gegnern benutzt werden konnte, um das gesamte Projekt zu diskreditieren.

Die wochenlange Arbeit mit Dokumenten und Bildern der NS-Zeit war eine enorme psychische Belastung für uns alle. Bilder, wie wir sie in der Folge »Der SS-Staat« zeigten, hatte es im Fernsehen oder im Film in dieser Intensität vorher nicht gegeben. An meiner eigenen Reaktion merkte ich, dass auch ich unbewusst manche Erinnerungen beiseitegeschoben hatte, um ihrer Last zu entgehen. Insofern war uns klar, dass es schwer sein würde, die Zuschauer zu erreichen und zu verhindern, dass sie im doppelten Sinne abschalteten. Doch dann folgte die Überraschung: Von der ersten bis zur letzten Sendung saßen jedes Mal sieben bis acht Millionen Zuschauer vor den Fernsehgeräten. Ihre Reaktion war seltsam gespalten: Viele Menschen lehnten die Reihe zunächst ab und schalteten sie dann doch Folge um Folge ein. In einer Meinungsumfrage erklärten schließlich fast zwei Drittel der Zuschauer, die Sendungen seien wichtig und nützlich gewesen. Nur wenige, etwas über fünf Prozent, sprachen sich komplett gegen die Auseinandersetzung mit dem Dritten Reich aus. Ein paar zynische Kommentare gab es doch: »Vielen Dank für die schönen Sendungen. Sie haben in mir viele liebe Erinnerungen geweckt.«

Bei etlichen Zuschauern löste die Reihe einen Schock aus, der mitunter tief in das Leben der Familien hineinwirkte. Wir hörten von Vätern, die sich weigerten, die Sendung gemeinsam mit ihren Kindern anzusehen, und sich mit dem Fernsehgerät im Wohnzimmer einschlossen. In der Familie eines deutschen Botschafters, der kein Nazi gewesen war, aber als junger Diplomat der Hitler-Regierung gedient hatte, kam es zu einer Auseinandersetzung zwischen ihm und seinen beiden Töchtern. »Und für dieses Schwein hast du gearbeitet!«, schrien sie ihren Vater nach einer der Sendungen an, um dann kurz darauf aus der elterlichen Wohnung auszuziehen. Es gab eine ganze Reihe solcher Berichte. In ihnen kündigte sich bereits der Generationenkonflikt an, der gegen Ende des Jahrzehnts in die große Protestbewegung der Achtundsechziger münden sollte. Zugleich bemerkten wir eine Reaktion bei jüngeren Leuten, die uns die Auswahl der Bilder überdenken ließ. Je mehr von Hitler zu sehen war – besonders wenn er eine Rede hielt –, umso unerklärlicher war sein Erfolg für jüngere Zuschauer. Wie hatten ihre Eltern nur diesen hysterisch schreienden Kerl zu ihrem Führer, zum Oberhaupt des deutschen Staates wählen können? Auch uns hatte diese Frage bedrängt und schließlich vor die schwierige Abwägung gestellt, wie viel Hitler in einem Bericht über das Dritte Reich vorkommen konnte, ohne dass alle Schuld am Ende einem wahnsinnigen Führer zugeschoben würde.

Im Laufe der letzten Jahrzehnte ist die Kritik an einer auf Bildmaterial und Ereignisabläufe gegründeten Darstellung der Nazijahre und des Kriegsverlaufs gewachsen. Sie habe es den Deutschen – und auch der jüngeren Generation – ermöglicht, die ganze Breite der individuellen oder familiären Verstrickungen in die Nazigräuel zu verdrängen und sich zu entlasten. Zu Beginn der sechziger Jahre dagegen lautete der Vorwurf, unsere Serie habe nicht deutlich genug gezeigt, aus welchen Wurzeln Hitler und der Nationalsozialismus ihre Kraft gezogen hätten: aus Not und Arbeitslosigkeit, aus der schrecklichen Wirtschaftskrise Ende der 1920er Jahre, aus dem einseitigen Schuldspruch des Versailler Vertrags. Eine Mehrheit der Intendanten entschied sich dafür, dass auch die Leiden der Deutschen im Rahmen dieser Dokumentation gezeigt werden sollten. So kam es zu dem fünfzehnten Teil der Serie. Aber daran war ich schon nicht mehr beteiligt, denn inzwischen arbeitete ich wieder als Korrespondent im Ausland.

Neben der Arbeit an der Fernsehserie beobachtete ich in diesen Jahren aufmerksam die internationale Entwicklung. Es war die Zeit der großen und explosiven Gegensätze zwischen Ost und West – für mich begann hier aber auch eine intensive Auseinandersetzung mit der Frage der politischen Gefangenen, der Menschenrechte und der Meinungsfreiheit. Die Spannungen zwischen den USA und der Sowjetunion hatten sich zugespitzt, nachdem die Sowjets am 1. Mai 1960 ein amerikanisches Spionageflugzeug über ihrem Gebiet abgeschossen hatten. Trotz eindeutiger Beweise gab Präsident Eisenhower erst spät und widerwillig zu, dass er den Flug genehmigt hatte. Eine Entschuldigung aber lehnte er ab, woraufhin Chruschtschow wütend die Einladung für den geplanten Besuch Eisenhowers in Moskau strich. Auch die Gipfelkonferenz, die Mitte Mai in Paris stattfinden sollte, kam nicht zustande. In den Wochen danach beobachtete ich die taktischen Manöver der vier Siegermächte und versuchte, bei den Diplomaten beider Lager, den Strategieplanern und Militärkorrespondenten, Informationen darüber zu bekommen, wie nah diese Spannungen an eine kriegerische Auseinandersetzung führen könnten. Chruschtschows unkontrollierte Wutausbrüche hatten die Situation noch gefährlicher gemacht, und trotzdem schienen sich beide Seiten zu bemühen, nicht noch tiefer in die Gefahrenzone hineingezogen zu werden. Eine Gelegenheit, mehr über die Risiken von geplanten oder ungeplanten Zusammenstößen und über Chancen eines friedlichen Dialogs zu erfahren, bot sich mir schließlich im Oktober 1960 auf der 15. UNO-Vollversammlung in New York. Die Debatte sollte Fragen der Entkolonisierung behandeln, ein Thema, bei dem prosowjetische und prowestliche Ansichten heftig aufeinanderprallten.

Chruschtschow hatte sich in der Sitzung am 12. Oktober mit einem philippinischen Delegierten angelegt, der die Sowjetunion in einer Nebenbemerkung der Verletzung der demokratischen Freiheitsrechte in Osteuropa beschuldigt hatte. Es folgte ein legendärer Auftritt des sowjetischen Parteiführers, den ich von der Pressetribüne aus beobachtete: Chruschtschow saß an seinem Platz und schien sich unter sein Pult zu beugen und etwas heraufzuholen. Einige Beobachter behaupteten, er habe seinen Schuh ausgezogen und damit auf das Pult gehämmert. Andere berichteten, er habe den Schuh in der einen Hand gehalten und mit der anderen geklopft. So genau konnte ich das auch nicht sehen. Die Fotografen hatten ihre Kameras auf Chruschtschow gerichtet, aber niemand schoss ein Foto von der vielzitierten Szene. Es gibt nur ein Bild, auf dem ein brauner Halbschuh auf Chruschtschows Pult in der UNO steht, während er ruhig dahintersitzt. Auf anderen Bildern sieht man ihn mit erhobenen Händen gestikulieren, allerdings ohne Schuh. Auch wenn es das berühmte Schuhklopfen womöglich nie gegeben hat, verstärkte sich in der Welt doch die Meinung, Chruschtschow sei ein völlig unberechenbarer Mann.

Darüber diskutierten wir unter Kollegen und Experten, als wir nach der Sitzung in der Vorhalle des Plenarsaals zusammenkamen. Ein englischer Beobachter, mit dem ich ins Gespräch kam, fragte nachdenklich, ob es klug von dem philippinischen Delegierten gewesen sei, die Verletzung der Freiheitsrechte in Osteuropa in die Debatte hineinzuziehen. Grundsätzlich sei es ja richtig, die Unterdrückung der Meinungsfreiheit im sowjetischen Machtbereich nicht aus dem Blick zu verlieren, aber man habe in dieser Situation kaum etwas anderes als eine grobe Antwort erwarten können. Wir überlegten gemeinsam, wie man das Problem der Meinungsfreiheit und der politischen Gefangenen überhaupt an Chruschtschow und andere einflussreiche Staatsmänner herantragen könnte. Mein englischer Gesprächspartner, ein Anwalt namens Peter Benenson, sagte halb ernst und halb im Spaß zu mir, man müsse ganz andere, unkonventionelle Einfälle haben, um an solche Politiker heranzukommen. Im Falle Chruschtschows etwa könnte eine Gruppe von fünf oder sechs alten Damen im Foyer seines Hotels warten. Sie hätten die beste Chance, an den Leibwächtern vorbeizukommen, und Chruschtschow wäre wahrscheinlich überrascht genug, um ihnen zuzuhören und eine Petition entgegenzunehmen. Wir lachten bei der Vorstellung eines von alten Damen umringten Chruschtschow. Aber ganz absurd erschien mir der Gedanke nicht. Wir tauschten unsere Adressen aus. Wenn ich einmal in London sei, wollten wir uns treffen.

Das Thema der Menschenrechte beschäftigte mich auch, als ich am Rande der UNO-Sitzung jenen Mann wiedertraf, der unsere kleine Gruppe deutscher Journalisten zehn Jahre zuvor betreut und auf Rundreisen durch die USA geschickt hatte. Mir war damals schon aufgefallen, wie offen Clark Foreman die Rassendiskriminierung angesprochen hatte. Nun hatte er eine kleine Vereinigung gegründet, die sich Emergency Civil Liberties Committee nannte. Sie bemühte sich, in Gerichtsverfahren gegen Schwarze, Linke und angebliche Kommunisten schnell für juristischen Beistand zu sorgen. Zu den Mitgliedern zählten einige bekannte Personen wie Eleanor Roosevelt, die meisten aber waren Studenten, Professoren und Anwälte, die von Fall zu Fall die Öffentlichkeit auf Rechtsverletzungen aufmerksam machten.

Im Sommer 1961 erhielt ich einen Anruf von einem Mann aus London, der mir Grüße von Peter Benenson bestellte. Benenson selbst hatte kurz zuvor mit einem langen Zeitungsartikel so eindrucksvoll auf die Situation der politischen Gefangenen hingewiesen, dass eine Reihe englischer Juristen, Journalisten und Studenten daraufhin eine Vereinigung namens »Appeal for Amnesty« gründeten. Der Mann, der mich in Köln anrief, hieß Eric Baker und wollte gerne Deutsche kennenlernen, die sich für die Fragen der Menschenrechte interessierten.

So kam an einem Sommerabend in einer Wohnung in Köln, die wir uns vom Kongress für die Freiheit der Kultur geliehen hatten, eine kleine Gesellschaft von Menschen mit ganz unterschiedlichen Erfahrungen zusammen. Als Eric Baker an der Tür klingelte, saßen um die zwanzig Schauspieler, Schriftsteller und junge Journalisten mit dem Weinglas in der Hand beisammen und unterhielten sich über Literatur und Politik. Baker begann über die neue englische Vereinigung zu erzählen. Sie werde für politische Gefangene eintreten, die wegen ihrer Meinung oder ihres Glaubens verfolgt würden. Nun wolle er auch in Deutschland Mitstreiter finden. Es gab zu dem Zeitpunkt in der Bundesrepublik zwar bereits Organisationen, die für politische Verfolgte eintraten – manche unterstützten Gefangene in der

DDR, andere inhaftierte Kommunisten in der Bundesrepublik. Die politische Einseitigkeit dieser Gruppierungen hatte mich und andere allerdings bis dahin von einem Engagement abgehalten. Das Konzept, das Eric Baker uns vorstellte, sah nun anders aus: In der neu gegründeten englischen Vereinigung setzten sich die Mitglieder in kleinen Gruppen für jeweils drei Gefangene ein, für einen aus dem Osten, einen aus dem Westen und einen aus der Dritten Welt. Wenn man gleichzeitig verschiedene Gefangene mit unterschiedlichem politischem Hintergrund unterstützte, so die Idee, konnte man nicht von der einen oder anderen Seite vereinnahmt oder missbraucht werden. Das klang glaubwürdig. Trotzdem schien es uns ein gewagter Versuch zu sein, ausgerechnet Anfang der sechziger Jahre, als der Kalte Krieg auf den Höhepunkt zusteuerte, für Menschenrechte und Meinungsfreiheit auf beiden Seiten des Eisernen Vorhangs einzutreten. In Moskau begannen zum ersten Mal seit Stalins Tod wieder die Dissidentenverfolgungen. Mitten in Deutschland wurde die Mauer hochgezogen. In Afrika und Asien erhoben sich Menschen gegen ihre Kolonialherren oder deren einheimische Nachfolger.

Noch am Abend von Bakers Besuch fand sich der Kern der Gründer des Amnestie-Appells zusammen. Die Journalistin und Lektorin Carola Stern hatte ihre Jugend im BDM erlebt und war nach dem Krieg Mitglied der SED gewesen, ehe sie schließlich mit vielen Erinnerungen an Disziplinierung und Unterdrückung in den Westen kam. Mein Freund Wolfgang Leonhard, dem ich zuerst in Belgrad begegnet war, war als Emigrantenkind in der Sowjetunion aufgewachsen und hatte sich dem Druck der Partei durch die Flucht aus der DDR nach Jugoslawien und dann in die Bundesrepublik entzogen. Die Journalistin Sabine Rühle war mit vielen Schriftstellern verbunden, deren Meinungsfreiheit in der DDR immer stärker eingeschränkt wurde. Felix Rexhausen war ein homosexueller Satiriker, der wusste, dass der Paragraph 175 nicht nur unter den Nazis, sondern auch in der Bundesrepublik Leben zerstören konnte. Ich selbst hatte als junger Schüler die Studenten der Weißen Rose bewundert, ihre Hinrichtung hatte mich erschüttert. Außerdem verehrte ich Gustav Heinemann, den späteren Bundespräsidenten, der in der Nazizeit zur oppositionellen Bekennenden Kirche gehört hatte und nun als Anwalt in politischen Prozessen auch für die Meinungsfreiheit deutscher Kommunisten eintrat.

In den nächsten Wochen staunten wir, wie viele Leute das Prinzip der Dreiergruppen einleuchtend fanden und bereit waren, uns zu unterstützen. Das Bedürfnis, sich für politische und religiöse Meinungsfreiheit einzusetzen, schien weit verbreitet. Darauf waren wir nicht vorbereitet gewesen, als wir den Verein Amnestie-Appell e. V. gründeten. Überhaupt ging es in den ersten Wochen einigermaßen chaotisch zu. Wir hatten keine Ahnung, wie die juristischen und organisatorischen Grundlagen einer solchen Vereinigung aussehen mussten. So glaubten wir, man bräuchte mindestens siebzehn Mitglieder, um sich offiziell registrieren zu lassen. Eine Woche später saßen wir mit zwanzig Leuten bei einem Notar, obwohl sieben von uns ausgereicht hätten. Wir hatten kein Büro und auch kein Konto. Ein jüdischer Professor aus Berlin, der einst vor den Nazis geflohen war, schickte uns einen Scheck über 3000 D-Mark. Das war eine enorm hohe Summe für uns, doch wir konnten das Geld wochenlang nicht annehmen und verbuchen. Felix Rexhausen, unser erster Schatzmeister, hatte zwar Volkswirtschaft studiert, aber im Umgang mit Geld besaß auch er wenig Erfahrung. Er bekam sehr schnell viel zu tun, zunächst mit den kleineren Beträgen, bald aber auch mit größeren Summen. Unsere Bitten um finanzielle Unterstützung wurden in unerwartetem Maße erhört: Berthold Beitz, Chef des Krupp-Konzerns, der im Zweiten Weltkrieg in Polen vielen Juden das Leben gerettet hatte, spendete 10 000 D-Mark. Hans Matthöfer von der IG Metall steuerte ebenfalls 10 000 D-Mark bei. Und auch der Kölner Kardinal Frings war bereit, dieselbe hohe Summe für unser Startkapital zu geben.

Mit den Geldern finanzierten wir die ersten Informationsreisen der Londoner Zentrale. Ein katholischer Kommunist aus Frankreich fuhr in die Tschechoslowakei, um für gefangene Geistliche einzutreten. Ein indischer Gewerkschafter, der auf Besuch in England war, reiste für uns in die DDR und setzte sich für einen dort inhaftierten linken Gewerkschafter aus der Bundesrepublik ein. In Bonn besuchte ein englischer Geistlicher den Bundesjustizminister und erkundigte sich nach der Begründung für die Verhaftung des Chefredakteurs eines DDR-Rundfunksenders. Der war auf einer Reise im Ruhrgebiet verhaftet worden, weil sein Sender von der DDR aus politische Programme für die Bundesrepublik machte, was die bundesdeutsche Justiz als eine Art Rädelsführerschaft zur Unterwanderung und Zerstörung des Landes einstufte. Bald bildeten sich auch bei uns die ersten Gruppen, deren Mitglieder sich gemeinsam in Briefen an ausländische Regierungen für jeweils drei Häftlinge einsetzten. Nur in England wuchs die Zahl solcher Gruppen so schnell wie in der Bundesrepublik. Auch ohne fest etablierte Organisation im Hintergrund waren unsere Freunde schon in den ersten Monaten sehr handlungsfähig.

Im September 1961 lud die Londoner Zentrale nach Luxemburg zur Gründungsversammlung einer übergreifenden internationalen Organisation ein, die einen gemeinsamen Namen tragen sollte. Die Bezeichnung Amnestie-Appell e.V. hatten wir in Anlehnung an das englische Vorbild für Deutschland gewählt – wohl wissend, dass Amnestie, also Straferlass, nicht das Hauptziel unserer Bemühungen sein könnte, denn damit hätten wir indirekt die Verurteilung der Gefangenen akzeptiert. Die Namensdiskussion schien zwischen Engländern, Deutschen, Belgiern, Holländern und Franzosen unlösbar, als Peter Benenson einen ganz einfachen Vorschlag machte: Amnesty International. Das, so klagten die Franzosen, sei doch kein Programm und eigentlich bedeutungsleer. Die pragmatischen Engländer und Iren hielten jedoch dagegen: Man könne ihn sich leicht merken, und wenn wir unsere Sache gut machten, dann würden sich die Leute an jeden Namen gewöhnen. Das überzeugte schließlich alle.

Die AI-Gruppen sahen sich lange Zeit unterschiedlichsten politischen Verdächtigungen ausgesetzt. Man warf ihnen vor, kommunistische Mitläufer zu sein, womöglich vom KGB oder von der Stasi gesteuert, wenn sie etwa nach KPD-Verbotsprozessen gegen die Inhaftierung von Kommunisten in der Bundesrepublik protestierten. In Hannover gerieten AI-Mitglieder, die eine Demonstration gegen Folter anmelden wollten, als politisch verdächtig in die Akten des Verfassungsschutzes. Dagegen bezichtigten die östlichen Geheimdienste unsere Mitglieder der Agententätigkeit für die CIA oder andere westliche Nachrichtendienste. In der DDR urteilte der Staatssicherheitsdienst, Amnesty International sei eine »Organisation mit nachrichtendienstlichem Charakter, die in den sozialistischen Staaten die Tätigkeit imperialistischer und feindlicher Organisationen« unterstütze.

Um solchen Beschuldigungen den Boden zu entziehen, setzten wir auf unsere kleinen Dreiergruppen. In einer Zeit wachsender Spannungen zwischen Ost und West fiel es manchen von uns durchaus schwer, sich ebenso für einen kommunistischen Häftling in Spanien einzusetzen wie für einen verfolgten Geistlichen in Osteuropa. Doch letztlich überzeugte gerade die Mischung der von uns unterstützten Gefangenen auch diejenigen, die zuerst Sorge gehabt hatten, in einen politischen Propagandakrieg hineingezogen zu werden. Außerdem half es uns, dass sich eine Reihe bekannter deutscher Politiker und Professoren öffentlich für Amnesty International engagierten – jüngere Leute, die später zum Teil Regierungsämter übernahmen, wie etwa Hans Matthöfer oder die Professoren Ulrich Klug und Horst Ehmke, oder ältere, wie Gustav Heinemann und seine Frau Hilda. Ihre Namen und Netzwerke dienten als eine Art Schutzschild und waren besonders wichtig für AI-Mitglieder in kleinen ländlichen Orten, wo sich immer noch jeder verdächtig machte, der für einen ungerecht verfolgten Linken oder für einen schwarzen Freiheitskämpfer eintrat.

Ein Jahr nach der Gründung von Amnesty International bewies eine Polizeiaktion in Deutschland, wie gefährdet die Pressefreiheit auch in demokratischen Staaten wie der Bundesrepublik war. Am 26. Oktober 1962 stand abends um zehn Uhr die Polizei vor dem Pressehaus in Hamburg. Sie hatte Haftbefehle gegen den Herausgeber und Chefredakteur des *Spiegel*, Rudolf Augstein, den stellvertretenden Chefredakteur Conrad Ahlers und andere *Spiegel*-Redakteure dabei. Conrad Ahlers hatte in einem Artikel mit dem Titel »Bedingt abwehrbereit« die Schwächen und Gefahren der Bonner Verteidigungspolitik dargestellt. Nun lautete der Vorwurf, der Artikel habe militärische Maßnahmen der Bundeswehr so offen beschrieben und kritisiert, dass dies einem Landesverrat gleichkomme. Ich kannte Conny Ahlers seit 1947, als er in seiner Jugendzeitschrift *Benjamin* meine ersten Kommentare abgedruckt hatte, und ich wusste, dass bei dem ehemaligen Fallschirmjäger der Vorwurf des Landesverrats völlig abwegig war. Vielmehr hatten Verteidigungsminister Franz Josef Strauß und Bundeskanzler Adenauer hier in erster Linie eine Gelegenheit gesucht, die verhassten Kritiker des *Spiegel* auszuschalten.

Das Ganze war eine verdeckt vorbereitete Aktion, die auch vor anderen zuständigen Regierungsmitgliedern wie dem Justizminister geheim gehalten worden war. Ahlers wurde in Spanien im Urlaub verhaftet und nach Deutschland ausgeliefert, Augstein saß 106 Tage in Untersuchungshaft. Andere Mitarbeiter des *Spiegel* wurden für kürzere Zeit verhaftet, die Redaktionsräume wurden durchsucht, Akten und Unterlagen beschlagnahmt. In der besetzten Redaktion war keine journalistische Arbeit mehr möglich. Falls es gelang, das Erscheinen des Blattes über mehrere Wochen zu verhindern, so offenbar das Kalkül, würde es bald nicht mehr die finanziellen Reserven haben, um seine Arbeit fortzusetzen. Hier kündigte sich der schwerste Eingriff in die Pressefreiheit an, den die Bundesrepublik seit ihrer Gründung erlebt hatte.

Je länger allerdings die *Spiegel*-Affäre andauerte, desto stärker wuchs der Widerstand in der Öffentlichkeit. Es begann damit, dass andere Redaktionen, die ebenfalls im Pressehaus ihren Sitz hatten, den *Spiegel*-Mitarbeitern Räume zur Verfügung stellten. Bemerkenswert war, dass sich alle großen Redaktionen im Pressehaus beteiligten: *Zeit*, *Stern*, *Morgenpost* sowie Redaktionen aus dem Springer-Verlag. Schon allein das hätte das Bundeskanzleramt in Bonn warnen müssen. Und tatsächlich war der Protest gegen die Polizeiaktion bald nicht mehr nur eine Sache demonstrierender Studenten und der Opposition in Bonn, sondern er erfasste immer mehr Bürger aus unterschiedlichen politischen Lagern. Je mehr Adenauer und Strauß ihre Vorwürfe steigerten, desto umfassender wurden die Proteste und Demonstrationen. Auf dem Höhepunkt der Redeschlacht am 7. November im Bundestag hatte der 86-jährige Kanzler eine hocherregte Erklärung abgegeben: »Wir haben einen Abgrund von Landesverrat im Lande. Wenn von einem Blatt, das in einer Auflage von 500 000 Exemplaren erscheint, systematisch um Geld zu verdienen, Landesverrat getrieben wird ... (Unterbrechung durch Zwischenrufe). Auf der einen Seite verdient Augstein am Landesverrat und zweitens verdient er an allgemeiner Hetze gegen die Koalition.« Solche Töne sorgten auch bei solchen Journalisten und Politikern für Unruhe, die dem *Spiegel* grundsätzlich kritisch gegenüberstanden. Als sich dann herausstellte, dass Strauß Anweisung gegeben hatte, zuständige Stellen und Ministerien im Vorfeld der Untersuchungsaktion zu umgehen, zerbrach die Regierungskoalition und fand erst wieder zueinander, nachdem Strauß seinen Rücktritt erklärt hatte. Der Versuch, ein kritisches Presseorgan wie den *Spiegel* auszuschalten, war gescheitert. Im Frühjahr 1965 entschied der Bundesgerichtshof schließlich, es hätten keinerlei Beweise vorgelegen, die einen wissentlichen Verrat von Staatsgeheimnissen belegen könnten. Damit war die *Spiegel*-Affäre offiziell beendet.

Die großen Proteste hatten in der Bundesrepublik einen Stimmungsumschwung herbeigeführt, der sich in den nächsten Jahren sowohl in einer größeren Zurückhaltung bei Eingriffen in die Pressefreiheit als auch in der ständigen Protestbereitschaft besonders der Studenten ausdrückte. Auch meine Freunde und mich hatte die Sorge um die Pressefreiheit zu Protestversammlungen getrieben. Ausländische Freunde von Amnesty International hatten in Briefen an den deutschen Bundespräsidenten und die Vorsitzenden der Rechtsausschüsse von Bundestag und Bundesrat ihre Besorgnis zum Ausdruck gebracht. Doch es war nicht ganz einfach, für Amnesty International eine Rolle in dieser innerdeutschen Auseinandersetzung zu finden. Das Grundprinzip des Eintretens für eine Dreiergruppe verschiedener Verfolgter war in diesem Fall nicht anwendbar, eine völlige Zurückhaltung aber wäre zutiefst unbefriedigend gewesen. So setzte die *Spiegel*-Affäre eine Diskussion in Gang, die schließlich zu einer wesentlich erweiterten Aufgabenstellung für AI nicht nur in Deutschland führte. Im Herbst 1962 jedoch ging es nicht zuletzt darum, den Eindruck zu vermeiden, unser Ziel sei eine Amnestie für die Mitarbeiter des *Spiegel*. Das hätte ja vorausgesetzt, dass wir mit einer Verurteilung rechneten, und wäre auch sonst kein Beitrag zu der Kernfrage gewesen, wie Staatsschutz und Pressefreiheit in einer demokratischen Gesellschaft zueinander standen. So beschlossen wir, kurzfristig zu einer Konferenz mit bekannten Juristen, Politikwissenschaftlern, Historikern, Militärs und Journalisten aus der Bundesrepublik, England, Frankreich, der Schweiz und den USA einzuladen, auf der wir das schwierige Verhältnis zwischen der Informationspflicht der Presse und der Pflicht des Staates, lebenswichtige staatliche Geheimnisse zu schützen, untersuchen wollten. Das Ergebnis war das Buch *Landesverrat und Pressefreiheit*, das die Diskussionen auf der Konferenz zusammenfasste. Wir wollten mit dieser Veröffentlichung sowohl für die Teilnehmer bei den Demonstrationen als auch für spätere gesetzgeberische und juristische Erörterungen sachliche Argumente zur Bewahrung der Pressefreiheit liefern.

In dem halben Jahrhundert nach der gescheiterten Polizeiaktion gegen den *Spiegel* hat sich eine ähnlich große Aktion gegen die Pressefreiheit in der Bundesrepublik nicht wiederholt. Aber dass in den meisten Ländern der Welt Presse- und Meinungsfreiheit und die Menschenrechte noch immer nicht ausreichend gesichert und geschützt sind, habe ich auf vielen Reisen, und nicht nur in Entwicklungsländern, erlebt.

Vor dem Weißen Haus in Washington, 1964.

Ikonen der Bürgerrechtsbewegung: Rosa Parks, die sich als erste Schwarze weigerte, ihren Platz im Autobus einem Weißen freizumachen, im Hintergrund Martin Luther King, 1955.

Martin Luther King zu Gast im Weißen Haus, zu seiner Linken Robert Kennedy und Vizepräsident Lyndon B. Johnson (zweiter von rechts), 1963.

Während der Tet-Offensive in Saigon, 1968.

Mit Bundeskanzler Willy Brandt und den Kollegen Friedrich Nowottny und Klaus Altmann im Bonner ARD-Studio, 1972.

Warten auf einen Termin mit dem Bundeskanzler: Im Interview mit Willy Brandts Hund Bastian, 1972.

Bundeskanzler Willy Brandt und der sowjetische Ministerpräsident Alexej Kossygin unterzeichnen den Moskauer Vertrag, dahinter u. a. Conrad Ahlers (ganz links), Leonid Breschnew (Mitte), Egon Bahr (ganz rechts), 12. August 1970.

Oppositionsführer Rainer Barzel gratuliert Willy Brandt nach dem gescheiterten Misstrauensvotum im Bundestag, 27. April 1972.

Nicht im Mao-Look, sondern in Arbeitskleidung in einem chinesischen Stahlwerk, 1974.

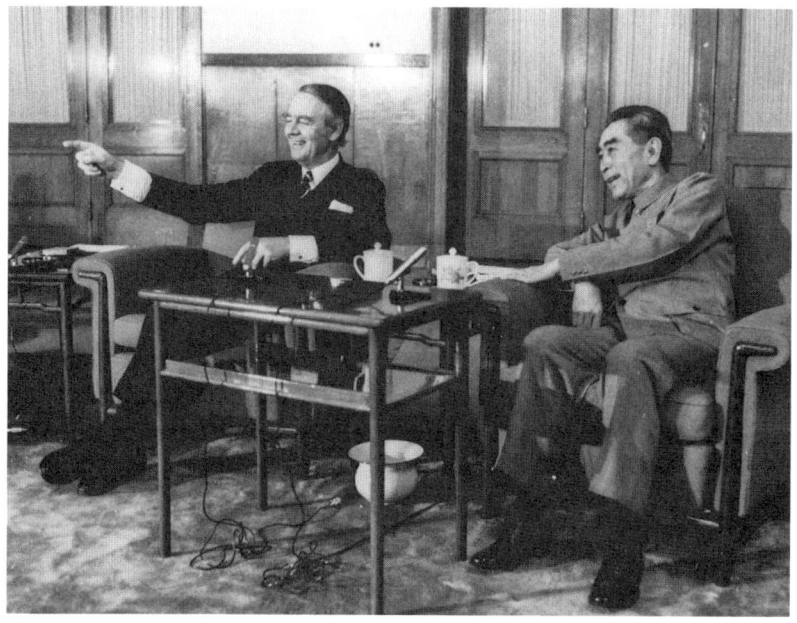

Krupp-Chef Berthold Beitz zu Gast beim chinesischen Ministerpräsidenten Zhou Enlai, 1973.

Maos Ehefrau Jiang Qing und Ministerpräsident Zhou Enlai, 1974.

Kundgebung auf dem Tiananmen-Platz zu Ehren des verstorbenen Ministerpräsidenten Zhou Enlai und zugleich Protest gegen die Fortsetzung der Kulturrevolution durch Jiang Qing, Peking, 5. April 1976.

We shall overcome

Washington
1962–1969

Am Dienstag, dem 16. Oktober 1962, wartete ich im Westflügel des Weißen Hauses, wo die Presseabteilung ihren Sitz hat, um meine Akkreditierung als White House Correspondent zu beantragen. Vier Jahre hatte ich als Redakteur und als Reisekorrespondent vom Kölner Mutterhaus aus gearbeitet. Nun meldete ich mich bei der Regierung in Washington an. Es war ein kurzer, eher formeller Vorstellungsbesuch, aber die Akkreditierung war wichtig, denn sie eröffnete nicht nur den Zugang zu den Pressekonferenzen und Arbeitsräumen am Sitz des US-Präsidenten, sondern erleichterte auch den Kontakt zu Politikern und Vertretern der Wirtschaft außerhalb des Regierungsviertels.

An diesem Tag war die Atmosphäre im Weißen Haus außergewöhnlich angespannt, ohne dass meine amerikanischen Kollegen sich und mir erklären konnten, was eigentlich in der Luft lag. Einige von ihnen, die ständig aus dem Verteidigungsministerium berichteten, hatten schon in der Nacht zuvor bemerkt, dass sich eine wichtige Nachricht ankündigte. Aber an diesem Vormittag gab es nicht viel mehr als Gerüchte, die wir zusammentrugen, austauschten und verglichen. Es habe offenbar etwas mit Chruschtschow zu tun, sagte mir der Reporter der *New York Times* und fragte mich als Deutschen und ehemaligen Moskau-Korrespondenten, ob sich etwa eine neue verschärfte Belagerung West-Berlins ankündige. Davon hatte ich nichts gehört. Es hatte auch Meldungen über sowjetische Soldaten und Raketenstellungen auf Kuba gegeben, aber Präsident Kennedy hatte sich von Chruschtschow mehrfach versichern lassen, dass es sich dabei lediglich um nichtatomare Verteidigungswaffen handele.

Niemand von uns wusste zu diesem Zeitpunkt, dass der Sicherheitsberater des Präsidenten an diesem Dienstag frühmorgens ins Schlafzimmer von John F. Kennedy gekommen war, um ihm Luftbilder eines Aufklärungsflugzeugs vorzulegen: Die Fotos waren über Kuba aufgenommen worden und zeigten sowjetisches Militär, das Stellungen für Atomraketen ausbaute. Damit begann die dreizehntägige Kubakrise – der Höhepunkt des Kalten Kriegs. Nie zuvor hatten die USA und die Sowjetunion so dicht vor einem Nuklearkrieg gestanden wie in diesen beiden Wochen im Herbst 1962. John F. Kennedy hatte zu Beginn seiner Amtszeit im Keller des Weißen Hauses Tonbandgeräte aufstellen und mit Mikrofonen in den wichtigsten Büro- und Sitzungsräumen verbinden lassen. Das wussten freilich nur seine engsten Mitarbeiter. Als die Tonaufnahmen Jahrzehnte später veröffentlicht wurden, ließ sich ein komplettes Bild von dem zusammensetzen, was in den Räumen des Präsidenten besprochen worden war und für welche Maßnahmen sich die militärischen und zivilen Experten eingesetzt hatten.

So rief Präsident Kennedy an jenem Dienstagvormittag seinen Bruder Robert, der als Justizminister im Kabinett saß, mit einigen Beratern aus dem Verteidigungs- und Außenministerium zu sich ins Weiße Haus. Sämtliche Experten sprachen sich für Bombenangriffe auf die sowjetischen Raketenstellungen aus. Nur der stellvertretende Außenminister George Ball warnte, ein amerikanischer Überraschungsangriff auf Kuba sei in seiner Bedeutung vergleichbar mit dem japanischen Angriff auf Pearl Harbor, dem der Eintritt der USA in den Zweiten Weltkrieg gefolgt war. Andererseits sahen manche Experten in der Stationierung sowjetischer Raketen auf Kuba das Vorspiel für eine neue Berlin-Krise. Wenn Präsident Kennedy nicht scharf reagierte, könnten die Sowjets sich ermutigt fühlen, neue Maßnahmen gegen West-Berlin zu ergreifen. Heute weiß man, dass es auf beiden Seiten – in den USA wie in der Sowjetunion – Berater und Politiker gab, die in diesen Tagen bereit waren, das Risiko eines Atomkriegs zwischen den beiden mächtigsten Staaten der Welt einzugehen.

Weder Kennedy noch Chruschtschow konnte öffentlich nachgeben, denn jedes Zugeständnis wäre von der anderen Seite als Zeichen der Schwäche verstanden worden, und das wiederum hätte einen atomaren Konflikt wahrscheinlicher gemacht. Chruschtschow lenkte schließlich als Erster ein. Während die Weltöffentlichkeit noch von einer Verschärfung der Spannungen hörte, hatte er sich schon in einem geheimen Telegramm bereit erklärt, die sowjetischen Atomraketen abzuziehen, wenn Kennedy verspräche, Kuba nicht angreifen zu lassen. Im Weißen Haus glaubte man schon, dem Ende der Krise nahe zu sein, als ein zweites Telegramm eintraf: Die sowjetischen Raketen würden nur dann abgezogen, wenn das Gleiche auch mit den amerikanischen Nuklearraketen in der Türkei geschähe. Im US-Außenministerium fürchtete man die Reaktion der Verbündeten und der amerikanischen Wähler auf einen solchen Tauschhandel. Auf der Ebene normaler Verhandlungen aber kam man nicht mehr weiter. Kennedy schickte deshalb seinen Bruder Robert mit einem Vorschlag zum sowjetischen Botschafter: Die amerikanischen Raketen in der Türkei seien veraltet. Er werde sie ohnehin in einem halben Jahr abziehen. Falls aber die sowjetische Seite behaupten sollte, dies sei ein Tauschgeschäft, wie es Chruschtschow vorgeschlagen habe, werde man die Raketen dort belassen und die Krise werde sich weiter verschärfen. Die Öffentlichkeit erfuhr von alldem nichts. Chruschtschow und Kennedy hatten nahe am Rande eines atomaren Kriegs einen Ausweg gefunden, um die Katastrophe zu verhindern, und sich damit als klüger erwiesen als ihre Berater. Das mussten schließlich sowohl ihre Anhänger wie auch ihre Kritiker in Amerika und – allerdings erst sehr viel später – in Russland anerkennen.

Als der Wortlaut der Gespräche, die im Weißen Haus mitgeschnitten worden waren, nach vierzig Jahren in Buchform erschien, traf ich mich mit einem ehemaligen amerikanischen White-House-Korrespondenten. Wir verglichen, was wir an jenen kritischen, fast welterschütternden Tagen zu wissen geglaubt hatten und wie wenig am Ende davon stimmte. Auch die engsten Mitarbeiter im Stab des Weißen Hauses hatten nicht gewusst, auf welche Weise die Kennedy-Brüder einen Ausweg aus der Krise finden würden. Wir Journalisten hatten gedacht, aus den Informationen, an die wir oft mehr zufällig herankamen, die Umrisse einer Strategie zu erkennen. Doch am Ende hatten wir uns ein falsches Bild der Krise zusammengesetzt. Diese Erkenntnis machte uns nachdenklich, denn im Grunde hieß das doch auch: Je mehr die Journalisten im Verlauf der Kubakrise erfahren und in die Öffentlichkeit getragen hätten, desto schwerer wäre vermutlich eine friedliche Auflösung der Konfrontation gewesen. So hatte es damals natürlich auch Kennedys Pressesekretär Pierre Salinger gesehen, während wir Korrespondenten der Meinung waren, eine gut informierte Öffentlichkeit sei als Handlungsgrundlage der Politik unabdingbar.

Mit Kennedy war 1960 ein neuer Ton in die Politik gekommen: Er war jünger als seine Konkurrenten und stellte keine politischen Geschenke in Aussicht, sondern sprach stattdessen von einer neuen Grenze (»New Frontier«), die Amerika überwinden müsse, um den Weg in die Zukunft zu meistern. Er hatte brillante Redenschreiber, und ihm standen während des Wahlkampfs Berater zur Seite, die die Bedeutung des neuen Mediums Fernsehen verstanden. Das war schon in der ersten Fernsehdebatte zwischen ihm und seinem republikanischen Kontrahenten Richard Nixon zu sehen. Nixon humpelte wegen einer Beinverletzung zum Mikrofon, er hatte auf die Maske verzichtet, wirkte schlecht rasiert und schwitzte. Kennedy dagegen hatte sich von seinen Beratern überreden lassen, mit einem professionellen Make-up zu kommen. Er sprach lebhaft, wo Nixon schwerfällig und umständlich wirkte. Die Umfragen nach der Sendung waren aufschlussreich: Bei den Fernsehzuschauern hatte Kennedy einen Vorsprung, bei den Rundfunkhörern lag Nixon in den

Umfragewerten vor seinem Rivalen oder gleichauf. Diese Debatten waren der Anfang des Fernsehzeitalters in der Politik.

Kennedy musste bei seinem Wahlkampf allerdings eine besondere Hürde überwinden: Er war Katholik. Zwar machten Katholiken ein Viertel der amerikanischen Bevölkerung aus, aber in den meisten Staaten der USA schien es ausgeschlossen, dass entgegen aller englisch-protestantischen Tradition ein Katholik bei Präsidentschaftswahlen die Stimmenmehrheit gewinnen könnte. Im innerparteilichen Wettstreit um die Kandidatur hatte Kennedy es zunächst in den Vorwahlen mit dem erfahrenen und beliebten Senator Humphrey zu tun gehabt, der als sozialliberaler Protestant einen sicheren Vorsprung zu haben schien und ihn gegen den jüngeren, glanzvolleren Kontrahenten doch nicht halten konnte. West Virginia, einer der Staaten an der Grenze zwischen dem Norden und dem Süden der USA, war wegen der Zusammensetzung seiner Bevölkerung besonders schwierig: beinahe 95 Prozent Weiße, überwiegend Farmer und Bergarbeiter, fast ausschließlich Evangelikale oder Protestanten voller Misstrauen gegenüber Großstädtern von der Ostküste. »Wenn Kennedy hier gewinnen kann, kann er überall gewinnen«, sagten die Kollegen im Bus, der uns von Washington nach Charleston, der Hauptstadt von West Virginia, brachte. Für mich war diese Reise 1960 ein wichtiger Vorgriff auf meine spätere Korrespondentenarbeit, bekam ich doch erste Kontakte mit engen Mitarbeitern des zukünftigen Präsidenten. Der kleine Trupp von Kennedys Wahlkampfhelfern, den ich mit einigen Kollegen begleitete, sollte beobachten, ob in West Virginia alles glatt lief. Gerade weil John F. Kennedy in dem Bundesstaat nur eine winzige Chance zu haben schien, galt das Ergebnis als wichtiger Hinweis auf seine Aussichten, falls er für die Demokraten ins Rennen geschickt würde.

Den ganzen Tag über versuchten wir Journalisten ziemlich erfolglos, vor den Wahllokalen mit wortkargen Wählern aus den appalachischen Bergen ins Gespräch zu kommen. Abends saßen einige von uns in einem Hamburger-Imbiss zusammen, und auch ein paar

Leute aus dem Kennedy-Team gesellten sich zu uns. Zuerst spekulierten wir ausführlich über das mögliche Ergebnis, aber unsere politische Fantasie, was das Wählerverhalten von hinterwäldlerischen Farmern anging, war bald erschöpft. Da die Auszählung erst sehr spät am Abend beendet sein würde, erkundigten wir uns, was es in Charleston an Abwechslung gebe. Das Angebot war jedoch dürftig: lediglich ein Art House, ein Kino, das nicht die üblichen Hollywood-Produktionen zeigte, sondern eher zahme Pornofilme. Wir hingen dort in unseren Sesseln, machten blöde Witze und verärgerten die wenigen einheimischen Zuschauer, die sich über die Arroganz von uns Großstädtern beschwerten. Schließlich kam eine Sekretärin mit dem Wahlergebnis und rief ins fast leere, dunkle Kino, Kennedy habe gewonnen. Noch ehe wir wieder auf der Straße waren, hatten alle ihre Meinung verkündet: Kennedy werde nun bestimmt Präsidentschaftskandidat und dann auch Präsident der USA. Ein Katholik, der in West Virginia eine Vorwahl gewann, konnte die Präsidentschaftswahl nicht verlieren. Diese Prognose sollte sich als zutreffend erweisen, auch wenn das Wahlergebnis im November 1960 am Ende denkbar knapp ausfiel: Kennedy 49,7 Prozent, Nixon 49,5 Prozent der Stimmen – der knappste Vorsprung, mit dem je ein Präsidentschaftskandidat gewonnen hatte.

Der winzige Unterschied von 0,2 Prozentpunkten sollte Amerika innerhalb weniger Monate verändern. Kennedys Vorgänger Dwight D. Eisenhower war Oberkommandierender der amerikanischen Truppen im Zweiten Weltkrieg gewesen, ein eher zurückhaltender Mann und mit 72 Jahren der bis dahin älteste Präsident in der Geschichte der USA. Kennedy war mit 43 Jahren der jüngste. Für die Hauptstadt Washington, die keine andere Tradition als die des Regierungssitzes hatte, brachte das tiefe Veränderungen mit sich: Die Mitarbeiter des Weißen Hauses und der wichtigen Ministerien, aber auch der ganze Anhang von Experten, Beratern, Journalisten und Lobbyisten stellte sich auf die Verjüngung der Politik ein. Washington war immer noch eine Provinzstadt, aber es wurde schick, dort zu wohnen, und die Restaurants schmückten sich neuerdings mit französischen Speisekarten. Ganze Stadtviertel wandelten sich: Der Stadtteil Georgetown, älter als die Hauptstadt Washington selbst, war fast ausschließlich von Schwarzen bewohnt gewesen, aber eine Reihe reicher, jüngerer Politiker hatte die Schönheit der heruntergekommenen Häuser aus dem 18. und 19. Jahrhundert entdeckt. Nun waren fast alle Schwarzen aus Georgetown in rein schwarze Viertel gezogen, und reiche Weiße hatten die alten Häuser für sich umgebaut. Auch John F. Kennedy und seine Frau Jacqueline hatten eines der restaurierten Gebäude bewohnt, ehe sie ins Weiße Haus wechselten.

Ich wollte einige Straßen von ihrer ehemaligen Adresse entfernt eines der älteren Häuser mieten, erschrak aber, als ich den Vertrag unterschreiben sollte. Darin stieß ich auf eine Klausel, wonach dieses Haus nicht an Schwarze, Juden oder Araber verkauft oder vermietet werden dürfe. Das könne ich nicht unterschreiben, sagte ich, schon gar nicht als Deutscher. Der amerikanische Makler konnte das nur schwer verstehen. Der »title«, das offizielle Besitzdokument, sei nur unter größten Schwierigkeiten abzuändern. Im Übrigen spiele dieser Vorbehalt so gut wie keine Rolle mehr und sei schon seit einiger Zeit nicht mehr gerichtlich durchsetzbar. Ich solle mir also keine Gedanken und ihm keine Umstände machen. Aber darauf wollte ich mich als Deutscher nicht einlassen. Ich fand unter meinen Bekannten einen jüdischen Rechtsanwalt, der mir half und einen Anhang zum Dokument durchsetzte, in dem diese rassistische Klausel für unwirksam erklärt wurde.

Das ARD-Studio lag an einer wenig attraktiven Geschäftsstraße. Im Keller gab es eine kleine private Kopierwerkstatt, wo unsere Filme schnell entwickelt werden konnten, im Erdgeschoss einen Friseurladen und ein Möbellager, und im ersten Stock hatten wir unsere Büros und Schneideräume für rund zehn Mitarbeiter. Nun öffnete just drei Häuser weiter das bald schickste französische Restaurant der Stadt, in das sich die Mitarbeiter von Senatoren und Abgeordneten und auch die Experten aus den Ministerien gerne einladen ließen. Für uns Ausländer war das sehr hilfreich, weil es oft schwierig war, in Amerikas Hauptstadt Gesprächs- und Interviewpartner zu finden. Selbst Senatoren, die große und durchdachte Reden zur Außenpolitik hielten, nahmen sich nur ungern die Zeit, Leuten aus Europa Interviews zu geben. »Wer wählt den Senator denn schon in Deutschland?«, fragte mich der Assistent von Senator Fulbright, als ich um ein Interview bat. Was er damit meinte, verstand ich, als ich Fulbright kurz darauf in seinem Wahlkreis in Arkansas beobachtete: Da ging es um Straßenbau, Schulspeisungen oder lokale Steuern. Keiner fragte den weltberühmten Vorsitzenden des Senatsausschusses für Außenpolitik nach etwas anderem als lokalen Angelegenheiten, und er antwortete ausführlich und mit großer Geduld. Dies waren seine Wähler, und sie erwarteten, dass er sich für ihre Belange einsetzte. Außenpolitik, sein Spezialgebiet, interessierte sie nicht.

In Washington waren wir europäische Korrespondenten Außenseiter. Gerade mal vier oder fünf Senatoren und Abgeordnete ließen sich gelegentlich herab, mit Journalisten von der anderen Seite des Atlantiks zu reden, und dann am ehesten mit Engländern, deren Zeitungen sie lesen konnten. Die Kennedys bildeten eine Ausnahme. Als John F. Präsident wurde, war sein jüngerer Bruder, der frisch gewählte Senator Edward Kennedy, gelegentlich bereit, sich für uns Europäer eine halbe Stunde Zeit zu nehmen. Manchmal kam ich so an weitere Informationen, etwa wenn ich einem deutschen Abgeordneten helfen konnte, sich mit Edward Kennedy zu unterhalten und fotografieren zu lassen. Trotzdem: Die nützlichsten Quellen für uns ausländische Journalisten waren nicht die Politiker oder die Presseabteilungen der Ministerien, sondern jene Experten von renommierten Universitäten, die zu Beratungen in die Hauptstadt gerufen wurden. Sie konnten zwar meist nicht wissen, wie eine Entscheidung am Ende ausfallen würde, aber von ihnen erfuhr man etwas über die jeweiligen Probleme und die Art, wie über sie diskutiert wurde. So erhielt man zumindest eine Vorstellung von den Hintergründen und den möglichen Auswirkungen einzelner Beschlüsse. Dementsprechend bemühten wir uns, diese Experten zu einem Drink oder Abendessen einzuladen, und manche von ihnen kamen sehr gern. Wer wie sie in New York oder Los Angeles wohnte, konnte sich mit den langen Abenden in den Hotels und der provinziellen Langeweile Washingtons nur schwer abfinden.

Die Empfänge im Weißen Haus, zu denen ich einige Male eingeladen wurde, waren elegant und interessant geworden, seit Jacqueline Kennedy die Rolle der Gastgeberin übernommen hatte. Bei den Eisenhowers war es noch steif und etwas spießig zugegangen, Jackie Kennedy dagegen wollte aus dem Weißen Haus eine Art Präsidentenpalast machen, mit Konzerten und französischer Eleganz. Sie und ihr Mann stammten aus schwerreichen katholischen Familien, und Jacqueline konnte mit dem alten kleinbürgerlichen Repräsentationsstil des amerikanischen Präsidentenamts nichts anfangen. Zusätzlich zu den Gästen aus Politik und Wirtschaft, die offiziell auf der Einladungsliste stehen mussten, lud sie deshalb Schriftsteller und Künstler ein, Schauspieler und Balletttänzerinnen, Unterhaltungskünstler, aber auch jüngere Leute aus den Ministerien und Kanzleien. Stil und Eleganz und die Tatsache, dass sie die Frau des ersten Mannes der USA war, hoben sie aus dem Leben des im Grunde kleinstädtischen Washington heraus. Zugleich galt sie als bescheiden, fast schüchtern, und die Öffentlichkeit sah sie vor allem als eine zurückhaltende junge Ehefrau und Mutter. Sie besaß aber auch eine scharfe Zunge und konnte fluchen wie ein Pferdeknecht, wenn sie mit ihrem Mann oder seinem Bruder Robert alleine war.

Robert Kennedy brachte eine gewisse Schärfe in alle politischen Auseinandersetzungen. Eine Zeitlang gehörte er dem Stab des fanatischen Kommunistenjägers Joseph McCarthy an, ehe er zum engsten Vertrauten seines Bruders wurde und sich unter hohem persönlichem Einsatz für dessen Anspruch auf die Präsidentschaft starkmachte. Sein besonderer Feind war dabei der starke Mann des amerikanischen Senats, der demokratische Senator Lyndon Johnson, der ebenfalls ins Weiße Haus wollte. So versuchte Robert Kennedy durch allerlei Schachzüge, ihm den Weg zu versperren. Sein Bruder aber war zu der Überzeugung gelangt, dass er den Texaner Lyndon Johnson als Kandidaten für die Vizepräsidentschaft brauchte, wenn er die Stimmen der südlichen Staaten gewinnen wollte. Dafür nahm er in Kauf, dass Robert mit dem Vizepräsidenten in giftigem Hass verbunden war. Im Grunde hätte es zwischen dem Präsidentenbruder aus der feinen Gesellschaft des Nordostens und dem Ellenbogenpolitiker, dem Sohn kleiner Farmer vom Rande der Südstaaten, eine nützliche Arbeitsteilung geben können. Doch die beiden Männer waren einfach zu unterschiedlich, zu sehr Machtpolitiker und zu tief verstrickt in ihre Feindschaft. Robert Kennedy lud mich einige Male zu einem Softball-Spiel, einer Art Schlagball, in seinen Garten ein. Lyndon Johnson hingegen traf ich am ehesten, wenn ich am Samstagvormittag in den Presse-Arbeitsraum des Weißen Hauses ging und mit amerikanischen Kollegen ein oder zwei Stunden wartete: Dann kam er, spazierte mit uns um den großen Rasen hinter dem Weißen Haus und ließ uns einen Whiskey einschenken.

Als deutscher Korrespondent beobachtete ich das gespannte Verhältnis der beiden mit besonderer Besorgnis, denn gerade in dieser Zeit war eine starke amerikanische Führung gefragt. In den knapp drei Jahren, die John F. Kennedy Präsident war, ging es zwischen Moskau und Washington darum, wer über die Zukunft des geteilten Berlin und des geteilten Deutschland bestimmen würde. Kennedy war knapp zwei Jahre nach dem Mauerbau demonstrativ zu einem offiziellen Besuch nach West-Berlin gekommen und hatte Amerikas Unterstützung für die Stadt bekräftigt. Zur anderen großen Belastung der amerikanischen Außenpolitik wurde der Krieg in Vietnam. Washingtons militärischer Beitrag zur Unterstützung der sich abwechselnden vietnamesischen Politiker und Generäle verdreifachte sich in Kennedys kurzer Amtszeit, doch bis zu seinem Tod war noch nicht klar, welche Richtung die amerikanische Vietnam-Politik auf Dauer einschlagen würde. Im Herbst 1963 konnte in Washington freilich niemand ahnen, wie schnell die Entscheidungen von Kennedy an Lyndon Johnson übergehen würden.

Am 22. November befand ich mich in einem Flugzeug auf dem Weg von Washington nach Mississippi. Ich saß schläfrig in meinem Flugzeugsessel, als sich der Pilot über die Lautsprecheranlage meldete und so nüchtern wie möglich eine brisante Meldung durchzugeben versuchte: Präsident Kennedy sei soeben in Dallas ermordet worden. Einige Reihen hinter mir sprangen zwei junge Männer auf und riefen »Yippee!« – ein Schrei, in dem sich aufgestauter Hass entlud. Aber die verstörten Blicke der anderen Passagiere zwangen die beiden schließlich in ihre Sitze zurück. Der Pilot gab von Zeit zu Zeit die neuesten Meldungen aus Atlanta an uns Passagiere weiter, und dann schwiegen alle. Ich wollte statt nach Mississippi natürlich so schnell wie möglich zurück nach Washington. Beim nächsten Stopp in Knoxville, Tennessee, stieg ich aus. Im Flughafengebäude traf ich zufällig einen weißen Prediger, den ich von früheren Begegnungen kannte. Er hatte sich jahrelang für die Rechte der Schwarzen eingesetzt, bis so oft auf ihn geschossen wurde, dass er seine kleine Kirche verlassen musste. Nun lud er mich ein, bis zum nächsten Flug nach Washington mit ihm in der Highlander Folk School zu übernachten, die ich, bevor sie von Monteagle nach Knoxville vertrieben worden war, 1950 bei meinem ersten Besuch kennengelernt hatte. Da saßen wir dann zusammen mit einigen Studenten und jungen Gewerkschaftlern und starrten auf den Bildschirm des Fernsehgeräts. Wir sahen Bilder von Präsident Kennedy und Jacqueline auf der großen Paradefahrt durch Dallas. Es gab noch keine Aufnahmen vom Attentat selbst, nur die Berichte der Reporter und schließlich jenen Augenblick, in dem einer von Kennedys Assistenten in Dallas vor die Tür des Krankenhauses trat und sagte, der Präsident sei tot.

Abends lief ich durch Knoxville, eine Stadt am nördlichen Rand der Südstaaten, wo die Leute Präsident Kennedy nicht geliebt, ja vielfach sogar gehasst hatten. An diesem Abend schlossen hier keine

Bar und kein Kino, und im städtischen Sportstadion wurde weiter ein Eishockey-Match ausgetragen. Nur im ärmsten Teil der Stadt fand ich eine Kirche, in der viele Schwarze verstört für den toten Präsidenten beteten. Auch in den nächsten Tagen blieb die Reaktion auf den Mord in vielen Städten des Südens unter den Weißen erschreckend kühl. Die Stadtverwaltungen beschlossen, keine Trauertage einzulegen. Die Kneipen wurden beispielsweise nur zwei Stunden lang, während der Beisetzung selbst, geschlossen.

Wäre ich in dieser Nacht in Washington oder im nördlichen Teil der USA gewesen, hätte ich eine ganz andere Stimmung erlebt. Dort waren Schrecken und Erschütterung groß. Die Mehrheit der Amerikaner empfand die Todesnachricht als entsetzlichen Schock. Dass der Präsident ihres Landes ermordet werden konnte, war für viele schlicht unvorstellbar. Dieses Entsetzen überlagerte letztlich auch die Kritik, die sich in den vorangegangenen Monaten immer stärker gegen Kennedys Politik gerichtet hatte. Er war zu dieser Zeit nicht mehr der strahlende junge Präsident auf dem Weg zu »neuen Grenzen«, an den wir uns dann einige Jahre später erinnern würden. Politische Beobachter zweifelten damals daran, dass John F. Kennedy überhaupt noch einmal wiedergewählt werden könnte, weil er vielen Amerikanern zu linksliberal und zu »negerfreundlich« schien und weil ihnen seine Verhandlungen über eine internationale Kontrolle der atomaren Aufrüstung zu weich und nachgiebig waren.

Die fünfzehn oder zwanzig jungen Menschen, mit denen ich bis zum frühen Morgen in der Highlander Folk School zusammensaß, waren im Gegensatz dazu der Meinung, Kennedy habe seine liberale Politik nicht entschlossen genug durchgesetzt. Sie waren einerseits tief getroffen von dem Attentat, andererseits aber auch erregt angesichts der neuen Perspektiven, die sich aus ihrer Sicht für die amerikanische Politik ergaben: Von einem Präsidenten Johnson erwarteten sie, dass er Reformen des Wahlrechts und der Sozialpolitik umsetzen würde, die sein Vorgänger bei den Abgeordneten und Senatoren des Kongresses nicht durchzubringen vermocht hatte. Johnson sei ein Mann, der die demokratische Reformbewegung von Präsident Franklin D. Roosevelt mit Machtbewusstsein und Schlauheit wiederaufnehmen könne. Viele Abgeordnete, Senatoren und auch lokale Parteiführer hätten den starken Führer des amerikanischen Senats immer wieder zur Unterstützung für ihre Anliegen gebraucht. Johnson vergesse so etwas nie und werde sie vor knappen Abstimmungen an diese Schulden erinnern. Damit seien die Liberalen gewaltig gestärkt. Diese Perspektive überraschte mich, denn ich hatte, wie die meisten Amerikaner, Johnson eher für konservativer als Kennedy gehalten. Und da ich nicht leicht von dem zu überzeugen war, was die jungen Idealisten fern von Washington als ihre politische Hoffnung ansahen, gaben sie mir die Telefonnummer von Johnsons engstem Mitarbeiter, Bill Moyers, später einer der wichtigsten Journalisten des öffentlichen amerikanischen Fernsehens. Sie wollten mich bei ihm ankündigen, sobald ich wieder in der Hauptstadt sei. Moyers sei ein Unterstützer der Bürgerrechtsbewegung, ein ehemaliger Theologiestudent von etwa dreißig Jahren, der Johnsons Wahlkämpfe organisiert habe. Er entwickle auch Johnsons Reformprogramm, das zur sogenannten Großen Gesellschaft (»Great Society«) führen solle, und sei im Weißen Haus wohl der Einzige, der Johnson widersprechen könne.

Ich war froh, dass ich an diesem Abend die Highlander Folk School wiedergefunden hatte. Sie war nach Knoxville ausgewichen, nachdem der Ku-Klux-Klan sie in Brand gesetzt und die Stadtverwaltung von Monteagle sie nach mehreren Prozessen als »kommunistische Schule« geschlossen hatte. Ich erfuhr, welche wichtige Rolle die Schule in der Auseinandersetzung über das Wahlrecht der schwarzen Amerikaner gespielt hatte: Rosa Parks, die sich 1955 als erste Schwarze weigerte, ihren Platz in einem Autobus für Weiße freizumachen, hatte dort gewaltlosen Widerstand eingeübt, ebenso der Pastor Martin Luther King, der zum Führer der schwarzen Bürgerrechtsbewegung werden sollte, und dazu viele junge Leute, die später in der Studentenbewegung eine Rolle spielen würden.

Der nächste Tag war hektisch. Mit dem ersten Flug kehrte ich am Morgen nach Washington zurück. Ich wollte aus dem Archiv des ARD-Studios Filmmaterial heraussuchen, das ich für einen Hintergrundbericht über den Mord am Präsidenten und seine möglichen politischen Folgen brauchte. Da es noch keine ständige Satellitenverbindung nach Deutschland gab, packte ich die Filme in einen Koffer, um sie nach Köln mitzunehmen, wo ich sie bearbeiten und kommentieren konnte. Berichte und Bilder des US-Fernsehens und der internationalen Agenturen, die Amerika in seiner Trauer und seinem Entsetzen zeigten, würden längst vor mir in Deutschland angekommen sein. Deshalb wählte ich Material, dessen Schwerpunkt bei dem neuen Mann lag, dem künftigen Präsidenten Lyndon Johnson. Im Weißen Haus nahm sich dessen Assistent Bill Moyers tatsächlich nach einem Anruf von den Bürgerrechtlern der Highlander Folk School ein paar Minuten Zeit für mich, um mir neben Auszügen aus Reden Johnsons auch Hinweise auf dessen Kernüberzeugungen und Pläne zu geben. So hatte ich schließlich doch etwas Neues, das ich nach Deutschland mitbringen konnte.

Bevor ich noch am selben Tag nach Köln weiterflog, legte ich einen kurzen Zwischenstopp in New York ein, wo einer meiner ARD-Kollegen weitere Filme für mich besorgt hatte. Hinter uns im New Yorker ARD-Studio lief der Fernseher mit einer Liveübertragung. Wir hörten, dass der Mann, der als Mordverdächtiger verhaftet worden war, gerade im Gefängnis in einen Polizeiwagen gebracht werden sollte. Dann war ein Schuss zu hören und eine Stimme, die sagte: »Er ist tot. Lee Harvey Oswald ist erschossen.« Auf dem Bildschirm sahen wir einige Reporter, die einander beiseiteschubsten, dann den Körper von Oswald und ein wildes Gedränge von Menschen, die sich auf einen anderen Mann stürzten. Es war der Attentäter, der Oswald erschossen hatte. Er hieß Jack Ruby und betrieb einen Nachtclub in Dallas. Mehr wussten wir nicht, als ich weiter zum Flughafen fuhr und mich schließlich in die Maschine nach Deutschland setzte. Später habe ich mehrfach die Biografien der beiden Schützen durchforscht und wie viele andere vergeblich versucht, die Geschehnisse zu verstehen, die diese Tage zu den erschreckendsten und verwirrendsten der amerikanischen Geschichte machten.

Seine Wahl zum Präsidenten hatte John F. Kennedy nicht zuletzt seinen erfolgreichen Fernsehauftritten zu verdanken, die ihn für viele Amerikaner und Europäer zum Star gemacht hatten. Nun verdankte das Fernsehen dem toten Präsidenten die bis dahin zuschauerreichste und dramatischste Fernsehübertragung der Welt. 1,8 Milliarden Menschen verfolgten einen Trauerzug und eine Beisetzung, wie sie Amerika größer und bewegender noch nicht erlebt hatte – und nie wieder erleben sollte. Unzählige Kameras lieferten die Bilder dazu: den rührenden Augenblick, in dem John John, Kennedys Sohn, vor der Saint-Matthews-Kirche am Sarg seines Vaters militärisch salutierte; die Witwe Jacqueline, die würdig und gefasst und zugleich menschlich anrührend die ewige Flamme am Sarg entzündete; Robert Kennedy, von dem Reporter in ihren Kommentaren sagten, er bewege sich wie ein Schlafwandler durch die Bilder.

Die amerikanischen Fernsehstationen hatten gleich nach dem Attentat ihre Programme unterbrochen. Die bekanntesten Moderatoren erschienen innerhalb von Minuten auf dem Bildschirm. Walter Cronkite, der große alte Mann unter den Nachrichtenstars, lief ins Studio, unterbrach eine Soap Opera und sprach mitten in den Satz einer Schauspielerin hinein: »Bulletin. In Dallas wurden drei Schüsse auf Präsident Kennedy abgegeben. Nach ersten Berichten ist der Präsident ernsthaft verwundet. Er sackte zusammen und fiel in den Schoß von Mrs Kennedy. Sie rief ›Nein, oh nein‹ und der Wagen mit dem Präsidenten fuhr weiter. Die Verletzung kann tödlich sein.« An dieser Stelle schalteten die Techniker von CBS in das reguläre Programm zurück. Diese Sondersendungen hatten eine völlig neue Qualität. Hier belehrten keine Moderatoren in wohlgesetzten Worten. Auf allen Kanälen mussten die Sprecher vielmehr Vorgänge des Augenblicks schildern und etwas erklären, auf das sie nicht vorbereitet waren und dessen weiteren Verlauf sie nicht erahnen konnten.

Eine Woche nach Kennedys Tod zog der neue Präsident Lyndon Johnson ins Weiße Haus. Die Amerikaner waren nach dem Attentat bestürzt und verunsichert, aber Johnson zeigte ihnen, dass das Land trotz aller Erschütterung mit fester Hand und klaren Zielsetzungen geführt werden konnte. Er gab zu erkennen, dass er in vielen Bereichen Entscheidungen erzwingen könnte, die sein Vorgänger zwar auch ins Auge gefasst hatte, aber nicht umsetzen konnte: die Einführung der Krankenversicherung, eine bessere Finanzierung des Bildungswesens, der Kampf gegen Armut und Verbrechen, die Förderung der Stadterneuerung. Der neue Präsident brachte viele solcher Projekte durch den Kongress, dessen Mitglieder eigentlich von tiefstem Misstrauen gegen eine derartige sozialreformerische Politik erfüllt waren. Doch Johnson kannte nicht nur die Spielregeln, sondern auch die Tricks der parlamentarischen Politik. So gelang es ihm auch, die selbstbewussten Südstaatengouverneure auf seine Seite zu ziehen, indem er sie mit großen Geldgebern aus dem Norden zusammenführte, die dann für Investitionen im Rahmen seines Modernisierungsprogramms warben. Johnson brachte Gesetze ein, die die Gleichberechtigung der schwarzen Amerikaner und besonders ihr Wahlrecht absichern sollten. Er begann, den mörderischen Ku-Klux-Klan, der weiße wie schwarze Bürgerrechtler auf seiner Abschussliste hatte, mit neuen Gesetzen und mit Hilfe der Bundespolizei zu bekämpfen. Ein Dreivierteljahr nach Kennedys Tod paukte er ein Bürgerrechtsgesetz durch den Kongress, an dem sein Vorgänger noch gescheitert war. Nun setzte er all seine Macht und all seine politischen und wirtschaftlichen Beziehungen ein, um schließlich ein weiteres Gesetz durchzubringen, das jede Art von Einschränkung des Wahlrechts sowie jede Behinderung eines Wählers unter Strafe stellte.

In manchen Städten des Südens hielten die weißen Bürger diese Politik für eine Art Kriegserklärung. Die Stimmung wurde immer gereizter, bis die Auseinandersetzung 1965 ihren Höhepunkt erreichte: Am 7. März waren einige Hundert überwiegend schwarze Demonstranten im Bundesstaat Alabama zu einem neunzig Kilometer langen Protestmarsch von der Kleinstadt Selma in die Hauptstadt Montgomery aufgebrochen, um für ein gerechteres Wahlrechtsgesetz zu demonstrieren, wie es auch Präsident Johnson durchsetzen wollte. Sie kamen jedoch nicht weit – bereits an der Stadtgrenze von Selma, an der Brücke über den Alabama-Fluss, wurden sie gestoppt. Der Sheriff ließ ihnen dort durch seine Bereitschaftspolizisten den Weg verstellen. Sie schlugen die Demonstranten zusammen und traten auf die Verletzten ein, eine Wolke von Tränengas breitete sich aus, während Polizisten zu Pferde in die Menge hineinritten. Zwei Tage später, am 9. März, brachen die Demonstranten erneut auf, mussten jedoch wieder an der Brücke kehrtmachen. Drei weiße Geistliche aus Boston, die sich auf Bitten Martin Luther Kings dem Marsch angeschlossen hatten, um Gewalttätigkeit zu verhindern, wurden am Abend des 9. März von Polizisten verprügelt. Alle drei erlitten schwere Verletzungen, einer von ihnen starb zwei Tage später im Krankenhaus. Die ausführlichen Fernsehberichte über die Vorfälle von Selma sorgten in ganz Amerika für Empörung.

Ich wollte mir ein eigenes Bild von der Lage verschaffen und machte mich auf in den Süden. In Alabama fuhr ich durch die ärmlichen Siedlungen der schwarzen Landarbeiter, die zwischen den überwiegend weißen Städten und Städtchen lagen. An den Tankstellen trennten Schilder die Reisenden nach ihrer Hautfarbe: »Männer weiß«, stand da an einer Toilettentür, »Männer schwarz« auf der nächsten. Als ich in einem Restaurant ein Spiegelei aß, kam ein ziemlich grobschlächtiger Weißer herein: Dieses Restaurant sei nur für »Neger«. Er forderte mich auf, in ein anderes Restaurant zu gehen, besah sich dann argwöhnisch meinen Journalistenausweis für das Weiße Haus, ehe er schließlich, immer noch misstrauisch und böse, wieder abzog. Von da an bewegte ich mich sehr vorsichtig durch die kleine Stadt. Der schwarze Koch in dem Restaurant hatte mich gewarnt: Wenn ich auch nur mit einem Rad meines Wagens über den gelben Streifen des Überholverbots führe, würde mich der Ortspolizist anhalten, eine

Anzeige schreiben und mir die höchstmögliche Kaution abverlangen. Wenn ich das Geld für die Kaution nicht bei mir hätte, würde man mich im Kreisgefängnis bis zum nächsten Gerichtstag festsetzen. Der Koch hatte einige Jahre in New York gearbeitet und war nun versuchsweise in seinen Heimatort zurückgekommen, aber er war sich gar nicht sicher, dass er dort bleiben konnte.

Beim Essen im Restaurant eines kleinen Hotels, zu dem wiederum nur Weiße Zutritt hatten, sprach mich ein älteres Ehepaar an und ermahnte mich, nur ja vorsichtig zu sein, besonders wenn ich mich an Orte der Auseinandersetzungen begäbe. Ich wolle doch sicher heil zurückkommen. Der Mann, ein Bauunternehmer aus Atlanta, der Hauptstadt des Nachbarstaats Georgia, erklärte mir die Lage, wie er sie sah: Die Unruhen und Zusammenstöße in einem Ort wie Selma seien nur hervorgerufen durch die Eitelkeit dieses Doktor Martin Luther King, der unbedingt berühmt werden wolle. Ohne ihn wäre dort alles ruhig geblieben. Das Wahlrechtsgesetz, das Präsident Johnson vorbereite, sei sehr gefährlich. Wenn die Bundesregierung den Einzelstaaten vorschreibe, wen sie als Wähler zu registrieren hätten, dann sei das der erste Schritt hin zur Diktatur. Das Ehepaar gehörte zu jenen, die man im Süden die »besserdenkenden Bürger« nannte – Leute, die keinen weißen Geistlichen mit Gewalt aus einer »Negerkirche« jagen würden. Aber, meinte der Bauunternehmer, unter den Geistlichen, die als Agitatoren in die Südstaaten kämen, seien ja auch viele Kommunisten, die die »Neger« aufhetzten.

An dem Tag, an dem unser Team abends in Selma eintraf, hatten wir drei weiße Geistliche als Mitreisende in unserem Wagen. Sie waren in einer größeren Gruppe mit dem Flugzeug aus Detroit gekommen. Um ihnen die Reise nach Selma zu ermöglichen, hatten ihre Gemeinden auf Protestversammlungen Geld gesammelt. Viele aus der Gruppe hatten keinen Mietwagen und kein Hotelzimmer mehr gefunden. Immerhin konnten wir drei von ihnen noch in unseren Wagen quetschen. In Selma war das Zentrum der Bürgerrechtsbewegung nicht schwer zu finden – immer an den Polizeiwagen und den Kolonnen bewaffneter Polizisten entlang, die im Dunkeln am Straßenrand standen. »Das ist wie die Mauer in Berlin«, sagte einer der geistlichen Mitfahrer. Hinter dem Polizeikordon standen kleine Gruppen weißer Bürger von Selma, die verbissen abwarteten, ob sich die »Neger« noch einmal trauen würden, in den weißen Teil der Stadt herüberzukommen. Auf der anderen Seite war die Straße voll von weißen und schwarzen Amerikanern, die diskutierend herumstanden, Cola tranken und auf die Versammlung in der Kirche warteten. Leute mit Schlafsäcken traten aus dem Pfarrhaus, und kleine schwarze Jungen führten sie zu den Wohnungen, in denen sie Unterkunft und Sandwiches finden konnten. Ich fragte einen der Schwarzen, der wie ein Student aussah, wo ich meinen Wagen parken könne, und er beruhigte mich. »Auf dieser Seite ist alles in Ordnung, hier kann dir nichts passieren«, sagte er und legte mir den Arm auf die Schulter. »Dahinten, wo du die Uniformen siehst, fängt es an, für dich gefährlich zu werden. Da sind die Whiteys.«

Es war der 15. März, acht Uhr abends. Im Radio wurde die Übertragung einer Rede Präsident Johnsons angekündigt. Ich drehte die Lautstärke meines Autoradios auf, und sofort war mein Wagen von jungen Leuten umgeben. Sie hingen an den Fenstern, saßen auf der Motorhaube oder dem Kofferraum und hörten aufmerksam zu. Der Präsident sprach an diesem Tag vor den Abgeordneten des US-Kongresses, aber es war keine Rede für Parlamentarier, sondern ein emotionaler politischer Aufruf an das ganze amerikanische Volk und vielleicht die beste Rede, die Johnson je gehalten hat. »Selbst wenn wir dieses Gesetz durchbringen, wird die Schlacht noch nicht vorbei sein«, sagte er. »Was sich in Selma vollzieht, ist Teil einer weit größeren Bewegung, die in jeden Bereich und jeden Staat Amerikas hineinreicht. Es ist der Wille amerikanischer Neger, sich die Teilnahme an allen Segnungen des amerikanischen Lebens zu sichern. Ihre Sache muss auch unsere Sache sein. Denn es sind nicht nur die Neger, sondern in Wahrheit sind es wir alle, die das lähmende Erbe der Bigotterie und Ungerechtigkeit überwinden müssen. Und wir werden es überwinden.«

»We shall overcome« – da war sie wieder, die Zeile aus dem altenglischen Kirchenlied, das ich 1950 an der Highlander Folk School zum ersten Mal gehört hatte und das mittlerweile zur Hymne des gewaltlosen Widerstands geworden war. Doch ich merkte, dass die jungen Schwarzen, die sich um mein Auto drängten, weder überzeugt noch begeistert auf die Rede des Präsidenten reagierten. Die Bürgerrechtsbewegung war über zehn Jahre lang unter der Führung schwarzer Geistlicher auf gewaltlosen Widerstand eingeschworen worden. Nun hatte ein Teil der jüngeren Generation offenbar die Geduld verloren. Es waren nicht mehr nur Leute aus dem schwarzen Mittelstand und den Kirchengemeinden, die für mehr Rechte eintraten, sondern eine neue Generation, die härter zuschlagen wollte.

Einer der Organisatoren der Demonstrationen von Selma kam zu mir ans Auto. Stokely Carmichael hatte ich schon einmal 1964 bei einem der ersten Sitzstreiks getroffen, mit dem er und zehn Freunde gegen den Besitzer eines Fried-Chicken-Restaurants protestierten, weil der keine Schwarzen bedienen wollte. Der Wirt hatte daraufhin seine weißen Gäste mit Axtstielen bewaffnet, und Polizisten hatten die Schwarzen auf die Straße gedrängt. Es war damals einer der ersten Proteste dieser Art gewesen. Carmichael hatte dann mit Freunden das Student Nonviolent Coordinating Committee (SNCC) gegründet, das Studentische Komitee für die Koordinierung des gewaltlosen Widerstands. Als ich ihn in Selma wiedersah, sagte ich zu ihm, dass die Bewegung nun endlich die notwendige Aufmerksamkeit bekomme. Der Tod des Bostoner Geistlichen habe schließlich ganz Amerika die rohen Methoden der Polizei vor Augen geführt. Carmichael winkte ab: »Natürlich soll das ganze Land erregt sein, wenn einer so umgebracht wird. Aber muss der Tote immer ein Weißer sein, damit das Land es zur Kenntnis nimmt?« Ich fragte ihn, wie es weitergehe, und er hob die Hände. »The Lord has not spoken yet« – »Der Herr hat noch nicht gesprochen«, sagte er und machte damit eines deutlich: Der Herr – Martin Luther King – setzte seiner Ansicht nach der Protestbewegung zu enge Grenzen, wenn er sie zu Gewaltlosigkeit verpflichtete.

Am 21. März 1965 unternahmen die Demonstranten von Selma einen dritten Versuch, nach Montgomery zu gelangen. Diesmal kamen sie nach vier Tagen bis zur Hauptstadt von Alabama durch und schlugen dort ein Protestlager auf. Vier Monate später unterzeichnete Präsident Johnson das neue Wahlrechtsgesetz. Es war ein großer Sieg für die Bürgerrechtsbewegung, denn eine ihrer Hauptforderungen war damit nach langen Jahren heftiger Auseinandersetzungen endlich erfüllt. Nun sollte allen, gleichgültig welcher Hautfarbe, der Zugang zur Wahlurne gesichert sein. Was mir allerdings bereits in Selma aufgefallen war, ließ sich nun immer häufiger in den schwarzen Vierteln anderer Städte beobachten: Unter den jüngeren Leuten wuchs der Abstand zu Martin Luther King, und die Stimmung begann umzuschlagen. Immer mehr junge Schwarze waren in einer Art Uniform zu sehen, manchmal mit Schusswaffen ausgerüstet. Sie schworen bewaffneten Widerstand und Rache. Auch das Studentische Komitee für die Koordinierung des gewaltlosen Widerstands änderte seinen Namen – das Adjektiv »gewaltlos« wurde gestrichen. Gerade in einer Zeit, in der für die Schwarzen eine Verbesserung ihrer Lage näher zu kommen schien, war der Glaube an den Willen der Weißen, die Rassenschranken niederzureißen, bei den meisten jüngeren Leuten geschwunden. Während Martin Luther King nach wie vor das Wort »Neger« benutzte, sprachen sie nunmehr von »Schwarzen« und immer häufiger von »Black Power«, von der Macht der Schwarzen, die sich gegen Politiker, Polizei und Gesetze der Weißen durchsetzen müssten. Die Gruppen waren relativ klein, aber die Anziehungskraft ihrer Parolen war groß. Schwarzer Nationalismus, schwarze Macht, das Recht, sich zu verteidigen – diese neuen Themen bestimmten nun die Diskussion und weckten die Bedenken auch solcher Weißer, die eigentlich für die Überwindung der Rassentrennung eintraten.

Seit Mitte der sechziger Jahre suchte Martin Luther King neue, praktische Ziele für seine Anhänger. Er legte inzwischen der sozialen Gleichstellung ebenso viel Bedeutung bei wie der Gleichberechtigung vor Wahlurne und Gesetz. Die letzten Monate seines Lebens waren von Auseinandersetzungen über die soziale Frage bestimmt. So reiste er Anfang April 1968 nach Memphis, um einen Streik gegen die dortige Stadtverwaltung zu unterstützen. Sechshundert schwarze Müllmänner protestierten dagegen, dass die weißen Angestellten der Müllabfuhr höhere Löhne und bessere Arbeitsbedingungen als ihre schwarzen Kollegen bekamen. Martin Luther King hatte in Memphis mit einem Freund und Mitkämpfer ein Zimmer in einem Motel bezogen. Sie standen auf dem Balkon, als aus einer Pension gegenüber ein Schuss fiel. King war getroffen. Als man ihn ins Krankenhaus brachte, war er bereits bewusstlos, eine Stunde später war er tot. Es dauerte Stunden, ehe sich in Memphis herumsprach, dass Martin Luther King umgebracht worden war.

Im Armenviertel von Indianapolis, der Hauptstadt von Indiana, warteten zu dieser Stunde viele Schwarze auf eine Wahlkampfversammlung mit Robert Kennedy, der für seine Nominierung als Präsidentschaftskandidat werben wollte. Ich stand mit einem Kamerateam auf dem Dach eines Reisebusses, von wo aus wir die Ansprache filmen konnten. Kennedy hatte von einem Mitarbeiter die Nachricht vom Attentat auf Martin Luther King erhalten. Nun stand er vor der wartenden Menge, verwundert, weil alle so ruhig blieben. Er ließ den Mann vom Sicherheitsdienst fragen, ob die Menschen schon informiert seien. Der Polizeichef warnte ihn, er solle das Attentat auf keinen Fall erwähnen, weil das unberechenbare Wutausbrüche unter den Zuhörern auslösen könnte. Kennedy ignorierte jedoch die Warnung und verlas ein paar Zeilen, die er auf einem Zettel notiert hatte: King sei getötet worden, weil er sich für Liebe und Gerechtigkeit unter den Menschen eingesetzt habe. »Denjenigen von euch, die Schwarze sind und die nun von Hass und Misstrauen gegen die Ungerechtigkeit der Weißen, aller Weißen, erfüllt sind, will ich nur eines sagen: Ich kenne dieses Gefühl aus meinem eigenen Herzen. Ein Mitglied meiner Familie wurde getötet, aber auch ihn tötete ein weißer Mann.« Kennedys einfache und bewegende Rede erreichte seine schwarzen Zuhörer. Anders als der weiße Polizeichef befürchtet hatte, gab es keine zornigen Reaktionen, sondern nur Klagen und Trauer.

Wir nahmen am nächsten Morgen die erste Maschine nach Memphis. Dort hatten sich ein paar Hundert Menschen vor einem Beerdigungsinstitut im Viertel der Schwarzen versammelt. Die Trauerfeier sollte in Martin Luther Kings Heimatstadt Atlanta stattfinden, aber wenigstens den Sarg wollten die Schwarzen von Memphis sehen. In der Menge war kein einziger Weißer zu entdecken. Kein Bürgermeister, kein Stadtrat, kein Abgeordneter und kein Vertreter des Gouverneurs war erschienen. Dafür haben sich dann am Flughafen von Memphis weiße Polizisten postiert, ausgerüstet mit Gewehren, Maschinenpistolen, Schrotflinten, Schutzhelmen und Schlagstöcken. Manche hatten eine Zigarette im Mund, und man konnte ihnen ansehen, dass sie alles eher für einen politischen Unfall als für eine Tragödie hielten. Eine kleine Gruppe von Schwarzen, die sich durch die Polizeisperre gedrängt hatte, sang »We shall overcome«, als der Sarg zum Flugzeug gebracht wurde. Martin Luther Kings Frau Coretta blieb währenddessen in der Maschine, die Robert Kennedy am Abend zuvor für sie gechartert hatte und die schließlich sie und ihren toten Mann nach Atlanta brachte.

Am späten Nachmittag kamen wir wieder nach Washington, wo das Nachspiel der Tragödie begann. In der Hauptstadt, die von manchen Weißen bereits Chocolate City genannt wurde, waren zwei Drittel der Einwohner Schwarze – deutlich nach Stadtvierteln von den Weißen getrennt, ein Teil inzwischen vergleichsweise wohlhabend, aber insgesamt doch ärmer als die Weißen. Junge Schwarze, die nie recht an das Prinzip der Gewaltlosigkeit geglaubt hatten, gingen nun auf die Straße, schlugen Schaufenster ein und nahmen sich, was sie wollten. Polizeiposten an Straßenübergängen warnten uns Weiße, aber sie hinderten mich und mein Kamerateam nicht daran weiterzugehen. Zwei Straßenzüge vom Weißen Haus entfernt stießen wir bereits auf die ersten Gruppen Schwarzer, die sich in den Auslagen bedienten. Hier, unmittelbar am Rande des Regierungsviertels, durfte die Polizei nicht zulassen, dass sich die Plünderer zu großen Gruppen formierten und dass Bilder von ihnen vor dem Hintergrund des Weißen Hauses um die Welt gingen. Die Sicherheitskräfte griffen daher schnell und gründlich ein. Tränengas vertrieb die Randalierer.

Die Kräfte der Polizei waren allerdings zu schwach, um die Ordnung in der ganzen Stadt aufrechtzuerhalten. Ein paar Straßen weiter sah ich Häuser, die in Flammen standen, nachdem junge Schwarze Benzinflaschen mit brennender Lunte vom Auto aus in die Schaufenster geschleudert hatten. In dieser Nacht erblickte man in den Wohngebieten der Schwarzen den Himmel nicht mehr vor lauter Funkenflug und Qualm. Junge Leute rannten von Laden zu Laden und schlugen Scheiben ein. Währenddessen standen schwarze Familien auf der gegenüberliegenden Straßenseite und schauten zu. Die Weißen wiederum – oft Ladenbesitzer – blieben am Rande der Unruhezone, redeten halblaut miteinander und zogen schließlich resigniert ab. Ich versuchte mit dem Kamerateam, die Straße zu überqueren, doch wir wurden von jungen Schwarzen angehalten. Einer von ihnen hörte, wie der Kameramann und ich uns unterhielten. Ob wir Deutsche seien, wollte er nun wissen. Er sei als Besatzungssoldat in Deutschland gewesen, und wir sollten jetzt einmal laut und deutlich in unserer Muttersprache reden, damit er feststellen könne, ob wir nicht doch getarnte Amerikaner seien. Schließlich war er mit unserer Aussprache zufrieden und winkte uns durch. »Sagt allen, dass ihr Deutsche seid. Gesperrt ist hier für die amerikanische Presse.« Es schien, als gebe es eine Art Kommandoebene unter den Schwarzen, aber der Eindruck täuschte – bei den Leuten, die Geschäfte plünderten, war keinerlei Organisation zu erkennen. Ich stellte mich vor ein zerschlagenes Schaufenster und versuchte, vor laufender Kamera und mit dem Mikrofon in der Hand die Lage zu beschreiben. Plötzlich merkte ich, dass sich hinter mir etwas bewegte und dass die Kollegen und einige Neugierige gebannt in meine Richtung starrten. Erst redete ich weiter, doch dann spürte ich, dass unmittelbar hinter mir jemand stand: ein großer Schwarzer, betrunken und mit einer Schnapsflasche in der Hand. Er drehte sich zu mir, hob die freie Hand und tätschelte mir die Wange. »You are beautiful, baby«, sagte er, wendete sich ab und zog davon. Auf der anderen Straßenseite klatschten einige Passanten, anscheinend ebenso erleichtert wie meine Kollegen und ich.

Einige der schwarzen Zuschauer schimpften, die Brandstiftungen seien tödlicher Wahnsinn; wenn sich dann aber die Feuerwehrmänner einem der brennenden Häuser zu nähern versuchten, fanden sie keine freiwilligen Helfer. Siebzig Häuser brannten in dieser Nacht in Amerikas Hauptstadt. Am nächsten Morgen lag die Innenstadt noch immer unter schwarzem Rauch. Auch wenn es keine neuen Anschläge mehr gab, flackerte immer wieder Glut in den Ruinen auf oder ein benachbartes Gebäude wurde vom Feuer ergriffen. Am Ende rückte die 82. Luftlandedivision ein, Soldaten mit Kampferfahrung in Vietnam, die schon bei Unruhen in Amerikas Automobilstadt Detroit eingesetzt worden waren. Marineinfanterie ging vor den klassischen Säulen des amerikanischen Kongressgebäudes in Stellung. Weite Teile der schwarzen Wohnviertel blieben freilich weiterhin eine Art Niemandsland. Kleine Gruppen von Schuljungen liefen durch die Straßen, schmissen Ziegelsteine in Schaufenster und holten sich, was sie greifen konnten. Mit der Dunkelheit kamen die Erwachsenen und gingen systematischer zu Werke. Ganze Familien mit ihren Kindern kletterten in die Warenhäuser und begannen sich einzukleiden. Junge Männer schleppten Fernsehgeräte durch die Straßen, und aus geplünderten Waffengeschäften stammten die Gewehre, mit denen vereinzelt aus Fenstern auf Polizisten oder Feuerwehrleute geschossen wurde. In den Tagen nach der Ermordung Martin Luther Kings, des Predigers von Gewaltlosigkeit, Gleichberechtigung und Bruderschaft, erlebte die Hauptstadt des mächtigsten Landes der Welt, was Anarchie ist.

Doch nicht nur in Washington kochte die Wut der Schwarzen über. Zwischen Watts in Kalifornien und Newark in New Jersey kam es in schwarzen Wohnvierteln der USA zu über siebzig Gewaltausbrüchen mit Plünderungen, Brandstiftungen, Zusammenstößen und Straßenkämpfen. Ein Teil der schwarzen Bevölkerung schien überzeugt von seinem Recht, die seit der Sklavenzeit unbeglichenen Schulden mit Gewalt eintreiben zu dürfen. An die Wirksamkeit des gewaltlosen politischen Widerstands glaubten sie immer weniger. Auf einer Kundgebung in der Hauptstadt erklärte Stokely Carmichael: »Schämt euch nicht, wenn sich eure schwarzen Brüder mit der Polizei schlagen. Wir müssen dem weißen Mann sagen: Wenn wir unser Recht nicht kriegen, dann habt ihr bald kein Washington mehr.« Solche radikalen Rufe waren jetzt überall zu hören und machten deutlich, dass die Zeit der großen Demonstrationen von Schwarzen und Weißen, die gemeinsam für ein Amerika der Gleichberechtigung eintraten, zu Ende ging.

In der zweiten Hälfte der sechziger Jahre nahm der Krieg in Vietnam eine immer größere Rolle in der inneramerikanischen Auseinandersetzung ein. Zu Beginn des Jahrzehnts schien es noch, als interessiere dieser Konflikt im fernen Ostasien nur die Experten im Pentagon und im State Department. Das Interesse der amerikanischen Öffentlichkeit an den Machtverhältnissen in Vietnam war gering. Kennedys Vorgänger General Eisenhower hatte den Wunsch der Franzosen, US-Truppen zur Unterstützung ihrer Kolonialarmee in Indochina einzusetzen, noch deutlich zurückgewiesen. Falls Amerika in einen Krieg dieser Art hineingezogen würde, so der Ex-General, könne das in einer großen Tragödie enden. Dann wurde die Auseinandersetzung in Vietnam immer mehr zu einem Teil des allgemeinen Ost-West-Konflikts. Der junge Präsident Kennedy fürchtete im ersten Jahr seiner Präsidentschaft, Amerikas Rolle in der

Weltpolitik sei durch die Niederlage in Kubas Schweinebucht, den Bau der Berliner Mauer und die gescheiterten Verhandlungen mit Chruschtschow in Wien zum Niedergang verurteilt. Er wollte deshalb der Ausweitung des sowjetischen Einflusses eine klare Grenze setzen. Als der Präsident im Sommer 1961 von den Wiener Gesprächen mit Chruschtschow zurückkehrte, sagte er zu Journalisten in Washington: »Jetzt haben wir ein Problem. Wir müssen unsere Macht glaubwürdig machen, und Vietnam scheint dafür der richtige Ort.« Sein Vorgänger Eisenhower hatte es abgelehnt, mehr als 900 amerikanische Soldaten als Militärberater nach Vietnam zu entsenden. Am Ende seiner kurzen Präsidentschaft hatte Kennedy schon 16 000 Soldaten nach Südvietnam geschickt, und unter dem Einfluss der Experten wuchs ihre Zahl ständig. Sein Nachfolger Lyndon Johnson hielt den Krieg zunächst für eine zweitrangige, fast lokale Auseinandersetzung und versprach, Amerikas Verstrickung in den Vietnamkrieg schnell zu beenden. Dann jedoch erhöhte auch er Schritt für Schritt Amerikas Einsatz. Er war zwar ein erfahrener und schlauer Innenpolitiker, aber in der Außenpolitik war er auf die Minister und den Beraterstab von John F. Kennedy angewiesen, bekannte, hoch angesehene Fachleute für internationale Politik, die ihn beeindruckten und deren Rat er folgte.

Im Herbst 1967 waren bereits rund 400 000 US-Soldaten in Vietnam stationiert, gleichzeitig wuchsen in der amerikanischen Öffentlichkeit die Zweifel. Auch weil die Nordvietnamesen durch Waffenlieferungen aus der Sowjetunion und China gestützt wurden, war ein durchschlagender Erfolg bis dahin ausgeblieben. In dieser Situation besorgten wir für das Team unseres Washingtoner Studios eine Akkreditierung bei der amerikanischen Militärführung in Vietnam. Wir fuhren mit einer kleinen Mannschaft: mein langjähriger Kameramann, Dieter Perschke, sein Assistent, ein Tonmann und ich. Dazu kam noch ein vietnamesischer Dolmetscher und Redaktionsassistent, von dessen Ortskenntnis wir abhängig waren. Er hatte sehr präzis für englische Kollegen gearbeitet, und so riskierten auch wir es, uns auf ihn zu verlassen. Mit ihm suchten wir uns Fahrtrouten aus, auf denen wir uns von den Stützpunkten der US-Armee und ihrer Verbündeten in die Dörfer und Kleinstädte des Hinterlands durchschlagen konnten. Tagsüber blieb die Lage entspannt, der Kontakt zur ländlichen Bevölkerung schien ungefährlich. Unheimlich waren solche Ausflüge dennoch. Ortsvorsteher warnten uns davor, die Hauptstraßen zu verlassen: Im Sichtschutz der sumpfigen Reisfelder säßen versteckte Gruppen des Vietcong, die das Feuer auf uns eröffnen könnten. Nachts seien diese Straßen unpassierbar und die Dörfer unter der Kontrolle der kommunistischen Untergrundkämpfer. Immer wieder hörten wir von Ortsvorstehern und Verwaltungsbeamten, die über Nacht entführt oder erschossen worden seien. So setzten wir alles daran, abends möglichst wieder unser Hotel in Saigon zu erreichen.

In der Hauptstadt Südvietnams war die Lage gewöhnlich eher ruhig. Es gab vereinzelte Bombenattentate, aber meist in der Nähe des Stadtrands, seltener im Zentrum, wo das Hotel Continental lag, die Lieblingsunterkunft der ausländischen Journalisten. Die Lobby war ein großer Basar der Gerüchte, aber immerhin gab es hier eine Art Austausch, mit Hilfe dessen man sich vorsichtig orientieren konnte. Die Informationsabteilung der amerikanischen Armee dagegen war weniger zuverlässig. Präsident Johnson hatte eine »Politik der minimalen Offenheit« verkündet, aufgrund derer die Informationsoffiziere im Auftrag der politischen Führung Berichte »frisierten«. Tatsächlich entdeckte ich, dass ein ehemaliger Kollege, den ich schon aus Korea kannte, nicht nur Nachrichten vertuschte, sondern mich auch in Bezug auf die Ziele und das Ausmaß des Truppeneinsatzes eindeutig belog. Folglich gab es einigermaßen zutreffende Auskünfte nur, wenn man sie sich selbst besorgte und mit erfahrenen Kollegen austauschte.

In Saigon herrschte eine Art Waffenstillstand zwischen dem Vietcong und den ausländischen Journalisten und Diplomaten, soweit sie nicht Amerikaner waren. Jedenfalls war in der Stadt seit Jahren kein Europäer überfallen oder ermordet worden. Während der Neujahrstage, so erzählten mir die Kollegen, unternehme der Vietcong auch außerhalb der Stadt keine Attentate und Angriffe. Es waren die Tage im Jahr, an denen Ausländer sich ins Auto setzten und ans Meer fuhren. Tet, das bevorstehende chinesische Neujahrsfest, bedeutete auch so etwas wie Ferien vom Krieg, darüber waren sich alle einig. Also machten auch wir uns Ende Januar 1968 auf zu einer zweistündigen Autofahrt an einen ehemaligen Badeort an der Küste und legten uns im weißen Sand in die Sonne. Aber schon nach einer Stunde kam unser Dolmetscher mit besorgter Miene: Es gebe Gerüchte, dass die Lage unsicher sei. Eine Stunde später sprach er bereits von der Gefahr »militärischer Zusammenstöße«, ein Ausdruck, den er vorher nie benutzt hatte. Mit uns am Strand lag der französische Konsul aus Saigon. Obwohl er uns als langjähriger Indochina-Kenner versicherte, eine gewaltsame Störung des Tet-Festes sei ausgeschlossen, fuhren wir sofort ab. Der Diplomat blieb zurück – und konnte erst zwei Wochen später die Reise in die Hauptstadt antreten. Tatsächlich hatten an diesem 30. Januar die nordvietnamesische Armee und die Guerillatruppen des Vietcong auf breiter Front einen Überraschungsangriff gegen die Stellungen der Südvietnamesen und ihrer amerikanischen Verbündeten begonnen.

Die Innenstadt Saigons schien ruhig, als wir von der Küste zurückkamen. Dann jedoch bogen wir in eine Nebenstraße ein, die nach etwa fünfzig Metern gesperrt war. Schon während wir umzudrehen versuchten, fielen von vorn die ersten Schüsse. Gleich danach wurde auch aus der Richtung, aus der wir gerade gekommen waren, auf uns geschossen. Unser Dolmetscher, dem der Wagen gehörte, setzte das Auto nahe an eine Hauswand, wir krochen heraus und legten uns auf den Boden. Dieter Perschke war vorher ausgestiegen, um einen guten Drehort zu suchen. Nun konnte er nicht über die Straße zu seiner Kamera zurück. Sein Assistent lag halb unter dem Auto und filmte, was er konnte. Zehn Minuten lang ging der Beschuss weiter, dann fuhren wir so schnell wie möglich aus dem gefährlichen Engpass heraus. Alles war gut gegangen, wir hatten sogar Filmmaterial, auf dem die Schützen entfernt zu erkennen waren. Anschließend sorgten nur noch die vier Einschusslöcher in der Karosserie unseres Wagens für Schwierigkeiten. Die Verwaltungsleitung beim Westdeutschen Rundfunk hatte entschieden, dass der Schaden nicht Sache des Senders, sondern des Dolmetschers sei, in dessen Wagen wir mitgefahren waren. Er habe die Reparatur an seinem Auto selbst zu zahlen, hieß es. Das war ärgerlich, hatte aber auch sein Gutes: Als der Intendant in Köln auf meine Bitte hin entschied, dem Dolmetscher die Reparaturkosten zu ersetzen, revanchierte sich dieser bei mir durch freiwillige Einsätze. Er nahm mich in das buddhistische Kloster mit, das in Saigon das Zentrum des intellektuellen Widerstands nicht nur gegen die Amerikaner, sondern auch gegen die vietnamesischen Kommunisten und die eigene südvietnamesische Regierung war. Es war zugleich der stärkste Stützpunkt der Friedensbewegung, deren Anhänger – meist junge Leute und Professoren der Universität – Verhandlungen zwischen Nord- und Südvietnam forderten.

Mein Dolmetscher brachte mich auch in Kontakt mit kleinen Gruppen vietnamesischer Intellektueller, von denen die meisten in Frankreich studiert hatten. Sie erzählten mir von der Zeit des Zweiten Weltkriegs, als die französischen Kolonialtruppen, die der Kollaborationsregierung in Vichy unterstanden, gemeinsam mit japanischen Eroberern in Vietnam operierten. Aber dann hatten die Japaner ein unabhängiges Kaiserreich Vietnam ausgerufen und das französische Militär interniert. Es waren höchst komplizierte und verworrene Geschichten über Bündnisse, in denen Amerikaner und Chinesen den Aufstand der vietnamesischen Kommunisten gegen die Franzosen unterstützten, während diese über sechshundert Japaner zur Ausbildung ihrer Truppen anheuerten. Solche Zusammenhänge waren den Amerikanern und den Europäern kaum verständlich und bis dahin hinter den offiziellen Kriegsberichten verborgen geblieben. Die vietnamesischen Intellektuellen, mit denen ich sprach, waren besonders verbittert darüber, dass ihre linken Freunde in Westeuropa nicht zur Kenntnis nehmen wollten, auf welch brutale Weise die Kommunisten in Nordvietnam ihre Macht durchgesetzt hatten. Dort hatten in der letzten großen Säuberung nach der Art Stalins wohl eine halbe Million Menschen ihr Leben verloren. Fernsehbilder, auf denen junge Europäer mit dem Ruf »Ho, Ho, Ho Chi Minh« gegen den Krieg und die Amerikaner demonstrierten, waren meinen vietnamesischen Gesprächspartnern jedenfalls schwer verständlich.

Mein Team und ich bemühten uns, wenigstens einen kleinen Teil von dem, was man vom Krieg sehen konnte, mit der Kamera festzuhalten. Da gab es erschütternde Bilder, wenn amerikanische Hubschrauber unmittelbar über unseren Köpfen Raketen in eine südvietnamesische Vorstadtstraße jagten oder, noch erschreckender, als wenige Meter von uns entfernt ein südvietnamesischer General einen Gefangenen mit der Pistole erschoss, der Minuten vorher noch Südvietnamesen aus dem Fenster eines Hauses getötet hatte. Eines immerhin konnten wir deutlich machen: Die nordvietnamesische Tet-Offensive hatte Anfang 1968 für keine der beiden Seiten einen Sieg gebracht, nur die höchsten Verluste seit Beginn des Kriegs. Die fast achtzigtausend kommunistischen Kämpfer, die in mehr als hundert Städten und Ortschaften angetreten waren, hatten zwar keine größeren Orte erobern können, aber in den USA löste die Wucht ihrer Offensive doch einen Schock und höchst unterschiedliche Reaktionen aus: Die Militärs wollten die Schlagkraft der Truppen verstärken, während die meisten Wähler die Kämpfe als Beweis dafür verstanden, dass der Krieg immer größer und blutiger werden würde und am Ende nicht zu gewinnen sei.

Für Präsident Johnson wurde die Lage immer schwieriger, je tiefer sich die USA in diesen südostasiatischen Konflikt verwickelten. Gerade bei jenen, deren Unterstützung er für sein Programm einer sozialpolitisch veränderten Gesellschaft gebraucht hätte, rief die Erfolglosigkeit und Brutalität des Kriegs zunehmend Widerstand hervor. Die Zahl der Friedensmärsche und Protestdemonstrationen wuchs vor allem unter den jüngeren und liberalen Wählern, die eigentlich die natürlichen Verbündeten für seine Reformpolitik gewesen wären. Amerika hatte bereits im Frühjahr 1967 eine beispiellose Antikriegskundgebung erlebt, als sich im New Yorker Central Park 125 000 Menschen versammelten. Ich traf dort Bekannte und Freunde wieder, denen ich während der Bürgerrechtsbewegung begegnet war. Aber diesmal war das Ganze nicht mehr der Aufmarsch einer politischen Bewegung oder pazifistischer, sozialistischer und – wie etwa J. Edgar Hoover, der Chef des FBI, gewohnheitsmäßig erklärte – kommunistischer Gruppen, sondern vielmehr ein Treffen von Tausenden von Individualisten, die den Glauben an die Politik und die Wirksamkeit gesellschaftlicher Proteste und Bewegungen zu verlieren begannen. Sie erwarteten nichts mehr von einem Dialog mit Präsident Johnson und den Realpolitikern, aber auch wenig von jenen Senatoren, die ein Ende des Kriegs in Vietnam forderten.

Innerhalb der New Yorker Protestkundgebung wurde ein neuer Prozess der Entfremdung deutlich. Anfang der sechziger Jahre hatten die Professoren an Amerikas Universitäten noch darüber geklagt, dass sich die Studenten nicht für Politik interessierten. Im Laufe des Jahrzehnts war das anders geworden: Inzwischen klagten Professoren über eine allzu rebellische Ausrichtung ihrer Studenten. Die Taktik der direkten Aktion, der Sitzstreiks oder der zeitweisen Besetzung von Behörden oder Dienststellen, wie sie die Schwarzen in der Black-Power-Bewegung entwickelt hatten, wurde nun gegen die Verwaltungen der Universitäten eingesetzt und gegen ein System, das den Studenten auf unmoralische Weise konformistisch erschien. Einzelne Kadergruppen, die die öffentliche Auseinandersetzung in Bewegung halten wollten, demonstrierten zwar mit den Bildern Maos oder Ho Chi Minhs, doch die meisten jungen Leute, die ihnen folgten, wollten nicht den kommunistischen Umsturz, sondern protestierten vor allem gegen die Struktur und Moral der eigenen Gesellschaft. Sie waren abgestoßen von der Vietnampolitik und enttäuscht von dem Mangel an idealistischer Zielsetzung in der Innenpolitik. So gesellten sich in New York Tausende zu den Protestierenden, die solchen Versammlungen bisher eher fremd gegenübergestanden hatten: Sekretärinnen und Hausfrauen, die mit Sträußen von Forsythien oder Osterglocken gekommen waren und die Blumen freundlich an Mitmarschierer verteilten, junge Männer, die sich das Gesicht mit bunter Farbe bemalt hatten, im Kreis tanzten und den Krieg samt seiner politischen Maschinerie verspotteten. Hier machte sich eine allgemeine Unzufriedenheit mit der amerikanischen Gesellschaft Luft.

Lyndon Johnson spürte, dass seine Zeit als Präsident, der die amerikanische Gesellschaft grundsätzlich verändern konnte, nun vorbei war. Die »Große Gesellschaft« war ein amerikanischer Traum geblieben. Am 31. März 1968 beendete er eine Fernsehansprache mit einer überraschenden Botschaft: Er werde sich nicht mehr um eine Wiederwahl bemühen. Obwohl sich dadurch sein Ansehen in der Bevölkerung zunächst wieder verbesserte, blieb er bei seiner Entscheidung. Nun gab es unter den Demokraten drei Konkurrenten im Kampf um die Nachfolge: den Vizepräsidenten Hubert Humphrey, einen liberalen, aber eher farblosen Mann aus dem Parteiapparat, der die Politik Johnsons fortsetzen würde, dann Senator Eugene McCarthy, einen gebildeten, nachdenklichen Mann aus der Mitte der demokratischen Partei, dessen wichtigstes Thema die Forderung nach dem sofortigen Ende des Vietnamkriegs war, und schließlich Robert Kennedy, der erst spät, zwei Wochen vor Johnsons Rückzug, seine Kandidatur angekündigt hatte.

Vielen meiner amerikanischen Freunde fiel die Entscheidung außerordentlich schwer: Sowohl McCarthy wie Kennedy wollten den Krieg in Vietnam beenden. Für McCarthy sprach, dass er seine Kandidatur schon zu einem Zeitpunkt erklärt hatte, als Lyndon Johnson noch unbesiegbar schien; Kennedy dagegen brachte die Strahlkraft des großen Namens mit und obendrein ein Reformprogramm, mit dem er den republikanischen Kandidaten Richard Nixon schlagen wollte. Wenn wir ihren jeweiligen Wahlkampfteams hinterherfuhren, kamen wir mit Kennedy in die schwarzen Stadtteile und in die wohlhabenderen Vorstädte, während wir McCarthy in die Universitätsviertel folgten, zu Studenten, die sich für ihn als Kriegsgegner entschieden hatten, obwohl er keine Chance zu haben schien. Bei Kennedys Auftritten gab es – besonders unter den Schwarzen – mehr Jubel und Begeisterung, bei McCarthy so etwas wie Verehrung für einen Mann, der seine Karriere für den Frieden riskierte. Und immer wieder traf ich Leute, denen es ebenso ging wie mir: McCarthy erschien uns sympathischer und selbstloser, aber Robert Kennedy war derjenige, der gewinnen und Amerika verändern konnte.

Am 4. Juni 1968 folgten wir den beiden Kandidaten in die Wahllokale verschiedener Stadtteile von Los Angeles. Eine wichtige Entscheidung stand an. Wer die Vorwahl in Kalifornien gewann, würde einen großen Schritt in Richtung Kandidatur machen. Die meisten Journalisten und Kamerateams, darunter auch wir, begleiteten Kennedy, denn der galt als der Mann mit den besseren Chancen und dem höheren Nachrichtenwert. Wir erwarteten ihn im Ballsaal des Ambassador-Hotels, sahen, wie ihm Mitarbeiter einen Weg durch die wartende Menge freimachten. Als die Wahllokale schlossen, bedankte sich Kennedy bei seinen Anhängern mit einer Rede. Wir ließen nur unseren Kameraassistenten im Ballsaal zurück, der die Ansprache des Kandidaten aufnehmen sollte, wenn das Ergebnis vorlag. McCarthy, so schien uns, konnte nicht gewinnen, aber gerade deswegen wollten wir beobachten, wie seine jungen begeisterten Anhänger auf die Niederlage reagieren würden. Als wir in McCarthys Hauptquartier ankamen, herrschte im Saal noch Wahlkampfatmosphäre: Junge Leute sangen Spottlieder auf Kennedy und nannten ihn einen Opportunisten, der nicht aus Überzeugung antrete, sondern weil er den »Kennedy-Platz« im Weißen Haus besetzen wolle. Die Stimmung war gereizt. Plötzlich trat ein Mann sehr langsam und ernst ans Rednerpult. Er bat um Ruhe, und er tat dies so eindringlich, dass alle sofort verstummten. Und dann verkündete er: Auf Robert Kennedy sei wenige Minuten zuvor geschossen worden. Niemand sagte ein Wort. Eben noch waren sie seine kritischen Gegner gewesen, doch nun erkannten sie, dass trotz allem gerade sie große Hoffnungen in ihn gesetzt hatten.

Mein Team und ich rasten zum Ambassador-Hotel zurück, wo unser Kameraassistent die Geschehnisse drehte: Kennedys Mitarbeiter hatten den Kandidaten nach seiner Rede nicht noch einmal in die begeisterte Menge gehen lassen, sondern ihn nach hinten über die Bühne zu einer Pressekonferenz gebracht. Der Weg führte durch einen Korridor zum Kücheneingang. Ein einziger pensionierter Polizist sorgte für Kennedys Sicherheit und schob störende Anhänger aus dem Weg. Kennedy schüttelte die Hand eines Hotelpagen, als ein Mann hinter der Eismaschine hervortrat und mehrere Schüsse auf ihn abgab. Unser Kameraassistent hatte als Einziger gefilmt, wie Kennedy zu Boden stürzte und wie seine Begleiter den Schützen überwältigten, Sirhan Sirhan, einen vierundzwanzigjährigen Christen aus Palästina, wie wir später aus einer sehr kurzen Information für die Presse erfuhren. Nun sahen wir Robert Kennedys Frau Ethel am Gang vor der Küche. Wir filmten, wie sie zu ihrem Mann geführt wurde und neben ihm niederkniete. Er wandte ihr das Gesicht zu und schien sie zu erkennen, dann trug man ihn auf einer Bahre fort zum Krankenwagen.

Die vielen Menschen, die ihm kurz vorher noch zugejubelt hatten, blickten dem Krankenwagen schweigend nach, unsicher, was sie denken oder sagen sollten: John F. Kennedy war erschossen worden, Martin Luther King war erschossen worden, nun war auch auf Robert Kennedy ein Attentat verübt worden. Ein paar junge Frauen hielten sich an den Händen und begannen halblaut zu singen: »We shall overcome«. Es klang wie ein letztes Versprechen aus der Zeit großer Hoffnungen. Mich hatte dieses Lied fast zwei Jahrzehnte durch Amerika begleitet: An der Highlander Folk School hatte ich es zum ersten Mal gehört. Ich hörte es dann, als ich die junge Sängerin Joan Baez zu ihrem ersten Konzert in New York begleitete und als sie mich zum Newport Folk Festival mitnahm, wo es der junge Bob Dylan sang. Ich erinnerte mich an den Abend in Selma, als ich mit jungen Schwarzen zusammen die Radioübertragung jener Rede im Kongress hörte, in der Präsident Johnson zur Überraschung aller ein neues Amerika mit den Worten »We shall overcome« ankündigte. Nun blickte ich dem Krankenwagen nach, mit dem Robert Kennedy ins Krankenhaus gefahren wurde, wo er einen Tag später starb.

»Sie essen Suppe bei der ARD?«
Bonn
1969–1972

Im Januar 1969 zog Richard Nixon ins Weiße Haus ein, entschlossen, die amerikanische Politik von seinem Arbeitszimmer aus mit seiner eigenen Mannschaft zu bestimmen und nicht mehr den erregten öffentlichen Diskussionen zu überlassen, die Amerika im Jahrzehnt zuvor erschüttert hatten. Nixon war misstrauisch gegen alle unabhängigen liberalen Kritiker und auch gegen fast alle Journalisten. Die Arbeit der White-House-Korrespondenten verlor an Reiz, weil es zu persönlichen Begegnungen mit dem Präsidenten und seinen Experten nicht mehr kam. Das machte mir den Umzug nach Deutschland leichter, wo ich die Leitung des Bonner Studios der ARD übernehmen sollte.

Als Korrespondent in der Sowjetunion und in den USA hatte ich stets aufmerksam die Auseinandersetzungen über die Zukunft Deutschlands beobachtet. Es war zu spüren, dass sich in den Hauptstädten beider Supermächte Entscheidungen über die Deutschlandpolitik vorbereiteten, und ich war gespannt darauf, wie sich die Bonner auf diese neue Lage einstellen würden. Tatsächlich versprach das politische Geschehen hier interessant zu werden. Die Ära der CDU-geführten Regierungen unter Adenauer und Erhard wurde nach dem Zwischenspiel der Großen Koalition im Herbst 1969 durch die neue Regierungskoalition aus SPD und FDP unter Bundeskanzler Willy Brandt und Außenminister Walter Scheel beendet. Damit war die Zeit, in der die Entscheidungen innerhalb des Regierungsapparats getroffen und dann in den Parlamentsdebatten nur noch mit vorhersehbarem Ergebnis diskutiert wurden, vorbei, und der neue Kurs, den die Regierung Brandt in der Ostpolitik einschlug, brachte Bewegung in die festgefahrene Konfrontation auf einem Gebiet, das mich seit Jahren besonders interessierte.

Die Bundeshauptstadt Bonn sei noch langweiliger als Washington, so hatten mich Diplomaten gewarnt. Tatsächlich bestand Bonn auf eigenartige Weise aus einer Reihe von Kleinstädten, die miteinander fast nicht kommunizierten. Da gab es – unmittelbar wichtig für uns Journalisten – den politischen Komplex mit den Parteien und der Regierung. Dann den riesigen Beamtenapparat der Ministerien, dessen Mitglieder am liebsten unter sich blieben, dazu die »Reisegesellschaft« der Bundestagsabgeordneten, die von Freitagmittag bis Montag in ihre Wahlkreise verschwanden. Dann war da die nicht sehr große Kolonie der Diplomaten, von denen nur ein kleiner, wenn auch interessanter Teil den Kontakt mit der deutschen Politik und Kultur suchte. Dazu gab es noch die Universität, die kaum Verbindungen zum politischen Bonn unterhielt, und schließlich die Bonner Bürger, die mit alldem nichts zu tun haben wollten und eigentlich dem Verlust ihres rheinischen Kleinstadtlebens nachtrauerten.

Die Journalisten in der Bundeshauptstadt waren eine eigene Gruppe am Rande des Politikbetriebs – überall ein bisschen mit dabei, aber in ihrer Mehrheit doch fest verbunden mit bestimmten Vertretern von Parteien und Ministerien. Schon unter Bundeskanzler Konrad Adenauer war ein spezielles System der Gesprächskreise entstanden, in denen man einer kleinen Anzahl von ausgewählten Journalisten Informationen und Hinweise zukommen ließen. Das verschaffte solchen Pressevertretern einen Informationsvorsprung und den Politikern den Vorteil, dass ihre Meinungen oder Absichten bereits in der Öffentlichkeit waren, ehe Gegner und Kritiker von ihnen erfahren konnten. Fast zwanzig Jahre lang hatte sich dieses System entwickelt, das Adenauer vervollkommnet hatte und das viele zu imitieren versuchten. Ende der sechziger Jahre aber zeigte es Risse, als in den Parteien eine neue Generation auftrat, die sich den alten Gewohnheiten und Denkmustern nicht einfach unterordnete.

Das Studiogebäude der ARD hatte im Bonner Regierungsviertel einen strategisch günstigen Standort. Es lag in der Mitte zwischen dem Bundestag mit dem Plenarsaal und den Fraktionssälen, den Arbeitsräumen und den Wohnungen der Abgeordneten, dem Bundespresseamt, dem Bundeskanzleramt und dem Sitz des Bundespräsidenten. Da saßen wir nun im Zentrum des von Gerüchten und Informationen brummenden Bienenkorbs. Auf dem Weg von einer Sitzung zur anderen machten Politiker manchmal einen kleinen Umweg und schauten auf ein kurzes Gespräch oder eine Tasse Kaffee bei uns vorbei. Nach abendlichen Aufzeichnungen oder Livesendungen kamen manche von ihnen auf einen Whiskey in mein Büro, und wenn es spät wurde, machte unsere Sekretärin auch mal einen Teller Suppe warm. Besonders jüngere Politiker – Abgeordnete oder auch Kabinettsmitglieder – blieben mitunter lange sitzen. Sie hatten Vertrauen genug, um offen über schwierige Themen zu sprechen. Einige Male war auch der Bundeskanzler ein später Gast, ebenso der Vorsitzende der SPD-Fraktion Herbert Wehner, der große alte Mann der Sozialdemokratie. Bei einem Besuch erzählte er bis spät in die Nacht von seiner Emigrationszeit in den dreißiger Jahren, von der Angst vor Verhaftungen im Moskauer Hotel Lux oder auch von noch früheren Wanderungen im Thüringer Wald. Er blieb so lange, bis seine Stieftochter (und spätere Frau) sich gegen zwei Uhr morgens neben seinem Sessel aufstellte und so lange stehenblieb, bis Wehner mit ihr nach Hause ging.

In den Tagen kurz vor der Abstimmung über das Misstrauensvotum gegen Willy Brandt im Frühjahr 1972 saß ein jüngerer CDU-Abgeordneter bei mir im Büro. Er war ganz erschrocken, als sich die Tür öffnete und Franz Josef Strauß, der CSU-Chef, ihn vorwurfsvoll begrüßte: »Sie hier? Sie essen Suppe bei der ARD?« Der Abgeordnete verabschiedete sich schnell, Strauß hingegen blieb, aß selbst einen Teller und beantwortete eine Frage, die uns damals alle beschäftigte. Ob er den CDU-Fraktionschef Rainer Barzel, der mit dem Misstrauensvotum auf die Kanzlerschaft zustrebte, ins rostige Messer laufen lassen würde. Die Antwort kam knochentrocken: »Mein Messer ist nie rostig.« Öffentlich hatte Strauß immer wieder erklärt, er unterstütze Barzel und habe keinerlei Absicht, ihn als Kanzlerkandidaten zu ersetzen. In solchen Fällen lohnte sich das Gespräch: Eine knappe Andeutung des Hauptbeteiligten war mehr wert als die vielen Gerüchte, die uns sonst zugetragen wurden.

Unserem Studiogebäude in Bonn haftete etwas angenehm Unfertiges, Improvisiertes an. Es war seit den ersten Tagen der Bundesrepublik in Betrieb und seither ständig umgebaut worden. Mein Vorgänger Günter Müggenburg war von Anfang an ein Teil des Bonner Milieus gewesen, mit unzähligen Verbindungen und Beziehungen, mit allen bekannt, mit vielen befreundet und nicht im Verdacht parteipolitischer Einseitigkeit. Dasselbe galt auch für die drei Kollegen Friedrich Nowottny, Ernst Dieter Lueg und Klaus Altmann, mit denen ich nach seinem Weggang in der Redaktion zusammenarbeitete. Jeder hatte Bekannte in Ministerien und Fraktionen, aber wir verfügten über so unterschiedliche Kontakte und Quellen, dass man uns keine einseitige Festlegung vorwerfen konnte. Die parteipolitischen Schlachten wurden in den Rundfunkräten der ARD-Anstalten geschlagen und dann vom Intendanten des WDR, dem das Bonner Studio unterstand, fast immer ohne Druck an uns Hauptstadt-Korrespondenten weitergemeldet. Die dreißig Kilometer Entfernung zwischen dem Funkhaus in Köln und dem Studio in Bonn waren meist ein angenehmer Filter in der Kommunikation.

Zunächst schien es so, als erreichten technische Neuerungen das Bonner Studio stets mit Verspätung, dann jedoch konnten auf dem »kleinen Dienstweg« größere Veränderungen ausgehandelt werden. Bei einem seiner seltenen Besuche im Studio gratulierte uns der WDR-Verwaltungsdirektor dazu, dass auch wir nun ein eigenes Kamerateam hätten. Tatsächlich standen uns inzwischen auch ein voll ausgerüstetes Studio und ein Schneideraum zur Verfügung. Die hatten Kollegen aus der technischen Direktion abgezweigt, nachdem das Studio in Brüssel modern ausgerüstet worden war und wir dessen alte Ausstattung übernehmen durften. Brüssel galt als künftiges Zentrum Europas, Bonn dagegen war als Bundeshauptstadt eine Übergangslösung. Auch unser Studio würde nach der Wiedervereinigung selbstverständlich nach Berlin zurückverlegt, so dachten viele, möglicherweise ins große Funkhaus an der Masurenallee. Irgendwie wirkte in Bonn alles vorläufig und endgültig zugleich.

Die Bundespolitik war zu dieser Zeit mit einem zentralen Thema beschäftigt, das mich schon lange fasziniert hatte. Die Regierung Brandt suchte einen neuen Kurs in der Ostpolitik. Nach Jahren der einseitigen Ausrichtung auf Westeuropa, insbesondere Frankreich, sollte nun das Gespräch mit dem anderen, bis dahin vernachlässigten Partner der westdeutschen Außenpolitik aufgenommen werden. Es ging um die Frage, ob eine Annäherung an die Sowjetunion und damit auch an die anderen Staaten des Ostblocks möglich sei, ohne den Weg zu einer Wiedervereinigung zu verschließen. So war die erste Jahreshälfte 1970 eine Zeit des Abtastens und der Vorverhandlungen zwischen den beiden Regierungen in Bonn und Moskau. Diese Vorgespräche lösten im Bundestag eine erbitterte innenpolitische Auseinandersetzung aus, die oft von Vermutungen oder frei erfundenen Gerüchten beherrscht war. Die Opposition aus CDU/CSU, die von Konrad Adenauer eine Politik der festen Bindungen an Westeuropa und Amerika und ein absolutes Misstrauen gegenüber der Sowjetunion geerbt hatte, sprach vom Ausverkauf bundesdeutscher Interessen. Jede vertragliche Einschränkung der militärisch-politischen Sicherheit sowie des Anspruchs auf Wiedervereinigung der beiden deutschen Staaten in Deutschlands alten Grenzen galt ihnen als Verrat. Die westlichen Mächte wiederum wussten, dass eine unbewegliche Haltung Bonns gegenüber Gesprächen mit Moskau eine Entspannungspolitik in Mitteleuropa sehr viel schwerer machen würde. Davon abgesehen, gestalteten sich die Sondierungsgespräche mit der Sowjetunion aber auch deshalb kompliziert, weil die Führung in Moskau innerlich gespalten war. Bei vielen Politikern im Kreml herrschte große Furcht, die sozialistischen Länder Osteuropas könnten sich eines Tages zu stark nach Westen orientieren.

Im Auftrag des Bundeskanzlers hatte Staatssekretär Egon Bahr seit Ende 1969 erste Gesprächskanäle geöffnet und in Moskau Unterredungen von höchster Vertraulichkeit geführt, über die auch das Kabinett oft nur teilweise informiert war. Bahr konnte in diesen Monaten ein kleines, unsichtbares Netz vertraulicher Beziehungen aufbauen, wodurch deutsche Vorschläge nicht von Außenministerium zu Außenministerium übermittelt werden mussten, sondern den inneren Kreis der Breschnew-Berater auf direktem Weg erreichten. Es lag in der Natur der Sache, dass der Inhalt solcher vorbereitenden Gespräche nicht öffentlich bekannt gemacht werden konnte. In Moskau durften die Gegner einer neuen Deutschlandpolitik nicht gereizt werden, und in Bonn konnte der Bundeskanzler keine aufgeheizte Debatte über veränderte Beziehungen zu Moskau gebrauchen – was freilich auch bedeutete, dass diese unterdrückte Diskussion das Misstrauen der Opposition wachsen ließ. Als ich Willy Brandt in diesen Monaten einmal fragte, ob es nicht besser sei, der Öffentlichkeit Klarheit über Absicht und Stand der Moskauer Gespräche Egon Bahrs zu vermitteln, antwortete er: »So genau weiß ich das auch nicht. Das ist alles Egon und die Detektive.« Am Ende sollte sich Brandts großes Vertrauen in seinen Unterhändler auszahlen: Anfang August 1970 war der Boden durch die Vorgespräche so weit bereitet, dass es zu mehrtägigen Verhandlungen zwischen den beiden Außenministern Scheel und Gromyko kam. Kurz darauf konnte Willy Brandt seine Reise zur Unterzeichnung des Moskauer Vertrags antreten.

Ich hatte als Korrespondent in Moskau, Washington und nun in Bonn viele Jahre hindurch Diskussionen und Verhandlungen über die Ost-West-Beziehungen und die Deutschlandfrage verfolgt. Nun gehörte ich zu der Gruppe deutscher Journalisten, die den Bundeskanzler zu seinen Gesprächen und zur Paraphierung des Vertragswerks in Moskau begleitete. Der Vertragstext, so schien es, war ausgearbeitet und musste nur unterschrieben werden. Wie sich dann jedoch zeigte, hatten die Gäste aus Westdeutschland die Meinungsverschiedenheiten unterschätzt, die immer noch innerhalb der sowjetischen Führung herrschten. Abends, im Gästehaus auf den Leninhügeln, erzählte uns Willy Brandt, wo es bei den letzten Unterredungen vor der Vertragsunterzeichnung hakte: Manchmal sei er sich mit Breschnew bereits einig gewesen, dann aber habe Außenminister Gromyko eingegriffen und mit Hinweisen auf Verträge und Klauseln erklärt, Breschnew könne in einer bestimmten Frage dem deutschen Formulierungsvorschlag nicht zustimmen. Schließlich waren aber auch diese letzten Hürden beseitigt. Das Abkommen schrieb im Wesentlichen einen gegenseitigen Gewaltverzicht, die Wahrung der territorialen Integrität und die Unverletzlichkeit der Grenzen fest. Zusätzlich übergab Außenminister Scheel einen »Brief zur deutschen Einheit«, in dem festgehalten wurde, dass eine deutsche Wiedervereinigung nicht im Widerspruch zu den Vereinbarungen des Vertrages stünde.

Während wir Journalisten vor der Vertragsunterzeichnung auf die Ergebnisse der abschließenden Gespräche warteten, kamen manche unserer sowjetischen Kollegen mit ungewohnt großer Offenheit auf uns zu. Dabei merkten wir, dass besonders diejenigen, die in ihrer Arbeit eng mit der DDR verbunden gewesen waren, einer Annäherung zwischen Bonn und Moskau misstrauten. Bei ihnen war ein nie offen ausgesprochener und doch zäher Widerstand zu spüren. Sie fürchteten offenbar, der Vertrag könne den zweiten deutschen Staat aushöhlen und die ostdeutschen Kommunisten in ihrem Selbstverständnis verunsichern. Wie stark sich die Gegner einer engeren Bindung zwischen der Bundesrepublik und der Sowjetunion fühlten, gab uns in diesen Tagen der Chef des sowjetischen Fernsehens und Rundfunks, Sergej Lapin, zu verstehen. Er war ein alter Apparatschik, ein eisenharter Funktionär. Anfang der fünfziger Jahre hatte er an der Botschaft in der DDR gearbeitet. Später war er Erster

Parteisekretär im Außenministerium gewesen und hatte danach die staatliche Nachrichtenagentur TASS geleitet. Wenige Wochen vor dem Brandt-Besuch war er zum Vorsitzenden des Staatskomitees für Rundfunk und Fernsehen aufgestiegen, der wichtigsten Propagandaeinrichtung der KPdSU. Nun waren wir auf ihn und seinen Apparat angewiesen, wenn wir unsere Zuschauer in Deutschland über die Ergebnisse in Moskau informieren wollten.

Der Leiter des Bundespresseamts und frühere Chefredakteur des *Spiegel*, Conrad Ahlers, hatte dem Moskauer ARD-Korrespondenten Lothar Loewe und mir den Wunsch des Bundeskanzlers übermittelt, am Tage der Vertragsunterzeichnung im Fernsehen zu den Deutschen zu sprechen. Die ARD verfügte in Moskau aber nur über ein kleines Büro ohne eigene Übertragungsmöglichkeiten. Mehr erlaubten die sowjetischen Behörden ausländischen Korrespondenten grundsätzlich nicht, und so war unsere Berichterstattung in technischer Hinsicht vollkommen vom sowjetischen Fernsehen abhängig. Folglich ließ sich eine Rede des deutschen Bundeskanzlers nur mit der Hilfe des Staatskomitees für Rundfunk und Fernsehen nach Deutschland übermitteln. Wir wandten uns daher an die Abteilung für Auslandsbeziehungen beim Sowjetfernsehen und erhielten nach einigen Stunden telefonisch eine Absage, ohne jede Begründung. Fernsehfunktionäre, mit denen wir offiziell Kontakt haben durften, sahen keinen Spielraum für Verhandlungen, und noch am Abend vor der Unterzeichnung erklärten sie es für völlig ausgeschlossen, dass eine Ansprache des Bundeskanzlers nach Deutschland übertragen werden könnte. Sergej Lapin zog sich auf die Position zurück, dass die Frage der Übertragungstechnik nicht Sache des Fernsehens sei. Ein sowjetischer Kollege gab uns schließlich vorsichtig zu verstehen, Lapin habe durchaus die Möglichkeit, eine Übertragung zu verhindern, so dass die Genehmigung am Ende von Breschnew persönlich kommen müsste.

Aber wo und wie sollten wir als Ausländer eine solche Genehmigung einholen, wenn Breschnew und Brandt im Kreml verhandelten? Für ausländische Diplomaten und Journalisten war jeder Zugang durch die großen Mauern und Tore versperrt. Wir standen vor dem Kreml am Borowizki-Tor und stellten mit Hilfe der deutschen Botschaft eine Verbindung zu Conrad Ahlers her, der in Breschnews Vorzimmer wartete. Allerdings konnte Ahlers mit uns nur außerhalb der Kremlmauern telefonieren. Es war ein langer Weg für ihn durch den Kreml und zurück, und schließlich musste er fast seine Ellenbogen gebrauchen, um wieder bis zum Arbeitszimmer vorzudringen, in dem Brandt und Breschnew noch immer miteinander sprachen. Der sowjetische Parteichef entschied sofort: Natürlich könne der deutsche Bundeskanzler seine Ansprache beim sowjetischen Fernsehen aufnehmen. Mit dieser Nachricht schickte Ahlers ein Delegationsmitglied auf denselben langen Weg durch den Kreml zu uns, und wir gaben sie an das sowjetische Fernsehen weiter.

Damit aber waren unsere Verhandlungen nicht zu Ende. Niemand wollte uns sagen, wo die Ansprache des Bundeskanzlers am nächsten Morgen aufgezeichnet werden sollte. Es hieß lediglich, der Kanzler werde nach dem Frühstück abgeholt und in ein Studio gebracht. Also postierten Lothar Loewe und ich uns morgens in seinem Volkswagen auf der Straße vor dem Gästehaus der Regierung und warteten. Als die Wagen mit Willy Brandt und seinen engsten Mitarbeitern mit hoher Geschwindigkeit aus dem großen Tor herausgeschossen kamen, hängten wir uns sofort an sie dran. Die Begleitwagen versuchten mehrfach, uns in die Bäume am Straßenrand abzudrängen oder auszubremsen. Aber wir waren sicher, dass sie während des Brandt-Besuchs keinen Unfall mit uns provozieren durften, und blieben nah an der Kolonne. Sie fuhr überraschenderweise nicht zum großen Hauptgebäude des Fernsehens in Ostankino, sondern in eine ganz andere Richtung. Schließlich stoppten wir auf dem Hof eines Hauses, an dem nichts darauf hindeutete, dass es sich um ein Fernsehstudio handelte. Sergej Lapin war bereits vor Ort, wurde als Mitglied des Zentralkomitees im Ministerrang vorgestellt und nahm den deutschen Bundeskanzler mit kühler Formalität in Empfang. Dann sahen wir von einem improvisierten Kontrollraum aus in eine Art Studio, in dem Willy Brandt an einem hölzernen Tisch saß, äußerlich ruhig, aber doch angespannt. Während er wartete, zerbrach er Streichhölzer und klopfte unablässig mit dem Fuß auf den Boden. Niemand vom sowjetischen Personal konnte sagen, wann es weitergehen würde. Schließlich kam ein technischer Mitarbeiter und stellte vor dem Kanzler ein großes Schild auf den Tisch: »APN – Presseagentur Novosti«. Das hatten auch die sowjetischen Studiotechniker noch nie gesehen: Der Fernsehvorsitzende demonstrierte damit, dass sein Fernsehen nicht für eine Ansprache des deutschen Bundeskanzlers zur Verfügung stand. Die Übertragung begann und endete somit ohne das gewohnte Logo des Sowjetfernsehens. Willy Brandt sprach etwa fünf Minuten, und es war deutlich, dass er sich mit dieser Rede vor allem auch an die politische Opposition in Deutschland wandte. Mit diesem Vertrag gehe nichts verloren, was nicht längst verspielt worden sei, sagte er. Der Vertrag beeinträchtige in keiner Weise die feste Verankerung der Bundesrepublik im westlichen Bündnis, er gefährde nichts und niemanden, sondern solle mithelfen, den Weg nach vorn zu öffnen, und werde dem Frieden in ganz Europa nützen.

Der deutsche Bundeskanzler blieb nach der Aufzeichnung noch einige Minuten am Studiotisch sitzen, doch der sowjetische Fernsehchef mied ein Gespräch mit ihm und machte den Abschied kurz. Brandt fuhr zum Kreml zurück. »Nun macht mal schön und sagt uns Bescheid, wann die Überspielung in Bonn ankommt«, sagte Conrad Ahlers. Die Frage gaben wir an die sowjetischen Techniker weiter, denn wir mussten Leitungen und ein Aufnahmestudio in Deutschland bestellen. Die Antwort war nur ein Achselzucken. Das, sagte ein Fernsehvertreter, sei nicht seine Sache: »Das Band mit der Aufzeichnung wird an die deutsche Botschaft ausgeliefert werden.« Und dann ging auch er. Wir fuhren ohne Behinderung in die Stadt zurück und überlegten, ob es noch möglich sei, die Aufzeichnung per Flugzeug wenn nicht direkt nach Deutschland, so doch nach Helsinki oder Wien zu schaffen und von dort aus überspielen zu lassen. Aber dazu reichte die Zeit bis zur abendlichen Sendung nicht mehr. Also versuchten wir erneut, Conrad Ahlers im Kreml zu informieren. Er schaffte es unter großen Schwierigkeiten, zu Breschnew und Brandt vorzudringen, und Breschnew zeigte sich überrascht: Natürlich werde die Ansprache des Kanzlers nach Deutschland übermittelt, erklärte er. Deshalb sei sie ja gemacht worden. Mehr erfuhren wir nicht, aber wir informierten die Kollegen von der *Tagesschau* in Hamburg über Fernschreiber, dass am späten Nachmittag eine Leitung aus der Sowjetunion auflaufen werde. Möglicherweise komme kein schriftlicher Bescheid, aber die Technik müsse einfach für einen Sekundenstart bereit sein.

Tatsächlich kam die Leitung schließlich über Schaltstellen in der DDR und in Polen zustande, und die Fernsehtechniker beim NDR ließen sich durch die unbekannte Kennung »Presseagentur Novosti« nicht verwirren. Sie zeichneten die Überspielung aus Moskau auf und sendeten sie. Ich erzählte diese Geschichte einem sowjetischen Kollegen, den ich ein wenig näher kannte, und fragte, wie diese unfreundliche Behandlung durch die Fernsehleute zu erklären sei. »Lapin«, sagte er, »ist einer von den Offizieren des Zweiten Weltkriegs, die nicht verzeihen können, dass die Sowjetarmee nur bis zur Elbe und nicht bis zum Rhein gekommen ist.« Es gebe eben so manchen in der Parteiführung, der lieber eine harte Linie weiterfahren würde. Lapin blieb der Herrscher über Rundfunk und Fernsehen in der Sowjetunion, bis ihn Michail Gorbatschow fünfzehn Jahre später in Pension schickte.

Die Unterzeichnung des Moskauer Vertrags markierte keineswegs das Ende der Auseinandersetzung um die deutsche Ostpolitik, sondern stand am Beginn einer besonders harten Phase des innenpolitischen Kampfes in Bonn. CDU und CSU warfen Brandt und Scheel vor, mit diesem Vertragsabschluss deutsche Interessen verraten zu haben. Dem Gewaltverzicht auf dem Papier stehe ein Schießbefehl in der Wirklichkeit gegenüber, erklärte CDU-Fraktionschef Rainer

Barzel. Wenn die Sowjetunion nicht in Grundsatzfragen nachgebe, was die Selbstbestimmung und die Einheit Deutschlands sowie einen Verzicht auf Reparationsforderungen angehe, dann sei Moskau den deutschen Interessen eben keinen Schritt entgegengekommen. Hinter der Kritik stand unausgesprochen die Überzeugung, mit kommunistischen Ländern dürfe nicht verhandelt werden. Genau das jedoch betrieb die Regierung Brandt intensiv weiter: Seit Februar 1970 waren auch in Warschau Gespräche aufgenommen worden, die schließlich im Dezember 1970 zur Unterzeichnung des Warschauer Vertrags führten. Wie schon im Moskauer Vertrag verpflichteten sich die Unterzeichner zu Gewaltverzicht und Achtung ihrer territorialen Integrität. Außerdem wurde die Oder-Neiße-Linie als Westgrenze Polens faktisch festgeschrieben.

Es sollte nach dem Besuch Willy Brandts in der sowjetischen Hauptstadt fast zwei Jahre dauern, bis die Verträge von Moskau und Warschau im Mai 1972 im Bundestag ratifiziert werden konnten. Im Vorfeld war es jedoch keineswegs sicher gewesen, dass die Regierungskoalition die erforderliche Mehrheit für die Abstimmung über die Ostverträge zusammenbringen könnte. Vor diesem Hintergrund hatte Rainer Barzel am 27. April im Bundestag die Machtfrage gestellt. Nachdem mehrere Abgeordnete aus dem Regierungslager zur Opposition übergewechselt waren und weil vermutet wurde, dass manche Abgeordnete aus der Regierungskoalition die Ratifizierung ablehnten, schien das konstruktive Misstrauensvotum gegen den Bundeskanzler durchaus eine Erfolgschance zu haben. Barzel erhielt am Ende jedoch nur 247 von 249 erforderlichen Stimmen. Damit herrschte im Bundestag eine Pattsituation, die eine Zusammenarbeit in der Ratifizierungsfrage erforderlich machte. Parallel zu den Verhandlungen in Bonn liefen Gespräche mit Moskau, um mit Modifikationen den Gegnern der Verträge entgegenkommen zu können. Schließlich konnten sich Opposition und Regierung auf einen Kompromiss einigen: In einer gemeinsamen Entschließung schrieben sie fest, dass die endgültige Festsetzung der Grenzen Deutschlands einem Friedensvertrag vorbehalten bleibe, während die Verpflichtung zu Gewaltverzicht das Kernstück der Übereinkunft darstellen solle. Es war keine grundsätzliche Veränderung, aber sie machte es den Abgeordneten der Opposition möglich, die Ostverträge am 17. Mai 1972 wenigstens durch Stimmenthaltung passieren zu lassen.

Für mich waren dies neben den Putschtagen 1991 in Moskau die heißesten Wochen in meinem Leben als politischer Korrespondent. Das Studio Bonn war mehrere Tage lang praktisch rund um die Uhr auf Sendung. Zum ersten und einzigen Mal durfte das Fernsehen nicht nur offizielle Bilder aus dem Plenarsaal zeigen, sondern direkt aus den meisten Räumen und Korridoren des Bundestags berichten. Eigentlich war das technisch mit den Mitteln der ARD gar nicht möglich, aber die Ingenieure hatten uns aus Telefon- und Konferenzleitungen ein System zusammengestrickt, mit dem wir über direkte Bild- und Tonverbindungen zur *Tagesschau* nach Hamburg verfügten. Mit unseren Kameras konnten wir aus allen Teilen des Bundestagsgebäudes live auf Sendung gehen und hatten damit die Möglichkeit, Redeausschnitte, Interviews und zufällige Nebenbemerkungen bis spät in die Nacht zu übertragen. So unmittelbar war der Blick des Fernsehens auf die Politik in Deutschland wohl nie wieder. Das bedeutete, dass nicht nur führende Leute der Fraktionen, sondern auch Hinterbänkler im Fernsehen zu sehen und zu hören waren. Sie waren gerade in den Tagen vor dem Misstrauensvotum plötzlich wichtig geworden, weil alle wussten, dass der Ausgang von zwei oder drei Stimmen oder Stimmenthaltungen abhängen würde. Ein Hinterbänkler, der wegen der extrem knappen Mehrheitsverhältnisse zum ersten Mal in seinem Leben ein gefragter und umworbener Mann geworden war, gab uns auf dem Flur vor dem Bundestagsrestaurant ein Liveinterview. Ergriffen von seiner neugewonnenen Bedeutung und erschüttert von den ernsten Überzeugungsgesprächen seiner Fraktionsführung, zeigte sich der Abgeordnete deutlich »bis über die Ohren unter Korn«, wie Parteifreunde seine eigenwilligen Äußerungen später zu erklären versuchten.

Auch in den Tagen, in denen um die Ratifizierung der Ostverträge gerungen wurde, waren wir mit unseren Kameras dicht am Geschehen. Noch kurz vor der Einigung zwischen der Bundesregierung und dem sowjetischen Botschafter schoss Rainer Barzel nach einer wichtigen Fraktionssitzung der CDU auf dem Flur an uns vorbei und rief mir zu: »Ich blicke da nicht mehr durch, ich mache nicht mehr mit.« Auch das lief live im Programm der ARD. Im *Bericht aus Bonn* öffnete sich dann später am Abend leise die Tür zum Studio, in dem ich den Tagesverlauf schilderte. Ich erblickte den Kanzleramtsminister Horst Ehmke, der mir durch ein Zeichen zu verstehen gab, dass er dringend mit mir sprechen müsse. So etwas war uns bisher noch nicht passiert, aber während des nächsten kurzen Filmbeitrags winkte ich Ehmke zum Moderationstisch herüber. Irgendwie bezog ich ihn dann in meine Zwischenmoderation ein, gab ihm das Wort, und Ehmke berichtete über das Ergebnis der allerletzten spätabendlichen Verhandlung mit dem sowjetischen Botschafter: Moskau hatte ein entscheidendes Zugeständnis in den Formulierungen über die Frage der deutschen Wiedervereinigung gemacht. Der sowjetische Botschafter habe die entsprechende Nachricht gerade aus Moskau erhalten. Damit war die Formel entfallen, welche die Opposition bisher als Grund für ihre Ablehnung genannt hatte.

Horst Ehmke sagte das ganz ruhig und ohne jede Nervosität. Als der nächste Film lief, fragte ich ihn, was ihn geritten habe, so in das laufende Programm zu platzen. Er habe Rainer Barzel nicht anders über diese entscheidend veränderte Lage informieren können, erklärte er mir. Am Telefon habe niemand geantwortet, und auf einen Brief, den er Barzel unter der Wohnungstür durchschieben ließ, sei auch kein Rückruf gekommen. Nun hoffe er, dass Barzel den *Bericht aus Bonn* gesehen und die wichtige Nachricht verstanden habe. Das war natürlich gegen alle Regeln, aber es war mir auch recht. So hatten wir vielleicht etwas für eine Verständigung in der Ostpolitik getan und unseren Zuschauern und den Kollegen eine Exklusivmeldung geliefert. Tatsächlich war der Weg für die Abstimmung im

Bundestag nun frei. Die Bundesrepublik konnte künftig in den Entspannungsprozess der Großmächte einbezogen werden, ohne auf den Anspruch auf Wiedervereinigung verzichten zu müssen. Ein solches Ergebnis hatte ich auf dem Höhepunkt der Diskussionen kaum zu erhoffen gewagt.

In diesen Wochen hielten die Zeitungskollegen abends die Druckmaschinen oft so lange an, bis sie die letzten Informationen aus der Spätausgabe der *Tagesschau* mitnehmen konnten. Kollegen von einem Hamburger Nachrichtenmagazin polemisierten gegen die Indiskretionen unserer Direktübertragungen – vielleicht, weil bei uns live jene Hintergrundinformationen zu erfahren waren, mit denen es sonst seine Leser überraschen konnte. Der Ältestenrat des Bundestags beschloss am Ende, solche Bedenken zu teilen: Von nun an durften nur noch die festinstallierten Kameras im Plenarsaal und in den Fraktionssälen das politische Geschehen im Bonner Bundestag zeigen.

So aufregend es für mich war, die Auseinandersetzungen in diesen Bonner Jahren zu verfolgen, so war ich wohl doch nicht ganz die optimale Besetzung auf meinem Posten. Ich warf als ehemaliger Auslandskorrespondent zwar einen kühlen Blick auf die Bonner Machtkämpfe, war dabei aber nicht der ideale Studioleiter, der in den Konflikten der Innenpolitik aufging und in mühsamen Verhandlungen die Interessen der ARD gegenüber den Parteizentralen und Fraktionsführungen vertreten mochte. Die Sekundenzählerei, mit der manche Parteimitarbeiter ihren Arbeitseifer demonstrierten, ertrug ich nur schwer. Immer wieder ging es um den Vorwurf, in unseren Sendungen habe die eine Partei eine oder eine halbe Sendeminute mehr oder weniger gehabt als die andere. Die mechanische Zählerei und das Misstrauen, das sich darin ausdrückte, stammten mehr aus dem Mittelbau als von den bekannteren Abgeordneten oder den Führungsspitzen der Parteien. Ärgerlich waren sie dennoch. So kam es mir sehr gelegen, als sich im Sommer 1972 die Möglichkeit bot, den ehemaligen Außenminister Gerhard Schröder auf einer großen offiziellen Reise nach China zu begleiten.

Um die Beziehungen zu China hatte es in Bonn schon längere Zeit eine heftige Auseinandersetzung gegeben. Die Bundesregierung war von sowjetischen Diplomaten gewarnt worden: Engere Kontakte zwischen Bonn und Peking würde Moskau als Unterstützung der Politik der Amerikaner deuten, die durch eine engere Zusammenarbeit mit den Chinesen die Sowjetunion unter Druck setzen wollte. Um nicht die Entspannung zu stören, die sich gerade zwischen Bonn und Moskau abzeichnete, behandelte die Bundesregierung deshalb jeden Kontakt mit der chinesischen Regierung vorsichtig und zurückhaltend. Egon Bahr warnte vor einem Scheitern des Moskauer Vertrags, falls das Auswärtige Amt gleichzeitig diplomatische Beziehungen mit Peking aufzunehmen versuche. Darauf reagierte die Opposition mit scharfer, grundsätzlicher Kritik. Die Bonner Regierung habe sich dem Druck der Sowjetunion ausgeliefert und richte sich nun nach den Wünschen Moskaus, lautete der Vorwurf. Es war jedenfalls eine undurchsichtige Situation in Bonn, bei der aus Peking keine erklärenden Signale kamen und aus Moskau meist nur harte Warnungen vor einem »Bündniswechsel«.

Ich hatte das Glück, dass einer meiner ältesten russischen Bekannten, der Journalist und Spezialist für Außenpolitik Lew Besymenski, zu Gesprächen nach Bonn kam. Anderthalb Jahrzehnte zuvor war er in Moskau mein halboffizieller Kontaktmann gewesen. Gelegentlich hatten wir zusammen gegessen. Unsere Gespräche waren mit der Zeit vertrauter geworden, schließlich empfanden wir uns als Freunde, redeten ziemlich offen und hatten uns angewöhnt, Einschätzungen der deutsch-sowjetischen Beziehungen auszutauschen. Bei seinem Bonn-Besuch zur Zeit der Diskussionen um die China-Politik der Bundesregierung warnte Besymenski davor, die Besorgnisse eines Teils der hohen Sowjetfunktionäre zu unterschätzen. Er deutete an, Walter Ulbricht – bis zu seiner Entmachtung im Mai 1971 SED-Parteichef in der DDR – habe seine Ämter auch deshalb verloren, weil er den

Kontakt mit China nutzen wollte, um sich im Verhältnis zu Moskau mehr Luft zu verschaffen. Andererseits, so ließ er in unseren Gesprächen auch durchblicken, selbst wenn Beziehungen zwischen Bonn und Peking aufgenommen würden, erwarte die sowjetische Führung davon keine praktischen weltpolitischen Veränderungen, da Peking zu einer zielgerichteten Außenpolitik gar nicht in der Lage sei.

Im Januar 1972 kontaktierte die Bundesregierung die Volksrepublik auf dem Weg über die beiden Botschafter in Paris mit einer Anfrage: Ob Peking zur Aufnahme von Verhandlungen über diplomatische Beziehungen bereit sei. Von chinesischer Seite kam keine Antwort. Stattdessen traf im April 1972 in Bonn eine Einladung ein, die nicht an die Bundesregierung, sondern an einen Mann der Opposition gerichtet war: an den ehemaligen Außenminister Gerhard Schröder von der CDU, nun Vorsitzender des Auswärtigen Ausschusses des Deutschen Bundestags. Im Regierungslager empfand man das fast als beleidigend. Auch mich traf Kritik: Da ich zu den sechzehn Journalisten in Schröders Reisegruppe gehören sollte, sahen manche meiner Kollegen in dieser Teilnahme einen unfreundlichen Akt gegen die Regierung. Oppositionspolitiker hingegen gratulierten mir und vermuteten hinter meinem Entschluss eine Ablehnung der Ostpolitik Willy Brandts. Ich aber war einfach nur neugierig und wollte mir auf dieser Reise, so weit es überhaupt möglich war, ein eigenes Bild von dem geheimnisvollen, riesigen kommunistischen Land machen. Gegen Ende der fünfziger Jahre hatte ich schon einmal den Versuch unternommen, Chinesisch zu lernen, in der Hoffnung, als Korrespondent nach Peking gehen zu können. Aber nachdem sich mit der Kulturrevolution die politische Situation immer weiter verhärtet hatte, glaubte ich damals nicht, dass ausländische Journalisten in das Land gelassen würden. Nun gab es erste Anzeichen, dass sich in China etwas zu ändern begann, und die Reise mit Schröders Journalistengruppe bot die erste Chance für mich, dies mit eigenen Augen zu sehen.

In Bonn existierte zu dieser Zeit eine kleine chinesische Kontaktstelle. Es war das Büro der staatlichen Nachrichtenagentur Xinhua, bestehend aus dem Bürochef und seinem Stellvertreter. In Peking hatten die Deutschen seit Jahren eine ähnliche Einrichtung in Form eines Büros der Deutschen Presseagentur. Zwischen beiden Vertretungen gab es jedoch einen kleinen, aber grundsätzlichen Unterschied: Die dpa-Korrespondenten waren tatsächlich Journalisten, im Bonner Büro von Xinhua war der Chef dagegen ein gehobener Parteifunktionär und sein Vertreter und Dolmetscher ein Diplomat aus dem chinesischen Außenministerium. Die beiden wohnten und arbeiteten in einem Haus am Rande von Bad Godesberg, doch Bonner Politiker und außenpolitische Experten suchten kaum Kontakt zu ihnen. Ich hatte sie gelegentlich zu Gesprächen über China und seine Beziehungen zur sowjetischen und zur westlichen Welt besucht – zunächst bei einer Tasse Tee, später manchmal bei einem leichten, eher improvisierten chinesischen Essen und einem Gläschen hochprozentigem Maotai-Schnaps. Zweimal hatte ich sie zu kleinen Cocktailpartys bei mir zu Hause eingeladen, wo sie einige Abgeordnete und auch Mitarbeiter aus dem Außen- und Verteidigungsministerium getroffen hatten. Sie stellten eine Frage nach der anderen – vermutlich zur Belebung ihres Berichts nach Peking – und waren mit diesem ungewöhnlichen Kontakt zur deutschen Politik sichtlich zufriedener als manche der deutschen Gäste, die den chinesischen Wissensdurst ermüdend fanden.

Nun sollte ich die Formalitäten der Visaerteilung für die vierzehntägige Chinareise im Juli 1972 bei ihnen erledigen. Ich nutzte die Gelegenheit, um eine Mitreisegenehmigung für ein kleines Kamerateam zu erbitten. Zunächst waren sie skeptisch, zeigten sich dann aber einige Zeit später sehr zufrieden, als sie mir die Erlaubnis erteilen durften, einen Kameramann und einen Tontechniker mit auf die Reise zu nehmen. Das war ein großer Erfolg, ja eine kleine Sensation: Seit mehreren Jahren, seit dem Beginn der Kulturrevolution, war kein ausländisches Kamerateam mehr durch China gereist. Was wir dort sehen und eventuell filmen dürften, blieb undefiniert. Doch was immer wir auf der Reise vor die Kamera bekommen würden – wir wollten es drehen. Alles war interessant, und wir waren sicher, Gerhard Schröder würde als Gast dafür sorgen, dass nicht nur trockene Aufnahmen vom Verhandlungstisch gefilmt würden, sondern dass anderes, farbigeres Bildmaterial die Berichte von seiner Chinareise schmückte.

Nördlich von Peking führten die Chinesen ihren deutschen Gast auf die Große Mauer, mehrere Tausend Kilometer lang, zweieinhalbtausend Jahre alt und ursprünglich erbaut zum Schutz gegen die Reitervölker aus dem Norden. Wir standen auf einem der massiven Türme, der deutsche Gast blickte über die Hügelkette und deutete mit der Hand in die Ferne: Dort liege Deutschland, das immer noch geteilte Vaterland. Dabei zeigte er mit ausgestrecktem Arm über die Mauer allerdings in Richtung Ostsibirien und Alaska. Die Chinesen hatten ihn trotzdem verstanden. Am nächsten Tag standen die chinesischen Gastgeber mit ihrem deutschen Gast auf einem Truppenübungsplatz im Süden des Landes und schauten Soldaten zu, die mit dem Bajonett auf Pappkameraden einstachen und dazu »cha, cha!« brüllten, was so viel wie »tötet!« heißt. Wir besichtigten im Nordosten des Landes das Stahlwerk Anshan, das mit sowjetischer Hilfe erbaut worden war, filmten die Stahlarbeiter vor den Hochöfen, die sie, wie man uns sagte, ohne jede fremde Hilfe entscheidend vergrößert und verbessert hätten. In den Städten drehten wir das riesige Heer der Radfahrer, das sich durch die breiten Straßen schob. In Peking durften wir einige Bilder von den leeren Höfen der Verbotenen Stadt machen, dem alten Kaiserpalast, der seit Jahren für alle Chinesen gesperrt war, und wir filmten die schaulustigen Provinzler auf dem Tiananmen-Platz vor der Großen Halle des Volkes. Zum Begrüßungsbankett war Gerhard Schröder noch korrekt im schwarzen Anzug erschienen, beim Abschiedsessen in der Großen Halle des Volkes trug er dann eine Art Mao-Hemd. Aus dem antikommunistischen CDU-Konservativen, so schien uns, war ein Verbündeter des antisowjetischen chinesischen Kommunismus geworden.

Die aktuellen Besuchsberichte waren schnell in kürzeren Beiträgen abgearbeitet. Darüber hinaus hatten wir aber genügend Material gesammelt, aus dem sich nach unserer Rückkehr ein lebendiger, ungewöhnlicher Dokumentarfilm zusammenschneiden ließ. Die meisten unserer Filmrollen waren gefüllt mit Bildern aus dem Alltagsleben in China, wie man sie im Westen noch nie gesehen hatte. Der Film kam zwar nicht hautnah an das chinesische Leben heran, konnte aber doch Zustand und Entwicklung des Landes von unterschiedlichen Seiten zeigen. Leider war er statt fünfundvierzig Minuten fast neunundvierzig Minuten lang geworden. Das war in jener Zeit flexiblerer Fernsehprogramme normalerweise kein Problem. Aber offenbar hatten sich die Vorgaben gerade geändert, und der Programmdirektor der ARD entschied, der Film müsse um fünf Minuten gekürzt werden. Dazu war ich nicht bereit, woraufhin Programmdirektion und Chefredaktion die Kürzung selbst übernahmen. Sie beschlossen, die ersten Minuten herauszunehmen, die im Wesentlichen eine Vorbemerkung von mir enthielten: Dies sei ein Reisefilm mit fast touristischen Bildern, hatte ich da gesagt, nicht der Versuch, Chinas Kommunismus oder die Veränderungen und Leiden durch Maos Kulturrevolution zu schildern oder zu analysieren. Es sei einfach ein ungewöhnlich direktes Bild des heutigen China. Diesen Aufsager, wie wir es damals nannten, fanden die ARD-Kollegen unnötig und zu lang. Gekürzt war der Film nun lebhafter und gefälliger, aber auch ohne selbstkritische Einschränkung.

Das war ärgerlich, doch ironischerweise erwies sich der Eingriff als eine Art Glücksfall. Am Tag nach der Sendung begrüßte mich Herr Wang Shu, der Leiter des Büros der chinesischen Presseagentur, besonders herzlich. Das sei ein sehr guter Film, sagte er, und er wirkte so begeistert, wie ein zurückhaltender chinesischer Funktionär überhaupt sein kann. Die Bilder meines Reisefilms hatten ihm offenbar gefallen, und tatsächlich kam darin ja die ausdrückliche Erwähnung der Zeiten blutiger und totaler Diktatur nicht mehr vor. Am Ende des Gesprächs sagte er, wenn ich wolle, könne ich sicherlich ein

Dauervisum bekommen und regelmäßig aus seinem Land berichten, allerdings nur für die Presse, nicht für das Fernsehen oder den Rundfunk. Eine Visazusage hatte ich also. Jetzt brauchte ich nur noch einen Korrespondentenposten in Peking, und zwar bei einer Zeitung.

Ich fand ihn bei der *Welt* im Axel-Springer-Verlag. Ich hatte Springer 1958 unter eigenartigen Bedingungen in Moskau kennengelernt. Damals wohnte er einige Tage inkognito im Hotel National, nur ein paar Räume entfernt von der kleinen Suite, die für mich Büro und Wohnung war. Er hoffte damals, den sowjetischen Parteichef Nikita Chruschtschow für einen deutschlandpolitischen Plan zu gewinnen, den er selbst ersonnen hatte und der einen Weg zur Wiedervereinigung Deutschlands aufzeigen sollte. Aber Chruschtschow hatte Springer mit seinem Plan abblitzen lassen. Seitdem setzte der Verleger eher auf China, das er als Gegner der sowjetischen Vorherrschaft verstand. Ich überlegte ein paar Tage, bevor ich mich an den Springer-Verlag mit der Anfrage wandte, ob man einen Korrespondentenplatz in Peking eröffnen wolle. Meine Bonner Kollegen waren überrascht bis verärgert: Schließlich galt ich vielen als linksliberaler Anhänger der Ostpolitik Willy Brandts, und mit dem konservativen Springer-Verlag hatte ich zuletzt eher Verständigungsschwierigkeiten gehabt. Manche hielten einen Wechsel von der ARD zu Springer gar für eine Art Fahnenflucht. Aber dann sagte mir Kanzleramtsminister Ehmke, ich könnte diesen Schritt doch ruhig riskieren – vorausgesetzt, Axel Springer nähme nicht zur Kenntnis, dass die Chinesen Kommunisten seien, und die Chinesen nähmen nicht zur Kenntnis, dass Springer ein großer Kapitalist und Antikommunist sei. Das war ein Scherz, aber er überzeugte mich. Ich ginge ja nicht zu einer Zeitung, um einen Eid auf ihre Leitartikel abzulegen, sondern um vom neuen China zu berichten.

Als ich einigen Kollegen erzählte, Herbert Wehner habe mich zu einem Gespräch gebeten, meinten sie mit Genugtuung, er werde mir in seiner gefürchteten Bärbeißigkeit den Kopf waschen. Das Gespräch, das dann folgte, hätte sie jedoch überrascht. Wehner redete nur über China, die chinesische Revolution, die inneren Machtkämpfe und den neuen Schrecken der Kulturrevolution, die Mao in Gang gesetzt hatte. Er empfahl mir einige Bücher, besonders das eines katholischen Missionars, der die Machtergreifung der Kommunisten erlebt, erlitten und genau geschildert hatte. Die revolutionären Veränderungen in China und ihre Folgen hatten Wehner nach den Erfahrungen seiner Moskauer Emigrationsjahre lange beschäftigt. Das Gespräch mit ihm war ebenso überraschend wie faszinierend. Als ich mich verabschiedete, hatten zwei Journalisten, die in seinem Vorzimmer warteten, zu meiner Begrüßung schon Mitleidsmienen aufgesetzt. Dass uns beiden China so wichtig erschien, war ihnen kaum verständlich. Und dass man dafür einen guten Posten in Bonn freiwillig verlassen kann, verstanden sie erst recht nicht. Mich hingegen faszinierte die Gelegenheit, nach der Sowjetunion und den USA nun das dritte große Land kennenzulernen, das – so dachte ich – auf der schwierigen Suche nach seinem Platz in der Weltpolitik sein musste.

»Wir haben hier viele Kränze gesehen, aber keinen
Kranz aus dem Nordwesten.«
Peking
1973–1976

Als ich Anfang 1973 nach China kam, fegte ein kalter Winterwind
durch Peking. Sandwolken aus der Wüste Gobi verdunkelten den
Himmel, und man konnte nicht einmal mehr die Häuser auf der
anderen Straßenseite sehen. Ich hatte das Land ein halbes Jahr zuvor aus der Perspektive einer sommerlichen Prominentenreise erlebt
und merkte nun deutlich, dass ich als ständiger Korrespondent unter
ganz anderen Bedingungen würde arbeiten müssen. Während ich
in diesen ersten Tagen durch Peking lief, konnte ich mir kaum vorstellen, was die Stadt in diesem Jahrhundert alles erlebt und überstanden hatte: das Ende des Kaiserreichs, den Bürgerkrieg, den
Einmarsch der Japaner, noch einmal Bürgerkrieg und Revolution
und schließlich Maos »Großen Sprung nach vorn«, der viele Millionen Menschen das Leben gekostet hatte. Nach einer Atempause
und dem Versuch eines geordneten wirtschaftlichen Aufbaus war
schließlich Mitte der sechziger Jahre die »Große Proletarische Kulturrevolution« gefolgt, durch die so viele Chinesen ihr Leben verloren hatten, dass darüber bis heute keine zuverlässigen offiziellen
Zahlen veröffentlicht werden. Je nach Berechnungsgrundlage liegt
die Opferzahl zwischen drei Millionen und sechzig Millionen. Bevor ich nach China fuhr, kannte ich nur einige begeisterte Beschreibungen von Mao-Fans, von denen es zeitweise auch in Deutschland
ziemlich viele gab. Nun sah ich ein anderes China und merkte, dass
Ausländer in der Millionenstadt Peking noch isolierter waren, als
ich es mir vorgestellt hatte.

Ich wohnte im Minzu-Hotel, einem großen Gebäude am Rande der Innenstadt, das im Moskauer Stil erbaut und mit russischem Plüsch eingerichtet worden war. Hier hatte man für mich eine Zweizimmersuite zum Wohnen und Arbeiten bereitgestellt. Das war nicht unbequem, aber weit abgelegen vom belebteren Zentrum und vom Viertel der ausländischen Botschaften am Stadtrand. Die wenigen Ausländer, die für chinesische Stellen arbeiteten, waren in einem eigenen Wohnheim isoliert. Im Minzu wohnten nur Ausländer aus dem Westen oder der Dritten Welt, und von ihnen gab es nicht sehr viele. Abends schloss das Restaurant bereits um neun Uhr, und der große Hotelbau lag dann wie ausgestorben da.

Immerhin stand uns Gästen ein Büro für Dienstleistungen zur Verfügung, das uns ein Ausländer-Taxi und einen Englisch sprechenden Reiseführer bestellen konnte. So klapperte ich die Büros der wenigen westlichen Kollegen ab, um mir das Leben in Peking und die Arbeitsmöglichkeiten erklären zu lassen. Da gab es zwei Franzosen, zwei Engländer und einen Kanadier, der zwar für die *New York Times* arbeitete, aber für eine Zeitung aus seinem Heimatland akkreditiert war, weil zwischen Peking und Washington noch keine diplomatischen Beziehungen bestanden. Dann war da eine Reihe japanischer Korrespondenten, die anscheinend nur mit anderen Japanern Kontakt hielten, und schließlich Pressevertreter aus der Sowjetunion und den Ostblockstaaten, auch aus der DDR, die einerseits zu allen westlichen Kollegen Distanz halten mussten, andererseits wegen der gespannten Beziehungen zwischen Moskau und Peking vom chinesischen Leben abgeschottet wurden. Als Korrespondenten aus der Bundesrepublik Deutschland waren wir zu dritt: außer mir ein Kollege von der *Frankfurter Allgemeinen Zeitung*, der wenige Wochen vor mir nach Peking gekommen war, dann Hans-Joachim Bargmann von der Deutschen Presseagentur, der schon mehrere Jahre in Hongkong und Peking gearbeitet hatte – ein erfahrener Kollege, der gern mit Informationen und Erklärungen aushalf. Zu chinesischen Journalisten entwickelten sich keine Kontakte. Die Mitarbeiter von Rundfunk und Fernsehen waren nach einem ersten und einzigen Begrüßungsessen unerreichbar, und auch die Verlagsgebäude der Zeitungen blieben für mich gesperrt.

Von den ausländischen Botschaften war ebenfalls kaum Hilfe zu erwarten. Die Briten und die Franzosen verfügten zwar über große Kanzlei- und Wohngebäude, aber nachdem diese auf dem Höhepunkt der Kulturrevolution von jungen Rotgardisten, fanatischen Mao-Anhängern, eingeschlossen und zum Teil besetzt worden waren, beschränkten sich die Mitarbeiter inzwischen nur noch auf Routinetätigkeiten. Damals war eine ganze Anzahl von Botschaften betroffen gewesen – darunter auch die Vertretungen von Indonesien und der Mongolei, der Sowjetunion und anderer sozialistischer Länder. Am schwersten hatte es die britische Botschaft getroffen: Mindestens zehntausend Rotgardisten hatten die Diplomaten und ihre Familien im August 1967 mehrere Tage lang eingeschlossen und dann das Botschaftsgebäude erstürmt und in Brand gesetzt. Die Eingeschlossenen wurden misshandelt, ehe sie mit zerrissener Kleidung durch die Menge entkommen konnten. Damals hatte sie Ministerpräsident Zhou Enlai retten lassen, indem er eine Armeeeinheit zur »Rückeroberung« der Botschaft geschickt hatte. Für einen englischen Kollegen, den Reuters-Korrespondenten Anthony Grey, hatte der Ausbruch der kulturrevolutionären Raserei besonders schlimme Konsequenzen. Er wurde von Rotgardisten im Keller seines Hauses zwei Jahre eingesperrt. Sie strichen das einzige Fenster schwarz und verhinderten, dass ihn Informationen aus der Außenwelt erreichten. Seither blickten viele Ausländer in Peking besorgt über die Schulter, wenn sie einer größeren Ansammlung von Chinesen begegneten.

Nachdem 1972 diplomatische Beziehungen zwischen der Bundesrepublik und China aufgenommen worden waren, gab es nun auch eine bundesdeutsche Vertretung in Peking – mit einem ambitionierten Botschafter, auslandserfahrenen Mitarbeitern und mehreren guten Dolmetschern. Wir drei Korrespondenten stellten die

»deutsche Kolonie« dar, konnten unsere Post aus dem Ausland an die Botschaftsadresse schicken lassen, mit den Diplomaten Informationen austauschen und uns über die Entwicklungen in Deutschland auf dem Laufenden halten. Die meisten anderen Botschaften waren kleiner und nicht gerade mit Chinaexperten besetzt, nur die Australier machten da eine Ausnahme: Für sie war China auf der gegenüberliegenden Seite des Pazifiks fast so etwas wie ein Nachbar, dessen Bevölkerung freilich siebzig Mal größer war. Statt eines Karrierediplomaten hatten sie den Botschafterposten mit einem unternehmungslustigen und neugierigen jungen Sinologie-Professor besetzt. Er und viele seiner Mitarbeiter sprachen Chinesisch, wussten gut über die Geschichte und den gegenwärtigen Zustand Chinas Bescheid und waren ebenso auskunfts- wie diskussionsfreudig. Die sowjetische Vertretung war bei weitem die größte und zugleich die verschlossenste. Nach den Vorfällen während der Kulturrevolution hatte man sie in eine Art Festung mit einer starken Truppe von Sicherheitsleuten verwandelt, und anschließend wurde sie von den chinesischen Behörden fast vollständig isoliert und ignoriert. Pekings Stadtverwaltung hatte sogar den Namen der Straße geändert, an dem die Enklave der Sowjetbotschaft lag. Die Adresse hieß nun »Antirevisionismusstraße Nr. 1«. Revisionismus, also das Abweichen vom wahren und revolutionären Kommunismus, war der politische Hauptvorwurf der Chinesen gegen die Sowjetunion. Dem mussten die Mitarbeiter der sowjetischen Botschaft nun täglich ins Auge sehen.

Die Diplomaten lebten in Peking in besonderen Wohnblocks für Ausländer, nach Ost, West und Dritte Welt getrennt. Es gab drei oder vier Restaurants mit mittelmäßiger Küche, die sie manchmal besuchten, und mit einiger Regelmäßigkeit bekamen sie über die chinesische Dienststelle für die Versorgung des diplomatischen Korps Eintrittskarten für die Peking-Oper. Allerdings durften nur noch die gleichen acht revolutionären Modellopern, etwa *Das rote Frauenbataillon* oder *Die Legende der roten Laterne*, aus der Werkstatt von Maos Frau Jiang Qing aufgeführt werden. Die ersten Monate in Peking, in der kargen Welt des halbleeren Minzu-Hotels, schienen mir mithin von tödlicher Langeweile geprägt. Auch alle meine Bemühungen, über die Presseabteilung des Außenministeriums und das Versorgungsbüro für ausländische Diplomaten eine eigene Wohnung zugeteilt zu bekommen, blieben erfolglos. Das bedeutete, dass ich keine Mitarbeiter beschäftigen konnte. Ich hatte gehört, dass ein neues sechsstöckiges Wohnhaus für Ausländer fertiggestellt worden war und dass darin eine ganze Reihe Wohnungen leer stand. Zwei junge Engländer, die täglich für ihre Botschaft einen Informationsdienst mit Artikeln aus der chinesischen Presse erstellten, waren neben einer englischsprachigen chinesischen Tageszeitung die einzige Informationsquelle für uns Ausländer. Von ihnen erfuhr ich, dass leer stehende Wohnungen in Reserve gehalten würden, bis die USA eine Botschaft in Peking eröffnen konnten. Aber niemand wusste, wann das geschehen würde.

Was blieb mir anderes übrig, als die Millionenstadt zu durchwandern und mit eigenen Augen zu erforschen? Die wenigen ausländischen Besucher, die in dieser Zeit nach China eingelassen wurden, neigten dazu, ihre Hoffnungen und Ängste auf eine Wand von Millionen Menschen in gleich geschnittenen blauen Anzügen zu projizieren. Die meisten von ihnen – Rechte wie Linke – waren von China beeindruckt. Die einen bewunderten den disziplinierten Nationalstaat, der eines Tages der Sowjetunion entgegentreten würde, die anderen sahen in China den konsequenten revolutionären Kommunismus, frei von Erscheinungen der sowjetischen Verbürgerlichung. Je länger ich die Chinesen beobachtete, desto deutlicher bemerkte ich jedoch Verhaltensweisen, die weder in das Schema eines disziplinierten kommunistischen Kommandostaats passten noch in eine Gesellschaft freier revolutionärer Initiative. Schon am ganz alltäglichen Straßenleben war das abzulesen. Ich musste dazu nur morgens früh aus meinem Hotel auf die breite Changan-Avenue treten.

Gegen sechs Uhr rollte eine ganze Armee von Radfahrern über die breite Avenue des Ewigen Friedens und drängelte sich in Richtung Stadtzentrum. Ihnen kamen verschlafene Bauern entgegen, die Ladungen frisches Gemüse in die Stadt geliefert hatten. Sie nickten auf ihren Karren ein, während ihre Pferde heimwärts trotteten. Für Pferdewagen und Traktoren war die Innenstadt tagsüber Sperrgebiet, und die Verkehrspolizisten an den großen Kreuzungen hatten mit ihnen wenig Geduld, weil sie das Bild einer modernen sozialistischen Hauptstadt störten und den Verkehr behinderten. Oft mussten die Bauern deshalb vom Wagen springen und ihre Pferde im Dauerlauf durch die Masse der Radfahrer über die Kreuzung ziehen. Dazu kamen die Lastwagen, die sich ihren Weg durch das Heer der Radfahrer zu hupen versuchten, weil sie sich mit ihrem motorisierten Fahrzeug als Vertreter eines neuen Zeitalters fühlten, das nicht durch Karren, Fahrräder und Fußgänger aufgehalten werden dürfe. Die Fahrer der wenigen schwarzen Dienstwagen, die ihre Chefs zu Ministerien und Verwaltungen bringen sollten, versuchten die »Massen« nicht zu verärgern. Schließlich waren die Radfahrer fest davon überzeugt, dass sie als das Volk stets Vorfahrt haben sollten und dass die Verkehrsampeln für sie nichts bedeuteten. Da konnten die Polizisten durch Lautsprecher und Megafone noch so viele Anweisungen brüllen. Gelang es ihnen doch einmal, aus der Menge einen renitenten Radfahrer herauszugreifen, dann zogen sie blitzschnell den Schlüssel aus dem Fahrradschloss am Hinterrad, damit der Betreffende nicht das Weite suchen konnte. Anschließend versuchten sie, ihm die Grundregeln des Straßenverkehrs beizubringen. Meist jedoch gesellten sich andere Radfahrer dazu, ergriffen Partei gegen die Verkehrspolizisten und unterstützten lautstark die Proteste ihres Kameraden. Das kommunistische China, so glaubten wir Ausländer, wenn wir in dem Land ankamen, sei ein disziplinierter Polizeistaat, aber die Polizisten konnten nicht einmal Strafzettel ausstellen und Geldbußen kassieren. Im schlimmsten Fall meldeten sie einen Radfahrer in seiner Fabrik oder an seinem Arbeitsplatz und verlangten, dass er über korrektes Verhalten im Verkehr belehrt werde. Doch das schienen die Zehntausende auf der Straße nicht zu fürchten. Sie nahmen die Botschaft der Kulturrevolution ernst, wonach das ganze Land den werktätigen Massen gehöre.

Nach dem wüsten Gedränge des morgendlichen Berufsverkehrs fand ich die großen Straßen tagsüber recht still. Vor den Häusern hockten alte Männer in der Sonne, rauchten ihre langen Pfeifen, Großmütter schoben Bambuskinderwagen in die Parks, vom Bahnhof strömten Besucher zum Tiananmen-Platz, um sich vor dem Tor des Himmlischen Friedens, dem Eingang zum alten Kaiserpalast, fotografieren zu lassen. Zehntausende wanderten durch die Einkaufsstraßen und betrachteten die Auslagen in den Schaufenstern. Manchmal wollten alle mitreden, die in kleiner Gruppe vor einem Schaufenster standen: ob ein Teekessel Fehler habe, ob er zu teuer sei, ob es anderswo nicht einen besseren gebe. Vor den Geschäften in den kleinen Seitenstraßen drängte sich die Menge Schulter an Schulter. Alle Läden waren staatseigen, aber deshalb keineswegs gleich. In manchen bemühten sich die Angestellten, mit dem wenigen, was es zu verkaufen gab, die Schaufenster nett und attraktiv zu gestalten. Zahnbürsten, Seife und bunte Plastikbecher wurden zu Blumen oder Lampions zusammengestellt, Zigarettenschachteln oder Kuchenstücke wurden aufgebaut wie die Große Mauer. In der schmalen Dashalan-Straße, wo vor dem Sieg der Kommunisten Seidenhändler teure Ware feilgeboten hatten, gab es in den kleinen Läden längst nur noch die blauen Baumwollstoffe, aus denen alle ihre Jacken und Hosen schneiderten. Die Stoffe waren rationiert: zwei Meter pro Käufer. Gegenüber konnte man Töpfe, Pfannen und Thermosflaschen erstehen. In einem Schaufenster standen lauter Wecker mit Pandabären auf den Zifferblättern, die mit den Augen rollten und jede Sekunde mit dem Kopf abnickten. Es gab auch eine traditionelle Apotheke, die einen Rehfötus in einem Glas ausstellte, dazu bizarre Ginseng-Wurzeln und die fossilen Knochen längst ausgestorbener Tiere, sogenannte Drachenknochen, die Gesundheit und Männlichkeit fördern sollten. Spielzeugläden boten Puppen, kleine Gewehre und billige Bambuskinderwagen an. In einem anderen Laden aber war die moderne Zeit eingezogen. Hier fand man Transistorradios und ein paar kleine Schwarzweißfernseher, die 300 Yuan kosteten, was etwa sechs Monatslöhnen eines Industriearbeiters entsprach.

Zwischen den engen Straßen lagen ein paar große Abstellplätze, wo ältere Frauen Radfahrer aufforderten, ihre Fahrräder abzuschließen, und ihnen eine kleine hölzerne Plakette mit einer Nummer in die Hand drückten. Dass es auch im neuen China eine Menge Fahrraddiebe gab, hatte die Propaganda uns Ausländern nicht erzählt. Neben einem unauffälligen zweistöckigen Gebäude waren einige Dienstwagen geparkt: ältere schwarze Limousinen russischen Fabrikats oder grüne Autos vom Typ »Shanghai«, dem chinesischen Wagen für die Mittelklasse der Funktionäre. Gesetzte Herren stiegen mit ihren Frauen und Töchtern aus, die wie alle Chinesen vorschriftsmäßig in blaue Hosenanzüge gekleidet waren. Sie gingen in ein unauffälliges Restaurant, von dem ich in alten Reiseführern gelesen hatte. Dies war das einst berühmte und nach wie vor beste Restaurant für Pekingente. Die meisten Passanten sahen es von der Straße aus nicht, wären aber selbst dann nicht eingelassen worden, wenn sie das nötige Geld dafür gehabt hätten.

Nicht weit entfernt davon lag das siebzehnstöckige Peking-Hotel. Dessen automatische Türen ließen sich ohne Berührung öffnen und schließen. Das war eine Attraktion für die Besucher vom Lande, die staunend auf der Straße stehenblieben. In der Nähe des Hotels befand sich Pekings größtes Kaufhaus. An den Theken im Erdgeschoss wurden Hunderte verschiedener Süßigkeiten aus ganz China angeboten, daneben aber auch in Aluminium verpackte Zigarren aus Kuba. Ich schaute zu, wie Leute vom Lande einfache Artikel wie Kugelschreiber oder Füllfederhalter bestaunten und wie sich an einem Ladentisch eine Menschentraube bildete, als die Verkäuferin eine Schweizer Armbanduhr aus einer Schatulle nahm. 800 Yuan sollte sie kosten – anderthalb Jahresgehälter für einen Industriearbeiter und eine unvorstellbare Summe für die Besucher aus den Dörfern.

Aus dem Verhalten der Menschen konnte ich schließen, dass ganz verschiedene Elemente der chinesischen Lebensweise trotz Revolution und Umerziehung überlebt hatten und dass sich deshalb keineswegs einfach voraussagen ließ, welche Entwicklung China nehmen würde. Immerhin gab es Anzeichen für eine bevorstehende Lockerung des Verhältnisses zum Rest der Welt. Zu den ersten derartigen Signalen gehörte die Einladung einer westdeutschen Wirtschaftsdelegation nach Peking. Zwanzig Jahre zuvor waren die Handelsbeziehungen wegen des Koreakriegs abgebrochen worden. Nun kam im Mai 1973 eine Abordnung von eindrucksvollem Kaliber, geleitet von Berthold Beitz, dem Chef von Krupp, sowie Alfred Herrhausen von der Deutschen Bank, dazu hochkarätige Vertreter der wichtigsten deutschen Handels- und Industriezweige. Sie wurden bei diesem zwölftägigen Aufenthalt als Gruppe durch die chinesische Hauptstadt geführt, besichtigten Fabriken, zu denen ihnen nur schwer lobende Bemerkungen einfallen konnten, hatten ein Gespräch in der Universität, in der es kaum Studenten, aber viele Soldaten gab, und hörten in Volkskommunen im landwirtschaftlichen Umland mehrfach den gleichen Vortrag über die politischen Errungenschaften der Kulturrevolution und das hohe ideologische Bewusstsein der Arbeiter.

Die Delegation war ebenfalls im Minzu untergebracht. Zurück von Reisfeldern oder Werkshallen, brachten die Dolmetscher sie an ihren reservierten Tisch im Restaurant und wünschten allen eine angenehme Nachtruhe. Nach dem frühen Abendessen lag das Hotel im Dunkeln. Kein Restaurant, keine Bar war geöffnet. Einige der deutschen Gäste hatten sich deshalb etwas mit aufs Zimmer genommen, aber im Hotel gab es nur den starken chinesischen Schnaps und einen Whiskey, der nach schlechtem Portwein schmeckte. So saßen die deutschen Wirtschaftsführer abends stundenlang auf ihren

Zimmern oder unterhielten sich in meinem Büro. Meine Wohnverhältnisse kamen ihnen von Tag zu Tag spartanischer vor, und einer bedauerte mich ausdrücklich dafür, dass ich in diesen kärglich ausstaffierten Räumen nun Jahre verbringen sollte.

Die Delegation wartete auf ein Gespräch mit dem chinesischen Ministerpräsidenten Zhou Enlai, das schon seit einigen Tagen auf dem Programm stand. Ich wusste, dass Zhou solche Gespräche am liebsten spät in der Nacht oder in den ganz frühen Morgenstunden führte. Aber wann er die deutsche Delegation zu sich bitten würde, konnte niemand sagen. Am vierten Abend, eine halbe Stunde nach Mitternacht, sah ich, dass alle Ampeln auf der Changan-Avenue gleichzeitig auf Rot geschaltet wurden. Kein Auto, nicht einmal ein Radfahrer waren zu sehen, als eine Reihe von schwarzen Limousinen an unserem Hotel vorfuhr. Zhou Enlai ließ die deutschen Gäste zur Großen Halle des Volkes abholen. Ich begleitete die Gruppe und beobachtete, wie der Ministerpräsident höflich und aufmerksam den Referaten der Deutschen zuhörte, die ihm die Leistungsfähigkeit ihres Industriezweigs und die großen Chancen eines deutsch-chinesischen Wirtschaftsaustausches schilderten. Ein wenig verblüfft waren sie, als ihnen der Ministerpräsident eine ganz einfache Frage stellte: »Die Bundesrepublik ist doch nun in der Europäischen Wirtschaftsgemeinschaft. Da gibt es doch alles, was Sie brauchen. Warum sind Sie an Handelsbeziehungen mit China interessiert?« Den deutschen Gästen war eine gewisse Enttäuschung anzusehen: Selbst der Ministerpräsident, der als einer der erfahrensten und bestinformierten Männer in China galt, hatte offenbar keine Ahnung von internationalem Wirtschaftsaustausch. Zhous Mitarbeiter schrieben unterdessen alles mit, was gesprochen wurde. Es war die Zeit des Übergangs zu einer sachlicheren Wirtschaftspolitik, und das akademische Seminar, das Berthold Beitz und seine Delegation für den chinesischen Ministerpräsidenten zu veranstalten schienen, sollte am Ende tatsächlich einen wichtigen Anstoß für die Diskussion innerhalb der chinesischen Führung geben. Es half, jene Kräfte zu stärken, die auf ein moderneres, an Wirtschaftswachstum orientiertes China setzten. Aber an diesem Abend konnte niemand ahnen, dass der deutsch-chinesische Handel schon binnen weniger Jahre sprunghaft anwachsen würde.

Zhou Enlai führte in dieser Nacht, als die Delegation bereits ins Hotel zurückfuhr, mit Berthold Beitz noch ein ausführliches Gespräch unter vier Augen über Deutschland, Europa und die Weltpolitik. Die chinesischen Funktionäre im Außenministerium achteten deshalb von nun an sorgsam auf jede Äußerung, die der deutsche Delegationschef gegenüber seinen Mitreisenden machte. Und da es dabei nicht immer um die Weltwirtschaft ging, registrierten sie auch, was er über meine Hotelunterkunft und das aussichtslose Warten auf eine Wohnung sagte. Berthold Beitz meinte, ich bräuchte mir eine solche Behandlung nicht gefallen zu lassen. Wenn die Chinesen so wenig an meiner Anwesenheit interessiert seien, dann solle ich meine Koffer packen. Einem deutschen Reeder, der zur Delegation gehörte, rief er unüberhörbar zu: »Ruges Möbel sollen nächste Woche auf Ihrem Frachter ankommen. Rufen Sie den Kapitän an, er soll sie gar nicht erst ausladen. Ruge fliegt mit uns zurück. Was soll er hier, wo man ihn nicht einmal anständig unterbringt.« Ich hätte meine Zelte in China trotz aller Unbequemlichkeiten natürlich nicht so schnell abgebrochen, aber wie sich sehr bald zeigte, war das auch gar nicht nötig. Schon am nächsten Vormittag besuchte mich ein älterer Verwaltungsmann aus dem Büro für die Versorgung von Ausländern und erklärte in gepflegtem Englisch, er könne mir eine Wohnung zeigen. Da gab es nun in dem neuen Hochhaus, das eigentlich für die Amerikaner reserviert war, eine angenehme Parterrewohnung: vier Zimmer, eine große Küche, zwei Bäder und ein Büro für mich und den Dolmetscher.

In den nächsten zwei Wochen ging es weiter mit der Ausstattung meiner Korrespondentenexistenz: Das Betreuungskomitee hatte bereits eine Liste mit zukünftigen Mitarbeitern für mich vorbereitet. Diese Mannschaft schien mir zunächst für einen Korrespondenten ungewöhnlich groß, eher passend für die Vertretung eines kleineren Staats oder einer großen Handelsorganisation. Aber alle Korrespondentenbüros waren personell ähnlich üppig ausgestattet. Das erinnerte ein wenig an die vorkommunistischen Jahre, als die Ausländer für wenig Geld viel Personal anstellen konnten. Und in der Tat waren die Personalkosten fast so niedrig wie in der kapitalistischen Zeit – auf »Ausbeuterniveau«, so hätten es die Zeitungen der chinesischen Kommunisten damals genannt. Die Kosten waren so festgesetzt, dass auch kleinere Staaten der Dritten Welt und die ehemaligen kommunistischen Bruderstaaten keinen Grund zur Beschwerde hatten.

Als Erster kam Herr Liang, der Dolmetscher. Er sorgte zunächst dafür, dass ich eine Putzfrau bekam, Frau Li. Dann kamen Herr Yu, von allen »kleiner Yu« genannt, als Koch dazu und der Fahrer, Herr Wang, der sich um meinen Dienstwagen kümmern sollte, sobald dieser mit den Möbeln per Schiff aus Bremerhaven eintreffen würde. Und schließlich war da noch die Chinesischlehrerin, Frau Shu, die mich an jedem Wochentag zwei Stunden lang unterrichtete. Das waren ziemlich viele Leute, die sich täglich in meiner Wohnung aufhielten. Erst war ich darüber etwas besorgt, aber sie alle hatten Erfahrungen mit überbelegten Wohnungen und teilten sich die Arbeitsplätze in Küche und Büro auf, ohne einander zu stören. Natürlich war die Distanz zu mir sehr groß und, wie mir zunächst schien, bei der schüchternen Putzfrau fast unüberwindlich. Aber gerade Frau Li erwies mir, ohne es zu wissen, einen Gefallen. Vierzehn Tage nachdem sie bei mir zu arbeiten angefangen hatte, musste sie bei der Leitung ihrer Organisation einen ersten Bericht über Arbeitsplatz und Arbeitgeber abliefern, und der fiel positiv aus. Ich hatte, ehe meine Möbel ankamen, in einem chinesischen Geschäft einen Küchenstuhl gekauft, der mir als billig und praktisch aufgefallen war. Auf ihm ruhte Frau Li sich gelegentlich aus. Das berichtete sie ihren Vorgesetzten, worauf diese offenbar zu dem Schluss kamen, ich sei kein hochnäsiger ausländischer Ausbeuter, sondern ein

Mann, der auch einfache Chinesen mit Respekt behandle und das Proletariat nicht verachte. Diese Einschätzung, von der ich erst Jahre später von meiner Chinesischlehrerin erfuhr, ging in einen der vielen Berichte ein, in denen regelmäßig Äußerungen von Ausländern zusammengefasst wurden.

Herr Wang, der Chauffeur, war um die dreißig Jahre alt, ein Fischersohn aus der Nähe von Tsingtao, ein bisschen naiv, aber offen und freundlich. Er hatte seinen eigenen Kopf, aber was für ein Dickschädel er wirklich war, erfuhr ich erst nach einem Unfall mit unserem Dienstwagen. Auf einer Nebenstraße am Stadtrand war ein Traktor mit unserem Wagen zusammengestoßen. Die Schäden am Traktor waren nicht sehr groß, die Reparaturen an unserem Auto aber würden teuer werden. Die Polizei hatte die Unfallstelle besichtigt und ein Urteil gefällt: Schuld sei der Fahrer mit dem Wagen des Ausländers. Das aber wollte Herr Wang nicht auf sich sitzenlassen. Seiner Ansicht nach habe die Polizei nur deshalb so geurteilt, damit der deutsche Korrespondent zahlt, während bei einer Schuld des Traktorfahrers dessen Volkskommune die Reparaturkosten hätte tragen müssen. Inzwischen hatte jedoch auch der Chef der staatlichen Dienststelle, die Ausländern die Chauffeure stellte, gegen meinen Fahrer entschieden. Das hieß, dass ich die Kosten übernehmen und Herr Wang durch einen anderen Fahrer abgelöst werden sollte. Das wollte er nicht hinnehmen. Jeden Morgen setzte er sich in meinen Dienstwagen und schickte den Ersatzchauffeur wieder weg. Nach drei Wochen warnte mich mein Dolmetscher: Wenn der Fahrer sich weigere, einen anderen Posten anzunehmen, werde das langsam gefährlich für mich. Auch meine Sprachlehrerin empfahl mir, ich solle Herrn Wang sagen, dass ich den Streit beenden und die Schadensrechnung begleichen würde. Der Fall, so sagte sie, habe inzwischen Diskussionen ausgelöst, die uns beiden Schwierigkeiten machen könnten. Also beklagte ich mich nicht mehr, und Herr Wang war eines Tages verschwunden, ohne sich verabschiedet zu haben. Später erfuhr ich von meinem Dolmetscher, er sei aus Protest nach Hause auf seine Fischerinsel im Chinesischen Meer zurückgekehrt. Einen Monat später aber hielt ein Auto auf der Hauptstraße mit quietschenden Bremsen vor mir: Aus dem Wagen stieg Herr Wang, der mich hocherfreut und respektvoll begrüßte, wie er es auch später bei jedem Zusammentreffen tun würde. Er hatte gegen alle Erwartungen der Kollegen seinen Job als Ausländerchauffeur wiederbekommen, aber mit der Auflage, dass er bei mir nicht wieder arbeiten dürfe. Nun war er Fahrer eines afrikanischen Botschafters. »Zur Strafe«, kommentierte Herr Liang, ohne zu erklären, warum ihm die Versetzung vom Steuer eines weißen Journalisten in den Wagen eines schwarzen Diplomaten als Strafe erschien.

Zwischen den Mitarbeitern in meinem Büro gab es offiziell keine Rang- oder Klassenunterschiede. In Situationen wie der beim Chauffeurwechsel konnte ich gleichwohl erkennen, wie verschieden sie waren. Genau erklären konnte ich es mir nicht, denn es gehörte zu ihrem Selbstschutz, sich nicht zu sichtbar von den anderen zu unterscheiden, und ich konnte nicht nachfragen, ohne sie zu gefährden. Mir fiel auf, dass Herr Liang von anderen Chinesen nicht als mein Dolmetscher, sondern als Sekretär unseres Korrespondentenbüros bezeichnet wurde. Viele Jahre später hörte ich, dass er tatsächlich kein einfacher Dolmetscher war, sondern vor seiner Zeit bei mir eine Abteilung im Außenministerium geleitet hatte, die Diplomaten auf die Botschaftsarbeit in englischsprachigen Staaten vorbereitete. Man hatte ihn dann jedoch aus Gründen, die ich nie erfuhr, wie viele andere zur Umerziehung in ein ärmliches Dorf in Nordwestchina geschickt. Als er nach Peking zurückkehrte, suchten Kollegen für ihn einen Arbeitsplatz, der nicht so exponiert sein durfte wie der eines Abteilungsleiters im Ministerium, bei dem aber seine Intelligenz und seine Kenntnisse gewürdigt würden. So kam er zu mir und erwies sich auf seine zurückhaltende, vorsichtige Art als ein ausgesprochen erfahrener Helfer. Nach etwa anderthalb Jahren allerdings wurden die maoistischen Kulturrevolutionäre wieder stärker, sie entfernten Herrn Liang aus meinem Büro und schickten ihn ein zweites Mal zur Umerziehung aufs Land. Als ich ihn dann Jahre später in Peking auf der Straße wiedertraf, ging er mit zwei älteren Jungen spazieren, und ich sagte ihm, ich hätte ihn mit den Kindern vor Jahren schon einmal auf der Straße gesehen. Ich hätte ihnen zugewinkt, aber zurückgewinkt habe er nicht. Ja, sagte er, damals habe man keinen Ausländer begrüßen und schon gar nicht sagen dürfen, dass man Kinder habe. Jedes private Gespräch hätte ein Grund sein können, ihn zur Landarbeit zurückzuschicken.

Der Nachfolger von Herrn Liang war wieder ein Mann, der eigentlich im chinesischen Außenministerium einen besseren Platz auf der Aufstiegsleiter hatte. Natürlich hielt er nach den Erfahrungen seines Vorgängers noch mehr Abstand zu mir, aber er sprach ein gutes Deutsch, war ein geschickter Organisator und eine große Hilfe für mich. Jahre später traf ich ihn in Deutschland wieder, wo er den Umzug der chinesischen Botschaft von Bonn nach Berlin organisierte.

Bei meiner Chinesischlehrerin Frau Shu spürte ich von Anfang an, dass sie etwas Besonderes war. Ihre Kollegen behandelten sie mit bemerkenswertem Respekt, wenn sie sich bei ihr Ratschläge für alle Lebenslagen holten. Wenn ich mich mit ihr unterhielt, lachte sie sehr viel, was zwischen Chinesen und Ausländern sonst extrem selten vorkam. Bei mir und ausländischen Kollegen ließ sie manchmal mit freundlicher Ironie erkennen, dass wir von den Verwicklungen der aktuellen Politik so wenig Ahnung hätten wie von Chinas klassischer Kultur. Einmal erwähnte sie, sie habe zu einer Gruppe gehört, die *Das Kleine Rote Buch* mit den Aussprüchen des Vorsitzenden Mao in monatelanger Arbeit ins Deutsche übersetzte. Meine Frage, ob sie verheiratet sei, bejahte sie, aber meinen Wunsch, ihren Mann einmal kennenzulernen, wies sie ab. Der sei ein Naturwissenschaftler an einer Pekinger Universität und dürfe wegen seiner wichtigen Arbeit keinen privaten Kontakt mit Ausländern haben. Dabei blieb es dann. Wir waren uns durchaus sympathisch, und manchmal gab sie mir am Rande des Unterrichts kleine Hinweise, die es mir leichter machten, die Bedeutung eines Leitartikels oder die Meldung einer chinesischen Zeitung zu verstehen. Ohne dass eine engere Beziehung entstand, kamen wir gut miteinander aus. Aber mehr über sie erfuhr ich erst zwei Jahrzehnte später.

Der Mann von Frau Shu, so stellte sich heraus, war gar kein Naturwissenschaftler, wie sie mir erzählt hatte. Er war vielmehr bis Mitte der sechziger Jahre einer der beliebtesten und berühmtesten Opernsänger Chinas gewesen. Dann jedoch war er in Konflikt mit Maos Frau geraten, als diese das kulturelle Leben Chinas zu revolutionieren versuchte und daranging, die klassischen Opern – chinesische wie europäische – durch ihre eigenen Schöpfungen zu ersetzen. Frau Shus Mann wurde auf Jahre hinaus vom Kulturleben ausgeschlossen, sie wurde inhaftiert und zur Arbeit aufs Land geschickt. Als ich Frau Shu nach zwanzig Jahren wiedertraf, hatte sie gerade einen Roman aus dem Deutschen übersetzt: *Deutschstunde* von Siegfried Lenz. Der Roman erzählt von den Erfahrungen eines Malers in der Nazizeit, von dem Malverbot, das ihn traf, und von Hitlers Versuch, eine »entartete« Kunst zu zerstören. Die Parallelen zwischen NS-Kulturpolitik und Chinas Kulturrevolution konnten den chinesischen Lesern nicht entgehen.

In allen Gesprächen musste man nach den Zwischentönen suchen und an den fast unbeweglichen Gesichtern ablesen, ob man auf Ablehnung oder ein bisschen Verständnis gestoßen war. So ging es mir auch mit der stellvertretenden Leiterin der Presseabteilung des Außenministeriums, über deren Tisch alle Entscheidungen bezüglich der Arbeits- und Reisemöglichkeiten ausländischer Journalisten gingen. Viele westliche Diplomaten und die meisten meiner Kollegen nannten sie eine böse alte Kommunistin. Manche Anfragen fegte sie unerbittlich vom Tisch, und bisweilen dirigierte sie uns auf Reisen zu Fabriken oder Volkskommunen in strengem Befehlston. Sie musste fünfundfünfzig bis fünfundsechzig Jahre alt sein, und aus der britischen Botschaft stammte das Gerücht, sie habe in ihrer Jugend in Shanghai zu den revolutionären Studenten gehört und schon in den dreißiger Jahren im Bürgerkrieg mit Zhou Enlai zusammengearbeitet. Bei einigen ihrer Bemerkungen schien mir, dass sie und ihre beiden engsten Mitarbeiter tatsächlich eher dem Premierminister Zhou und seiner kontrollierten Modernisierung Chinas zuneigten und nicht unbedingt Maos Frau Jiang Qing und ihren Kulturrevolutionären. Jiang Qing hatte seit 1973 eine Kampagne gegen den klassischen Philosophen Konfuzius geführt, die dann ein Jahr später erweitert wurde durch Angriffe gegen den ehemaligen Armeechef Lin Biao, der nach seinem Streit mit Mao bei einem Flugzeugabsturz 1971 auf ungeklärte Weise ums Leben gekommen war. Mit den Kampagnen ging auch – für Europäer schwer verständlich – eine Verurteilung Beethovens und seiner Musik einher, die als antiproletarisch und antirevolutionär geächtet wurde. Aus vorsichtigen Nebenbemerkungen der beiden Männer aus der Presseabteilung schloss ich, dass sie zumindest die Verurteilung Beethovens bedauerten. Ich lud sie und ihre Chefin einige Male zum Abendessen zu mir ein, teils um ihnen ganz offiziell über die Probleme der Korrespondentenarbeit zu berichten und teils um mein Verständnis der chinesischen Politik zu vergrößern. Wenn die drei vor der Tür standen, lief bereits eine Schallplatte mit »Freude, schöner Götterfunken« aus Beethovens 9. Sinfonie. Ich fragte nicht, ob ihnen die Musik gefalle, sie sprachen wenig und hörten lieber zu. Als ich später bei einer anderen Gelegenheit erneut ein Gespräch mit Beethoven untermalte, waren sie wieder ganz still. Wir hatten etwas Gemeinsames gefunden, und von da an spürte ich bei ihnen stets so etwas wie unausgesprochenes Wohlwollen, wenn ich Informationen oder Reisegenehmigungen zu bekommen versuchte.

So lebten wir Ausländer mit unseren chinesischen Mitarbeitern durchaus freundlich nebeneinander, ohne etwas Genaueres über das Leben der anderen zu wissen. Dazu kam eine eigenartige Schwierigkeit: Die Antworten und Erklärungen, die ich bei einem Besuch erhielt, konnten bei der nächsten Begegnung schon völlig anders klingen und selbst mit zeitgeschichtlichen Fakten konnte es einem so ergehen – als wäre die Erinnerung an unpassende Ereignisse aus den Gehirnen wie weggewischt. So ist es mir bei manchen Wiederbegegnungen auf Reisen durch die chinesische Provinz ergangen, die ich in den folgenden zwei Jahrzehnten unternommen habe.

Als ich 1976 das erste Mal das Dorf Hua Xi, 150 Kilometer nördlich von Shanghai, besuchte, war die politische und militärische Erziehung der Stolz der Gemeinde. Die Bauernfamilien, die hier lebten, kannten für Chinesen schwer auszusprechende Namen wie Marx und Engels, Dühring und Lassalle und hatten gelernt, dass Marx immer recht hatte. In den Regalen der kleinen Bibliothek standen die Standardwerke von Lenin und Stalin neben den Schriften Maos, dazu kleine Broschüren, die wie Comics illustriert waren, aber über historische und aktuelle politische Ereignisse berichteten. Es gab sieben Stunden politischen Unterricht in der Woche und zusätzlich Vorträge während der Pausen bei der Feldarbeit. Die Frauengruppen hatten darüber hinaus eigene Treffen für politische Schulung und militärische Ausbildung. Neunundzwanzig Kämpferinnen der Volksmiliz bauten sich für mich zu einer Kolonne auf. Eine fünfundzwanzigjährige Frau befahl ihnen, über den Hof zu marschieren und Nahkampf zu üben. »Der Klassenkampf ist nicht vorbei«, sagte der stellvertretende Kommunenvorsitzende Wu. »Wir müssen immer auf der Hut sein vor reaktionären, konterrevolutionären und kapitalistischen Tendenzen.«

Als ich zweiundzwanzig Jahre später wieder nach Hua Xi kam, sprach man immer noch von einem Dorf, aber mittlerweile ragten viele Fabrikschornsteine auf. Die Neubauten sahen nicht nach den üblichen Unterkünften chinesischer Bauern aus, und das Haus, in dem man mich bei meinem ersten Besuch untergebracht hatte, war nicht mehr das schönste, sondern eines der schäbigsten. Die Bauernfamilie, bei der ich damals gewohnt hatte, war ausgezogen, und nun diente das Haus als Unterkunft für Wanderarbeiter, die aus anderen Provinzen Chinas nach Hua Xi gekommen waren. Siebentausend Arbeiter, Techniker und Ingenieure arbeiteten in Fabriken und Werkstätten, die sich im Gemeinschaftseigentum der Bauernfamilien befanden. Frau Chao, die mich beim ersten Besuch als meine Gastgeberin empfangen hatte, war inzwischen zur Direktorin einer Fabrik für Stahlröhren aufgestiegen. Auch diese Fabrik gehörte zum Gemeinschaftseigentum der Bauernkommune. Von dem neuen Haus, in dem Frau Chaos Familie lebte, hätte bei meinem ersten Besuch niemand zu träumen gewagt: 450 Quadratmeter Wohnraum, so viel, dass in einigen der Räume gar keine Möbel standen. Auch Frau Chaos Mann hatte als Chef des Hotelrestaurants einen guten Posten. Gut zwanzig Jahre zuvor war das Essen viel einfacher gewesen als das, was Frau Chao mir nun auf ihren Banketttisch im Esszimmer stellte. Wir Männer tranken ein Gläschen Maotai-Schnaps und stießen dann gemeinsam mit französischem Rotwein an. »Der Osten wird rot«, toastete Frau Chao. Diesen Mao-Spruch vergesse sie nie. Das Dorf besaß nun ein Hotel, zehnstöckig und in Form einer Pagode, ein Anziehungspunkt für reiche Leute oder für verdiente Arbeiter aus den Industrievierteln Shanghais. Mir hatte man die Präsidentensuite reserviert, 400 Quadratmeter groß und mit zwei hochmodernen Badezimmern ausgestattet. Als alter Freund bekam ich sie zum Sonderpreis, umgerechnet 50 Euro pro Nacht. So viel verdiente ein Facharbeiter im Monat. Die Fabriken, die zum Gemeinschaftseigentum der Dorfbewohner gehörten, produzierten jetzt Wollstoffe, Aluminiumfenster, Schnaps, Zigaretten und Stahl. Im kleinen Erholungspark des Ortes war für jede Familie des Kollektivs eine Tafel errichtet, die den jeweiligen Besitz verzeichnete. Ich schaute nach, was meinen Gastgebern, der Familie Chao, gehörte: ein Sparguthaben von umgerechnet fast 100 000 Euro, zwei Fernseher, eine Klimaanlage, vier Badezimmer, Telefon, Waschmaschine, Motorrad und Fahrrad. »Jeder weiß, was jeder hat. Das ist Sozialismus«, sagte Frau Chao. Mitte der siebziger Jahre hatte hier noch die Devise gegolten, die drei Schätze, die ein Mann mit in die Ehe bringen müsse, seien eine Armbanduhr, eine Nähmaschine und ein

Fahrrad. In den neunziger Jahren nannten Chinesen auf dem Lande einen Farbfernseher mit Karaokeanlage, ein Motorrad und eine große Schrankwand als die begehrten Schätze. Aber von so etwas redeten die Leute von Hua Xi schon nicht mehr. Sie fühlten sich als Kommunisten, freilich in einer anderen Kategorie als die Leute, die für sie arbeiteten. Ebendas gehörte zu dem China, das ich bei jedem Besuch anders erlebte, und jedes Mal wurden die Veränderungen uns Ausländern als ganz normale Weiterentwicklung vorgestellt.

Zehntausend Besucher kamen in den sechziger und siebziger Jahren täglich in das Dorf Shaoshan zu dem einstöckigen Haus am Lotusteich, in dem Mao Tsetung geboren wurde. Wie in Marschkolonnen zogen sie durch das Bauernhaus, das zum Nationaldenkmal gemacht worden war. Bis heute besuchen Touristengruppen diesen Ort, wobei sie die romantische Landschaft genauso anzieht wie Maos Geburtshaus. Auch 1998, bei meinem letzten Besuch in Shaoshan, knipsten die Menschen einander vor dem Lotusteich, doch inzwischen erstarrten sie nicht mehr in Ehrfurcht, und der eine oder andere trug ein T-Shirt mit dem Bild Maos, einfach weil er es schick fand. Daran, was sich während der Kulturrevolution ereignet hatte, erinnerten sich die meisten Besucher nur ungenau. Das sei ja vor seiner Geburt gewesen, sagte mir einer, und seitdem sei es in China besser geworden. Ein Student der Volkswirtschaft warf dagegen ein, Maos Kulturrevolution sei eine Katastrophe für China gewesen und habe Wirtschaft und Bildung um zehn Jahre zurückgeworfen. Gut, dass das vorbei sei, meinte er und kaufte dann für sich und seine Freundin zwei Mao-Abzeichen als Reiseandenken. Ein Mann wollte seiner Frau Maos Geburtshaus zeigen und erzählte, wie die Chinesen vierzig Jahre zuvor hierhermarschiert seien, um den großen Führer anzubeten. Heute komme er wieder wegen der Erinnerung an seine Jugend, sagte er. Die jungen Leute dagegen seien aus Neugierde hier, nur zum Vergnügen, weil sie in der Nähe Urlaub machten. Ein älterer Mann, ein Lokalpolitiker aus einer anderen Provinz, wollte sich am liebsten nicht äußern. Er sei auf Reisen und wolle sich nur einmal Maos Geburtshaus anschauen. »Das ist ein Stück Kulturgut, das Geburtshaus des Vorsitzenden«, sagte er. »Die Kulturrevolution hatte ihre guten und ihre schlechten Seiten.« Er hatte keine große Lust, etwas über Maos historische Bedeutung für China zu sagen, sondern meinte nur: »Für die politische Bewegung war die Kulturrevolution gut.« Als ihm seine Frau widersprach, verbesserte er sich: »Na ja, im Rückblick muss man sagen: Es war doch übertrieben, wie sie damals die Parteifunktionäre totgeschlagen haben. Es war doch ein Fehler, das muss man schon sagen.«

Jedenfalls ließ sich Maos Name noch immer nutzen: Am Lotusteich gleich nebenan lag das »Mao-Familienrestaurant«. Frau Tang, die das Restaurant aufgemacht hatte, war zwar bloß eine angeheiratete Mao, aber sie hatte sich erklären lassen, wie man die Lieblingsgerichte des Großen Vorsitzenden kocht – lauter scharfe und fette Speisen. Frau Tang ging es jetzt viel besser als zu Lebzeiten Maos, als sie noch eine arme Bäuerin gewesen war. An der Wand hing ein Foto, das zu ihrem Stammkapital gehört: Mao auf Besuch in seinem Heimatdorf bei seinen Verwandten. Die Frau mit dem Kind auf dem Bild ist Frau Tang. Tausende dieser Fotos hat sie in Umlauf gebracht, denn der tote Vorsitzende, so fand sie, mache gute Reklame für ihre Kette von elf Mao-Familienrestaurants. Die liefen so erfolgreich, dass sie inzwischen stellvertretende Vorsitzende der Handelskammer von Shaoshan war.

Das kleine Rote Buch und andere Schriften Maos scheinen heute schon wieder fast vergessen. Die Werke des Konfuzius, die in den Kampagnen der Kulturrevolution verspottet und verurteilt wurden, lebten dagegen in den neunziger Jahren wieder auf. Qufu, Geburtsstadt des Konfuzius in der Provinz Shandong, war allerdings 1998 auch eher ein Tourismuszentrum als ein Ort der Verehrung und des Nachdenkens. Im Hotel konnte ich ein buntes Wägelchen in altchinesischem Stil mieten, was ein paar Jahre zuvor noch verboten gewesen wäre. Der Mann, mit dem ich dann durch die Stadt fuhr, hieß Herr Kong. Er war ein Nachkomme des großen Philosophen und

Sittenlehrers und stammte in der 75. Generation von dem alten Meister ab. Die Europäer hatten dessen Namen einst in »Konfuzius« verwandelt, nachdem deutsche und französische Philosophen des 18. Jahrhunderts ihn als großen Denker und Moralisten entdeckt hatten. In den Augen der meisten jüngeren Chinesen war Konfuzius dann nur noch ein Reaktionär gewesen, der in Maos Kulturrevolution bekämpft werden musste. Herr Kong fuhr mit mir zur großen Tempelanlage, wo seine Ahnen schon vor zweieinhalbtausend Jahren gelebt hatten. Seitdem waren die Tempel von Qufu ein zentraler Ort der chinesischen Kultur und Zivilisation gewesen, immer wieder erweitert, manchmal zerstört, schließlich wieder aufgebaut, bis die Rotgardisten die Tempel besetzten und die uralten Steintafeln zerschlugen. Sie wollten den Chinesen das konfuzianische Denken austreiben und es durch die Lehren von Marx, Engels, Lenin, Stalin und Mao ersetzen. Nun waren die Konfuziustempel wieder geöffnet, aber Konfuzius' Platz im chinesischen Denken war immer noch unsicher: Weder kommunistische Kulturrevolutionäre noch kapitalistische Industrielle konnten mit seinen Lehren viel anfangen. Ich fragte Herrn Kong, was die konfuzianischen Werte, von denen im Westen noch oft gesprochen werde, für die neukapitalistischen Chinesen von heute bedeuten könnten. »Die Ideen und Lehren des Konfuzius haben das Denken unserer Gesellschaft zweieinhalbtausend Jahre beeinflusst. Deshalb glauben auch jetzt viele Leute, besonders unter den jungen Studenten, an die Lehren und Richtlinien des Konfuzius«, meinte Herr Kong. In der Zeit der Kulturrevolution hatten nur seine engsten Verwandten von seiner Herkunft wissen dürfen, aber nun brauchte er sie nicht mehr zu verstecken. Der Wald der Familie Kong, in dem alle männlichen Nachfahren seit zweieinhalbtausend Jahren begraben wurden, war immer noch da, ebenso der runde Hügel, unter dem der Meister Kong einstmals sein Grab gefunden hatte. Die wilde Wut der proletarischen Kulturrevolution hatte das Grab für einige Jahrzehnte verschüttet, aber nicht zerstört.

Ich sah die jungen Studenten, die nach dem Examen ernst vor

dem Tempel des Konfuzius standen, und fragte mich, wie sie künftig wohl angesichts uralter chinesischer Tradition, kommunistischer Lippenbekenntnisse und eines neuartigen kapitalistischen Erfolgsstrebens ihr modernes China bauen würden.

Wir Ausländer hatten Mitte der siebziger Jahre so gut wie keinen Einblick in die innerparteilichen Auseinandersetzungen, die meist in »Parteichinesisch« und anhand scheinbar abgelegener Themen ausgetragen wurden – wie etwa Jiang Qings Kampagne gegen die Sittenlehre des Konfuzius und die Musik Beethovens. Auf welche Weise die inneren Machtkämpfe des Regimes verlaufen waren, konnten wir meist erst dann genauer erkennen, wenn die eine Seite gesiegt hatte und die angeblichen Verfehlungen der anderen Seite verurteilte. Die Konfliktlinien waren keineswegs eindeutig, aber im Kern ging es bei den Auseinandersetzungen stets um die Gegensätze zwischen den sowjetisch-bürokratisch geprägten Funktionären der Parteihierarchie, den von Mao angetriebenen, meist jüngeren Kämpfern der Kulturrevolution und den Vertretern einer reformorientierten Wirtschaftspolitik.

Wir konnten nur versuchen, das Kunstchinesisch der kommunistischen Politiker zu übersetzen, das freilich in Zeiten innerer Konflikte mehr der Tarnung als der Erklärung diente. Zwar trafen wir uns in kleinen Kreisen befreundeter Journalisten und Diplomaten und tauschten aus, was wir gehört hatten, aber die Informationen und Erkenntnisse blieben bruchstückhaft und widersprüchlich. Den normalen Chinesen erging es nicht viel anders, wenn sie mehr über die großen Kampagnen erfahren wollten, die die Lager in der Parteispitze gegeneinander führten und die zeitweise in ihrer Schärfe fast einem verdeckten Bürgerkrieg glichen. Die Menschen bemühten sich, aus Zeitungsartikeln und Schulungsmaterial herauszulesen, ob gerade die radikale Fraktion mit Maos Frau die Oberhand gewann oder ob die Funktionäre um Ministerpräsident Zhou Enlai mit ihrem Modernisierungskurs wieder stärker dastanden. Ein Echo dieser

Machtkämpfe erreichte uns über Zeitungen aus anderen Teilen des Landes, etwa aus Shanghai, wo stets schärfere kulturrevolutionäre Töne angeschlagen wurden als in Peking oder in anderen Provinzen. Immer wenn sich der Konflikt zuspitzte, verlagerte sich der Propagandakampf aus der offiziellen Presse in die sogenannten Wandzeitungen. Sie hingen in der Regel zuerst in den Höfen der Universität, wo sie auch die wenigen ausländischen Studenten lasen. Denen war meist verboten, die Texte abzuschreiben, damit sie nicht in die Hände von ausländischen Journalisten und Botschaftsmitarbeitern gelangen konnten. Ausländische Dolmetscher, die mit einer Delegation eine Fabrik besichtigten, brachten dennoch manchmal den Text der Schlagzeilen von Wandzeitungen mit, die sie in der Fabrik gesehen hatten. Steigerte sich der Konflikt im kommunistischen Apparat weiter, tauchten die Wandzeitungen schließlich auch außerhalb der Universitäten auf. Nun waren sie für jeden sichtbar an den Außenwänden der Häuser angebracht.

Im Sommer 1974 begann mitten in Peking, gegenüber der Stadtverwaltung, dem sogenannten Revolutionskomitee, eine für uns Ausländer schwer verständliche Wandzeitungskampagne, in der sich die innerparteilichen Konflikte zu spiegeln schienen. Unterzeichnet von sechs Arbeitern aus sechs verschiedenen Fabriken, behauptete die erste, plakatgroße Zeitung: »Es gibt schwarze, konterrevolutionäre Gruppen in der Hauptstadt, und sie folgen einem schwarzen Kurs. Sie sind bestrebt, die revolutionären Rebellen zu unterdrücken und die Errungenschaften der Kulturrevolution abzuschwächen.« Diese Wandzeitung war zwar am nächsten Tag abgerissen worden, aber nun hing da eine andere, die von »zwei Frauen aus der kommunistischen Partei« unterschrieben war und in der zu lesen stand, die leitenden Genossen wollten die Kulturrevolution rückgängig machen. Auf einem anderen Plakat unterstützte ein Mann, der sich als altes Parteimitglied bezeichnete, die beiden Frauen. Acht Arbeiter einer Pekinger Baugesellschaft wiederum beklagten, in ihrem Betrieb würden die führenden Anhänger der Revolution verfolgt und sie hätten überdies ein Jahr lang keinen Lohn erhalten. Ein Arbeiter aus einer Werkzeugmaschinenfabrik beschrieb, dass die Kulturrevolution in seiner Fabrik nur noch formales Gerede sei und ihre Anhänger längst unterdrückt würden. Die Leitung der Fabrik habe sie in mehr als tausend Wandzeitungen kritisieren lassen und die Bewegung abgewürgt, so dass in der Fabrik nur noch Stille und Einsamkeit herrschten. Zwar meldeten sich hier vor dem Revolutionskomitee nur Verfechter kulturrevolutionärer Errungenschaften zu Wort, aber mit ihren Klagen zeigten sie doch, dass sie mancherorts in großen Schwierigkeiten steckten und ihre Gegner stärker waren als sie.

Auch Arbeiter aus anderen Provinzen klebten an den Häusern nahe der Stadtverwaltung Wandzeitungen an. Manche ihrer Beschwerden waren ziemlich persönlicher Art und gaben Einblicke in Aspekte des chinesischen Lebens, die Fremden sonst verborgen blieben. Sie erlaubten es uns Ausländern, gelegentlich einen Blick auf die Spannungen und Auseinandersetzungen hinter den Kulissen der politischen Reden und Leitartikel zu werfen. So protestierte eine Frau aus Sichuan, man habe ihr verboten, ihre Klagen in der Hauptstadt aufzuhängen. »Ich war 329 Stunden im Gefängnis Nr. 2 eingesperrt. Ich musste alle möglichen Beleidigungen, illegalen Handlungen und Schläge ertragen. Ich musste mich bei einer Untersuchung ganz ausziehen, und die Vertreter des Büros für öffentliche Sicherheit untersuchten jeden Teil meines Körpers, sogar meine Haare und meinen Hintern. Ich bin eine Bürgerin der Volksrepublik China und gemäß der Verfassung habe ich das Recht, die Abteilung für öffentliche Sicherheit anzuzeigen. Sie haben mein Geld und meine Getreidecoupons beschlagnahmt, 22 Yuan und Marken für vier Kilo Getreide. Sie haben versprochen, dass ich alles zurückbekomme, aber ich habe nichts zurückerhalten. Ich musste unterschreiben, dass sie alles zurückgegeben haben, sonst hätten sie mich nicht freigelassen. Sie haben auch die Materialien beschlagnahmt, mit denen ich unsere Klagen belegen wollte. Diese Papiere waren der Beweis, dass es in der Provinz Sichuan Machthaber gibt, die den Kapitalismus wiederherstellen wollen.«

Eine Woche lang waren die Hauswände in der Nähe des Pekinger Revolutionskomitees voll von solchen Mitteilungen. Einige von ihnen schienen zu politischem Widerstand gegen die Regierung aufzurufen. Andere enthielten persönliche Beschwerden und lasen sich wie Leserbriefe in westlichen Zeitungen. Manche hingen einige Tage lang, andere wurden noch in der Nacht entfernt. Immer standen Menschenmengen vor den Plakaten, aber sie kommentierten vorsichtshalber eher die Qualität der Schriftzeichen als den Inhalt. Die meisten Leser schwiegen zwar, aber es gab stets Leute, die einzelne Textpassagen abschrieben, vielleicht um sie selbst für Wandzeitungen in ihren Fabriken und Schulen zu verwenden. Die zwei Frauen, die eine der ersten Zeitungen an die Wand geklebt hatten, brachten schließlich eine Fortsetzung. »Gestern Mittag kamen wir zwei Genossinnen hierher, um ein Plakat zur Unterstützung der anderen Genossen aufzuhängen. Wir wollten sie an das Eisentor gegenüber dem Gebäude des Revolutionskomitees kleben. Wir wussten nicht, dass dieses Tor der Eingang zu einem Club ist, in dem einige führende Genossen sich erholen und schwimmen gehen. Wir wussten auch nicht, dass wir ihre Würde verletzten, aber man sagte uns, dass wir die leitenden Genossen stören würden, und mehrere Männer kamen heraus, um die Plakate abzureißen. Sie hatten den Befehl, uns zwei Frauen zu schlagen. Sie verletzten uns an den Armen, die Finger von einer von uns sind noch geschwollen. Dann öffneten sie das Tor, brachten einen Schlauch und bespritzten uns mit Wasser. Wir waren total nass und konnten kaum atmen.«

Was hinter dem Streit um die Wandzeitungen steckte, ließ sich zwar meist nicht genau beurteilen, aber sie vermittelten doch einen lebhaften Eindruck von den Konflikten innerhalb der chinesischen Gesellschaft. Die Chinesen selbst konnten die Zusammenhänge besser einordnen oder auch mit vertrautesten Freunden oder Verwandten vorsichtig darüber sprechen. Zuverlässige Schlüsse über den

Stand der Auseinandersetzungen innerhalb der kommunistischen Parteiführung konnten freilich auch sie nicht ziehen.

Am 28. März 1976 entdeckte ein englischer Diplomat aus dem Fenster seines Zuges auf dem Weg von Shanghai nach Peking dicht neben den Gleisen ein großes Plakat. Es war so aufgestellt worden, dass die Reisenden es nicht übersehen konnten: »Ehret das Andenken der Revolutionsmärtyrerin Yang Kaihui.« In dieser Zeit des Jahres waren Spruchbänder zum Andenken an die Märtyrer von Revolution und Bürgerkrieg eigentlich nichts Überraschendes, denn die Woche des Qingming-Festes stand bevor, in der die Toten und besonders die Opfer des revolutionären Kampfes geehrt wurden. Der Engländer war jedoch ein Kenner der chinesischen Revolutionsgeschichte, und der Name auf dem Plakat elektrisierte ihn. Yang Kaihui war die zweite Frau Mao Tsetungs gewesen, bevor sie 1930 von Gegnern der chinesischen Kommunisten hingerichtet worden war. In einem von Maos Gedichten findet sich eine bewegende Huldigung an sie. Dann aber hatte man ihren Namen während der Kulturrevolution aus den erklärenden Fußnoten zu Maos Gedichten entfernt. Was bedeutete es nun, wenn Maos zweite Frau gerade in einem Augenblick geehrt wurde, an dem seine derzeitige Frau Jiang Qing an politischem Einfluss gewinnen wollte? War das ein Protest gegen Jiang Qing und ihre Kulturrevolutionäre?

Der englische Diplomat, der das Plakat sorgfältig studiert hatte, gab uns ausländischen Journalisten diese Fragen weiter. So suchten wir nun nach Hinweisen und Anhaltspunkten auf den Transparenten von Jungkommunisten oder bei Schulklassen, die in der Woche des Qingming zum Platz des Himmlischen Friedens im Zentrum Pekings marschierten. Hier geschah zunächst nichts Ungewöhnliches: Die jungen Leute legten Kränze aus Papier und Blumen zu Ehren der Opfer des revolutionären Kampfes am Fuß des Märtyrerdenkmals nieder, sangen die »Internationale« und hörten mit erhobener Faust zu, wie ihre Redner einen Ergebenheitsschwur an die chinesische kommunistische Partei verlasen. Dann aber lehnte am 30. März ein Kranz mit dem Bild des Ministerpräsidenten Zhou Enlai an der Vorderseite des Denkmals. Das ließ uns aufmerken.

Zhou Enlai war drei Monate zuvor mit 77 Jahren gestorben. Der geachtete und bewunderte Ministerpräsident hatte jahrelang Stabilität und Kontinuität im revolutionären Prozess garantiert und galt vielen Chinesen als der einzige Mann, der Konflikte durch geduldige Verhandlungen zu lösen vermocht und Verständnis für die Sorgen der Intellektuellen wie der einfachen Leute bewiesen hatte. Für die meisten Chinesen umgab ihn eine Aura intellektueller Eleganz, verbunden mit selbstloser Hingabe für den revolutionären Fortschritt. Unmittelbar nach seinem Tod waren Tausende von Menschen weinend und schluchzend auf dem Tiananmen-Platz zusammengekommen. In der Stadt selbst aber waren keine Trauerdekoration in Schaufenstern und keine Fahnen vor den Häusern erlaubt. Nur vor dem Palast des Volkes, am Außenministerium und an den wichtigsten Regierungsgebäuden durften Fahnen auf halbmast gesetzt werden, und Studenten, die an der Universität die chinesische Fahne aufgezogen hatten, wurden verwarnt. Manche Pekinger schmückten Zhous Bilder zu Hause oder in den Büros mit schwarzer Gaze und fügten handgeschriebene Bekenntnisse zum Ministerpräsidenten an die Wand. Einige, so hörten wir, hätten sogar Mao-Porträts abgehängt.

Nun schien die Woche des Qingming-Festes ohne jede Ankündigung und propagandistische Vorbereitung zur Woche der Ehrung Zhou Enlais zu werden. An der Südseite des Märtyrerdenkmals versammelten sich am 30. März zunächst zwanzig oder dreißig junge Leute und legten Kränze für den verstorbenen Ministerpräsidenten nieder. Ein Mädchen verlas eine Lobrede, dann trat ein anderer Student mit einer Ansprache vor. Mehrere Stunden lang priesen sie den Ministerpräsidenten. Andere holten Notizbücher und Bleistifte heraus, um festzuhalten, was am Fuß des Denkmals gesagt wurde – vielleicht um es mit nach Hause zu nehmen oder in Schulen und

Fabriken bei Versammlungen zu verwenden. In einiger Entfernung vom Denkmal kamen nach und nach auch Arbeiter zusammen. Ein älterer Mann sprach ruhig, aber mit starkem Gefühl über Zhou Enlai: »Sein Leben war selbstlos der Befreiung des chinesischen Volkes gewidmet. Wenn sein Leben jetzt kritisiert werden soll, wie werden wir dann weiterleben?« Ich spürte einen Ton des Trotzes in seiner Rede. Dieser Ton fand sich auch in den Sprüchen und Gedichten wieder, die Studenten am Fuß des Denkmals ablegten. Sie lasen die Texte laut vor und erklärten die komplizierten Schriftzeichen. Deren Bedeutung war für uns Ausländer kaum zu verstehen, doch es ließ sich erraten, dass sie sich gegen die radikale Gruppe in der Parteiführung richteten. Dann aber fand ich am Fuß des Denkmals zwischen den vielen Plakaten und Zetteln einen Satz, dessen Sinn auch ich entschlüsseln konnte: »Wir haben hier viele Kränze gesehen, aber keinen Kranz aus dem Nordwesten.« Im Nordwesten des Platzes lag Maos Haus.

Gerade weil keine offene und scharfe politische Kritik gegen Mao und die Gruppe um seine Frau gerichtet wurde, trauten sich die Menschen in den folgenden Tagen zu Tausenden auf den Platz im Herzen Pekings und bekundeten ohne Worte ihren Respekt für den toten Ministerpräsidenten. Die Stimmung schien entspannt, ganze Familien kamen mit Großmüttern und Kleinkindern und bildeten eine endlose Prozession durch die immer länger werdenden Reihen von Kränzen und Plakaten. Ich merkte, dass die Menschen diesmal nichts dagegen hatten, wenn sich Ausländer unter sie mischten. Sie halfen uns sogar beim Übersetzen und Abschreiben der Texte, begannen freundliche und neugierige Gespräche. Einige Tage später, am 2. April, marschierte eine Gruppe von Mitgliedern der Akademie der Wissenschaften feierlich auf den Platz. Junge Leute halfen ihnen, einen Kranz mit einem Gedicht ganz oben auf das Märtyrerdenkmal zu heben. Zuerst kam uns das Trauergedicht recht traditionell vor. Aber als wir abends mit einigen Journalisten und Chinaexperten zusammensaßen und die vielen Texte analysierten, begannen wir zu verstehen, dass die Akademiker in diesem Gedicht durch eine sehr subtile Veränderung einzelner Schriftzeichen Vorwürfe gegen Maos Frau und ihre Verbündeten erhoben hatten.

Am 3. und 4. April, einem Samstag und einem Sonntag, strömten insgesamt bis zu 100 000 Menschen auf den Tiananmen-Platz. Der Protest war immer noch gewaltlos, doch mittlerweile reagierten die Menschen gereizter auf die wiederholten Versuche der Polizei und der Milizionäre in Zivil, sie zu vertreiben. Die Lage spitzte sich zu, und es kam zu ersten Schlägereien. Offenbar versuchten radikale Studenten oder Rotgardisten, die Masse der ruhigen Demonstranten zu provozieren. Am Sonntagabend waren südlich vom Denkmal plötzlich Sprechchöre zu hören. Studenten riefen:»Wir sind für Ministerpräsident Zhou und gegen Franco. Wir sind für Freiheit und Demokratie, gegen Faschismus. Wir wollen keine schmutzige Kaiserin.« Die Aussagen waren unmissverständlich, mit der Kaiserin konnte nur Maos Frau gemeint sein. Als es zu dämmern begann, kamen weitere Plakate und Sprechchöre hinzu, die offen Zhou Enlai ehrten und unverhohlen Maos Frau attackierten. Noch um neun Uhr abends harrte eine große, erregte Menge im trüben Licht der großen Laternen auf dem Platz aus. Dann merkten wir, dass einige Chinesen in der Menge aufeinander einschlugen. Ausländern gegenüber waren die Menschen zu diesem Zeitpunkt noch immer freundlich gesinnt, aber nun war es uns nicht mehr möglich, nahe genug an den Kern des Geschehens heranzukommen. Gegen zehn Uhr entstanden auch am Rande des Platzes einzelne Keilereien. Plötzlich waren viele Polizisten da, die anfangs nur zuschauten. Sie zerrten einen Mann fort. Uns Ausländer versuchten sie höflich, aber entschieden, zu vertreiben.

Am frühen Morgen des 5. April war der Platz zunächst leer, von Stunde zu Stunde aber strömten immer mehr Menschen herbei und sammelten sich um das Denkmal. Die Milizangehörigen hielten sich zurück, während sich der Platz immer weiter füllte. Die Stimmung wurde unruhiger und angespannter. Ich stand um etwa 10 Uhr in der Menge an der Treppe zur Großen Halle des Volkes, als mich einige ältere Männer misstrauisch betrachteten und etwas zueinander sagten. Ich versuchte, langsam und möglichst unbemerkt auf die andere Seite der Großen Halle zu gelangen. Doch die Männer zeigten mit dem Finger auf mich und sprachen einige Studenten an. Die Situation schien gefährlich zu werden, aber dann sah es doch so aus, als würden sie mich gehen lassen. Am Seiteneingang standen drei Soldaten in Uniform und mit aufgepflanztem Bajonett vor einer Gruppe von jungen Männern, die offenbar in das Gebäude eindringen wollten und sich Schritt für Schritt die Treppe hochschoben. Die Soldaten verschwanden hinter der Tür und kamen ohne ihre Waffen zurück. Als sie sich wieder aufstellen wollten, schnappten sich vier Studenten einen von ihnen und zogen seine Uniformjacke herunter. Die beiden anderen Soldaten versuchten zu fliehen, wurden aber sofort umzingelt. Ich stand dreißig Meter entfernt und überlegte, in welche Richtung ich am besten entkommen könnte. Da deuteten die älteren Männer erneut auf mich, und junge Studenten eilten auf mich zu. Ich versuchte so schnell wie möglich in Richtung chinesische Staatsbank zu verschwinden, deren Eingang stets von bewaffneten Polizisten geschützt wurde. Aber wenige Meter vor meinem Ziel holte mich die Studentengruppe ein und drückte mich an die Hauswand. Einer von ihnen verlangte, dass ich den Fotoapparat hergab, doch ich konnte mich in der drängenden Menge nicht rühren. Inzwischen hatten sich vierzig bis fünfzig junge Leute angesammelt. Sie verstanden nicht, was vor sich ging, und schoben sich aus Neugierde immer näher heran. Schließlich gelang es mir, den Film aus der Kamera zu ziehen. Die Männer, die am nächsten standen, streckten den abgerollten Film als Siegeszeichen in die Luft. Eine halbe Minute lang schwenkten sie ihn herum, ohne auf mich zu achten. Ich nutzte den Moment der Unaufmerksamkeit und schob mich an der Wand entlang und an den Wachposten vorbei in den Eingang der Bank. Zwei der Angestellten schlossen die Tür hinter mir und brachten mir auf den Schreck hin ein Glas Wasser.

Eine halbe Stunde später hatte sich die Menge wieder verlaufen, und niemand kümmerte sich um mich, als ich zurück auf den Tiananmen-Platz ging. Gegen Mittag stieg am Rande des Platzes eine gelbliche Rauchwolke auf. Ein halbes Dutzend junger Männer kam aus der Nähe eines brennenden Autos gerannt, sprang auf einen Lastwagen und fuhr mit hoher Geschwindigkeit davon. Dann kamen zwei Feuerwehrfahrzeuge, die zum Brandherd wollten. Die Feuerwehrleute mussten sich regelrecht gegen die Menge verteidigen. Halbwüchsige zogen an den Schläuchen, rissen an den Jacken der Männer, warfen Helme in die Luft und kletterten auf dem Löschzug herum. Nach einiger Zeit ließen die Feuerwehrleute den schwelenden Wagen zurück, weil sie nichts ausrichten konnten, und wollten den Platz verlassen, aber da wurden sie von einer Menschenmenge umringt und angehalten. Nicht weit davon entfernt kippten die Menschen einen Minibus um. Ein Trupp Soldaten kam vom Historischen Museum angerannt und postierte sich zwischen dem Minibus und der Polizeistation gegenüber. Die Menge zog sich zunächst eilig zurück; als die Leute dann aber merkten, dass die Soldaten nur Stellung bezogen hatten, näherten sie sich wieder dem Minibus. Unter den Bäumen am Rande des Platzes gab es eine Explosion. Ein weiterer Wagen ging in Flammen auf, dann brannte auch der umgestürzte Minibus.

Gelegentlich wurden Ausländer umdrängt und aufgefordert zu verschwinden. Ein Diplomat hob die Arme und rief: »Ich ergebe mich.« Die Menschen lachten und schoben ihn fort. Andere wurden von Polizisten in Zivil angehalten und nach ihrer Nationalität gefragt. »Wir wollen hier keine Sozialimperialisten«, sagte ein Polizist und meinte damit Bürger aus der Sowjetunion. Wenn ein Ausländer erklärte, er sei kein Russe, durfte er weitergehen. Ein sowjetischer Diplomat, der eine karierte Mütze trug und wie ein altmodischer englischer Tourist aussah, wurde von der johlenden Menge verjagt. Die meisten Chinesen kamen jedoch als Zuschauer und ließen die Ausländer ebenfalls zuschauen.

Am Abend begannen schließlich Einheiten von Militärpolizei und Arbeitermilizen aus den großen Fabriken, die Straßen nördlich und westlich des Kaiserpalastes zu blockieren. Soldaten trugen Maschinengewehre heran, andere patrouillierten auf Motorrädern. Gegen 22 Uhr stürmten etwa tausend Milizionäre aus dem Tor des Himmlischen Friedens, liefen über den Platz und bildeten einen weiten Ring um das Märtyrerdenkmal. Ich zog mich an den Rand des Platzes zurück, aber auch da drängten sich Soldaten und Zivilisten. Die Menge am Denkmal wurde nur langsam kleiner, Reden wurden aber nicht mehr gehalten.

Vom Rand beobachtete ich, wie Soldaten und Milizionäre Pekings Hauptstraße auf beiden Seiten des Denkmals abriegelten. Dann wurde es dunkel: Die Kandelaber wurden auf halbe Leuchtstärke geschaltet, die kriegerische Musik aus den Lautsprechern, die Soldaten wenige Stunden zuvor aufgestellt hatten, wurde lauter gestellt. Von den Seiten rannten fast tausend Soldaten und mehrere Tausend Arbeitermilizionäre mit großen Holzknüppeln auf das Denkmal zu. Ich konnte nicht genau erkennen, was dort geschah. Es sah aus, als würden jeweils Gruppen von dreißig oder vierzig Menschen von der Menge abgetrennt und über den Platz getrieben. Noch um ein Uhr nachts wurden Menschen abgeführt. Einige ausländische Journalisten und Diplomaten versuchten noch einmal, durch die Reihen der Soldaten zum Denkmal vorzudringen, aber keiner schaffte es auf die Terrasse. In der Südostecke des Platzes saßen viele Leute auf dem Boden, die nach und nach in kleinen Gruppen auf Lastwagen abtransportiert wurden. Wir Ausländer wurden mit eigenartiger chinesischer Höflichkeit behandelt. »Sie sollten jetzt nach Hause gehen und sich ausruhen. Es ist hier draußen zu kalt«, sagte eine Milizpatrouille zu mir. Als wir den Platz verließen, konnten wir auf dem Pflaster einige große Flecken erkennen, die wie Blut aussahen. Unter unseren Schuhen knirschte das Glas zerschlagener Fahrradlampen. Auf dem höchsten Absatz des Denkmals stand immer noch ein einzelner Kranz für Zhou Enlai.

Der Kranz war auch am nächsten Morgen noch da, nachdem die Polizeiketten um den Platz schon abgerückt waren. Die Szenerie sah eigentlich aus wie immer: Gegenüber dem Tor des Himmlischen Friedens arbeiteten die Berufsfotografen wieder auf ihren hölzernen Plattformen, und chinesische Hauptstadtbesucher warteten geduldig in einer Schlange, um ein Erinnerungsfoto von sich machen zu lassen. Auf dem Platz standen nur vereinzelt kleine Gruppen von Männern und Frauen herum. Die Polizeistation lag inzwischen leer und ausgebrannt da, und vor ihr sammelte sich eine neugierige Menge. Vor dem Historischen Museum, das ein paar Hundert Demonstranten tags zuvor hatten stürmen wollen, wurde ein neuer transportabler Metallzaun errichtet. Soldaten forderten die Menschen zum Weitergehen auf. Eine junge Frau kam aus dem Ministerium und sprach beruhigend auf die Menge ein. Als sie zurückging, wurde der Zaun umgestürzt, aber die Leute wussten nicht mehr, was sie noch tun sollten. Einige sahen eine Gruppe von Ausländern und liefen auf sie zu, woraufhin die Ausländer in ihren Wagen sprangen und vorsichtig durch die Menge auf die Avenue zurückfuhren. Irgendwann kamen Arbeiter mit einem Kranz und versuchten vergeblich, ihn am Denkmal festzumachen. Viele Menschen applaudierten. Auch andere wollten noch Wandzeitungen am Denkmal anbringen, aber Polizisten in Zivil hinderten sie daran.

Am Morgen des 7. April war der Tiananmen-Platz schließlich von so vielen Soldaten und Polizisten umgeben, dass kein normaler Bürger mehr zum Denkmal gelangen konnte. Bald lag der Platz still und menschenleer da. Eine Frauenbrigade erschien und begann, das Pflaster zu scheuern. Es sah aus wie eine rituelle Reinigung.

In den folgenden Wochen versuchten wir ausländischen Journalisten gemeinsam mit Mitarbeitern der Botschaften, unsere Informationen und Eindrücke zu sammeln und auszutauschen. So viel schien uns klar: Dies war ein Protest gegen jene Parteiführer gewesen, die mit den Waffen der Kulturrevolution den innerparteilichen Konflikt für sich entscheiden wollten. Indem die Demonstranten den toten Ministerpräsidenten Zhou Enlai als Mann von Ordnung und Fortschritt ehrten, gaben sie sich als Gegner weiterer revolutionärer Unruhe zu erkennen. Aber sie hatten sich nicht durchsetzen können. Nach dem Ende des Protestes war offenkundig, dass der ehemalige Vizepremier Deng Xiaoping, der eigentlich als der Nachfolger Zhou Enlais gegolten hatte, den Machtkampf in der Parteispitze verloren hatte. Tatsächlich musste er nach den Ereignissen auf dem Tiananmen-Platz alle seine Ämter abgeben. Stattdessen führte der bis dahin wenig bekannte Hua Guofeng die Regierung. Die radikalen Anhänger von Maos Frau hatten mit Hilfe der Armee gewonnen und agitierten von nun an gegen den Vorrang der wirtschaftlichen Modernisierung und für die revolutionäre Umgestaltung. Peking lag wieder da, als sei nichts geschehen.

Doch dann erschütterten am 28. Juli 1976 Erdstöße die Häuser in der Pekinger Innenstadt. An der Fassade der Großen Halle des Volkes zogen sich auf beiden Seiten des riesigen Mao-Porträts zwei breite Risse vom Boden bis zum Dach. Während die Pekinger rätselten, ob dies ein Zeichen sei und was es bedeuten könnte, bestätigten neue Gerüchte über das Erdbeben die schlimmsten Befürchtungen. Bald sprach sich herum, dass 160 Kilometer von Peking entfernt eines der größten Erdbeben des modernen China die Industriestadt Tangshan regelrecht vernichtet hatte. 700 000 Menschen seien getötet worden, hieß es. Gleichzeitig ließen die widersprüchlichen Reaktionen der Parteiführung auf die Katastrophe erkennen, dass der Konflikt zwischen den beiden verfeindeten Lagern erneut auf einen Höhepunkt zusteuerte. Zunächst hatten die Anhänger Jiang Qings ein Komitee gegründet, dessen Zweck »die Bekämpfung des Erdbebens und die Dezentralisation der Bevölkerung« sein sollte. Die Wortwahl beunruhigte die Pekinger. Viele von ihnen hatten in der kaum zerstörten Stadt ihre Wohnungen verlassen und in Tausende von Zelten ziehen müssen. Nun fürchteten sie, die Radikalen könnten dem Beispiel der von Jiang Qing oft gelobten Regierung von Kambodscha folgen, welche die Bevölkerung der Hauptstadt auf Provinzstädte und Landgebiete verteilt hatte. Dann änderten sich plötzlich die Signale. Armeelastwagen mit Baumaterial rollten nach Peking, und Soldaten reparierten beschädigte Häuser. Im Fernsehen und in den Zeitungen tauchten Maos Frau und die Vertreter der Radikalen nicht mehr auf, und man sah nun stattdessen den neuen Ministerpräsidenten, der den Überlebenden von Tangshan den Wiederaufbau ihrer Stadt versprach. Hua Guofeng hatte sich offenbar von den Radikalen abgesetzt, und die Chinesen verstanden, dass er Maos Nachfolger und damit der neue Führer des Landes werden könnte.

Am 9. September 1976, um 15 Uhr, kündigten die chinesischen Rundfunk- und Fernsehanstalten eine wichtige Verlautbarung an, die eine Stunde später folgen werde. Eine ähnliche Mitteilung hatte es acht Monate zuvor gegeben, als der Tod des Ministerpräsidenten Zhou gemeldet worden war. So bildeten sich auf den Straßen von Peking stille Gruppen von Menschen an den öffentlichen Lautsprechern und um junge Männer herum, die ein Transistorradio hatten. Auf dem Tiananmen-Platz hatten die Besucher vom Lande noch vor den Fotografen Schlange gestanden, nun stellten sie sich im großen Halbkreis gegenüber dem Fahnenmast auf. Punkt 16 Uhr setzten Soldaten die chinesische Flagge auf halbmast. Die Soldaten standen mit gebeugtem Kopf da, einige von ihnen weinten. Alte Männer verneigten sich unter dem großen Porträt des Vorsitzenden Mao nach traditioneller chinesischer Art, junge Mädchen hockten schluchzend neben ihren Fahrrädern. Die Wachsoldaten holten schwarze Armbinden aus ihren Taschen, als die Nachricht vom Tod Maos über die Lautsprecher kam. Innerhalb von Stunden verwandelte sich Peking in eine Stadt mit Trauerarmbinden und mit Papierblumen in Weiß, der traditionellen chinesischen Trauerfarbe. Andererseits gab es bald nur noch wenig sichtbare Schmerzausbrüche und nur wenige Menschen, die auf der Straße weinten. Die Stimmung in der Stadt war düster und irgendwie unheimlich – es schien, als versuche die Führung bewusst, den Ausdruck allzu starker Emotionen zu verhindern.

Der offizielle Nachruf in den Zeitungen las sich trocken wie ein parteipolitisches Schulungsdokument. Zwar wurde Mao der größte Marxist der Gegenwart genannt, dennoch vermittelte nichts das Gefühl eines so starken Verlustes, wie es seiner historischen Bedeutung eigentlich gebührt hätte. Mao war ein Meister des Wortes gewesen und hatte politische Ziele sogar in den Metaphern der klassischen Dichtung ausdrücken können. Die dürren und kühl berechneten Nachrufe dagegen ließen erkennen, dass die verfeindeten Führer seinen Tod in erster Linie als Waffe in ihrem Machtkampf nutzten. So gab es im Fernsehen zunächst nur Bilder ohne Ton, die eine rituelle, disziplinierte und unemotionale Trauer zeigten. Erst einige Tage später konnte man bei Wiederholungen im Fernsehen auch das Schluchzen von Trauernden hören und sah Bilder von weinenden Menschen, die den Glaskasten zu berühren versuchten, in dem der Tote lag. Für mich war der Pressetermin, bei dem wir Journalisten an dem Sarg vorbeigeführt wurden, das erste Mal, dass ich Mao aus der Nähe sah. Unter meinen Kollegen kam es dabei zu einem Streit: Ein sowjetischer Journalist bemerkte, Mao sehe schon jetzt nicht mehr so gut aus, und ein Jugoslawe entgegnete, in Moskau hätten sie ja auch schon den dritten Lenin im Mausoleum. Wenn Chinesen in geordneten Reihen durch die Trauerhallen ihrer Fabriken gingen, wo Maos Porträt inmitten von Kränzen stand, wurde geweint und geschluchzt, aber wenn sich die Menge danach auf der Straße auflöste, schwatzten die Menschen wieder miteinander, als sei dieser eine Gefühlsausbruch erst mal genug. Am Tag der offiziellen Trauerfeier marschierte eine halbe Million Menschen auf den Platz des Himmlischen Friedens. Alle Gruppierungen warteten stundenlang auf den Stellen, die für sie auf dem Pflaster markiert worden waren. Die Fernsehübertragung begann um 15 Uhr mit der Verlesung des Nachrufs. Um 15.31 Uhr zeigte das Fernsehen als Schlussbilder der Trauerfeier, wie die Partei- und Staatsführung die Tribüne verließ. Neunhundert Millionen Chinesen hatten die Köpfe gebeugt und sich an den toten Vorsitzenden erinnert. Aber nur eine Stunde später waren sie schon wieder an ihren Arbeitsplätzen oder drängten zum Einkaufen in die Läden, in denen es keineswegs stiller zuging als sonst.

Ich schrieb einen langen Artikel über Maos Bedeutung für China, über die Trauerkundgebungen der Millionen, das seltsam verhaltene Auftreten der Führungsgruppe und die Nachrufe, die, so fand ich, in ihrer formellen Nüchternheit der Person Maos und seiner geschichtlichen Rolle nicht gerecht wurden. Es sei zu erkennen, dass die Erben sich nicht darüber einigen könnten, was Mao ihnen hinterlassen habe: den Aufruf zu einer neuen Kulturrevolution oder die Aufforderung zum Aufbau eines moderneren China. Mein Artikel, in dem ich auch Spekulationen über die Zukunft nach Maos Tod streifte, war ungefähr eine Zeitungsseite lang. Ich übergab ihn den Beamtinnen im Zentralen Telegrafenamt zur Übermittlung an die *Welt*-Redaktion in Deutschland. Normalerweise kamen Fernschreiben auf diesem Weg nach zwei Stunden unzensiert und unverändert in Hamburg an. Dieser Artikel hingegen hatte die Redaktion auch am nächsten und übernächsten Tag noch nicht erreicht. Ich sprach bei der Presseabteilung des Außenministeriums vor, um wegen der Verzögerung nachzufragen. Die stellvertretende Leiterin, die mir sonst stets so etwas wie Sympathie entgegengebracht hatte, war ziemlich kurz angebunden. Wenn man einen so langen Text versende, dann müsse man schon damit rechnen, dass die Übermittlung lange dauern werde. Ich dankte für diese Auskunft, verabschiedete mich und ging zur Tür. Sie folgte mir und sagte noch: »Dieser lange Artikel war nicht korrekt.« Und dann etwas leiser: »Aber intelligent. Auf Wiedersehen.« Es war, wie ich später fand, das größte Kompliment, das ich je in Peking bekommen hatte.

Der Artikel traf schließlich doch nach drei Tagen in Hamburg ein. Da war die Stimmung in Peking freilich schon umgeschlagen. Ein chinesischer Kollege, der uns Ausländer sonst links liegenließ, sagte lächelnd zu mir: »Ich bin so glücklich. Jetzt weiß ich, dass in China alles gut sein wird.« Ich hatte zuvor öfter schon das Gefühl gehabt, dass ihm die radikale Politik von Jiang Qing nicht gefiel, und versuchte zu raten: »Ist Madame etwas zugestoßen?« Der chinesische Kollege lachte. »Bald werden Sie wissen, warum ich glücklich bin. Ich weiß jetzt, dass China ein großes modernes Land werden wird.« Zwei Tage darauf klebte eine große Wandzeitung an einem Bekleidungsgeschäft in der Straße des Östlichen Lichts und verkündete, die Partei habe die Herausgabe der Werke Mao Tsetungs an den Ministerpräsidenten Hua übertragen. Am Abend war die Wandzeitung wieder abgerissen. Also suchte ich mit einem australischen Kollegen in dunklen Seitenstraßen und auf Hinterhöfen mit der Taschenlampe nach weiteren Plakaten, und tatsächlich fanden wir nun überall den gleichen Text, der Hua Guofeng als Erben Maos zu benennen schien. Damit war klar, dass Jiang Qing und die Radikalen den Kampf endgültig verloren hatten. Tatsächlich wurden sie und ihre drei engsten Verbündeten nun als die »Viererbande« geächtet und saßen bereits einen Monat nach Maos Tod im Gefängnis.

Mein Korrespondentenvertrag war abgelaufen und die Abreise aus China stand unmittelbar bevor. Angesichts der sich abzeichnenden politischen Veränderungen fragte ich bei der Presseabteilung im Außenministerium vorsichtig nach, ob es nicht klüger sei, in Peking zu bleiben und genauer über die Ereignisse der letzten Wochen zu berichten. »Nein«, sagte man mir, »jetzt ist alles geregelt, und um zu verstehen, was geschehen ist, würden Sie viele Monate brauchen.«

Neues Denken auf Russisch

Moskau

1977–1991

Nachdem ich Peking verlassen hatte, ging ich für ein Jahr an das Center for East Asian Research der Harvard-Universität, um an einem Buch über China zu arbeiten und einige Seminare zu geben. Es war ein großer Sprung von Peking nach Amerika und eine erstaunliche Erfahrung. Hier an der Universität standen mir unendlich viel mehr Unterlagen zur Verfügung, als ich in China selbst je hätte bekommen können: Statistiken, Texte der innerparteilichen Auseinandersetzungen, Leitartikel lokaler Zeitungen, Politikerbiografien, Veröffentlichungen über wirtschaftliche Entwicklungen – es gab Unmengen detailliertesten Materials und erfahrene Professoren und junge Forscher, die es auswerteten. Mehr an Information über das China der Gegenwart war vermutlich nirgends auf der Welt auf so engem Raum zu finden. Es war fast alles da – außer Wissenschaftler, die in den letzten Jahrzehnten in dem Land gewesen waren. Zu diesem Zeitpunkt waren die Beziehungen zwischen der Volksrepublik und den USA noch immer so rigide beschränkt, dass an der großen Harvard-Universität nur ein Professor lehrte, der ein Jahr im China Maos gelebt hatte, und das war ein Kanadier. Ich sammelte Material und Unterlagen und verglich die Informationen mit meinen eigenen Erfahrungen. Bei manchen Themen fand ich Erklärungen, auf die ich in China nie gestoßen wäre. Doch ich las auch Arbeiten, die auf komplizierte, theoretische Weise Zusammenhänge herstellten, die ich aus meinen praktischen Erfahrungen in chinesischen Betrieben, Bauerndörfern oder Universitäten vergleichsweise leicht hätte herleiten können.

Es war ein angenehmes und lehrreiches Jahr in Harvard, aber keine Tätigkeit, die ich für den Rest meines Lebens weiter betreiben wollte. Ich war eben doch mehr Journalist als Akademiker und war nach wie vor besonders fasziniert von Russland, von der großen Sowjetunion. »Geh doch für uns als Hörfunkkorrespondent nach Moskau. Der alte Breschnew stirbt bald. Und dann wird es dort spannend«, sagten meine Kollegen vom Westdeutschen Rundfunk. Ich glaubte das auch oder hoffte es wenigstens, als ich Ende 1977 wieder in ein Flugzeug nach Moskau stieg.

Die Sowjetunion schien zu dieser Zeit in eine Art Halbschlaf gefallen zu sein, ein Zustand, mit dem der alte Generalsekretär Breschnew und die Mehrheit der Parteiführung offenbar ganz zufrieden waren. Dramatische Spannungen, wie ich sie in China erlebt hatte, waren zu Lebzeiten dieser alten Funktionäre nicht zu erwarten. Während es in Peking Mitte der siebziger Jahre harte Zusammenstöße und Auseinandersetzungen gegeben hatte, lebten die Russen in einer Phase der Stagnation, die allerdings, so fanden viele, auch ihr Gutes hatte. Die sowjetische Propaganda hatte die brutale Politik der chinesischen Kommunisten dramatisiert und der Bevölkerung damit so viel Angst eingeflößt, dass viele mit den mäßigen Verbesserungen im eigenen Land zufrieden schienen oder sich jedenfalls dem gewaltigen Apparat des Polizeistaats ohne Widerstand unterordneten.

Als ich mich im Frühjahr 1978 dem Chef des sowjetischen Fernsehens und Hörfunks Sergej Lapin als Korrespondent der ARD vorstellte, erinnerte ich mich an die Begegnung mit ihm während des Regierungsbesuchs von Willy Brandt. Mehr als kühle Formalität erwartete ich also nicht, als mich ein Vertreter der Auslandsabteilung in den fünften Stock und ins Arbeitszimmer Lapins führte. Dass ich als Ausländer überhaupt die Sicherheitsschleusen passieren durfte, war neu, unverändert aber war die Gleichgültigkeit, mit der Lapin mich empfing. Er saß an einem langen Tisch, im Rücken die Fenster, so dass mir das Licht wie bei einem Verhör ins Gesicht fiel. Er blickte ständig an mir vorbei, und es dauerte eine Weile, bis ich mir das erklären konnte: Auf einem der vielen Bildschirme hinter mir lief ein Eishockeyspiel. Ein russischer Kollege hatte mir zwei Themen genannt, über die man mit Lapin reden könne: Eishockey und Goethes *Faust*. Zu Recht oder zu Unrecht hatte Lapin den Ruf, ein großer Kenner des *Faust II* zu sein. Ehe ich aber meine schwachen Erinnerungen an dieses Theaterstück ins Spiel bringen konnte, hatte er mit seiner vorbereiteten Belehrung begonnen. Wie meine Arbeitsmöglichkeiten in Moskau aussehen würden, hänge auch davon ab, dass Rundfunk und Fernsehen in Deutschland endlich mit ihrer antisowjetischen Propagandakampagne Schluss machten, sagte er. Es sei längst an der Zeit, dass die deutsche Regierung diesem Treiben ein Ende bereite, wenn sie den Wunsch habe, zum mächtigsten sozialistischen Staat der Welt fruchtbare Beziehungen zu unterhalten. Ich versuchte sein Bild von durch die Regierung gleichgeschalteten westdeutschen Medien vorsichtig zu korrigieren, aber Lapin, der Widerspruch seit Jahren nicht mehr gewohnt war, reagierte mit wachsendem Ärger. »Wie Sie wissen, bin ich ein Mitglied der Regierung und des Zentralkomitees der Partei. Alle wichtigen Mitarbeiter von Rundfunk und Fernsehen gehören der kommunistischen Partei an. Alle arbeiten zusammen, um im Auftrag der Partei das Beste für unser Land zu erreichen. Natürlich gibt es auch bei uns Verrückte, die sich nicht auf die gemeinsame Arbeit für Partei und Staat einstellen können. Manche von ihnen sind dumm, die werden entlassen, andere sind bösartig, die werden bestraft, oder wir verbannen sie ins Ausland. Einige sind richtig verrückt, die kommen in die psychiatrische Klinik.« Dann wandte er sich wieder ganz dem Eishockey zu. Der Höflichkeitsbesuch war beendet.

Zum Glück stieß ich nicht überall auf ein derart kaltes und abweisendes Klima. Im Grunde war es sogar eine gute Zeit für einen Journalisten. Unter dem alten Breschnew war angebrochen, was spöttische russische Kollegen »das goldene Zeitalter der Stagnation« nannten. Die Re-Stalinisierung, vor der oft gewarnt wurde, war ebenso wenig gekommen wie eine Modernisierung des Landes. Moskau war immer noch ein wichtiger Platz in der Weltpolitik, aber politische Sensationen gingen von ihm nicht aus. So konnte ich mit Kollegen oder Mitarbeitern der großen Institute der Akademie der Wissenschaften häufiger und freier sprechen als in den früheren Sowjetjahren. Meine Bekannten waren an einer Diskussion über Nachrichten aus dem Westen hochinteressiert, denn die offizielle Parteilinie wurde nicht mehr mit derselben Härte durchgedrückt. Das bot ihnen eine Chance zum Meinungsaustausch und zu einem freieren Umgang mit Ausländern.

Ich besuchte einige Zeitungs- und Zeitschriftenredaktionen, um mit Kollegen ins Gespräch zu kommen, und fand dabei auch jene freundlich und aufgeschlossen, die sich dicht an der offiziellen Linie hielten. Ganz überrascht war ich, als mich ein Leitartikler der Regierungszeitung *Iswestija* auf einem Empfang ansprach. Ich hatte die Artikel von Alexander Bovin stets mit Interesse gelesen. Sie waren in Nuancen fühlbar anders als die sonstigen offiziellen Stellungnahmen, auch kenntnisreicher in Fragen der Außenpolitik und der Einschätzung westlicher Positionen. Nun war ich erstaunt, als er mich um einen Gefallen bat: Er habe von meiner Biografie des Dichters Boris Pasternak gehört. Ob ich ihm das Buch ein paar Tage leihen könne. Bovin war ein außenpolitischer Berater des Zentralkomitees und gelegentlicher Redenschreiber des Präsidenten Breschnew, da hätte er eigentlich Zugang zu einem offiziell nicht zugelassenen Buch wie meiner Pasternak-Biografie haben müssen. Auch überraschte mich die Offenheit, mit der er sein Interesse an einem verbotenen Schriftsteller erkennen ließ. Ich schickte ihm eine englische Ausgabe des Buches, die er mir eine Woche später zurückgab. Ihm habe gefallen, dass ich darin mit viel Achtung und Verständnis über die russischen Dichter und ihr Schicksal geschrieben hätte. Das war ein anderer Ton, als ich ihn aus früheren Gesprächen kannte.

Ich merkte, dass das Buch als eine Art Eintrittskarte zu Gesprächen verschiedenster Art diente. Ohnehin spielten russische Kollegen häufig darauf an. Viele von ihnen und besonders ihre Frauen liebten und verehrten den Dichter, an dessen Grab auf dem Friedhof von Peredelkino immer noch regelmäßig frische Blumen lagen. Und selbst bei den Mitarbeitern der wirtschaftlichen und politischen Forschungsinstitute erging es mir so, von denen mich einige gelegentlich zu Gesprächen einluden. Sie kritisierten die offizielle Politik nicht direkt, aber ich entnahm ihren Fragen, dass sie den Mangel an Konzepten zur Reform von Wirtschaft und Gesellschaft für bedauerlich, ja gefährlich hielten. Dabei ließen sie durchblicken, dass sie vor allem im Unverständnis der Parteiführung den Grund für den schlechten Zustand der Wirtschaft sahen. Ich erfuhr von ausführlichen Studien, die von Instituten der Akademie der Wissenschaften an die Parteiführung übermittelt, dort aber nicht weiter erörtert wurden. Ein russischer Volkswirtschaftler erzählte mir – verbittert und leicht betrunken –, wie eine seiner wichtigsten Arbeiten durch die Leitung seines Instituts zusammengestrichen worden sei. Er hatte in einer zweihundertseitigen Studie die Probleme der sowjetischen und internationalen Öl- und Erdgasproduktion untersucht und nicht zuletzt die Schwierigkeiten bei den sowjetischen Exporten analysiert, die immerhin zu 80 Prozent aus Öl, Gas und Rohstoffen bestanden. Es war ein sorgfältiger Beitrag zur Auseinandersetzung über Vor- und Nachteile engerer Wirtschaftsbeziehungen mit dem Ausland und auch über die angeblich daraus entstehenden Abhängigkeiten. Fast ein Jahr hatte er an der Studie gearbeitet, bevor er sie zwei Wochen vor unserem Gespräch beim kommissarischen Leiter seines Instituts ablieferte. Am Nachmittag vor unserer Begegnung hatte er sie zurückbekommen: Veröffentlichung genehmigt, aber um achtzig Seiten gekürzt. Nun sei eigentlich nur ein statistisches Gerippe übrig geblieben. »Wer das liest, muss mich für einen stumpfsinnigen Trottel halten«, klagte er. Aber der Leiter seines berühmten Forschungsinstituts habe bloß gesagt, es sei doch nutzlos, derartige Überlegungen zur Debatte zu stellen. Das Institut werde Schwierigkeiten bekommen, weil eine solch kritische Darstellung die zuständigen Parteifunktionäre verärgern würde. »Wenn überhaupt, dann liest das höchstens dieser Gorbatschow.« Es war das erste Mal, dass ich den Namen des jüngsten Mitglieds des Politbüros Michail Gorbatschow hörte. Der Wirtschaftswissenschaftler erzählte mir auch von dem Direktor des Instituts für Weltwirtschaft, der nach einer kritischen Studie aus seinem Haus vom Zentralkomitee getadelt und dann an die Botschaft in Kanada versetzt worden sei. So würden die Arbeiten der Wissenschaftler kastriert, sagte er und entschuldigte sich dafür, dass er einfach mal Dampf ablassen musste. Er war überhaupt kein Mann der Opposition und kein Feind der Partei und ihrer Führer. Aber ihm ging die Heuchelei, mit der eine Diskussion der vorhandenen Schwierigkeiten unterdrückt wurde, zu weit. Einige Jahre später sollte er zu einem offenen Kritiker des Systems werden.

Eine kleine Zahl von Intellektuellen hatte den Schritt zur offenen Regimekritik schon mehrere Jahre früher getan. In Moskau demonstrierten am Tag der sowjetischen Verfassung 1965 ungefähr hundert Menschen auf dem Puschkinplatz und protestierten insbesondere gegen die Zensur. Unter der Bezeichnung »Hauptverwaltung für Literatur«, so der Vorwurf, belaste die Zensurbehörde mit ihren Willkürakten die Arbeit der Künstler und Schriftsteller. Zensur sei in der Verfassung nicht vorgesehen, werde nirgends öffentlich mit Namen genannt und sei durch kein Gesetz gedeckt. Partei und Polizei griffen in den darauffolgenden Jahren scharf durch, und kritische Intellektuelle wurden in psychiatrische Krankenhäuser eingeliefert oder in Straflager verbannt. Seit Ende der sechziger Jahre führten Kritiker des Regimes eine »Chronik der laufenden Ereignisse«, die über die Verhaftungen von Dissidenten, die Verfolgung von Christen, Juden und Moslems sowie über die Unterdrückung nationaler Minderheiten ebenso berichtete wie von Protesten der Intellektuellen und dem Elend der kleinen Leute. Die Chronik wäre unbekannt geblieben, wenn sich im Westen nicht Amnesty International für ihre Verbreitung eingesetzt hätte.

Die Kampagne gegen die Dissidenten führte im Laufe der Jahre zu Verhaftungen und Lagerstrafen, angesehene Wissenschaftler und Schriftsteller wurden ausgewiesen, wie etwa Alexander Solschenizyn im Jahr 1974, oder in die Verbannung geschickt, wie Andrej Sacharow sechs Jahre später. Es gab immer weniger kritisch denkende Menschen, die sich bei einem Schriftsteller wie Lew Kopelew und seiner Frau treffen konnten – am Ende durften auch diese beiden 1981 nach einer Deutschlandreise nicht mehr in die Sowjetunion zurückkehren. Gelegentlich sah ich einzelne Personen oder kleine Gruppen, die an den Straßenecken nahe den Moskauer Gerichtsgebäuden warteten, um Dissidenten-Freunden vor deren Abtransport ins Straflager noch einmal zuzuwinken. Sie standen scheinbar unbeteiligt da und hofften, ein verurteilter Freund würde sie sehen können, wenn er in einem Polizeiwagen abtransportiert wurde. Für uns ausländische Journalisten war es unmöglich, mit Verhafteten und Verurteilten zu sprechen. Selbst ihre Freunde und Angehörigen konnten wir meistens schon am Tag nach dem Urteil nicht mehr kontaktieren.

So stand ich im Mai 1978 gemeinsam mit amerikanischen Kollegen einen halben Tag lang vor einem Gericht am Rande Moskaus, wo der Menschenrechtler Juri Orlow sein Urteil erwartete. Orlows Frau und seine beiden Söhne waren während des Prozesses im Gerichtssaal gewesen. Nun wollten wir sie mit unseren Autos vom Gericht zu ihrer Wohnung in der Innenstadt bringen, um etwas über den Prozessverlauf zu erfahren. Die Orlows saßen kaum in einem unserer Autos, als drei Pkws mit normalen Moskauer Nummernschildern unsere Wagen zu rammen versuchten. Daraufhin bildeten wir eine kleine Kolonne mit Kevin Close von der *Washington Post* vorn, Irina Orlowa und ihren Söhnen im mittleren Wagen und mit mir am Schluss. Das machte es unseren Verfolgern schwerer, uns abzudrängen. Nur knapp vermieden wir dabei einen schweren Unfall. Kevin Close fuhr mit Vollgas durch den dichten Innenstadtverkehr, überholte links und rechts und versuchte, die KGB-Fahrer

Mit den Schriftstellern
Jewgeni Popow und
Viktor Jerofejew, 1993.

Zwei Kämpfer für
Menschenrechte und freie
Rede: Juri Orlow und
Lew Kopelew, 1986.

Drei junge Dichter – Bella Achmadulina (1965), Andrej Wosnessenski und Jewgeni Jewtuschenko (1966) –, deren Auftritte Tausende von jungen Moskauern anzogen und die sich deshalb gelegentlich die »Beatles von Moskau« nannten.

Der Schauspieler und
Liedermacher Wladimir
Wyssozki, 1978.

Der Schriftsteller und
Sänger Bulat Okudschawa,
1982.

Strickjackenpolitik: Helmut Kohl, Michail Gorbatschow und Hans-Dietrich Genscher nach den erfolgreichen Verhandlungen über die Modalitäten der Wiedervereinigung, dahinter u. a. Raissa Gorbatschowa und Außenminister Eduard Schewardnadse, Archys, 15. Juli 1990.

Putsch in Moskau: Demonstranten vor dem Weißen Haus protestieren gegen die Absetzung Gorbatschows durch die Putschisten, 19. August 1991.

»Sie lesen das jetzt!« – der russische Präsident Boris Jelzin fordert Michail Gorbatschow im russischen Parlament auf, eine Erklärung der Putschanhänger in seiner Regierung zu verlesen, 23. August 1991.

Mit Michail Gorbatschow, 1991.

Gerd Ruge unterwegs: auf Reportagereise in Afghanistan, 2003.

Gerd Ruge unterwegs: Bei Dreharbeiten steckte das Team dreieinhalb Tage im Schlamm der auftauenden sibirischen Tundra fest, links: Kameramann Dieter Perschke, 1993.

Beim Kormoranfischen in Südwestchina, 1994.

abzuhängen. Neben mir saß der Schriftsteller Wladimir Wojnowitsch, der später zur Emigration nach Deutschland gezwungen wurde, und schrie aufgeregt und begeistert: »Fahr, Cowboy, fahr!«, während Close zwischen Lastwagen und Bussen hindurchraste. Dennoch konnten wir die Verfolger nicht abschütteln, die sich immer näher an uns herantrauten. Da riss Close seinen Wagen plötzlich nach rechts herum und fuhr über den Bürgersteig des Kutusowski Prospekts durch eine schmale Einfahrt zu einem Wohnblock für Ausländer. Der zweite Wagen unserer Kolonne schoss mit quietschenden Reifen hinterher. Ich konnte nicht mehr bremsen und fuhr geradeaus weiter, immer noch verfolgt von den Wagen des KGB. Nach ein paar Hundert Metern drehten sie ab und verschwanden. Eine Viertelstunde später kam ich, immer noch außer Atem, in die Wohnung des *Financial Times*-Korrespondenten David Satter, in der Irina Orlowa vor einer Reihe von Journalisten bei einer kleinen unerlaubten Pressekonferenz den Verlauf des Prozesstages schilderte. Es habe nur Beschuldigungen und keine Chance für eine ernste Verteidigung gegeben, berichtete sie, dazu Beifallsbekundungen für den Staatsanwalt und Beschimpfungen des Angeklagten durch das ausgewählte Publikum. Ihr Mann habe kein Reuebekenntnis abgelegt und sei schließlich zu langer verschärfter Lagerhaft verurteilt worden. Davon sollte die Welt erfahren, meinte sie, und sie hoffte, die Aufmerksamkeit des Auslands würde zur Ausweisung ihres Mannes aus der Sowjetunion führen.

Mit den Kollegen überlegte ich in den nächsten Tagen, was uns nach der wilden Autofahrt geschehen könnte. Aber wir hörten nichts von der Polizei und auch nichts von der Presseabteilung des Außenministeriums, obwohl wir doch eindeutig die Verkehrsvorschriften und vermutlich noch einige andere Regeln verletzt hatten. Tatsächlich wurde es immer schwieriger, die Reaktion der Behörden bei kleineren Verstößen vorauszusehen.

Wenige Tage nach unserer stürmischen Jagd durch die Moskauer Innenstadt lud mich ein Mann nach Hause zum Abendessen ein, der sich als Kollege von der Nachrichtenagentur TASS vorgestellt hatte, von dem ich aber ziemlich sicher wusste, dass er zum KGB gehörte. Aber weshalb er mit mir sprechen wollte, fand ich nicht heraus. Er bat mich, mein Auto nicht vor seinem Haus, sondern etwa zweihundert Meter entfernt in einer Nebenstraße abzustellen. Bei einem Dissidenten würde ich natürlich nicht vor der Haustür parken, scherzte ich dann bei meiner Ankunft, aber er würde doch gewiss keine Schwierigkeiten bekommen. »Natürlich nicht«, sagte der KGB-Mann, »aber Sie haben doch die alte Frau im Erdgeschoss gesehen, die Deschurnaja. Wenn die im Haus einen Ausländer sieht, meldet sie das sofort den zuständigen Dienststellen und spricht darüber mit der ganzen Hausgemeinschaft. Da wird mir zwar nichts passieren, aber das Gerede im Haus – so etwas kostet nur Zeit und würde meiner Frau auf die Nerven gehen, und mir auch.« Anscheinend war die Sicherheitsüberwachung inzwischen schon den Überwachern lästig. Es war eine Zeit, in der selbst hohe Funktionäre und Geheimpolizisten meist nicht genau wussten, was erlaubt und was verboten war. Die Observation der Sowjetbürger und der Ausländer schien beinahe nur um ihrer selbst willen zu existieren.

Es war also nicht immer ganz klar, wie weit man gehen konnte – man musste es ausprobieren. Ich wollte beispielsweise gerne wieder Reitstunden nehmen, aber das war für Ausländer nicht genehmigt. Allerdings war der Mann einer unserer Sekretärinnen ein begeisterter Reiter, und er wollte helfen. Ein paar Tage später parkte ich meinen Wagen einige Straßenzüge von der vorzüglichen Reithalle entfernt, in der auch die Nationalmannschaft trainierte. Ich hatte drei Flaschen Whiskey für den Trainer dabei und übergab sie ihm gleich am Eingang, wo er auf mich wartete. Ich saß jedoch noch keine zehn Minuten auf dem Pferd, als er mich schnell auf die Zuschauertribüne lotste: Der Direktor war unerwartet noch einmal zurückgekommen. Er entdeckte den Fremden auf der Tribüne, hatte eine leichte Wodkafahne und wollte unbedingt wissen, was ich in seiner Reithalle machte. Nichts Besonderes, erklärte ich, ich sei nur ein Zuschauer, würde in den nächsten Tagen aber gern bei ihm nach einer Genehmigung zum Reiten nachsuchen. Das lehnte er sogleich entschieden ab. Für Ausländer sei in seiner Reithalle kein Platz. Also ging ich und machte am Ausgang mit dem Trainer einen neuen Termin aus, den er mir als sicher empfahl. Von nun an verlief alles reibungslos, da auch die anderen Trainer uns warnten, wenn der Direktor nach Feierabend noch einmal auftauchte. Dann gab es allerdings eine ganz unerwartete Schwierigkeit. Ich hatte mich zu leichten Sprüngen über Trainingshindernisse überreden lassen, war prompt vom Pferd gefallen und hatte mir die Schulter verrenkt. Ich ahnte, dass die russischen Mitarbeiter aus dem ARD-Studio nachfragen würden, und legte mir eine Geschichte zurecht. Ich sei bei einem dänischen Kollegen zu Gast gewesen, wir hätten etwas zu viel Aquavit getrunken, und dann sei ich auf der Treppe ausgerutscht. Ich war mir ziemlich sicher, dass die Studiomitarbeiter regelmäßig Bericht erstatten mussten, und wollte vermeiden, dass sich unsere KGB-Überwacher die Mühe einer genaueren Untersuchung machten. Zwei Wochen später trat auf einem Empfang ein mir unbekannter Mann auf mich zu und sagte nach ein paar allgemeinen Sätzen: »Herr Ruge, Herr Ruge, Sie sollten nicht so viel Aquavit trinken.« Ich hatte die Geschichte schon vergessen und fragte ihn, was er damit meinte. »Herr Ruge, Herr Ruge«, sagte er noch einmal, »Sie sollten nicht so viel Aquavit mit Ihrem dänischen Kollegen trinken. Sie sehen, wir wissen alles über Sie.« Mit dieser Auskunft war ich sehr zufrieden. Ich fühlte mich sicherer als zuvor, denn offensichtlich wussten die Männer vom KGB nicht über alles Bescheid. Und gleichzeitig stand nun fest, dass jemand aus unserem Studio über unsere Gespräche berichtete.

Man konnte die Überwacher hin und wieder austricksen, dennoch musste ich immer mit einrechnen, dass der KGB meine Schritte genau verfolgte. Russische Bekannte berichteten beispielsweise vorsichtig davon, dass sie nach unseren Treffen manchmal Hausbesuch bekamen und ein bis zwei Stunden über unser Gespräch ausgefragt wurden. Andere waren am Ausgang des Gebäudes, in dem die Ausländerwohnungen lagen, angehalten und in einen Kellerraum gebracht worden, wo man sie nach ihrem Besuch bei mir befragte. Wenn sie nur von harmlosen, unpolitischen Bemerkungen erzählten, konnte es passieren, dass man ihnen einen Mitschnitt der ganzen Unterhaltung vom Tonband vorspielte. Einigen wurde eine Bestrafung angedroht, falls sie zum Beispiel noch einmal einem Ausländer etwas über die Lebensbedingungen in der Provinzstadt, in der ihre Eltern wohnten, mitteilten.

Manche meiner Bekannten hielten solche Drohungen trotzdem nicht davon ab, ziemlich waghalsige und freche Dinge zu probieren. Etwa als ein russischer Pianist mich zur Geburtstagsfeier der Tochter des Parteivorsitzenden mitnahm. Galina Breschnewa wohnte vier Häuser von unseren Ausländerwohnungen entfernt. Es war natürlich riskant, so nahe an Breschnews Familie heranzukommen. Aber mein Freund meinte, bei Galina Breschnewa seien meist eher unernste Leute eingeladen, die keine Fragen nach meiner Herkunft stellen würden. Ihr Vater komme nicht zu den Partys seiner Tochter. Er sei unzufrieden mit ihr, weil sie zuerst einen Tigerdompteur und dann einen hohen Parteifunktionär aus dem Innenministerium geheiratet habe. Seit sie nun mit einem Sänger liiert sei, den alle »Pjotr, den Zigeuner« nannten, meide er ihre Einladungen. Aber diesmal war es anders. Ich war keine zehn Minuten unter den fünfzig oder sechzig Gästen, die sich mit dem Glas in der Hand in Galinas Wohnung drängten, als mein Bekannter mich am Arm in die Küche zog: Zwei Sicherheitsbeamte hätten angekündigt, Leonid Breschnew werde den Geburtstag seiner Tochter mitfeiern. Kaum war der erste Mann des Staates im Wohnzimmer, holten mich einige der russischen Gäste aus der Küche zur Wohnungstür und gingen mit mir in der Mitte schnell die Treppe hinunter, um mich auf der Straße abzusetzen. Am nächsten Tag hörte ich, was ich verpasst hatte: Der Schauspieler und Liedermacher Wladimir Wyssozki, wie häufig schon ziemlich betrunken, hatte Breschnew etwas von einem »Scheißland« erzählt, in dem alles immer nur schlechter werde und nichts funktioniere, und dem waren noch einige kräftige Bemerkungen über den Kommunismus gefolgt, ehe seine Freunde ihn in die Küche schoben.

In den Jahren der Chruschtschow-Ära hatte die Sowjetunion einen Prozess der Öffnung erlebt. Die sogenannte Tauwetterperiode, die schon bald nach Stalins Tod und dem Ende seiner Schreckensherrschaft eingesetzt hatte, war eine Zeit größerer Freiheiten und neuer Experimente gewesen, vor allem auf kulturellem Gebiet. So hatten die jüngeren Moskauer zu Beginn der sechziger Jahre eine neue Generation von Dichtern entdeckt: etwa Bella Achmadulina, die zarte und zähe Lyrikerin, Andrej Wosnessenski, der expressionistische Gedichte schrieb, wie sie seit Stalins Aufstieg verboten gewesen waren, oder Jewgeni Jewtuschenko, der eine sowjetrussische Welt ohne Stalin zu beschwören schien. Wenn die Dichter, zwischen fünfundzwanzig und dreißig Jahren alt, gemeinsam auf öffentlichen Plätzen in Moskau auftraten, zogen sie mit ihrer Lyrik bis zu fünfzehntausend junge Zuhörer an. »Wir sind die Beatles von Moskau«, sagte Andrej Wosnessenski nach einer Dichterlesung auf dem Manegeplatz, bei der die Polizei die Kontrolle völlig zu verlieren schien. 1963 verwarnte ihn Nikita Chruschtschow am Rande einer Kunstausstellung: Wenn er so weitermache, müsse er Russland verlassen. Wosnessenski antwortete: »Ich bin ein russischer Dichter und ich gehe nirgendwo anders hin.« Der Dichter überlebte den Politiker, der allerdings am Ende seines Lebens, nachdem ihn seine Nachfolger Mitte der sechziger Jahre entmachtet hatten, die neuen Lyriker, die jungen Maler und Bildhauer noch für sich entdeckte. Die Porträtbüste für sein Grab ließ sich Chruschtschow von dem verfemten Bildhauer Ernst Neiswestny schaffen. Da war die Zeit des Tauwetters schon seit einigen Jahren wieder vorbei.

Dann aber, als auch Breschnew seinem Lebensende entgegenging, fanden sich wieder Freiräume für eine Kunst, die nichts mit propagandistischer Begeisterung zu tun hatte. Einmal stand ich auf der Bühne der Leichtathletikhalle Luschniki, der größten von Moskau, neben Bella Achmadulina. Boris Messerer, ihr Ehemann und Bühnenbildner des Bolschoi-Theaters, hatte mich an der Einlasskontrolle vorbeigeschmuggelt, weil die Karten längst ausverkauft waren. Der Saal war überfüllt. Plötzlich sahen wir einen älteren, bürokratisch aussehenden Mann, der zum Vorhang ging und vorsichtig durch einen Spalt auf das Publikum blickte. Es war der Direktor der Sporthalle. Er atmete tief durch und sagte dann zu Messerer: »Schrecklich. Alles Andersdenkende.« Das war ein Ausdruck für die wachsende Zahl von Menschen, die sich von den Vorstellungen der Partei lösten, ohne ihnen eindeutig Widerstand entgegenzustellen.

Diese »Andersdenkenden« liebten die Dichter, die zu Beginn der sechziger Jahre ihre großen Erfolge gefeiert hatten. Tatsächlich fanden sich auch immer wieder kleinere Verlage in der Provinz, die Gedichte von ihnen veröffentlichten – nicht zuletzt, weil sie sich auch in Moskau verkaufen ließen, wo die größeren Verlagshäuser sie nicht drucken durften. In den achtziger Jahren beschloss der sowjetische Schriftstellerverband, erstmals einen Lyrikband von Bella Achmadulina herauszugeben, aber dann fand der KGB heraus, dass sie ein Gedicht über Andrej Sacharow geschrieben hatte. Daraufhin mussten die bereits gedruckten Bücher eingestampft werden. Offizielle Begründung: Tendenz zum Erotizismus. Das war nicht nur eine entsetzliche und lange nachwirkende Enttäuschung für die Dichterin, sondern auch eine harte Warnung an alle anderen Schriftsteller. Trotzdem riskierten es einige immer wieder, sich gegen die politische Steuerung des literarischen Lebens der Hauptstadt zu wehren.

Wladimir Wyssozki war in diesen letzten Jahren der Breschnew-Ära ein als Hamlet gefeierter Bühnenstar und zugleich ein Untergrundsänger, der auf Partys mit rauer Stimme Ganovenlieder vortrug und wilde lyrische Songs, die er selbst geschrieben hatte. Die Russen nannten Wyssozki einen Barden, ein Wort, das sich gerade für Liedermacher wie ihn einbürgerte. Er war mit der französischen Schauspielerin Marina Vlady verheiratet und durfte deshalb einige Male nach Paris fahren und dort ein Dutzend Lieder aufnehmen. Diese Aufnahmen gab es gelegentlich zu kaufen, entweder auf Schallplatten, die aus Frankreich importiert waren und nur unter der Theke gehandelt wurden, oder auf selbst kopierten Tonbändern, die zu hohen Preisen an allen Ecken der Sowjetunion schwarz angeboten wurden.

Wyssozki starb im Juli 1980, an dem fatalen Zusammenwirken von Wodka und starken Medikamenten. Als seine Leiche im Taganka-Theater aufgebahrt lag, standen seine Bewunderer fast einen Kilometer lang in Sechserreihen vom Theatereingang bis zum Ufer der Moskwa. Abends wurde im Theater eine Gedenkstunde abgehalten, draußen versammelten sich die Menschen in kleinen Gruppen mit ihren Kassettenrekordern und hörten Wyssozkis Lieder. Als sie zu singen begannen, schlugen Polizisten und KGB-Leute in Trainingsanzügen auf sie ein und schoben Einzelne in vergitterte Gefangenenwagen. Im Theater saß währenddessen die Moskauer Intelligenz bei der Trauerfeier, ohne zu wissen, was draußen vorging. Die Dichterin Bella Achmadulina sollte im Saal die Gedenkworte sprechen. Uns draußen schien es, man müsse ihr zumindest mitteilen, wie brutal die Miliz gegen die jungen Leute auf der Straße vorging. So versuchten zwei Kollegen und ich – ein wenig durch Wodka ermutigt, das schien uns am Tag der Beisetzung Wyssozkis doch angebracht –, durch die Reihen der KGB-Leute zum Theatereingang zu kommen. Irgendwie gelangte ich in das Foyer, doch ein paar Polizeioffiziere hielten mich fest, und der Verwaltungsdirektor des Theaters schob mich durch eine Seitentür wieder auf die Straße. Andere Korrespondenten hatten diese Rangelei mit den KGB-Leuten beobachtet. Sie gingen fest davon aus, dass wir am nächsten Morgen ins Außenministerium zitiert und getadelt, wenn nicht gar ausgewiesen würden. Doch nichts dergleichen geschah. Als ich am nächsten Morgen meine Wohnung verließ und über den Hof zum Studio gehen wollte, winkte mich ein Polizeiposten heran. »Sie haben doch diesen Barden, diesen Wyssozki, gekannt«, sagte er. »Haben Sie Platten von ihm? Können Sie uns die für ein paar Tage leihen?« Ich holte ihm zwei Schallplatten aus meiner Wohnung, und er war sehr zufrieden. Wahrscheinlich hat er sie auf Tonband kopiert und seinem Vorgesetzten verehrt, meinte später ein russischer Kollege.

1979 reiste der Intendant des WDR zu einem offiziellen Besuch beim sowjetischen Fernsehen nach Moskau, und wir vom ARD-Studio wollten den Anlass nutzen, um möglichst viele Vertreter des Außenministeriums, der Künstlerverbände, der Stadtverwaltung und auch der Überwachungsorgane zu einem Empfang einzuladen. Es war eine Gelegenheit, mit der offiziellen Sowjetunion einen Kontakt herzustellen. Im Hotel Metropol hatte ich bei einem Vorbereitungsgespräch festgestellt, dass wegen unseres Empfangs die Vorstellung einer neuen Zeitschrift, die eigentlich in dem Saal hätte stattfinden sollen, abgesagt worden war. Eine Gruppe bekannter Schriftsteller hatte die Literaturzeitschrift *Metropol* in eigener Redaktion und ohne Vorlage bei der Zensurbehörde veröffentlichen wollen – nicht geheim oder im Ausland, sondern als eine Publikation der Moskauer Intelligenz, die sich damit ausdrücklich nicht verstecken wollte. Nun diente der Empfang des deutschen Fernsehens offensichtlich als Vorwand, die Gründungsparty zu verhindern. Tatsächlich aber stand schon fest, dass *Metropol* verboten werden würde. Das fand ich ärgerlich, und so luden wir die Herausgeber und wichtigsten Autoren der Zeitschrift zu unserer Veranstaltung ein. Die optimale Gästemischung war das natürlich nicht. Die Schriftsteller schienen in der einen Ecke eine Art Konferenz abzuhalten, während die offiziellen Gäste die kleine Gruppe umkreisten und neugierig beäugten. Auch wenn sie das Zeitschriftenprojekt selbst ablehnten – was nicht bei allen der Fall war –, so befanden sich unter den Autoren doch einige Berühmtheiten, und manche Funktionäre wollten wenigstens bei ihren Frauen zu Hause mit den Namen der Dichter ein wenig angeben.

Der Schriftstellerverband, der auch als Zensurbehörde fungierte, warnte, er werde alle Herausgeber und Autoren ausschließen, die sich an einer öffentlichen Diskussion über die Zeitschrift *Metropol* beteiligten. Außerdem werde die Mitgliedschaft der beiden jüngsten

Redaktionsmitglieder, Viktor Jerofejew und Jewgeni Popow, aufgehoben, da sie erst im laufenden Jahr aufgenommen worden seien und sich also noch in der Probezeit befänden. Das war eine deutliche Warnung an die anderen, die als Verbandsmitglieder eine Reihe von Privilegien genossen: Wohnungen, Sanatoriumsaufenthalte am Schwarzen Meer, manchmal sogar Auslandsreisen. Eigentlich hatten die Schriftsteller aus dem *Metropol*-Kreis verabredet, gemeinsam aus dem Verband auszutreten, sobald einzelne ausgeschlossen würden. Doch fast keiner von ihnen machte die Drohung wahr. Konsequent waren nur drei Autoren: der populäre Erzähler Wassili Axjonow, der dann die Chance nutzte, nach Amerika auszuwandern, und auch die beiden ältesten Mitglieder, der Dichter und Übersetzer Semjon Lipkin, der einst ein enger Freund Maxim Gorkis gewesen war, und seine Frau, die Lyrikerin Inna Lisnjanskaja.

Für Lipkin und Lisnjanskaja hatte dieser Schritt weitreichende Folgen. Der Schriftstellerverband ließ unverzüglich Lipkins Bücher aus allen Buchhandlungen und Bibliotheken entfernen und einstampfen. Zu seinen Werken gehörten berühmte Übersetzungen der Nationalepen turksprachiger Völker, die der Verband jetzt neu übersetzen ließ. Lipkin hatte auch einen Roman über die Schlacht um Stalingrad geschrieben, an der er als Soldat teilgenommen hatte, aber der sollte nun nicht mehr veröffentlicht werden. Unter Kollegen war Semjon Lipkin ein berühmter und verehrter Mann, dessen ungedruckte Gedichte sie unter der Hand weitergaben. Seine Frau Inna Lisnjanskaja war Lyrikerin, und auch ihre Manuskripte kursierten zumeist in handgeschriebenen Kopien. Als die beiden ihren Austritt erklärten, warnte sie einer der Funktionäre, in Zukunft würden sie ein schlechtes Leben führen. Inna Lisnjanskaja antwortete: »Ich lebe gerne gut, aber ich kann auch ganz gut schlecht leben.« Tatsächlich stellte die Krankenkasse, in die der siebzigjährige Schriftsteller fünfzig Jahre lang einen Teil seiner Tantiemen eingezahlt hatte, alle Zahlungen ein. Die Klinik des Schriftstellerverbandes durfte der schwerkranke alte Mann nicht mehr betreten. Ihm und seiner Frau blieben vierzig Rubel im Monat, seine kleine Invalidenrente aus dem Krieg, aus dem er mit der Tapferkeitsmedaille zurückgekehrt war. Bis zum Ende der Sowjetunion lebten die beiden von Arbeiten, die sie unter falschem Namen veröffentlichten, und unterstützt von einigen Kollegen, die im Schriftstellerverband reich geworden waren. Einer von ihnen, der Jahrzehnte vorher die Stalin-Hymne geschrieben hatte und ihren Text später einmal für Wladimir Putin in die neue russische Nationalhymne umarbeiten sollte, half immer wieder großzügig aus. Es war eine seltsame Zeit, in der viele, die vom System profitierten, gleichzeitig ein schlechtes Gewissen hatten.

Mit einigem Glück konnte ich immer wieder kleine Einblicke in eine uns Ausländern verschlossene sowjetische Welt bekommen. Einmal rief die amerikanische Sängerin Joan Baez, die ich in den sechziger Jahren in den USA kennengelernt hatte, bei mir an. Sie war auf Konzerttournee in die Sowjetunion gekommen. Die Karten waren innerhalb weniger Stunden ausverkauft, doch dann waren ihre Konzerte ohne Begründung kurz vor dem ersten Auftritt in Leningrad abgesagt worden. Sie hatte eine Menge Fans unter meinen Moskauer Bekannten, die sich nicht erklären konnten, warum Joan Baez plötzlich nicht mehr auftreten durfte. Sie sei ja nun alles andere als eine Propagandistin von Kapitalismus und Imperialismus, meinten sie. Einer von ihnen entschloss sich, ihr wenigstens den einen Abend in Moskau unvergesslich zu machen. Das war der Sänger und Dichter Bulat Okudschawa, den Zehntausende schon seit den Jahren der Entstalinisierung liebten. Die Zensurbehörden betrachteten ihn kritisch und verhinderten über Monate seine Auftritte, aber die Organisatoren von Konzerten und Filmen holten ihn immer wieder ins Rampenlicht zurück. Ich erzählte ihm, dass Joan Baez in der Stadt sei, woraufhin er uns sofort zu sich einlud.

Als wir am späten Nachmittag in seiner Wohnung eintrafen, hatte er schon ein paar Freunde angerufen, und die wiederum hatten ihre Bekannten informiert. Bulats komfortable, aber kleine Wohnung war schnell überfüllt. Da meldeten sich unerwartet zwei georgische Künstler, die gerade in Moskau eingetroffen waren. Der eine hatte kurz zuvor für ein monumentales Mosaik den Staatspreis erhalten und wollte nun das Preisgeld in eine Party für Joan Baez stecken. Er telefonierte mit Leitern der Moskauer Restaurantverwaltung und schaffte es, innerhalb von einer halben Stunde einen Saal in einem Restaurant am Rande von Moskau zu mieten. Ich hatte dieses Restaurant gelegentlich beim Vorbeifahren gesehen, einen weißen Bau, der ein wenig wie eine Autobahnraststätte aussah. Es war ein Treffpunkt junger Leute aus den besten Datschenvierteln, vierzig Kilometer von Moskau entfernt, wo die führenden Leute des Partei-, Staats- und Kulturapparats ihre Sommerhäuser besaßen. In diesem Restaurant, in dem man ohne Anmeldung keinen Platz bekam und ohne Beziehungen keine Anmeldung, hatten die beiden georgischen Künstler einen Saal für hundertfünfzig Gäste bereitstellen lassen. Wodka, Sekt, Cognac, Kaviar, kalter Fisch, Aufschnitt, Radieschen, eingelegter Knoblauch und Bündel von Kräutern standen auf den Tischen. All das hatte der georgische Bildhauer in kaukasischer Großzügigkeit mit seinem Staatspreis bezahlt. Bulat Okudschawa begann mit leiser, brüchiger Stimme seine Lieder zu singen. Joan Baez trug ihre amerikanischen Folksongs vor, die die meisten der Gäste gut genug kannten, um einige Zeilen mitzusingen. Die Begeisterung war groß, aber dann fand Joan Baez, sie möchte doch einmal in Russland vor einem normalen Publikum singen und nicht bloß vor ausgewählten Künstlern und Intellektuellen. Also gingen wir zum eigentlichen Restaurant hinunter, wo natürlich auch kein normales Publikum saß, sondern die Kinder der neu entstehenden Oberschicht Wange an Wange tanzten. Dabei ließen sie sich zuerst nur ungern unterbrechen, aber nachdem Joan Baez und Bulat Okudschawa begonnen hatten, rührten sie sich fast zwei Stunden lang nicht von ihren Plätzen und konnten ihre Begeisterung auch lange danach kaum zügeln.

Es gab andere Gelegenheiten, die Liebe junger Moskauer zu westlicher Kultur und amerikanischer Musik kennenzulernen. Alexej

Bataschow war ein Physiker an der Akademie der Wissenschaften und privat ein großer Jazzfan und Konzertorganisator. Er kannte sämtliche Jazzmusiker von Sibirien bis Litauen, die von keiner Konzertagentur vermittelt wurden, aber durch ihn immer wieder einmal einen Aufführungsort für ein Konzert fanden. Bataschow hatte gehört, dass im »Zentralinstitut der Blinden der Sowjetunion« ein sehr großer Saal fast immer ungenutzt war, und besorgte sich die Erlaubnis, dort eine Vortragsreihe über die Musik der unterdrückten und ausgebeuteten Schwarzen Amerikas zu veranstalten. Tatsächlich dauerten die Vorträge selten länger als fünf Minuten, dann kamen schon die Musiker auf die Bühne, um ein paar Beispiele vorzuführen, und schließlich ging das Ganze in ein Konzert mit Free Jazz, Cool Jazz und witzigen Experimenten über. Solange das Thema des Abends nur ideologisch einwandfrei und antiamerikanisch klang, vertrieb sie niemand aus dem Blindeninstitut.

Andere Musikfreunde fanden ähnliche Auswege. Das kleine Ensemble von Dmitri Pokrowski sang Lieder, die viel älter als die Sowjetunion waren und in abgelegenen Dörfern überlebt hatten: traurig, frech, unanständig und, wie er sagte, »unlackiert«, also anders als die »Konservatoriumsfolklore« der großen, auch im Ausland bewunderten staatlichen Chöre. Die Konzertsäle waren ihnen versperrt, aber oft wurden sie in Institute der Akademie der Wissenschaften eingeladen, etwa zu den Atomphysikern, die sich allerlei Freiheiten herausnehmen konnten. Es war als Ausländer nicht leicht, in diese Konzerte zu gelangen, aber mit Hilfe jüngerer Professoren schaffte ich es manchmal an der Einlasskontrolle vorbei. Dort sah ich an den Wänden dann auch abstrakte oder expressionistische Gemälde junger russischer Maler, die unter dem Patronat bedeutender Wissenschaftler als inoffizielle Ausstellung aufgehängt worden waren und denen man sonst nirgends in Moskau begegnete.

Noch schwieriger war es mit Kontakten zu jungen, avantgardistischen Komponisten. Die Aufführungen ihrer Werke hätten nur der Komponistenverband und staatliche Konzertagenturen ermöglichen können, doch gerade die lehnten die Musik der Avantgarde ab. Die Komponisten hatten daher kaum eine Chance, ihre Werke zu präsentieren, allenfalls, wenn das Mosfilm-Studio einen Science-Fiction-Film vertonen wollte. Als der Westdeutsche Rundfunk in einem Kammermusikkonzert in Köln Werke von sieben jungen sowjetischen Komponisten mit großem Erfolg vorstellte – natürlich ohne dass die Künstler selbst in Deutschland dabei sein durften –, überschlug sich die sowjetische Presse in der Verurteilung dieser Musik. Der Chef des Komponistenverbands, der dreißig Jahre zuvor sogar Dmitri Schostakowitsch als einen unbegabten Abweichler von der sowjetischen Kunst getadelt hatte, beschimpfte die sieben Musiker als landesverräterische Formalisten.

Manchmal jedoch konnten die jungen Komponisten und ihre Freunde die Kulturfunktionäre überlisten. 1980, im Jahr der Olympischen Sommerspiele in Moskau, brachten sie eine Sinfonie des jungen Wjatscheslaw Artjomow zu einer offiziellen Freiluftaufführung. Das Stück hieß »Der Weg zum Olymp« und passierte die Kontrolle, weil die Behörde den Titel als einen willkommenen Hinweis auf die Olympiade deutete. Den ausländischen Gästen würde das Eindruck machen, meinten die Funktionäre wohl, mir schien aber, sie überschätzten das Interesse ausländischer Sportsfreunde an avantgardistischer Musik. Das Kulturministerium zahlte Artjomow ein Honorar von 44 Rubeln – wenig genug, aber doch ziemlich viel für einen Mann, der in seinem Zimmer wochenlang hauptsächlich von Kartoffeln, Karotten und Heringen lebte.

Immer wieder kam es in dieser Zeit, Anfang der achtziger Jahre, zu Begegnungen, die ich in den Jahren zuvor, in denen fast nur offizielle Kontakte möglich gewesen waren, für undenkbar und frei erfunden gehalten hätte. Da hatte es etwa ein Mann aus der städtischen Restaurantverwaltung, den ich gelegentlich in einem seiner Lokale getroffen hatte, durch Beziehungen geschafft, eine Wunderheilerin aus Georgien in die Hauptstadt zu holen. Sie sollte seiner krebskranken

Mutter die letzten Lebensjahre erleichtern. Djuna Dawitaschwili war eine Mittdreißigerin, sehr attraktiv und ein bisschen hochmütig, mit schwarzen Haaren und dunklem Teint, aus dem kleinen Volksstamm der Assyrer, die verstreut am Rande des Kaukasus und im Nahen Osten lebten. Manche ihrer Freunde nannten sie eine babylonische Hexe. In Moskau ging das Gerücht um, sie sei in die Hauptstadt gekommen, um den Staats- und Parteichef Leonid Breschnew zu behandeln. Als sich das unter den ausländischen Journalisten herumsprach, meldete sich eines Tages der Herausgeber eines bekannten deutschen Nachrichtenmagazin bei seinem Korrespondenten in Moskau: Er wolle in die sowjetische Hauptstadt reisen, um sich von der Wunderheilerin behandeln zu lassen. Ich wusste, wie misstrauisch die sowjetischen Behörden reagieren würden, wenn eine Wunderheilerin, der man eine Nähe zu Breschnew nachsagte, einen bekannten ausländischen Journalisten empfing, und gab ihr einige Ratschläge, welche Stellen der sowjetischen Informationsorgane sie vorher auf halboffiziellem Weg kontaktieren müsste.

Von da an sprach sich bei einigen Mitarbeitern des Außenministeriums und des KGB herum, dass ich mit dieser Djuna bekannt sei. Und da Wunderheilungen mindestens so begehrt waren wie ausländische Medikamente, bemühten sich auch jene um eine Einladung bei mir, die üblicherweise den Kontakt zu Ausländern mieden. Sie alle hatten entweder selbst Krankheiten oder aber kranke Verwandte, die Djuna behandeln sollte, und hofften, sie bei mir zu treffen. Ich wusste inzwischen, dass sie Breschnew selbst nicht behandelte, aber das Gerücht, dass Mitglieder der höchsten Führungsspitze zu ihr gingen, war nicht ganz falsch: Als ich sie zum ersten Mal in ihrem Moskauer Sechs-Zimmer-Apartment besuchte, trank ich im Wartezimmer meinen türkischen Kaffee mit einem Patienten aus dem Transkaukasus – Eduard Schewardnadse war der Erste Parteisekretär von Georgien und später Gorbatschows Außenminister. Auch den Minister für Wirtschaftsentwicklung und Fünfjahresplan lernte ich dort kennen, andere Patienten waren ebenfalls hohe Funktionäre. Es war eine der seltenen Chancen, sie aus der Nähe zu sehen und zu studieren.

Nach dem Ende der Sowjetunion konnte Djuna Dawitaschwili ihre berühmte Wunderpraxis frei und öffentlich führen, doch auch schon in den Jahren zuvor, in der Zeit des wissenschaftlichen Sozialismus, war der Glaube an Wunderheilungen und geheime Kräfte weit verbreitet. Einmal erzählte ich dem Parteisekretär einer Moskauer Fabrik von meinen vielen russischen Bekannten, die darüber klagten, dass sie nur mit kleinen oder größeren Bestechungen im Krankenhaus eine gute medizinische Behandlung erhalten könnten. Das war für ihn allerdings nicht so bedenklich, da es doch wirksamere Behandlungsmethoden gebe. Er versuchte mir mit Hilfe eines Pendels zu beweisen, dass er aus jedem Foto die Krankheiten der abgebildeten Person herauslesen könne. Ich fragte erstaunt, ob die Führung der kommunistischen Partei ihm, einem Parteisekretär, solche Heilmethoden in seiner Fabrik gestatte. »Auch dies ist eindeutig Wissenschaft, wenngleich noch nicht gänzlich erforscht«, antwortete er. »Ich habe allerdings manchmal Schwierigkeiten, weil die Genossen nicht glauben wollen, dass ich mit Toten reden kann.«

Mit großen politischen Ereignissen und bewegenden oder sensationellen Nachrichten war in diesen Jahren in Moskau nicht zu rechnen. Sogar sowjetische Kollegen versuchten mich ab und zu damit zu trösten, dass der Tod des über siebzigjährigen Breschnew schließlich bevorstehe und dann eine bewegte, unruhige Zeit folgen würde. Aber Breschnew starb nicht und blieb im Amt, wenn auch manchmal mit stockenden Reden, weil er sich im Manuskript verirrte. Also holte mich der Westdeutsche Rundfunk 1981 zurück nach Köln – zuerst als Sonderkorrespondenten der ARD, dann als Leiter der politischen Magazine *Monitor* und *Weltspiegel*, schließlich als Chefredakteur des Fernsehens beim WDR.

Die Sowjetunion verlor ich allerdings nicht aus dem Blick. Breschnew starb 1982. Juri Andropow, ein früherer KGB-Chef, hielt als sein Nachfolger ein Jahr durch, ehe auch er von einem riesigen Trauerzug an die Mauer des Roten Platzes geleitet wurde. Ihn beerbte Konstantin Tschernenko, ein alter schwerfälliger Funktionär, der wiederum nach dreizehn Monaten im Amt starb. Und dann wählte das Politbüro der alten Männer 1985 sein jüngstes Mitglied zum Generalsekretär: Michail Gorbatschow. Mir fiel die Bemerkung des Wissenschaftlers ein, der einige Jahre zuvor von diesem ungewöhnlichen Funktionär erzählt hatte – das machte mich wieder neugierig.

Und so ging ich 1987 zurück nach Moskau, diesmal als Fernsehkorrespondent. Im Westen gab es viele Diskussionen über das, was man die »neue Sowjetunion« nannte, ohne genau zu wissen, was sich an dem System und seinen Zielen wirklich veränderte. In den Jahren zuvor hatte ich gelegentlich alte Bekannte aus den fünfziger Jahren getroffen, die damals noch Studenten gewesen waren und vorsichtig über einen demokratischeren Sozialismus philosophiert hatten. Später tauchten sie dann in ihren Berufsalltag ab, jetzt aber waren sie wieder da: Musiker, Schriftsteller und Dichter aus der Chruschtschow-Zeit, deren Veröffentlichungen zeigten, dass sie noch einmal auf einen Wandel im System hofften. Das Klima in Moskau veränderte sich tatsächlich. Bei Diskussionen über Wirtschaft und Außenpolitik, die es in beschränkter Form wieder geben durfte, wurden keine parteiamtlichen Erklärungen mehr vorgetragen, sondern die Teilnehmer stritten miteinander über die Ursachen von Krisen und Spannungen. Bei Ost-West-Debatten schien es manchmal, als argumentierten die amerikanischen Teilnehmer in dieser Zeit starrer und dogmatischer als ihre sowjetischen Gesprächspartner, die sich gerade von ihren Propagandaschablonen zu befreien versuchten.

War da tatsächlich ein »neues Denken« eingezogen? Und wer war dieser im Apparat aufgestiegene Provinzfunktionär namens Gorbatschow? Ich nutzte jede Gelegenheit, um immer wieder darauf hinzuweisen, dass man den Sowjetbürgern und dem Ausland diesen Mann endlich einmal als Menschen und Politiker vorstellen müsse. Zunächst hatte ich mit einem amerikanischen Kollegen versucht, die Genehmigung zu einem biografischen Gorbatschow-Film zu bekommen, aber unsere Anträge bei verschiedenen sowjetischen Botschaften und bei Gorbatschow selbst waren ohne Antwort geblieben. Der US-Kollege war schließlich pensioniert worden, und ich hatte das Projekt schon fast aufgegeben, als mir im Frühjahr 1989 ein guter Bekannter aus dem sowjetischen Außenministerium den Rat gab, es doch noch einmal zu versuchen. Der Zeitpunkt sei günstig, da ein Besuch des Generalsekretärs in Bonn geplant sei. Er riet mir, wie und an wen ich meinen Antrag schreiben sollte. Zugleich wandte ich mich an den stellvertretenden Vorsitzenden des sowjetischen Fernsehens, einen Bauernsohn mit ähnlicher Herkunft wie Gorbatschow. Aus früheren Gesprächen wusste er, dass ich an einer ernsthaften Reportage und nicht an Sensationen aus Gorbatschows Privatleben interessiert war und dass ein Fernsehbericht vor dem Bonn-Besuch im Juni 1989 für beide Seiten nützlich sein könnte.

Einige Wochen vor der Reise meldete sich dann ein Mann aus der Auslandsabteilung des Zentralkomitees bei mir. Er rief aus einer Telefonzelle des Moskauer Flughafens an und war auf dem Weg nach Peking, um Gorbatschows Staatsbesuch in China, der Mitte Mai stattfinden sollte, vorzubereiten. »Die Sache mit dem Fernsehporträt ist okay«, erklärte er, aber was genau wir drehen dürften, könne er auch nicht sagen. Vielleicht Aufnahmen von Gorbatschow im Gespräch mit seinen Beratern während des China-Besuchs oder mit anderen Mitarbeitern vor der Kulisse russisch-chinesischer Gespräche. Ein paar Tage später saß ich in der Journalisten-Maschine, die Gorbatschow auf seinem Flug begleitete, und erzählte dem Pressesprecher des Außenministeriums, mein Team und ich dürften ganz nah an Gorbatschow dranbleiben. Aber das hielt er für völlig ausgeschlossen. Auch der Sprecher des ZK wusste von nichts und hatte nur einen Trost: »Bei uns gibt es verschiedene Computer, und die sind nicht kompatibel. Vielleicht ist ihre Erlaubnis auf einem, den ich nicht kenne.«

Als wir in Peking ankamen, überschlugen sich dort die Ereignisse – jedenfalls war es nicht der richtige Moment, um mit Vertretern der sowjetischen Delegation über ein Gorbatschow-Interview zu sprechen. Tausende von Studenten hatten sich seit Tagen auf dem Tiananmen-Platz versammelt. Es waren Bilder, wie ich sie dreizehn Jahre zuvor bei den großen Demonstrationen nach dem Tode Zhou Enlais gesehen hatte. Aber diesmal war die Zahl der protestierenden Studenten um vieles größer. Sie waren besser organisiert und formulierten ihre Forderungen nach Presse- und Redefreiheit und die Proteste gegen Korruption und hohe Lebenshaltungskosten von Anfang an präzise und eindrücklich. Gorbatschow und seine engsten Mitarbeiter waren bei den Verhandlungen von der Außenwelt vollkommen abgeschlossen, so dass sie gar nicht richtig begriffen, was auf dem Tiananmen-Platz vor sich ging. Alexander Jakowlew, Gorbatschows engster Berater, hatte auf dem Weg zur nächsten Besprechung für ein paar Minuten den Anschluss an die Delegation verloren und fragte uns Journalisten, warum so viele junge Leute die sowjetischen Gäste begrüßen wollten. So hatte er zumindest die Erklärung seiner chinesischen Gastgeber verstanden. Höchst erstaunt hörte er von uns, dass dies keine begeisterte Begrüßung, sondern eine riesige Protestaktion gegen die Regierung war.

Mein Kamerateam und ich waren sehr schnell von der Masse der jungen Leute auf dem Platz eingeschlossen, und wir bemerkten, dass sie wiederum keine Ahnung hatten, was für eine ausländische Delegation da durch ihre Demonstrationsversammlung geleitet wurde. Sehr viel mehr als sie wussten wir Korrespondenten über den Verlauf der Verhandlungen in der Großen Halle des Volkes allerdings auch nicht. Erst einige Jahre später wurde klar, dass eine Übereinkunft von weltpolitischer Bedeutung getroffen worden war. Sowjets und Chinesen erkannten den Verlauf der fünftausend Kilometer langen chinesisch-sowjetischen Grenze an, und der zwanzigjährige Streit, den Mao Tsetung mit seinem Anspruch auf riesige Gebiete Sibiriens entfesselt hatte, wurde beigelegt. Dieser Schritt zur Entspannung an Chinas und Russlands Grenze war ein wichtiger außenpolitischer Erfolg Gorbatschows, aber er ging unter in den Nachrichten von den großen Zusammenstößen. Zwei Wochen nach dem Besuch des sowjetischen Staatschefs setzte die chinesische Führung in Peking und mehreren Hundert Städten die Armee ein, um die Demonstrationsbewegung der Studenten zu zerschlagen. Zum zweiten Mal hatte ich auf dem Tiananmen-Platz den Protest einer jungen Generation erlebt und dann erfahren, wie brutal sich die konservativen Machtpolitiker gegen die politischen Reformer durchsetzten. Bis heute ist unbekannt geblieben, wie viele der protestierenden Studenten ihr Leben verloren – Hunderte oder Tausende. Es gibt noch immer keine offizielle Zahl, sondern nur sich widersprechende Berichte aus verschiedenen Quellen, die unüberprüfbar geblieben sind.

Unser Team flog nach Moskau zurück, immer noch ohne Bilder für ein Gorbatschow-Porträt. Obwohl es weder eine mündliche noch eine schriftliche Zusage gab, begann ich gemeinsam mit einem russischen Kollegen aus dem ARD-Studio herumzutelefonieren, unterstützt von Lena Korenewskaja, einer alten russischen Bekannten aus den fünfziger Jahren, einer couragierten Person, die sich nun wieder traute, mir zu helfen. Sie hatte eine ganze Liste von Leuten, die Gorbatschow gut gekannt haben sollten. Nun musste man sie finden und zu Interviews überreden. Mit den ersten Aufnahmen hatten wir Glück: In Stawropol, am Rande des Kaukasus, erwartete uns der Leiter des dortigen Fernsehstudios, ein unbürokratischer Kosake, bauernschlau und selbstbewusst. Er fand, dass es in Gorbatschows Heimatdorf Priwolnoje nichts zu verbergen gebe. Er kannte einige der Bauern im Dorf und auch den Leiter des Kolchos, der nicht nur ein üppiges rustikales Essen für uns vorbereitet hatte, sondern auch den üblichen Vortrag über die Erfolge der Landwirtschaftspolitik der Partei. Ich fürchtete schon, wir würden wieder einmal routinemäßig abgespeist, da ging es plötzlich weiter. Wir liefen zur kleinen

Schule, wo uns Gorbatschows erste Lehrerin in Empfang nahm. Später dann trafen wir ein paar ältere Männer, die in ihren Sonntagsanzügen auf uns warteten: Freunde aus seiner Jugend. Sie erzählten von dem anstrengenden Leben der Jungs in einem Bauerndorf.

Wir durften auch das Haus von Gorbatschows Mutter filmen, aber nur aus einiger Entfernung. Die Mutter blieb unsichtbar. Maria Pantelejewna Gorbatschowa hatte nur einmal einem russischen Kollegen ein Interview gegeben, das in der Sowjetunion nie gesendet wurde. Ich war dennoch an einen kurzen Ausschnitt aus dem Material herangekommen, nicht länger als eine Minute. In ihm erzählte sie mit schwerem ukrainischem Akzent von den Kriegsjahren: »Da schrieb mir mein Mann von der Front: ›Du musst um jeden Preis etwas besorgen, damit Mischa zur Schule gehen kann.‹ Das Leben war hart geworden. Er hatte nichts anzuziehen und musste ein Vierteljahr zu Hause bleiben. Da habe ich die Schafe genommen und bin mit ihnen nach Salsk gefahren und habe sie verkauft. Mit dem Geld – anderthalbtausend Rubel waren das damals – habe ich Militärstiefel gekauft. Dann ging ich zum Direktor der Schule, Gitalo hieß er, und der Direktor sagte: ›Maria Pantelejewna, ein Vierteljahr ist schon vorbei‹, aber ich habe gesagt: ›Mischa sagt, er wird alles nachholen.‹« Das war alles, was wir bekamen. Vielleicht fanden die zuständigen Funktionäre die alte Frau mit ihrem bäuerlichen Dialekt zu einfach für eine Mutter des Parteichefs.

Schließlich trafen wir noch einige seiner Lehrerinnen. Sie schilderten einen jungen Mann, der gleichzeitig Landarbeit und Schule bewältigen musste, der ein gutes Gedächtnis hatte, gut reden konnte und den sie auch ein wenig bewunderten. Er sei nichts Besonderes gewesen, ein Junge wie alle anderen, sagten die Leute im Dorf immer wieder. Aber immerhin war er der Einzige, der es auf die Mittelschule des Nachbarorts und später nach Moskau auf die Universität schaffte. Dort war er erneut ein Außenseiter und musste nach Abschluss des Studiums sein Fortkommen zunächst wieder in seiner Heimatregion suchen.

In Moskau war es leichter für uns, mit einigen von Gorbatschows Freunden aus der Studentenzeit ins Gespräch zu kommen: Professoren, einem Chefredakteur, einem Staatsanwalt. Insgesamt hatten wir kaum drei Wochen Zeit, um den Bericht zusammenzustellen. Als das Porträt dann zu Beginn des Staatsbesuchs im Juni 1989 von der ARD ausgestrahlt wurde, konnten auch die russischen Kollegen, die mit Gorbatschow nach Bonn gereist waren, zum ersten Mal etwas von seiner privaten Lebensgeschichte sehen. Einiges gaben sie in Berichten über unseren Film weiter. Das sowjetische Fernsehen allerdings fand, es sei noch zu früh, einen Dokumentarfilm über den Generalsekretär im eigenen Land zu zeigen. Immerhin nahm einer seiner Begleiter eine Videokassette mit, und Gorbatschow schaute sie sich spätabends am zweiten Tag des Bonn-Besuchs an. Sie hat ihm wohl nicht missfallen. Mehrere seiner Sicherheitsleute wollten sich am nächsten Tag mit mir unbedingt händeschüttelnd fotografieren lassen. Aber das blieb die einzige Reaktion aus seinem engeren Umfeld.

Die sowjetische Delegation war zuerst verwirrt, dann erfreut und einige der Jüngeren sogar begeistert über den Empfang in der Bundesrepublik. Tausende von Menschen überall, die Gorbatschow Beifall klatschten und unübersehbar ihre Sympathie ausdrückten. So etwas hatte es im deutsch-sowjetischen Verhältnis noch nicht gegeben – auch nicht in der DDR, wo der Staatschef zwar von vielen Menschen geschätzt wurde, die strenge staatliche Überwachung jede spontane Sympathiebekundung jedoch unmöglich machte. Die Freundschaftsbezeugungen in der Bundesrepublik dagegen, die alle alten Vorbehalte zu überlagern schienen, kamen für die Russen vollkommen unerwartet und waren doch ein hoffnungsvolles Zeichen. In den konservativen Führungskreisen der KPdSU allerdings blieb die Stimmung der Bundesrepublik gegenüber so stark von Argwohn geprägt, dass Gorbatschow aus seinem Publikumserfolg in Westdeutschland keinen Gewinn ziehen konnte. Im Gegenteil, viele seiner Kollegen in der Parteispitze schienen ihm nun ein verstärktes Misstrauen entgegenzubringen.

Es war in Moskau immer schwer gewesen, an Informationen über politische Entscheidungsträger heranzukommen. Wie die Lebensläufe der Funktionäre in den höheren Ebenen von Zentralkomitee und Politbüro aussahen und wie diese ihre Politik machten, war für Ausländer kaum zu ergründen. Sowjetbürger wagten es lange nicht, darüber zu sprechen. Doch im Laufe des Jahres 1989 wurde der Austausch spürbar offener, wenn ich mich mit Freunden und Mitarbeitern über Gorbatschow unterhielt. Manche aus seiner Umgebung, deren Reformprojekte abgelehnt wurden, äußerten sich durchaus enttäuscht über ihn. Die von ihm propagierte Glasnost war in ihren Augen zu eingeschränkt, sie forderten noch größere Offenheit und Meinungsfreiheit. Andere klagten darüber, dass er zu viele Kompromisse mit den Funktionären aus dem Partei- und Militärapparat gemacht und sich dadurch seinen konservativen Gegnern ausgeliefert habe. Anders als zur Zeit seiner Vorgänger, so mein Eindruck, schien sich Gorbatschow jedoch im Rahmen der innenpolitischen Möglichkeiten ernsthaft darum zu bemühen, eine Rückwendung zum alten verknöcherten System zu verhindern. Er sei, wie er viele Jahre später selbst sagte, kein Revolutionär gewesen, der das Land in einen von oben kontrollierten Prozess der Umgestaltung zwingen wollte, wozu es Jahre oder Jahrzehnte strenger Disziplinierung gebraucht hätte. Unter dem Schlagwort Perestroika – Umbau – versuchte Gorbatschow, Schritt für Schritt die alte Führungsschicht von Partei, Armee und Wirtschaft auszuwechseln, das Leben in der Sowjetunion moderner, erträglicher und auf lange Sicht demokratischer zu machen. Eine schnelle und durchgreifende Veränderung der Innenpolitik, eine sogenannte Sozialdemokratisierung, schien ihm dagegen gefährlich.

Ein Jahr nach Gorbatschows Besuch in Bonn war Deutschland auf dem Weg zur Wiedervereinigung. Im November 1989 war die Mauer in Berlin gefallen, ein halbes Jahr später, im Mai 1990, hatten die Zwei-plus-Vier-Gespräche begonnen, in denen die Siegermächte des Zweiten Weltkriegs mit den beiden deutschen Staaten über die außenpolitischen Voraussetzungen einer Wiedervereinigung verhandelten. Während sich die Beziehungen zwischen der Bundesrepublik und der Sowjetunion jahrelang in einer Grauzone bewegt hatten, bemühte man sich in dieser unerwarteten Umbruchsituation um Annäherung und Interessenausgleich. Die Bundesrepublik hatte begonnen, die Sowjetunion durch die Lieferung von landwirtschaftlichen Erzeugnissen und durch einen Kredit von über fünf Milliarden D-Mark zu unterstützen. Für Mitte Juli war ein Besuch des deutschen Bundeskanzlers in der Sowjetunion geplant, bei dem zentrale gegenseitige Bedingungen für eine deutsche Wiedervereinigung ausgehandelt werden sollten. Im Vorfeld zeigten sich Gorbatschows Berater etwas verwundert, dass Bonn sein Interesse an der Frage einer nahen Wiedervereinigung so wenig offen äußerte und stets mehr von der Stabilisierung in Mittel- und Osteuropa und einer Absicherung des Status quo sprach. Dass Helmut Kohl die Frage der deutschen Einheit mit Geduld zurückzustellen schien, wirkte auf meine sowjetischen Gesprächspartner letztlich jedoch eher beruhigend. Dabei war man in Moskau längst weiter: Gorbatschow und seine engeren außenpolitischen Mitarbeiter erhofften sich, durch deutsche Wirtschaftshilfen und engere Beziehungen zu einem größeren vereinten Deutschland den Verlust des sowjetischen Einflusses in Mitteleuropa zu kompensieren. Der westdeutsche Botschafter bis 1989 in Moskau, Andreas Meyer-Landrut, hatte schon während seiner Amtszeit nach Bonn gemeldet: Nach seinen Informationen werde Gorbatschow die Vereinigungsfrage sehr bald auf die Tagesordnung setzen. In Washington hatte Präsident Bush Anfang Juni im Gespräch mit Gorbatschow weitere Schritte zur Vereinigung der beiden deutschen Staaten empfohlen. Der Boden war also weitgehend bereitet, als Bundeskanzler Kohl am 14. Juli 1990 in die sowjetische Hauptstadt reiste.

Am nächsten Tag genügten tatsächlich wenige Verhandlungsstunden, um in zentralen Fragen Übereinkünfte zu erzielen. Dass die sowjetische Seite dem vereinten Deutschland den Verbleib in der NATO und die volle Souveränität zugestand, war die entscheidende Nachricht für die deutsche Delegation. Gorbatschow hatte ihnen damit eine große Hürde auf dem Weg zur Wiedervereinigung beiseitegeräumt. Die weiteren Bilder vom Besuch erweckten dann auch nicht zufällig den Eindruck eines außerordentlich harmonischen Familientreffens. Noch am 15. Juli reiste Gorbatschow mit Kohl per Hubschrauber in sein Heimatdorf in den Kaukasus, um dann mit ihm zu seiner Datscha weiterzufliegen, die er sich ein Jahr zuvor hatte bauen lassen. Ich war mit unserem Team mitgereist, wusste aber nicht, wo dieses Sommerhaus lag. Doch ich hatte Glück und bekam einen Tipp von einem sowjetischen Kollegen, dem Leiter des Regionalfernsehens von Stawropol. Ich kannte ihn von Wanderungen und Abenden am Lagerfeuer und fragte, ob er wisse, wo Gorbatschow und Kohl hinführen. Zunächst wich er aus, sagte dann aber einen Augenblick später: »Ach, was hatten wir für eine schöne Zeit hier oben. Du würdest sicher auch gern zurückkommen. Weißt du noch, wo das war?« – »Bei Archys«, sagte ich, und er antwortete: »Ja, in Archys. Da treffen wir uns mal wieder. Also merk dir den Namen Archys.«

So fuhren wir die hundert Kilometer Strecke durch die Ausläufer des Kaukasus in den Gebirgsurlaubsort Archys. Wir parkten an einer Wiese, die wie ein kleiner Landeplatz hergerichtet war, und hatten unsere Kameras gerade aufgebaut, als die Hubschrauber mit Kohl und Gorbatschow, den Außenministern Genscher und Schewardnadse und ihrem Gefolge von Experten und Sicherheitsleuten aufsetzten. Damit waren wir von Anfang an dabei, als sich der deutsche Bundeskanzler und der sowjetische Präsident zwischen dem Haus und einem Flüsschen leger in Strickjacke und Pullover gekleidet auf einer Sitzgruppe aus Baumstümpfen niederließen. Außenminister Genscher saß neben ihnen, die große Gruppe ihrer Begleitung stand um sie herum. Auch Raissa Gorbatschowa kam dazu und horchte im Stehen, was die großen Männer zueinander sagten. Um Politik ging es nicht mehr, vielmehr um den Austausch unverbindlicher, freundlicher Bemerkungen. Die anderen Gäste gingen am Fluss spazieren oder stießen auf die Freundschaft an. Raissa Gorbatschowa belehrte die vier Journalisten, Deutsche und Russen, wie man im Wald um die Regierungsdatscha herum die verschiedensten Sorten Pilze, und nicht bloß Pfifferlinge, sammeln könne. Es war ein ruhiger, entspannter Abend. Stärker noch als die Verhandlungsergebnisse prägte sich den Fernsehzuschauern das Bild der gemütlichen, fast familiären Gespräche ein, und die Zeitungen etikettierten das ungewöhnliche deutsch-sowjetische Zusammentreffen im Kaukasus, das so sinnfällig das Ende des Ost-West-Konflikts zu besiegeln schien, als die Konferenz der Strickjacken-Politik.

Die konservativen Sowjetfunktionäre in Partei und Armee beurteilten Gorbatschows Politik indes äußerst kritisch. Er war in ihren Augen zu weich, vertrat die politischen und militärischen Interessen der Sowjetunion nach außen nicht entschieden genug und schwächte im Inneren die Führungskraft der Partei. Gorbatschow aber schien den wachsenden Widerstand dieser Gruppierung nicht zu bemerken. Stattdessen hielt er schon seit langem Boris Jelzin für seinen gefährlichsten Gegner. Jelzin, der ebenso alt war wie Gorbatschow und aus dem Ural stammte, war 1985 als neuer Parteisekretär von Moskau in den Kreis der Reformer um Gorbatschow geholt worden und hatte sich zunächst für dessen Perestroika und gegen die alte Garde der Parteifunktionäre eingesetzt. Doch anders als Gorbatschow wollte Jelzin die Veränderung der Partei und der Sowjetunion sehr viel radikaler und grundsätzlicher erzwingen. Seine Popularität in der Hauptstadt wuchs ständig, während er Gorbatschows Reformkurs immer weniger folgte. Einige Jahre später steckte mir ein Mann, der sich als freier Journalist aus Swerdlowsk, dem früheren Parteibezirk Jelzins, ausgab und ganz offenbar zum KGB gehörte, ein älteres, nicht näher gekennzeichnetes Videoband zu: Da saß Jelzin nach der Rückkehr von einem ZK-Plenum offensichtlich betrunken an seinem Schreibtisch und redete über die Situation in Moskau. »Die Partei ist ein einziger Misthaufen der Korruption«, schimpfte er. »Du schaufelst einen Haufen Dreck weg, und kaum drehst du dich um, ist der Dreck schon wieder da.« Die Aufzeichnung, so sagte der Mann, beweise deutlich, dass Jelzin ein Alkoholiker sei. Er wollte ihn offenkundig diskreditieren. Aber sie zeigte mir auch, dass Jelzin sich innerlich schon früh von der Partei gelöst hatte.

So wurde aus dem einstigen Verbündeten ein äußerst schwieriger Gegner für Gorbatschow. Vor dem Zentralkomitee, dessen Mehrheit Gorbatschow gerade auf seine Seite zu ziehen versuchte, ging Jelzin im Herbst 1987 die Konservativen direkt an: Hohe Parteifunktionäre seien keine Wundertäter, mit der Perestroika werde es nicht vorangehen, solange die Armee von Schreiberseelen und Bürokraten in der Partei nicht zerschlagen sei. Mit den Futterkrippen der Funktionäre müsse Schluss gemacht werden, solange sich die Versorgung der Bevölkerung nicht verbessert habe. Dann dehnte er seine Generalabrechnung auch auf Gorbatschows Frau Raissa aus: Sie mische sich mit Telefonanrufen und Belehrungen in seine Arbeit ein und verlange Unterstützung für ihre Kulturprojekte. Solche Eingriffe verbitte er sich. Die Zuhörer im Saal verfolgten fasziniert, wie sich der Konflikt zuspitzte. Michail Gorbatschows ungewöhnlich enges Verhältnis zu seiner Frau war bekannt – mit einer scharfen Reaktion musste man daher rechnen. Nun traten vierundzwanzig ZK-Mitglieder, darunter neun aus dem Politbüro, dem höchsten Führungsgremium des Landes, als Kritiker gegen Jelzin an. Gorbatschow selbst hielt sich zuerst zurück, warf dann aber seinem Gegner vor, er stelle seinen Ehrgeiz über das Interesse der Partei. Das Politbüro schloss Jelzin einstimmig aus, und der ging demonstrativ erhobenen Hauptes und mit großen Schritten durch den Mittelgang aus dem Saal. Gorbatschow, so erzählten Teilnehmer später, habe ihm nachgerufen: »Dich lasse ich in die Partei nie wieder rein!«

Gorbatschow war Sieger geblieben. Für Jelzin blieb zunächst einmal nur das Amt eines stellvertretenden Leiters der Baubehörde. Ein russischer Kollege gab mir einen Rat: Mit Politikern müsse man ein Interview suchen, wenn sie einen Job verloren und noch keinen neuen gefunden hätten. Solange er ZK-Sekretär gewesen war, hatte Jelzin Ausländern keine Interviews gegeben. Nun rief ihn mein Kollege an und beschaffte mir ein privates Gespräch in dem tristen Betonbau, in dem Jelzin mit seiner Familie wohnte. Er kam eine halbe Stunde zu spät, setzte sich zu mir an den Küchentisch, wischte mit dem Ärmel die Wachstuchdecke ab und redete sich seinen Ärger vom Leib. Er schimpfte über das Versagen der Partei, über die Selbstsucht, Faulheit und Bestechlichkeit der Funktionäre. Naina Jelzina, seine Frau, korrigierte einige seiner Bemerkungen, doch er ging darüber hinweg. »Du weißt nicht, wie die Funktionäre sind«, sagte er. Aber das nahm seine Frau nicht hin. »Ich weiß, wie sie sind. Ich war ja selbst mit einem Bonzen verheiratet.« Von da an wusste ich, dass ich mich auf ihren gesunden Menschenverstand verlassen konnte, wenn sie gelegentlich im ARD-Studio vorbeikam und Spenden für eine Kinderhilfsorganisation sammelte.

Gorbatschow wurde im März 1990 von den Volksdeputierten zum Präsidenten der Sowjetunion gewählt. Aber das war mehr ein Titel als eine Machtposition. Jelzin dagegen baute seine Macht kontinuierlich aus und formulierte seinen Führungsanspruch immer nachdrücklicher. Im März 1990 war er mit 72 Prozent der Stimmen als Abgeordneter für Swerdlowsk in den russischen Kongress der Volksdeputierten eingezogen, im Mai 1990 wurde er zum Vorsitzenden des Obersten Sowjets der Russischen Föderationsrepublik gewählt. Ein Jahr später, im Juni 1991, gewann er die Wahl zum Präsidenten der Republik Russland. Er regierte damit den weitaus größten Teilstaat der Union, dessen Souveränität er mittlerweile anstrebte. Alles schien auf einen großen Konflikt zwischen Michail Gorbatschow und Boris Jelzin hinzuführen. Doch die wirkliche Gefahr kam am Ende aus einer Richtung, mit der Gorbatschow nicht gerechnet hatte.

Am 19. August 1991 wurde im Fernsehen um sechs Uhr morgens Moskauer Zeit eine wichtige Nachricht durchgegeben: »Im Zusammenhang mit der krankheitsbedingten Amtsunfähigkeit von Michail Sergejewitsch Gorbatschow gehen gemäß Artikel 127(7) der Verfassung der UdSSR die Vollmachten des Präsidenten auf den Vizepräsidenten der UdSSR, Gennadi Iwanowitsch Janajew, über. Unterzeichnet: G. Janajew, W. Pawlow, O. Baklanow.« Ich war spät in der Nacht von einem kurzen Urlaub aus dem Kaukasus nach Moskau zurückgekommen und schlief noch, als im Fernsehen diese Meldung kam. Eine Kollegin aus dem ARD-Büro rief mich um halb sieben an und machte mich auf die seltsame, ihr unverständliche Durchsage aufmerksam.

Es war klar, dass sich hier etwas Wichtiges ereignete, und ich machte mich sofort ins Studio auf. Im Zentrum der Stadt hatten die meisten Menschen die Meldung noch nicht gehört oder wussten nicht, was sie bedeuten sollte. Sie hatten auch die langen Kolonnen von Panzern und Mannschaftstransportern noch nicht gesehen, die von Westen und Südwesten auf die Stadt zurollten. Noch floss der Berufsverkehr, und die Militärfahrzeuge mussten sich durch ihn hindurchquälen. Auf dem Kutusowski Prospekt, direkt unter den Fenstern unseres Studios, fuhren die Panzer der Gardedivision Tamanskaja auf die Moskwa-Brücke zu, überquerten sie und bogen zum Weißen Haus ab, dem Sitz des russischen Präsidenten und des Parlaments. Sie stellten sich an den Zufahrten zum Gebäude auf, und ein Panzer postierte sich unmittelbar vor dem breiten Treppenaufgang. Mittlerweile waren die ersten Moskauer gekommen. Junge Männer, die in der Armee gedient hatten, kletterten auf den Panzer und zogen einen jungen Soldaten aus der Luke. Dann ließen sie ihn laufen und in der Menge verschwinden.

Die meisten Menschen, die auf dem Weg zur Arbeit gegenüber vom Weißen Haus stehenblieben, konnten sich nicht erklären, was da gerade geschah. Meinen Fragen wichen sie aus. Eine Frau sagte, es sei schlecht, dass Gorbatschow nicht mehr Präsident sei. Der

Mann neben ihr staunte: »Was, Gorbatschow soll nicht mehr Präsident sein? Janajew ist doch nur Vizepräsident.« Die Entscheidung müsse vom Obersten Sowjet kommen, wenn es überhaupt einen Rücktritt Gorbatschows geben solle. Neben einem Lastwagen, dessen Motor streikte, standen Soldaten und winkten den Zuschauern zu. Ich fragte den Major neben der Kolonne, ob er wisse, dass Gorbatschow nicht mehr Präsident sei. »Wieso?«, fragte er zurück, »Gorbatschow ist auf Urlaub.« Und wer regiert? »Gorbatschow. Der ist und bleibt Präsident und kommt bald aus dem Urlaub zurück.« Ich wusste nicht, ob der Major wirklich nicht verstanden hatte, dass ein Notstandskomitee Gorbatschow abgesetzt hatte, oder ob er mich, einen Ausländer, täuschen wollte. Kinder auf dem Weg zur Schule fragten, was los sei, und hörten von mir, dass Gorbatschow gestürzt sei. »Gut, dass er weg ist«, sagte ein Junge. »Er hat die Perestroika angefangen, und jetzt ist alles durcheinander.« Eine Frau, die danebenstand, meinte: »Ich bin sehr froh. So, wie er unser Land geführt hat, gab es nichts mehr zu kaufen. Das hat bloß Aufstände und Unruhe gebracht.«

Um zehn Uhr fädelte sich eine Autokolonne durch den Stau aus Militärfahrzeugen, Omnibussen und Pkws. Boris Jelzin fuhr am Weißen Haus vor, im großen Regierungswagen, ganz offiziell mit Wimpel in den neuen weißblauroten russischen Farben. »Sollen sie doch versuchen, auf den rechtmäßig gewählten Präsidenten zu schießen«, sagte er zu seinen Begleitern, als ihn die Eskorte bis zu seinem Regierungssitz brachte. Und damit kletterte er auf einen der Panzer, ohne dass ihn die Soldaten zu stoppen versuchten. Sie hatten Befehl, das Weiße Haus zu umstellen, und konnten sich sicher nicht vorstellen, dass sie den Präsidenten Russlands vom Deck eines ihrer Panzer schießen sollten. Noch ehe sich die Führer des Putsches in Rundfunk oder Fernsehen zu Wort gemeldet hatten, rief Jelzin die Leute vor dem Weißen Haus zum Widerstand auf. Er verlangte, Gorbatschow, der von den Putschisten in seinem Urlaubsort auf der Krim festgehalten werde, unverzüglich nach Moskau zu bringen und vor dem Volk sprechen zu lassen. »Trotz aller Schwierigkeiten und der schweren Heimsuchungen, die das Volk erlebt, nimmt der demokratische Prozess im Lande weiter seinen Aufschwung und gewinnt unumkehrbaren Charakter. Die Völker Russlands werden die Herren ihres eigenen Schicksals«, rief er.

Während die staatlichen Rundfunk- und Fernsehsender immer noch die Erklärung des Putschkomitees übertrugen, wurden gleichzeitig viele Abertausende von illegalen Rundfunksendern informiert, und einige Zeitungen ließen Aufrufe zum Widerstand drucken, ehe die Soldaten ihre Gebäude umstellen konnten. Zwar hatten manche Redaktionen in den Monaten zuvor Gorbatschow vorgeworfen, er wolle die Pressefreiheit einschränken und das Tempo der Reformen drosseln, aber dass die konservativen Funktionäre aus dem alten Apparat ihn absetzten, wollten sie erst recht nicht hinnehmen. In einer Seitenstraße hinter dem Moskauer Rathaus traf ich einen Freund: Anatoli Pankow, mit dem ich auf Sibiriens Flüssen im Kanu unterwegs gewesen war. Nun war er Chefredakteur der Moskauer Stadtzeitung *Kuranty* geworden. Er zeigte mir in seinem Büro die Notstands-Sonderausgabe Nummer 1. »Der Faschismus kommt nicht durch«, lautete die Bildunterschrift unter einem Foto, auf dem Moskauer Bürger vor Soldaten und Panzern zu sehen waren. Ganz oben auf der Seite stand ein kurzer, schnell hingeworfener Text: »Trotz unseres kritischen Verhältnisses zu Michail Gorbatschow, zu einigen seiner Handlungen und zur Form seiner Wahl – nicht durch das Volk, sondern durch die alten Volksdeputierten – haben wir ihn doch als Präsidenten der UdSSR akzeptiert. Was heißt nun, seine Vollmachten gehen an den Vizepräsidenten über, im Zusammenhang mit einer krankheitsbedingten Amtsunfähigkeit? Ist er erkältet? Nicht bei Sinnen? Warum gibt es keine offizielle Erklärung von ihm? Es ist klar, dass diese Bolschewiki alles auf eine Karte gesetzt und im Lande einen Staatsstreich unternommen haben. Aber man kann das Volk nicht in die Knie zwingen. Dies ist eine Verschwörung von Menschen, die schon verurteilt sind.«

Ein paar Stunden später waren zwischen Rotem Platz und Weißem Haus lange Panzerkolonnen stationiert. Die Soldaten saßen auf ihren Fahrzeugen und warteten auf Befehle. Immer mehr Zivilisten standen um sie herum, Abgeordnete des russischen Parlaments kamen heran und begannen mit ihnen zu sprechen. Die Offiziere blieben abweisend, die jungen Soldaten dagegen zeigten sich offener. Sie wussten nicht genau, wie sie sich verhalten sollten, wenn Gruppen von Frauen ihnen etwas zu essen und zu trinken brachten und manchmal fürsorglich, manchmal streng auf sie einredeten. »Weiß deine Mutter eigentlich, was du hier machst?«, fragte eine ältere Frau, die neben mir vor der Panzerkolonne mit ihrem Regenschirm herumfuchtelte. »Weiß deine Mutter, dass du auf deine eigenen Leute schießen sollst?« Und eine andere tadelte den Panzerkommandanten: »Schämen Sie sich, Genosse Oberleutnant. Warum sind Sie hier? Warum schützen Sie die Privilegien der Bonzen?« Er halte sich an seinen Soldateneid und führe nur Befehle aus, antwortete der Offizier. Da fielen die Frauen erst recht über ihn her. Was das für ein Eid sei, der Soldaten verpflichte, das eigene Volk zu bekämpfen und den Präsidenten zu verhaften. Der Offizier drehte sich um und ging. Einer der jungen Soldaten stand nun auf seinem Panzer. »Ich werde nicht« – er brach ab, schaute sich zu den Offizieren um und sagte dann: »Ich werde nicht … Ich werde nicht auf das Volk schießen.« – »Bravo!«, riefen die Frauen. »Ihr seid prima Kerle.« Die Offiziere taten, als hörten sie nichts.

Keiner wusste, wie es weitergehen würde. Verlässliche Informationen gab es nicht. Das zentrale Fernsehen sendete abwechselnd die Verkündigung des Putschkomitees und neutrale klassische Opernaufführungen. (Er habe *Schwanensee* übertragen lassen, sagte der stellvertretende Fernsehdirektor später zu mir, keine Märsche und Militärmusik, um zu zeigen, dass das Fernsehen keinen Putsch unterstütze.) Am späten Nachmittag schmuggelte ein Reporter einen aktuellen Bericht über die Menschen vor dem Weißen Haus ins Programm: Man sah die vielen Zivilisten, die dem Militär gegenüberstanden, und dann Boris Jelzin, wie er auf den Panzer stieg. Der Ton seiner Ansprache fehlte. Der kurze Filmbericht war schon über den Sender gegangen, ehe die Kontrolloffiziere vom KGB eingreifen konnten.

Nachmittags um fünf lud das Notstandskomitee, das in der Abgeschlossenheit des Kreml tagte, zu seiner ersten Pressekonferenz ein. Da saßen nun sechs der Männer, die den Präsidenten Gorbatschow für abgesetzt erklärt hatten. Als Erster sprach Gennadi Janajew, den Gorbatschow gegen großen Widerstand im Parlament als seinen Vizepräsidenten durchgesetzt hatte. Er verlas noch einmal den Aufruf des Komitees an das sowjetische Volk. Doch er trug den Text mit unsicherer Stimme vor, und seine Hände zitterten wie bei einem schweren Kater. Der Fernsehredakteur brachte diese zitternden Hände in Großaufnahme auf die Bildschirme des ganzen Landes. Dann wiederholte Janajew Vorwürfe, die unzufriedene Bürger schon lange gegen Gorbatschows Politik hervorgebracht hatten: Die Ordnung im Staat breche zusammen, der chaotische Übergang zur Marktwirtschaft habe den Lebensstandard gedrückt, die Zahl der Verbrechen nehme rapide zu, die Versorgungs- und Wohnungsprobleme müssten gelöst werden, und die Industrieproduktion müsse steigen. Doch die meisten Menschen, die über Gorbatschow geklagt hatten, wollten keineswegs zu solchen Vertretern des alten bürokratischen Systems zurück, zu Männern ohne Ausstrahlung und Autorität. Die Journalisten im Saal der Pressekonferenz wagten etwas, das es in Moskau so noch nicht gegeben hatte: Der berühmte Alexander Bovin stellte ironische Fragen, und seine Kollegen lachten zustimmend. Immerhin saßen ihnen der Vorsitzende des Verteidigungsrats der Sowjetunion, der Chef des KGB und der Innenminister gegenüber. Zwei andere wichtige Männer, der Ministerpräsident und der Verteidigungsminister, waren zu der Pressekonferenz gar nicht erst erschienen.

Das Notstandskomitee hatte geglaubt, Gorbatschow kontrollieren und dirigieren zu können, weil es sich auf alle Machtinstrumente des Landes stützen konnte. Die Führung der Armee, der Einsatztruppen des Innenministeriums und der Polizei, der Antiterrorgruppen und des Geheimdienstes der Armee – sie alle hatten den Putschisten ihre Unterstützung zugesagt. Dass Boris Jelzin als Präsident Russlands ihren Plänen gefährlich werden könnte, lag außerhalb ihrer Vorstellungskraft. Wenn sich der Präsident der Sowjetunion so leicht entmachten ließ, würde man mit dem Präsidenten Russlands, dem keine Soldaten unterstanden, erst recht leichtes Spiel haben, dachten sie.

Bezeichnenderweise fehlte in all ihren Erklärungen jeder Hinweis auf die kommunistische Partei. Die Führer des Staatsstreichs kamen aus Spitzenpositionen der KPdSU, aber sie wagten nicht, sich zu ihr zu bekennen. Die Partei war inzwischen so weit diskreditiert, dass jeder Bezug auf sie als Belastung empfunden wurde. Die Parteisekretäre waren am Vormittag zusammengekommen. Einige von ihnen hatten das Notstandskomitee unterstützt, andere hatten geschwiegen, die übrigen schoben Krankheiten vor und verschwanden, ohne zu Gorbatschows Schicksal Stellung zu nehmen. Auch die Regierung hatte in ihrer Kabinettssitzung nur einen kleinlichen Kompetenzstreit zwischen Ministern ausgetragen, ehe sich der Ministerpräsident schwer verkatert auf seine Datscha zurückzog. Als wir Journalisten nach der Pressekonferenz zusammenstanden und über die nächste Entwicklung rätselten, fasste Alexander Bovin die Lage zusammen: »Heute hat sich die kommunistische Partei der Sowjetunion von der Macht abgemeldet, ohne es zu bemerken.«

Aus Deutschland kamen die Anfragen an uns: Wird die neue Regierung den Kurs ihrer Deutschlandpolitik ändern? Ist die Sowjetarmee wirklich in Leningrad einmarschiert? Der Putsch schien erfolgreich verlaufen, wenn man die aufregenden Bilder von Panzerkolonnen im Fernsehen sah, und die Kollegen zu Hause waren nie ganz zufrieden, wenn ich antwortete, dass es noch gar keine neue Regierung gebe, dass das sogenannte Notstandskomitee hauptsächlich Schwächen zeige und die neue Machtverteilung noch ganz undurchsichtig sei. (Einige Wochen später kam der Chef einer großen russischen Außenhandelsgesellschaft, der zur Zeit des Putsches in Berlin war, auf dem Flughafen auf mich zu und bedankte sich: Ich hätte ihm seinen Job gerettet. Er hatte aufgrund vieler Fernseh- und Zeitungsberichte am zweiten Tag des Putsches schon ein Schreiben an das Notstandskomitee aufgesetzt, das er nun ironisch seine »Ergebenheitsadresse« nannte. Als er dann aber meine Berichte sah, habe er den Brief erst beiseitegelegt und später weggeworfen.)

Es war für uns natürlich schwer, hinter dem scheinbar machtvollen Aufmarsch der Truppen in Moskau die Schwächen der Putschisten aufzuzeigen, und es gehörte allerlei Erfahrung und Dickköpfigkeit dazu.

Die Panzer hatten mittlerweile von allen Seiten ihre Kanonen auf das Weiße Haus gerichtet. Soldaten und Offiziere beobachteten, wie um sie herum Barrikaden aufgebaut wurden, wie Studenten Balken und Eisenträger heranschleppten und Gruppen von Bauarbeitern mit Lastwagen und einigen Kränen schwere Betonteile auf die Straßenkreuzungen legten. Immer mehr Menschen bildeten einen lebenden Schutzwall um den Sitz des Präsidenten und des Parlaments. Den meisten war klar, dass die Armee das Weiße Haus dennoch stürmen konnte, wenn sie wollte. Da tauchte plötzlich auf einem Panzer die weißblaurote Fahne des neuen Russland auf. Zwei junge Männer in Zivil hielten sie hoch, und der Panzerkommandant hinderte sie nicht daran. Ganz langsam schob sich das Fahrzeug auf die Menschenmauer zu. Die Leute wichen zurück und bildeten eine Gasse, durch die der Panzer ans Weiße Haus heranfuhr, um dort zu wenden. Nun zeigte seine Kanone nicht mehr auf Jelzins Amtssitz. Vier andere Panzer mit weißblauroten Fahnen wechselten ebenfalls ihre Position und folgten ihm. Die Menschenmenge begleitete sie mit dem Ruf »Russland, Russland, Russland!«. Der Stellungswechsel war das erste Zeichen dafür, dass die Armee nicht geschlossen hinter dem Notstandskomitee stand.

Als gegen Mitternacht ein Hauptmann der Luftlandetruppen mit einer Gruppe Soldaten durch die Menge kam, wurden die Zivilisten unruhig. Sie umdrängten ihn und fragten, was denn Auftrag und Aufgabe der Soldaten sei. »Ich stehe auf keiner Seite«, antwortete er schließlich. »Das Volk soll mit politischen Mitteln entscheiden. Unsere Aufgabe ist es, Blutvergießen zu verhindern und das Gebäude des Obersten Sowjet der Russischen Republik zu schützen.« Die jungen Männer, die um die Panzer standen, wollten wissen, wer ihm diesen Befehl gegeben habe. »Jelzin persönlich«, sagte der Hauptmann, und diese Nachricht riefen die Menschen einander zu, bis hin in die letzten Reihen, wo sich Frauen an einem Feuerchen wärmten. Es gab also Fallschirmjäger, die Jelzin gehorchten.

Aber es waren weder die Militärs noch die Politiker, die über den Ausgang der Kraftprobe entschieden. Es waren die zehntausend Menschen, die die Nacht vor dem Weißen Haus an kleinen Holzfeuern, auf Mänteln und Decken verbrachten. Manche lagen auf der Straße, um noch im Schlaf die Panzer aufhalten zu können. Auf der Kutusow-Brücke hatten einige Fahrer der städtischen Verkehrsbetriebe ihre Busse quer gestellt und die Luft aus den Reifen gelassen. Andere Busfahrer schlossen sich ihnen an, und die Passagiere, die auf dem Weg nach Hause waren, stiegen ohne Murren aus und gingen zu Fuß weiter. Manche kamen mit etwas zu essen zurück, entschlossen, die Nacht in den Bussen zu verbringen. Aber der Angriff, den sie erwartet hatten, blieb aus. Stattdessen kamen Moskauerinnen mit Thermoskannen, Brot und Konserven, um die Verteidiger des Weißen Hauses zu verpflegen, und nicht nur sie: Die armen Jungen in den Panzern wurden von den Frauen natürlich auch versorgt.

Am nächsten Morgen rollten die russischen Kameraleute und Tonassistenten bei uns im ARD-Studio ihre Schlafsäcke zusammen. Sie hatten auf dem Boden und unter den Schreibtischen geschlafen, nachdem sie fast vierundzwanzig Stunden lang ununterbrochen mit uns drei deutschen Korrespondenten, Thomas Roth, Hans-Josef Dreckmann und mir, unterwegs gewesen waren. Im Studio waren alle Mitarbeiter, vom Researcher bis zur Putzfrau, zu unbegrenzten Überstunden bereit. Ein deutscher Student brachte uns selbstgedrehtes Filmmaterial. Eine Studentin aus Deutschland, die heutige Moskau-Korrespondentin der ARD, Ina Ruck, klingelte an der Studiotür und bot an, zu helfen, wo sie konnte. Das sowjetische Fernsehen hatte seinen normalen Sendebetrieb eingestellt, worauf russische Kollegen uns fragten, ob sie uns helfen könnten. Auch Abgeordnete, die sonst kaum mit uns Kontakt hatten, waren bereit, sich mit Lagebeurteilungen und Stellungnahmen filmen zu lassen. Tatjana Mitkowa, die einige Wochen zuvor ihren Job als Moderatorin des täglichen Nachrichtenmagazins wegen allzu unabhängiger Kommentare verloren hatte, kam in unser Studio, um uns bei der Berichterstattung zu unterstützen. So gelangte die ARD auch an das einzige Interview, das Boris Jelzin in diesen Tagen gab. Tatjana Mitkowa hatte mich ins Weiße Haus mitgenommen, und die Wachposten hatten für sie hochachtungsvoll den Weg zum Präsidenten freigemacht.

Unter dem Fenster unseres Studios strömten immer mehr Menschen vorbei in Richtung Weißes Haus. Es kamen Väter mit Kindern auf den Schultern, alte Ehepaare, Schüler und Schülerinnen, die ihre Gitarren mitgebracht hatten. Russische Journalisten hatten in Untergrundsendern zur Demonstration aufgerufen, und so waren es gegen Mittag an die zweihunderttausend Menschen, die sich um das Weiße Haus versammelten. Sie riefen nach Boris Jelzin und schwenkten selbstgenähte russische Fahnen. An verschiedenen Punkten der Stadt standen nach wie vor Militärkolonnen, aber das Notstandskomitee hatte nicht die kleinste Demonstration zu seiner Unterstützung auf die Straße gebracht.

Mit Einbruch der Dunkelheit kehrte die Angst in die Stadt zurück. Noch immer standen die Panzer und Soldaten in Bereitschaft, nur wenige aus dem Militär hatten sich ausdrücklich zu Jelzin und gegen die Putschisten bekannt. Noch hatten die Führer des Staatsstreichs ihre Chance nicht völlig verspielt, noch war die Gefahr eines Bürgerkriegs nicht gebannt. Um Jelzins Weißes Haus standen die

Menschen in disziplinierten, aber unbewaffneten Formationen unter der Anleitung ehemaliger Soldaten und Offiziere. In den Korridoren und Büros des Weißen Hauses gab es Abgeordnete, die Gasmasken und Maschinenpistolen austeilten, aber da waren auch viele Schriftsteller und Musiker, die mit ihrem Namen für die Demokratie eintreten wollten. Mstislaw Rostropowitsch, der weltberühmte Cellist, war nach den ersten Nachrichten vom Putsch aus Paris nach Moskau geflogen. Nun saß er im Vorzimmer des Präsidenten mit einer Kalaschnikow im Arm, neben ihm schlief ein Leibwächter aus Jelzins Bereitschaftspolizei.

Gegen Mitternacht schrecken uns Schüsse auf. Zum ersten Mal seit dem Beginn des Putschversuchs wurde geschossen. Aus dem Fenster unseres Büros konnten wir die Menge sehen, die sich zur Verteidigung des Weißen Hauses versammelt hatte. Dort wartete auch mein Kollege Thomas Roth mit unserem Kamerateam. Die Menschen auf dem Platz schienen die Schießerei nicht wahrzunehmen, also mussten wir den Ort des Zusammenstoßes in der nächtlichen Stadt suchen. Slawa Makarow, ein russischer Tontechniker aus Leningrad, hatte gebeten, bei uns übernachten zu dürfen, und schlief auf dem Boden des Studios. Als er hörte, dass irgendwo geschossen wurde, war er sofort bereit, eine unserer Reservekameras zu nehmen und mit uns zu dem Ort der Schießerei zu fahren. Ich nahm dafür sein Tonaufnahmegerät. Meine Frau Irma trug Akkus und Kassetten. Slawa setzte sich ans Steuer unseres Dienstwagens, eines kleinen Ladas, in der Hoffnung, dass er damit nicht besonders auffallen würde. Wir fuhren durch die Nebenstraßen in Richtung Stadtzentrum, stritten uns mit den Polizisten, die uns nicht durchfahren lassen wollten, und suchten nach Straßen, die noch nicht gesperrt waren. Und plötzlich hatten wir viele Helfer: Taxifahrer leiteten uns bis auf hundert Meter an die Stelle, an der nach ihrer Kenntnis geschossen wurde. Als uns wieder ein Polizeikordon aufhalten wollte, bildeten zwanzig oder dreißig junge Männer, die unsere Kamera gesehen hatten, einen dichten Ring um uns. Wir liefen mit ihnen, so schnell wir konnten, an den Polizisten vorbei, die keine Kraftprobe mit unseren Beschützern riskieren wollten.

Schließlich standen wir auf dem Gartenring am Fuß einer Brücke, mehrere Hundert Meter vom Weißen Haus entfernt. Vor uns junge Männer, viele von ihnen mit selbstgemachten Molotow-Cocktails in der Hand. Sie waren aufgeregt und wütend und umstanden ein Auto, in dem der erste Tote dieser Putschtage lag. Slawa Makarow drängte sich durch die Menge unmittelbar an den Wagen heran, um Großaufnahmen von dem Toten zu machen. (Später haben wir die Aufnahmen des entstellten, blutigen Gesichts nicht gezeigt.) Das Opfer und zwei andere Männer waren ums Leben gekommen, als sie die Panzerkolonne stoppten, die nun immer noch unter der Brücke stand. Sobald einer der Panzer herausfahren wollte, sprangen weitere junge Leute auf und warfen Wolldecken über die Sehschlitze, um den Fahrern die Sicht zu versperren. Molotow-Cocktails flogen durch die Luft. Ein junger Soldat kletterte aus seinem brennenden Panzer und schoss mit der Kalaschnikow wild in die Gegend. »Mörder, Mörder!«, riefen die Menschen auf der Straße nun den Panzerfahrern zu, die stundenlang unter der Brücke eingeschlossen waren. Schließlich kam ein russischer Geistlicher mit einer Handvoll Studenten. Sie riskierten es, auf einen der Panzer zu steigen, um von dort zwischen den Soldaten und ihren jungen Gegnern zu vermitteln. Kurz darauf schaffte es ein einziger Panzer, die Sperre aus Autobussen zu durchbrechen, aber er versuchte nicht mehr, zum Weißen Haus vorzudringen. Man sah ihn nur auf der Ringstraße in Richtung Stadtrand verschwinden. Die Zehntausende, die sich als lebender Schutzwall um Jelzin und das Weiße Haus versammelt hatten, gerieten nie ins Schussfeld der Kanonen.

Am dritten Tag, dem 21. August, feierte Moskau Boris Jelzin und sich selbst in Massenversammlungen. Auf dem Platz vor der Zentrale des KGB, des allmächtigen Geheimdiensts, sammelten sich am Morgen viele Hundert Menschen. Diesmal waren es die Leute von der Geheimpolizei, die Angst hatten und hinter verschlossenen Türen auf einen Angriff warteten. Aber der kam nicht. Jelzins Mitarbeiter hatten erfahrene Soldaten zu dem Gebäude geschickt, um die Demonstranten von unberechenbaren Schritten zurückzuhalten. Stattdessen tanzte die Menschenmenge auf dem Platz vor der Geheimdienstzentrale und ihren Gefängnissen zur Ziehharmonika. Junge Arbeiter erkletterten das Denkmal von Felix Dserschinski, dem Gründer der berüchtigten Tscheka, der Geheimpolizei aus den Anfangsjahren der Sowjetunion. Sie legten der Statue eine Stahltrosse um den Hals, warteten, bis eine Fernsehkamera aufgestellt war, und rissen das riesige Denkmal von seinem Sockel herunter.

Fünfhundert Meter von der Geheimdienstzentrale entfernt lag der Gebäudekomplex des Zentralkomitees der Partei. Dort war es bisher ruhig geblieben. Nun aber, nachdem selbst der KGB seinen Schrecken verloren hatte, war auch das ZK nicht mehr sicher vor der protestierenden Menge. Ein Funktionär, mit dem ich häufig Informationen über die deutsch-sowjetische Politik ausgetauscht hatte, rief mich in meinem Büro an. Jelzins Leute hätten das ZK umstellt, wollten ihn gefangen nehmen und verlangten die Herausgabe seiner ganzen Akten und Aufzeichnungen. »Kannst du schnell herkommen und mich abholen?«, fragte er. Ich war in all den Jahren nie in den ZK-Komplex eingelassen worden, aber nun fuhr ich sofort los, gespannt auf das, was sich dort Ungewöhnliches tat. Der Haupteingang war mit einem weißen Plakat verschlossen, auf dem »Versiegelt« stand. Daneben klebte ein kleineres Blatt mit der Aufschrift »KP nach Nürnberg«. Einige Hundert Leute standen vor dem Gebäude und riefen begeistert »Russland, Russland!«, als die riesige rote Fahne auf dem Dach des ZK eingeholt und die neue, weißblaurote Fahne Russlands am Mast aufgezogen wurde. Die Mitglieder und Mitarbeiter des Zentralkomitees mussten sich in einer Art Spießrutenlauf in Sicherheit bringen: durch die Gittertüren des Hinterausgangs hindurch, vorbei an höchstens einhundert oder zweihundert Menschen, die das Gebäude besetzen wollten und die Funktionäre verhöhnten, ohne gewalttätig zu werden. Auch mein

Bekannter war auf diesem Weg bereits aus dem ZK herausgekommen, vermutlich ohne seine Akten. Als ich dort ankam, standen am Hinterausgang schon Vertreter des russischen Präsidenten, die die ZK-Mitarbeiter schützten und zugleich dafür sorgten, dass sie weder Papiere noch Wertgegenstände mitnahmen.

Es war das Ende der kommunistischen Partei. Aber Gorbatschow, ihr Generalsekretär, konnte das nicht wissen. Er hatte die letzten Tage, von aller Welt abgeriegelt, mit seiner Frau und seiner Enkelin in der großen Datscha am Schwarzen Meer verbracht. Die Putschisten hielten ihn dort fest. Nicht einmal eine Telefonverbindung in die Hauptstadt war ihm geblieben, ehe ihn eine Maschine aus Moskau auf Jelzins Anweisung abholte. Am 22. August um ein Uhr nachts stiegen die Gorbatschows auf dem Flughafen Wnukowo bei Moskau aus dem Flugzeug. Sie wirkten wie unter Schock, und Gorbatschows erste Worte, die er noch auf der Flugzeugtreppe sagte, ließen erkennen, dass er nicht begriffen hatte, was geschehen war. Er habe die Lage unter Kontrolle, ließ er – müde, aber doch ganz Präsident – die Wartenden wissen. Am nächsten Tag werde er seine Amtsgeschäfte in vollem Umfang wieder aufnehmen. Es klang so, als käme er von einigen Urlaubstagen auf der Krim zurück. Gorbatschow wollte oder konnte nicht verstehen, dass ihn die Männer, denen er in Partei, Parlament und Regierung vertraut hatte, verraten und entmachtet hatten. Immer noch verstand er sich als Generalsekretär der kommunistischen Partei und als Präsident der Sowjetunion.

Am vierten Tag nach dem Putsch fuhr Gorbatschow zum russischen Parlament. Er kam, um Jelzin für seine Unterstützung zu danken, aber auch, um als heimgekehrter Präsident der Sowjetunion seine Pläne für eine Erneuerung des Landes durch eine geläuterte Partei unter seiner Führung zu entwickeln. Für die Leute, die den Staatsstreich organisiert und unterstützt hatten, fand er allerdings keine harten Worte. Da legte Jelzin das Protokoll der Kabinettssitzung vom ersten Tag des Putsches auf den Tisch. »Sie lesen das jetzt!«, sagte er, und ein verwirrter Gorbatschow musste dem Parlament vorlesen, was er bis zu dieser Stunde nicht hatte glauben wollen: dass die meisten Kabinettsmitglieder und ZK-Sekretäre sich für seine Absetzung ausgesprochen hatten. Die Abgeordneten klatschten Beifall, aber sie klatschten nur für Jelzin. Bevor er den nächsten Redner aufrief, sagte Jelzin: »Genossen, gestatten Sie mir, dass ich zur allgemeinen Entspannung einen Erlass über die Einstellung aller Aktivitäten der Russischen Kommunistischen Partei unterschreibe.« In dem stürmischen Beifall versuchte Gorbatschow noch einmal vergeblich zu Wort zu kommen. Dann setzte er sich auf den Stuhl neben Jelzin. Abends im Fernsehen sah das ganze Land, wer der erste Mann im neuen Russland war.

Vier Monate noch blieb Gorbatschow als Präsident ohne Macht im Kreml. In den Jahrzehnten zuvor hatten ausländische Korrespondenten keinen Zutritt zu den Arbeitsräumen der sowjetischen Staatschefs gehabt. Nun konnte ich mit meinem Kamerateam den Schlussakt der Geschichte der Sowjetunion filmen: Gorbatschow kam ganz allein die breite, dunkle Treppe im Kreml herauf, auf der ihm einige Minuten später Boris Jelzin und Leonid Krawtschuk, der Präsident der Ukraine, folgten. Sie waren gekommen, um ihm mitzuteilen, dass das Amt des Präsidenten der UdSSR am Ende des Jahres erlöschen werde. Zum 31. Dezember werde die Sowjetunion aufgelöst, verkündeten die beiden als Vertreter der fünfzehn Einzelrepubliken.

Für die letzten Tage des Jahres blieben noch einige zeremonielle Termine, zu denen der sowjetische Präsident in sein altes Arbeitszimmer im Kreml kam. Kurz vor Weihnachten empfing er eine größere deutsche Delegation von Wirtschaftsführern, Politikern und Journalisten, die dem notleidenden Land mit großzügigen Spenden weiterhelfen wollte. Er dankte ihnen. Die deutschen Besucher wussten natürlich, dass es mit Gorbatschows Macht zu Ende war, aber sie schienen es doch nicht recht glauben zu wollen. Die Begegnung mit dem von ihnen bewunderten sowjetischen Staatschef wuchs sich zu einem Gespräch über die wirtschaftliche und politische Entwicklung Russlands aus. Er antwortete höflich, wenn auch mit müder Stimme. Dann kam eine ganz lange Frage zu Details der wirtschaftlichen Entwicklungsplanung. Gorbatschow zögerte lange, dann guckte er mich an: »Gerd, kannst du das den Gästen erklären?« Ich war ihm zwar einige Male begegnet, aber geduzt hatte er mich nie. Er muss sich an diesem Nachmittag sehr verlassen gefühlt haben.

»Das Leben besteht aus Fragen.«
Schluss

Michail Gorbatschow war der letzte Präsident der riesigen Sowjetunion. Boris Jelzin war der erste gewählte Präsident des neuen, immer noch großen Russland. Die beiden waren im Laufe der Auflösung des Vielvölkerstaats zwischen Pazifik und Ostsee zu Gegnern, schließlich zu ausgemachten Feinden geworden. Trotzdem haben sie gemeinsam die große Leistung vollbracht, dass sich der hochgerüstete sowjetische Polizeistaat mit seiner gescheiterten Kommandowirtschaft ohne Bürgerkrieg und Selbstzerstörung in ein anderes Land verwandelte.

Jedes Mal, wenn ich nach Ablauf meiner Korrespondentenzeit nach Russland zurückkehrte, entdeckte ich viele sichtbare Veränderungen, konnte mir aber kein Bild davon machen, wie dieses Russland in Zukunft aussehen und funktionieren würde. Dabei war die Hoffnung der meisten Russen, die ich im weiten Land außerhalb von Moskau kennengelernt hatte, gewöhnlich nicht sehr groß gewesen. Sie erlitten und erlebten die tiefen Veränderungen zunächst nur als Zerstörung der gewohnten Lebensordnung, mit Verschlechterungen im Alltagsleben und einer neuen Art von Ungerechtigkeit. In der Hauptstadt Moskau aber lernte ich nun ganz andere Leute kennen: junge Wirtschafts- und Industriefunktionäre, die sich erstaunlich schnell und erfolgreich durch den Dschungel einer ganz oder teilweise privatisierten, in vielen Fällen schließlich wieder unter staatliche Kontrolle zurückgeführten neuen Wirtschafts- und Finanzwelt kämpften. Sie waren zu Millionären und Milliardären geworden und wollten nun mit Politikern und Funktionären, die sich eilig den gewandelten Verhältnissen angepasst hatten, eine Gesellschaft ganz neuer Ordnung errichten. Vielen erschien diese Welt der neuen Reichen als Anfang eines Aufstiegs zum allgemeinen Wohlstand. Wenn ich vorsichtig einwandte, dass auch der Kapitalismus seine Schwierigkeiten mit sich bringe, stieß ich in den ersten Jahren in Jelzins Russland auf Unverständnis und manchmal auf den Vorwurf, ich unterschätzte die Leistungsfähigkeit der Russen aus westlichem Hochmut. Statt einer breiten Diskussion über die zukünftigen Strukturen von Politik und Wirtschaft gab es hauptsächlich das Versprechen, dass es im Laufe der nächsten Jahre besser werden würde.

Zunächst waren die ersten Experimente noch auf seltsame Weise von marxistischen Theorien geprägt. Auf halbem Wege zwischen Moskau und Petersburg besuchte ich die größte Streichholzfabrik Russlands, die nicht mehr dem Staat gehörte. Sie sollte eine Art Aktiengesellschaft werden, deren Anteile nur an die Mitarbeiter vergeben wurden. Aber diese Weitergabe gemeinsamen Reichtums war den Betriebsangehörigen so undurchsichtig erschienen, dass sie ihre Anteile schnell verkauften. In einem Büro saß die Schwiegermutter des Direktors mit einer großen Kasse und tauschte die »Tschekis« genannten Aktien gegen Rubelscheine aus. Dass selbst weiche Rubel besser seien als die Tschekis, überzeugte fast alle, die ihr Leben lang nur Schlimmes über den Kapitalismus gehört hatten – die Gewinner dieses Geschäfts waren am Ende der Direktor und seine Schwiegermutter. Doch nicht nur die Leute in der Provinz waren misstrauisch: Die zweitgrößte Zeitung Russlands, die *Iswestija*, wurde in den Besitz ihrer Mitarbeiter überführt, aber nach zwei Jahren schon zeigte sich, dass die meisten ihre Anteile weiterverkauft hatten, ohne die Kollegen Miteigentümer zu informieren. Die Aktien gingen nun durch die Hände der neuen Geschäftsleute an Großkonzerne, dann an den Ölriesen Gazprom und schließlich in den Privatbesitz eines Milliardärs mit guten Beziehungen zur Regierung.

Im Laufe der ersten zehn Jahre nach der Auflösung der Sowjetunion wuchs besonders außerhalb der Großstädte die Unzufriedenheit mit den verschlechterten Lebensverhältnissen. Weit von Moskau leerten sich die Kleinstädte und Dörfer, am Rande der Arktis begann der Fortzug aus Landstrichen, die seit der Stalin-Zeit von Moskau aus besiedelt worden waren und deren Bewohner sich nun vergessen und abgeschrieben fühlten. In den sibirischen Großstädten hat ein Prozess der Abwanderung der gebildeten Jüngeren in den Westen Russlands begonnen, der sich dort bei der Schicht der jungen Akademiker mit der Hoffnung auf ein besseres und interessanteres Leben im Ausland fortsetzte.

Nach acht Jahren Amtszeit hatte Jelzin das Ansehen seiner Präsidentschaft abgebaut. Als er seinem Nachfolger Wladimir Putin die Macht überließ, trauten viele Russen dem Mann aus dem Mittelbau des KGB zu, mit Parolen des autokratisch gelenkten Staatskapitalismus eine leistungsfähigere Gesellschaft auf den Weg zu bringen. Auch die alten nationalistischen Schlagworte von Russlands Größe und Macht hatten ihre Kraft nicht verloren. Die Wiederbelebung der stalinschen Nationalhymne – ohne Erwähnung Stalins – klang vielen gut in den Ohren, ebenso wie die Bekenntnisse zu Ordnung und Disziplin. Eine Mehrheit der Bevölkerung war bereit, Putin zu folgen und ihn zum Staatschef zu wählen. Aber zugleich nahm die Zahl der russischen Bürger zu, denen die mäßigen Verbesserungen des Lebensstandards kein Ausgleich für die Einschränkung demokratischer Mitwirkung und Meinungsfreiheit zu sein schienen.

Wladimir Putins Überzeugungskraft hat inzwischen nachgelassen, die Zahl der Gegenstimmen bei Wahlen und der Teilnehmer an Protestdemonstrationen ist gewachsen. Eine Mittelschicht beginnt zu entstehen. Immer mehr Studenten und Professoren, junge Geschäftsleute und Facharbeiter, auch einige prominente Oligarchen und Millionäre und die weltweit bekannt gewordenen jungen Frauen, die »oben ohne« gegen den Rückfall in die alte Zwangsgesellschaft demonstrieren, sind bereit, auf die Straße zu gehen. Dennoch: Der Entwicklungsprozess in der russischen Gesellschaft, in Wirtschaft und Staat, ist längst nicht beendet, und Russland sucht weiter sein künftiges Gesicht, seine Rolle in der Welt, ohne dass die Umrisse dieser Zukunft schon deutlich zu erkennen wären.

Das aber lässt sich über fast alle der vielen Länder sagen, die ich nach meiner Zeit als ständiger Korrespondent bereist habe. 1993 wurde ich pensioniert. Zum Abschluss konnte ich drei Sendungen machen, für die ich in den Jahren zuvor niemals Gelegenheit gehabt hatte: drei ausführliche Dokumentarfilme von einer Reise durch Ostsibirien, über China nach Japan, zurück nach Sibirien und schließlich zum Abschluss in die USA nach Alaska – eine Entdeckungsfahrt, die mein Team und mich auf Reiserouten und an Grenzübergänge führte, die für Ausländer bis dahin nicht erreichbar gewesen waren. Die Sendungen kamen gut an, und der WDR ließ mich weiter drehen: Rund dreißig Berichte aus Osteuropa, Afrika, Nordamerika, China und natürlich aus Russland sind seitdem entstanden. Diese Reisen wurden für mich zur Wiederbegegnung mit Ländern, die alle in den letzten Jahrzehnten große Veränderungen durchgemacht hatten.

Die Unterschiede zwischen Vergangenheit und Gegenwart waren überall gewaltig und unübersehbar, am meisten natürlich in China. Die Radikalen der Kulturrevolution waren von der Macht verdrängt worden. Die Politik bestimmten sie nicht mehr, seit Mao tot und seine Frau im Gefängnis war. Die kommunistische Partei war die Mehrheitspartei der Wirtschaftspragmatiker geworden. Trotzdem blieb es schwer, die allgemeinen theoretischen Grundlagen dieser chinesischen Wirtschaftspolitik zu definieren. Zwischen der offiziellen Doktrin und der praktischen Ausführung tauchten Widersprüche und seltsame Brüche auf, wie sie wahrscheinlich nur ein Land wie China ertragen kann. Die Vermischung von Kommunismus, Sozialismus, Kapitalismus und undefinierter Gewinnsucht trägt heute seltsame Blüten. Die Volkskommune Hua Xi, die man mir beim ersten Besuch 1976 als leuchtendes Beispiel maoistischer Wirtschaftsführung gezeigt hatte, war mir zwei Jahrzehnte später durch ein Luxushotel aufgefallen, das sich der Parteisekretär Wu als Krönung der radikalen Umgestaltung hatte einfallen lassen. Inzwischen überragt es ein Neubau von 328 Metern Höhe mit einer goldenen Kugel auf der Spitze – so hoch wie die höchsten Gebäude in Peking. Hua Xi ist heute bei weitem das reichste Dorf Chinas, und seine Einwohner sind immer noch seine Besitzer: Den 400 Familien gehören die großen Industriewerke, die nun auch als genossenschaftliche Unternehmen an der chinesischen Börse notiert sind. Den Wohlstand jeder Besitzerfamilie mit umgerechnet etwa 100 000 Euro aber erzeugen 30 000 Wanderarbeiter, die in den Werkshallen zu Billigstlöhnen schuften. Der Sohn des alten Parteisekretärs Wu hat das Amt seines Vaters übernommen, heißt nun aber Generaldirektor und sieht auch wie einer aus. Doch auch er lässt über die vielen Lautsprecher an den Straßen immer wieder die Hymne spielen: »Sozialismus ist das Beste«.

In Peking hat Xi Jinping, seit November 2012 Generalsekretär der kommunistischen Partei, versprochen, den »Chinesischen Traum« der großen Wiedergeburt des Landes zu verwirklichen – vielleicht als Weltmacht, vielleicht als Wohlfahrtsstaat. Was immer von der chinesischen Politik verkündet wird, ist widersprüchlich. Das Verhältnis zu Russland bleibt unberechenbar, auch wenn Peking keine territorialen Ansprüche mehr auf Teile von Sibirien erhebt. Der Nachbar Nordkorea ist seit dem Ende des Kriegs vor über sechzig Jahren abhängig vom Schutz durch den einzigen Verbündeten China, aber die nordkoreanische Führung lässt sich von Peking nicht kontrollieren. Überhaupt scheint offen, inwieweit China in der Lage sein wird, seine riesige wirtschaftliche Kraft in der Region und darüber hinaus in politischen Einfluss umzusetzen.

Mit der Wahl des ersten schwarzen Präsidenten hat sich in den USA eine dramatische Veränderung vollzogen. Doch wo ich ehemaligen Bekannten oder Kollegen begegnete, traf ich auf widersprüchliche

Vorstellungen von dem, was Amerika und die Welt brauchen. In Chicago hatte ich vor fünfzig Jahren jenes Wohnviertel besucht, das damals als einziges seiner Art in den USA nicht von der Rassentrennung gekennzeichnet war. Schwarze und Weiße hatten dort seit den sechziger Jahren nebeneinander und in denselben Häusern gewohnt – überwiegend linksliberale Intellektuelle, zum großen Teil von der Universität Chicago. Auch die Mutter des Präsidenten Barack Obama hatte in dem Viertel gelebt, und Obama hatte dort Menschen kennengelernt, in deren politischem Denken die Hautfarbe keine bestimmende Rolle spielte. Nun regiert er als erster Schwarzer ein Land, das die extremen Härten der Rassenkonflikte überwunden hat und in dem sich das Verhältnis zwischen Schwarzen und Weißen durch die große Zuwanderung aus Lateinamerika zu verschieben beginnt. Unklar bleibt noch, welche Konsequenzen solche Veränderungen für die amerikanische Innen- und Außenpolitik mit sich bringen. Nach dem Zweiten Weltkrieg sah sich Amerika in der Rolle des bewaffneten Beschützers der Demokratie in aller Welt, aber die Bereitschaft, sich militärisch in anderen Ländern zu engagieren, hat im letzten Jahrzehnt nach den negativen Erfahrungen im Irak und in Afghanistan deutlich nachgelassen. Neue Kriegstechniken, wie der Einsatz von Drohnen, werden den USA die moralische Auseinandersetzung über derartige Einsätze nicht ersparen. Amerika ist mächtiger als alle anderen, aber es hat bisher keine umfassenden neuen Ideen für seine Politik gegenüber den Staaten der Dritten Welt, gegenüber Russland und der neuen Großmacht China gefunden, die die eigenen Bürger überzeugen. Der Mehrheit der Amerikaner steht nicht der Sinn nach weiteren großen militärischen Unternehmungen oder einem stärkeren Engagement in der internationalen Politik.

In Europa haben die Zwänge der Innenpolitik und die Auswirkungen von Wirtschafts- und Finanzkrise dem Europa-Idealismus klare Grenzen aufgezeigt. Die Auseinandersetzung um die Zukunft des

Kontinents tritt hinter wirtschafts- und sozialpolitische Erwartungen zurück, und dem früheren Enthusiasmus der neu gegründeten Europäischen Gemeinschaft ist der ärgerliche und quälende Streit über die Verteilung der Leistungen von Wirtschafts- und Finanzpolitik gefolgt. Die Zeit der großen Hoffnung auf ein neues Europa, das auf gemeinsame Entschlüsse setzt, scheint vorüber. Und dabei können doch auch bei unseren Nachbarn Spannungen und Gegensätze wieder zutage treten, die gemeinhin als überwunden galten. In den Ländern des ehemaligen Jugoslawien etwa, mehr als zehn Jahre nach den Kriegen auf dem Balkan, entstehen im Streit der nationalistischen und wirtschaftlichen Ansprüche neue politische Strukturen, unter denen alte Feindseligkeiten rumoren.

Auch in anderen Weltgegenden sind langjährige Konflikte nicht geregelt oder neue Krisenherde entstanden. So gibt es trotz der zahlreichen Friedensmissionen im Nahen Osten bis heute keine Lösung im israelisch-arabischen Konflikt, und auch zahlreiche afrikanische Staaten laufen Gefahr, durch ethnische oder religiöse Konfrontationen zerrissen zu werden. Die gewaltigen, blutigen Schrecken, die Zeiten der Diktaturen eines Hitler, Stalin oder Mao, sind zwar vorbei, doch die Leiden, denen die Weltpolitik auch heute noch Menschen in vielen Ländern unterwirft, sind es nicht.

Mit der Welt hat sich auch das Leben und die Arbeit von uns Journalisten verändert – nicht zuletzt durch die Hightech-Entwicklungen des letzten Jahrzehnts, die den Heimatredaktionen in kürzester Zeit Nachrichten auf den Tisch liefern. Wo in der Unübersichtlichkeit der neuen Konflikte selbst Regierungen und ihre Geheimdienste mit blitzschnellen, aber kaum kontrollierbaren Informationen operieren müssen, fällt es auch Journalisten schwer, Meldungen richtig einzuschätzen. Mächtige Wirtschaftsverbände und Unternehmen bauen Nachrichtenlandschaften auf, die in die Irre führen können. Quotendruck und die Nachfrage nach emotionaler Schnellberichterstattung haben dafür gesorgt, dass trotz der besseren Reisebedingungen und des unmittelbaren Zugangs zu Bildern und Informationen die Korrespondentenarbeit nicht leichter und nicht ungefährlicher geworden ist.

Also sind drei Sprüche, die ich als junger Journalist auf Reisen durch die Trümmerlandschaften der Weltpolitik lernte, wohl gültig geblieben. »Die Katastrophen sind die Saturnalien der Journalisten«, hatte mir einst ein Schweizer Kollege gesagt – eine ironische Warnung davor, vor allem die schrecklichen Ereignisse als journalistisch relevant zu betrachten, sich von dramatischen Sensationen blenden zu lassen und dadurch Abstand und Überblick zu verlieren. Nur scheinbar im Gegensatz dazu steht jene andere, einfache Redeweisheit: »Neugier und gesunde Beine sind das Wichtigste für einen Journalisten.« Und schließlich: »Das Leben besteht aus Fragen und Antworten und Fragen und Antworten, die zur nächsten Frage führen.«

Notiz des Autors

In verschiedenen Büchern habe ich meine Erfahrungen in Russland und China beschrieben. Darauf greife ich zum Teil in den Kapiteln dieses Buches zurück.

Boris Pasternak. Eine Bildbiographie (München 1958), *Gespräche in Moskau* (Köln 1961), *Michail Gorbatschow. Eine Biographie* (Frankfurt am Main 1990), *Der Putsch. Vier Tage, die die Welt veränderten* (Frankfurt am Main 1991), *Weites Land. Russische Erfahrungen – russische Perspektiven* (Berlin 1996), *Sibirisches Tagebuch. Reisebericht* (Berlin 1998), *Die Deutschen und ihre Nachbarn. Russland* (München 2008), *Begegnung mit China. Eine Weltmacht im Aufbruch* (Düsseldorf 1978).

Bildnachweis

Bildteil 1

Als Internatsschüler mit Rehkitz: Privatarchiv Gerd Ruge
Als Hitlerjunge in Marienau: Privatarchiv Gerd Ruge
Teilnehmer der NWDR-Rundfunkschule: © Schweer/Forschungsstelle Geschichte des Rundfunks in Norddeutschland / NDR
Hörfunkreporter beim WDR: WDR
Als Zwanzigjähriger: NDR
Adenauer in Moskau: Ullstein-Bild
Abschluss der Verhandlungen in Moskau: Ullstein-Bild
Vor dem Bolschoi-Theater: NDR / WDR
Auf dem Balkon des Hotel National: Privatarchiv Gerd Ruge
Boris Pasternak: picture alliance / akg images
Mit Werner Höfer und Klaus Bölling: Ullstein-Bild
Weltspiegel: WDR
Peter Benenson: picture-alliance / dpa
Rudolf Augstein und Conrad Ahlers: picture-alliance / dpa

Bildteil 2

Vor dem Weißen Haus: WDR
Rosa Parks und Martin Luther King: Wikimedia Commons
M. L. King, R. Kennedy und Lyndon B. Johnson: Ullstein-Bild
In Saigon: Romy Pabel
Mit Willy Brandt sowie Friedrich Nowottny und Klaus Altmann im Bonner ARD-Studio: © Klaus Barisch, Köln / WDR
Mit Willy Brandts Hund: picture-alliance / dpa
Unterzeichnung des Moskauer Vertrags: Ullstein-Bild
Rainer Barzel gratuliert Willy Brandt: Ullstein-Bild
Nicht im Mao-Look …: WDR
Berthold Beitz und Zhou Enlai: Fotoagentur Sven Simon
Jiang Qing und Zhou Enlai: Ullstein-Bild
Kundgebung auf dem Tiananmen-Platz: Ullstein-Bild

Bildteil 3

Mit Jewgeni Popow und Viktor Jerofejew: Daniel Biskup
Juri Orlow und Lew Kopelew: Ullstein-Bild
Bella Achmadulina: Ullstein-Bild
Andrej Wosnessenski und Jewgeni Jewtuschenko: AFP / Ria Novosti
Wladimir Wyssozki: Ullstein-Bild
Bulat Okudschawa: AFP / Ria Novosti
Helmut Kohl, Michail Gorbatschow u. a.: picture-alliance / dpa
Putsch in Moskau: Ullstein-Bild
Boris Jelzin und Michail Gorbatschow: Ullstein-Bild
Mit Michail Gorbatschow: Privatarchiv Gerd Ruge
Unterwegs in Afghanistan: WDR / Ruge-Eichner
Mit Kameramann Dieter Perschke: WDR
Beim Kormoranfischen: Privatarchiv Gerd Ruge

Personenregister

Achmadulina, Bella 271 ff.
Adenauer, Konrad 56 f., 83, 85 ff., 89 f., 92–106, 109 f., 115, 137, 159 f., 199 f., 203
Ahlers, Conrad 159, 206–209
Altmann, Klaus 202
Andropow, Juri 281
Artjomow, Wjatscheslwa 279
Augstein, Rudolf 159 f.
Axjonow, Wassili 275

Baez, Joan 197, 276 f.
Bahr, Egon 204, 214
Baker, Eric 154 f.
Baklanow, Oleg Dmitrijewitsch 294
Bargmann, Hans-Joachim 222
Barlach, Ernst 13, 47
Barzel, Rainer 201 f., 210, 212
Bataschow, Alexej 278
Baumann, Hans 12, 21
Beethoven, Ludwig van 237, 243
Beitz, Berthold 156, 229 ff.
Benenson, Peter 153 f., 157
Besson, Waldemar 149
Besymenski, Lew 113, 214
Blank, Herbert 55 f.
Bohlen, Charles 93
Bondy, Max 11
Bovin, Alexander 263, 298 f.
Brandt, Willy 85, 199, 200 f., 203–210, 215, 219, 261
Brecht, Bertolt 44, 130

Brentano, Heinrich von 91 f., 94, 96, 102
Breschnew, Leonid Iljitsch 123, 204–207, 209, 261 ff., 270 ff., 280 f.
Breschnewa, Galina 270
Broch, Hermann 36
Budjonny, Semjon Michailowitsch 116
Bulganin, Nikolai 89 f., 92 f., 95–101, 103 f.
Bush, George H. W. 289

Camus, Albert 134
Carmichael, Stokely 182, 188
Cézanne, Paul 23
Chruschtschow, Nikita Sergejewitsch 83, 88, 90, 92, 95–101, 104, 115–118, 138 ff., 143 f., 152 f., 163, 165, 189, 219, 271, 282
Close, Kevin 266 f.
Connolly, Cyril 58
Corot, Jean-Baptiste Camille 23
Cronkite, Walter 177

Dahrendorf, Ralf 45
Dawitaschwili, Djuna 280 f.
Dehler, Thomas 94
Deng Xiaoping 255
Dreckmann, Hans-Josef 301
Dserschinski, Felix 305
Dühring, Eugen 238
Dylan, Bob 198

Eckardt, Felix von 100, 102
Eggebrecht, Axel 47, 49, 54
Ehmke, Horst 158, 212, 219
Ehrenburg, Ilja 129, 133 ff., 139
Eisenhower, Dwight D. 93, 152, 168, 171, 188 f.
Eliot, T. S. 132
Engels, Friedrich 93, 122, 238, 242
Erhard, Ludwig 94, 199

Falin, Valentin 97
Feltrinelli, Giangiacomo 130 f.
Flex, Walter 21
Foreman, Clark 68 f., 154
Franco, Francisco 31, 46, 49, 250
Frings, Joseph 156

Genscher, Hans-Dietrich 290
Gershwin, George 128
Globke, Hans 101
Goebbels, Joseph 50
Goethe, Johann Wolfgang von 28, 129, 133, 140, 262
Gogh, Vincent van 23
Golowanowa, Ljubow 114
Gorbatschow, Michail 209, 265, 280, 282–296, 298 f., 306 f., 309
Gorbatschowa, Maria Pantelejewna 286
Gorbatschowa, Raissa 290 f.
Gordey, Michel 148
Gorki, Maxim 127, 275
Gréco, Juliette 127
Greene, Hugh Carlton 48 f., 53
Grey, Anthony 223
Grimme, Adolf 55 f.
Gromyko, Andrejewitsch 97, 204 f.

Hartmann, Hanns 50 ff., 54, 56, 59 f., 88
Hase, Karl-Günther von 144
Hauptmann, Gerhart 28

Hausmann, Manfred 27
Heine, Heinrich 122
Heinemann, Gustav 156, 158
Heinemann, Hilda 158
Hemingway, Ernest 31, 134
Herrhausen, Alfred 229
Heydrich, Reinhard 16
Hitler, Adolf 10 f., 15 f., 23, 28, 31, 34, 45, 55, 89, 97 f., 101, 113, 149 ff., 236, 315
Ho Chi Minh 193 f.
Höfer, Werner 52
Hölderlin, Friedrich 21
Hoff, Hannes 149
Hofmannsthal, Hugo von 12, 21
Hoover, J. Edgar 194
Hua Guofeng 255 f., 259
Huber, Heinz 149
Humphrey, Hubert H. 167, 195

Iwinskaja, Irina 141
Iwinskaja, Olga 140

Jakowlew, Alexander 284
Janajew, Gennadi Iwanowitsch 294 f., 298
Jelzin, Boris 291 ff., 295, 297, 299–307, 309 ff.
Jerofejew, Viktor 275
Jessenin, Sergei Alexandrowitsch 129
Jewtuschenko, Jewgeni 139, 271
Jiang Qing 225, 237, 243, 247, 255, 258 f.
Johnson, Lyndon 171–176, 178–181, 183, 189 f., 193 ff., 198
Johst, Hanns 12, 21
Joyce, James 132

Kafka, Franz 132
Kautsky, Karl 122

Keil, Rolf-Dietrich 88, 137
Kennedy, Edward 170
Kennedy, Ethel 197
Kennedy, Jacqueline 169, 171, 173, 177
Kennedy, John F. 163–175, 177 f., 188 f., 196 f.
Kennedy, Robert 171 f., 177, 184 f., 195–198
Kiesinger, Kurt Georg 88
King, Coretta 185
King, Martin Luther 70, 175, 179 f., 183 ff., 187, 197
Kirchner, Ernst Ludwig 47
Klug, Ulrich 158
Kohl, Helmut 289 f.
Konfuzius 237, 241 ff.
Kopelew, Lew 266, 320
Korenewskaja, Lena 285
Krawtschuk, Leonid 307

Lapin, Sergej 205 ff., 209, 261 f.
Lassalle, Ferdinand 238
Leip, Hans 27
Lenin, Wladimir Iljitsch 44, 109 f., 122, 238, 242, 257
Lenz, Siegfried 236
Leonhard, Wolfgang 64, 155
Lin Biao 237
Lipkin, Semjon 275
Lisnjanskaja, Inna 275
Loewe, Lothar 206 f.
Löwenthal, Richard 46
Lueg, Ernst Dieter 202

Majakowski, Wladimir Wladimirowitsch 129, 141
Makarow, Slawa 303 f.
Malenkow, Georgi Maximilianowitsch 96
Mandelstam, Ossip 136
Mann, Thomas 132
Mao Tsetung 194, 218, 220 f., 225, 235–243, 247–250, 255–260, 285, 312, 315
Marc, Franz 47
Marx, Karl 44, 92, 122, 238, 242
Matthöfer, Hans 156, 158
McCarthy, Jospeh 171, 195 f.
Mehnert, Klaus 16, 106
Messerer, Boris 272
Meyer-Landrut, Andreas 289
Michailow, Nikolai Alexandrowitsch 138
Mikojan, Anastas 117
Mitkowa, Tatjana 302
Molotow, Wjatscheslaw Michailowitsch 95 f., 102
Montand, Yves 122
Montgomery, Bernhard 24, 70, 179, 183
Moyers, Bill 175 f.
Mozart, Wolfgang Amadeus 114
Müggenburg, Günter 202
Müller, Arthur 149
Mussolini, Benito 149

Neiswestny, Ernst 271
Nietzsche, Friedrich 28
Nixon, Richard 166, 168, 195, 199
Nolde, Emil 13, 47
Nowottny, Friedrich 202

Obama, Barack 314
Okudschawa, Bulat 276 f.
Orlow, Jurj 266 f.
Orlowa, Irina 266 f.
Oswald, Lee Harvey 176

Pankow, Anatoli 296
Pantelejewna, Maria 286
Parks, Rosa 70, 175
Pasternak, Boris 129–133, 135–143, 263
Pawlow, Walentin Sergejewitsch 294

Perschke, Dieter 189, 191
Picasso, Pablo 13
Pieck, Wilhelm 105
Pokrowski, Dmitri 278
Popow, Jewgeni 275
Probst, Christoph 13 f.
Proust, Marcel 132
Putin, Wladimir 276, 311

Reinhardt, Max 51
Reisinger, Ernst 20, 22
Rexhausen, Felix 155 f.
Rilke, Rainer Maria 12 f., 21, 132
Ringelnatz, Joachim 23
Rohlfs, Christian 13
Roosevelt, Eleanor 70, 154
Roosevelt, Franklin D. 175
Roschin, Innokenti 121–125
Rostropowitsch, Mstislaw 303
Roth, Thomas 301, 303
Rothe, Edward 51 f.
Roussel, Stéphane 148
Ruby, Jack 176
Ruck, Ina 302
Rühle, Sabine 155
Ruge, Irma 303

Sacharow, Andrej 125, 266, 272
Satter, David 267
Scheel, Walter 199, 204 f., 209
Schewardnadse, Eduard 280, 290
Schiller, Friedrich 26
Schmid, Carlo 88, 95 f., 99
Schmorell, Alexander 14
Schnabel, Ernst 54
Schnitzler, Karl Eduard von 54
Schostakowitsch, Dmitri 279
Schröder, Gerhard 214 f., 217

Shakespeare, William 129
Shaw, Dan 86
Solschenizyn, Alexander 266
Springer, Axel 219
Stalin, Josef Wissarionowitsch
    16, 46, 49, 58, 61 f., 86–90, 112,
    122, 124 f., 129 ff., 134, 136 f.,
    155, 193, 238, 242, 271, 276,
    311, 315
Stern, Carola 155
Steuben, Fritz 27
Strauß, Franz Josef 159 f., 201 f.
Surkow, Alexej 131

Tito, Josip Broz 58, 61 ff., 88
Toller, Ernst 44
Trotzki, Leo 44
Truman, Harry S. 68

Ulanowa, Galina 101, 114
Ulbricht, Walter 64, 214

Vlady, Marina 272

Wagner, Richard 28
Wallace, Henry 68
Wang Shu 218
Wehner, Herbert 201, 219 f.
Wojnowitsch, Wladimir 267
Wosnessenski, Andrej 271
Wyssozki, Wladimir 270, 272 f.

Yang Kaihui 247

Zahn, Peter von 54
Zhou Enlai 117, 223, 230 f.,
    237, 243, 248 ff., 253, 255 f.,
    284

Antje Vollmer / Lars-Broder Keil
Stauffenbergs Gefährten
Das Schicksal der unbekannten Verschwörer
256 Seiten, Hanser Berlin 2013

Das Attentat auf Adolf Hitler am 20. Juli 1944 wird vor allem mit dem Namen Stauffenberg verbunden. Viele andere der damals beteiligten Widerständler haben im Vergleich dazu bis heute nicht die ihnen gebührende Aufmerksamkeit und Würdigung erfahren. Dabei wären ohne ihren Einsatz die Planung und der Versuch eines Staatsstreichs nicht möglich gewesen. In zehn Porträts stellen die beiden Autoren einige dieser Widerstandskämpfer gegen Hitler vor, unter anderem Friedrich Karl Klausing, Erich Fellgiebel und Margarethe von Oven. Sie beschreiben deren Handeln und Beweggründe sowie das Schicksal ihrer Familien. So erweitern sie den Blick auf die durchaus verschiedenen Ursprünge des Widerstands gegen den Nationalsozialismus. Darüber hinaus haben sie für diesen Band Richard von Weizsäcker sowie den letzten noch lebenden Teilnehmer am Attentat, Ewald-Heinrich von Kleist, interviewt. Von Kleist verstarb kurz nach Erscheinen des Buches.

»Nicht als Helden, sondern als aufrechte Menschen porträtieren Antje Vollmer und Lars-Broder Keil zehn Frauen und Männer, die das Attentat vom 20. Juli 1944 und den versuchten Sturz des NS-Regimes vorzubereiten halfen, aber weniger bekannt wurden als Claus Schenk Graf von Stauffenberg.«
Deutschlandradio

»Mit ihrem Buch schließen die ehemalige Grünen-Politikerin Vollmer und der »Welt«-Redakteur Keil eine Lücke. Die zehn Widerstandskämpfer, die der Band vorstellt, sind in der Literatur bisher allenfalls als Nebenfiguren vorgekommen. Dabei haben alle Mut bewiesen, acht von ihnen bezahlten für die Beteiligung am Attentat mit dem Leben.« *Tagesspiegel*